TEXTES ET DOCUMENTS
POUR L'ÉTUDE HISTORIQUE DU CHRISTIANISME
PUBLIÉS SOUS LA DIRECTION DE
Hippolyte HEMMER et Paul LEJAY

EUSÈBE

HISTOIRE ECCLÉSIASTIQUE

LIVRES I-IV

TEXTE GREC ET TRADUCTION FRANÇAISE

PAR

ÉMILE GRAPIN

CURÉ DOYEN DE NUITS (CÔTE-D'OR)

PARIS
ALPHONSE PICARD ET FILS, ÉDITEURS
82, RUE BONAPARTE, 82
1905

In the interest of creating a more extensive selection of rare historical book reprints, we have chosen to reproduce this title even though it may possibly have occasional imperfections such as missing and blurred pages, missing text, poor pictures, markings, dark backgrounds and other reproduction issues beyond our control. Because this work is culturally important, we have made it available as a part of our commitment to protecting, preserving and promoting the world's literature. Thank you for your understanding.

EUSÈBE

HISTOIRE ECCLÉSIASTIQUE

MACON, PROTAT FRÈRES, IMPRIMEURS.

AVERTISSEMENT

L'*Histoire ecclésiastique* d'Eusèbe formera trois volumes ; le troisième contiendra l'introduction et l'index.

Le texte que nous avons adopté est celui de l'édition critique donnée par M. Ed. Schwartz en 1903, dans la collection publiée à la librairie Hinrichs, de Leipzig, par l'Académie des sciences de Berlin (*Die griechischen christlichen Schriftstellern der ersten drei Jahrhunderte*). Ce texte a été établi avec grand soin et deviendra pour de longues années la vulgate d'Eusèbe. Quand nous avons cru devoir nous en écarter, nous l'indiquons dans l'*Appendice*.

La traduction est aussi littérale que possible. Quelques lecteurs peut-être la trouveront lourde et embarrassée ; mais nous ne pouvions donner au style d'Eusèbe les qualités qui lui manquent le plus. Toutefois, bien qu'on paraisse aujourd'hui attacher en France moins de prix à l'aisance et à la clarté, il nous a été impossible d'être toujours aussi entortillé et aussi diffus que l'évêque de Césarée et ses auteurs. Nous en faisons d'avance nos excuses à ceux de nos lecteurs qui ne savent pas le grec. Mais nous n'avons jamais pensé que notre

collection dût s'adresser surtout à cette classe du public. Elle doit permettre, au contraire, de s'orienter rapidement et de prendre une connaissance générale d'un morceau à qui peut ensuite contrôler et discuter de près le sens d'une phrase isolée qui l'intéresse. Nous croyons que les historiens et les théologiens sont dans ce cas. C'est à eux que nous offrons le texte original, moins comme un contrôle de notre traduction que comme une invitation à pénétrer plus avant dans le sens et dans les nuances du sens. Autrement, il eût été plus habile pour nous et moins coûteux pour notre éditeur de publier seulement une traduction ; la plupart des lecteurs ne l'eussent pas vérifiée et tous eussent été dans l'incertitude sur le texte traduit. Nous préférons offrir le moyen d'apercevoir promptement les erreurs qu'il est impossible d'éviter dans aucun travail. Nous avons donné tous nos soins pour qu'il y en eût le moins possible. Nous avons aussi cherché la commodité, même matérielle, par les titres courants et quelques indications chronologiques insérées dans la traduction.

Eusèbe est l'auteur de la division des livres en chapitres et des titres auxquels elle correspond. Mais le système des références à l'*Histoire ecclésiastique* est aujourd'hui fondé sur une division qui ne concorde pas toujours avec celle des manuscrits, telle que du moins M. Schwartz l'a reconnue.

Nous donnons dans le texte grec la division établie par M. Schwartz et nous gardons la division traditionnelle dans la traduction, sauf à indiquer par des crochets que le numéro du chapitre est, à cette place, interpolé. Ainsi, au livre premier, p. 82, le chiffre Θ´ indique la division telle qu'elle peut être établie sur les manuscrits ; c'est le § 2 du chapitre ix de la division traditionnelle, d'après laquelle on cite et l'on continuera de citer. Par suite, une référence à I, ix, 1, reporte à la p. 80, à la dernière phrase du chapitre H´ de l'archétype.

Les titres des chapitres se trouvaient, suivant l'usage des anciens, réunis en tête du livre. Le passage d'un chapitre à l'autre était seulement marqué par le numéro d'ordre. Nous avons cru qu'il serait utile de répéter ces titres à leur place dans la traduction ; nous avertissons, en les mettant entre crochets, qu'ils ne font pas en cet endroit partie du texte authentique.

La présente collection ne comporte pas d'annotation. Nous avons seulement réuni dans un appendice quelques renseignements, soit sur le texte, d'après l'apparat de M. Schwartz et la traduction allemande que M. Nestle nous a donnée de la version syriaque, soit sur les principales particularités de langue qui peuvent causer des méprises, soit sur le fonds, en redressant les erreurs les plus graves d'Eusèbe ou en renvoyant

aux ouvrages modernes les plus autorisés. Ces indications réunies forment un premier secours immédiat, mais ne peuvent suppléer le travail personnel de l'historien et du théologien. Nous avons suivi, dans cette partie, la même méthode que dans le § 19 de l'introduction aux *Apologies* de saint Justin. Cette méthode a été généralement approuvée.

Nous avons le devoir agréable de remercier les personnes qui ont bien accueilli le premier volume de cette collection, les *Apologies* de saint Justin, et spécialement les critiques qui l'ont fait connaître et l'ont jugé avec une bienveillance dont nous sommes très reconnaissants.

TEXTE
ET
TRADUCTION

ΕΥΣΕΒΙΟΥ
ΕΚΚΛΗΣΙΑΣΤΙΚΗΣ ΙΣΤΟΡΙΑΣ

Τάδε ἡ πρώτη περιέχει βίβλος τῆς Ἐκκλησιαστικῆς ἱστορίας.

Α'

Α' Τίς ἡ τῆς ἐπαγγελίας ὑπόθεσις.
Β' Ἐπιτομὴ κεφαλαιώδης περὶ τῆς κατὰ τὸν σωτῆρα καὶ κύριον ἡμῶν τὸν Χριστὸν τοῦ θεοῦ προυπάρξεώς τε καὶ θεολογίας.
Γ' Ὡς καὶ τὸ Ἰησοῦ ὄνομα καὶ αὐτὸ δὴ τὸ τοῦ Χριστοῦ ἔγνωστό τε ἀνέκαθεν καὶ τετίμητο παρὰ τοῖς θεσπεσίοις προφήταις.
Δ' Ὡς οὐ νεώτερος οὐδὲ ξενίζων ἦν ὁ τρόπος τῆς πρὸς αὐτοῦ καταγγελθείσης πᾶσι τοῖς ἔθνεσιν εὐσεβείας.
Ε' Περὶ τῶν χρόνων τῆς ἐπιφανείας αὐτοῦ τῆς εἰς ἀνθρώπους.
Ϛ' Ὡς κατὰ τοὺς χρόνους αὐτοῦ ἀκολούθως ταῖς προφητείαις ἐξέλιπον ἄρχοντες οἱ τὸ πρὶν ἐκ προγόνων

EUSÈBE

HISTOIRE ECCLÉSIASTIQUE

LIVRE I

VOICI CE QUE CONTIENT LE PREMIER LIVRE DE L'HISTOIRE ECCLÉSIASTIQUE

I. Sujet de l'ouvrage projeté.
II. Résumé sommaire de la doctrine sur la préexistence et la divinité de notre Sauveur et Seigneur le Christ de Dieu.
III. Le nom de Jésus et celui de Christ ont été autrefois connus et honorés par les divins prophètes.
IV. La religion annoncée par lui à toutes les nations n'est ni nouvelle ni étrangère.
V. Des temps où le Christ a apparu parmi les hommes.
VI. Comment en son temps, selon les prophéties, les chefs de la nation juive, pris jusque là dans la succession de leur race, cessèrent de commander et comment Hérode fut le premier étranger qui régna sur eux.

διαδοχῆς τοῦ Ἰουδαίων ἔθνους ἡγούμενοι πρῶτός τε ἀλλόφυλος βασιλεύει αὐτῶν Ἡρώδης.

Ζ' Περὶ τῆς ἐν τοῖς εὐαγγελίοις νομιζομένης διαφωνίας τῆς περὶ τοῦ Χριστοῦ γενεαλογίας.

Η' Περὶ τῆς Ἡρώδου κατὰ τῶν παίδων ἐπιβουλῆς καὶ οἵα μετῆλθεν αὐτὸν καταστροφὴ βίου.

Θ' Περὶ τῶν κατὰ Πιλᾶτον χρόνων.

Ι' Περὶ τῶν παρὰ Ἰουδαίοις ἀρχιερέων καθ' οὓς ὁ Χριστὸς τὴν διδασκαλίαν ἐποιήσατο.

ΙΑ' Τὰ περὶ Ἰωάννου τοῦ βαπτιστοῦ καὶ τοῦ Χριστοῦ μεμαρτυρημένα.

ΙΒ' Περὶ τῶν μαθητῶν τοῦ σωτῆρος ἡμῶν.

ΙΓ' Ἱστορία περὶ τοῦ τῶν Ἐδεσσηνῶν δυνάστου.

VII. De la divergence que l'on croit trouver dans les évangiles en ce qui concerne la généalogie du Christ.
VIII. Attentat d'Hérode contre les enfants et quelle fut la triste fin de sa vie.
IX. Les temps de Pilate.
X. Grands-Prêtres juifs sous lesquels le Christ prêcha sa doctrine.
XI. Témoignages concernant Jean-Baptiste et le Christ.
XII. Les disciples de notre Sauveur.
XIII. Ce que l'on raconte du roi d'Édesse.

Α

Α'

Τὰς τῶν ἱερῶν ἀποστόλων διαδοχὰς σὺν καὶ τοῖς ἀπὸ τοῦ σωτῆρος ἡμῶν καὶ εἰς ἡμᾶς διηνυσμένοις χρόνοις, ὅσα τε καὶ πηλίκα πραγματευθῆναι κατὰ τὴν ἐκκλησιαστικὴν ἱστορίαν λέγεται, καὶ ὅσοι ταύτης διαπρεπῶς ἐν ταῖς μάλιστα ἐπισημοτάταις παροικίαις ἡγήσαντό τε καὶ προέστησαν, ὅσοι τε κατὰ γενεὰν ἑκάστην ἀγράφως ἢ καὶ διὰ συγγραμμάτων τὸν θεῖον ἐπρέσβευσαν λόγον, τίνες τε καὶ ὅσοι καὶ ὁπηνίκα νεωτεροποιίας ἱμέρῳ πλάνης εἰς ἔσχατον ἐλάσαντες, ψευδωνύμου γνώσεως [I Tim., vi, 20] εἰσηγητὰς ἑαυτοὺς ἀνακεκηρύχασιν, ἀφειδῶς οἷα λύκοι βαρεῖς [Act., xx, 29] τὴν Χριστοῦ ποίμνην ἐπεντρίβοντες, [2] πρὸς ἐπὶ τούτοις καὶ τὰ παραυτίκα τῆς κατὰ τοῦ σωτῆρος ἡμῶν ἐπιβουλῆς τὸ πᾶν Ἰουδαίων ἔθνος περιελθόντα, ὅσα τε αὖ καὶ ὁποῖα καθ' οἵους τε χρόνους πρὸς τῶν ἐθνῶν ὁ θεῖος πεπολέμηται λόγος, καὶ πηλίκοι κατὰ

LIVRE I

CHAPITRE PREMIER

[SUJET DE L'OUVRAGE PROJETÉ]

Les successions des saints apôtres et les temps écoulés depuis notre Sauveur jusqu'à nous, toutes les grandes choses que l'on raconte avoir été accomplies, dans l'histoire ecclésiastique ; les personnages de cette histoire qui ont présidé avec éclat au gouvernement des plus illustres sièges, ceux qui dans chaque génération ont été par leur parole ou dans leurs ouvrages les ambassadeurs de la parole divine; les noms, la qualité et l'époque de ceux qui, emportés au loin par le charme et la nouveauté de l'erreur, se sont présentés comme les introducteurs d'une science mensongère et, ainsi que des loups cruels, ont ravagé sans pitié le troupeau du Christ; [2] ensuite, les malheurs qui ont accablé toute la nation des juifs aussitôt après l'attentat contre notre Sauveur; puis la nature, la variété et les temps des nombreux combats que la doctrine divine a soutenus contre les païens; ceux qui, suivant les temps, ont pour elle engagé la lutte au prix de leur sang et de leurs supplices ; comme aussi les martyres qui ont eu

καιρούς τὸν δι' αἵματος καὶ βασάνων ὑπὲρ αὐτοῦ διεξῆλθον ἀγῶνα, τά τ' ἐπὶ τούτοις καὶ καθ' ἡμᾶς αὐτοὺς μαρτύρια καὶ τὴν ἐπὶ πᾶσιν ἵλεω καὶ εὐμενῆ τοῦ σωτῆρος ἡμῶν ἀντίληψιν γραφῇ παραδοῦναι προῃρημένος, οὐδ' ἄλλοθεν ἢ ἀπὸ πρώτης ἄρξομαι τῆς κατὰ τὸν σωτῆρα καὶ κύριον ἡμῶν Ἰησοῦν τὸν Χριστὸν τοῦ θεοῦ οἰκονομίας.

[3] Ἀλλά μοι συγγνώμην εὐγνωμόνων ἐντεῦθεν ὁ λόγος αἰτεῖ, μείζονα ἢ καθ' ἡμετέραν δύναμιν ὁμολογῶν εἶναι τὴν ἐπαγγελίαν ἐντελῆ καὶ ἀπαράλειπτον ὑποσχεῖν, ἐπεὶ καὶ πρῶτοι νῦν τῆς ὑποθέσεως ἐπιβάντες οἷά τινα ἐρήμην καὶ ἀτριβῆ ἰέναι ὁδὸν ἐγχειροῦμεν, θεὸν μὲν ὁδηγὸν καὶ τὴν τοῦ κυρίου συνεργὸν σχήσειν εὐχόμενοι δύναμιν, ἀνθρώπων γε μὴν οὐδαμῶς εὑρεῖν οἷοί τε ὄντες ἴχνη γυμνὰ τὴν αὐτὴν ἡμῖν προωδευκότων, μὴ ὅτι σμικρὰς αὐτὸ μόνον προφάσεις, δι' ὧν ἄλλος ἄλλως ὧν διηνύκασι χρόνων μερικὰς ἡμῖν καταλελοίπασι διηγήσεις, πόρρωθεν ὥσπερ εἰ πυρσοὺς τὰς ἑαυτῶν προανατείνοντες φωνὰς καὶ ἄνωθέν ποθεν ὡς ἐξ ἀπόπτου καὶ ἀπὸ σκοπῆς βοῶντες καὶ διακελευόμενοι ᾗ χρὴ βαδίζειν καὶ τὴν τοῦ λόγου πορείαν ἀπλανῶς καὶ ἀκινδύνως εὐθύνειν. [4] Ὅσα τοίνυν εἰς τὴν προκειμένην ὑπόθεσιν λυσιτελεῖν ἡγούμεθα τῶν αὐτοῖς ἐκείνοις σποράδην μνημονευθέντων ἀναλεξάμενοι καὶ ὡς ἂν ἐκ λογικῶν λειμώνων τὰς ἐπιτηδείους αὐτῶν τῶν πάλαι συγγραφέων ἀπανθισάμενοι φωνάς, δι' ὑφηγήσεως ἱστορικῆς πειρασόμεθα σωματοποιῆσαι, ἀγαπῶντες, εἰ καὶ μὴ ἁπάντων, τῶν δ' οὖν μάλιστα διαφανεστάτων τοῦ σωτῆ-

lieu de nos jours, et enfin la délivrance qui nous est venue de la miséricordieuse bonté de notre Sauveur : voilà ce que j'ai entrepris de transmettre par écrit. Le point de départ de mon travail ne sera autre que le commencement de l'économie (voy. l'*Appendice*) de notre Sauveur et Seigneur Jésus, le Christ de Dieu.

[3] Mais mon sujet réclame pour moi l'indulgence des gens bienveillants ; car je fais l'aveu qu'en une telle entreprise il est au-dessus de mes forces de remplir parfaitement et complètement l'attente du lecteur. Je suis en effet actuellement le premier qui tente une pareille œuvre, et le chemin par où je dois passer est désert et n'a été foulé par personne : que Dieu, je l'en prie, me conduise, et que la force du Seigneur soit mon secours. Il ne me sera pas possible de trouver les simples traces de ceux qui ont avant moi suivi la même voie ; je ne rencontrerai que de faibles indications d'écrivains qui nous ont laissé, chacun sur les temps qu'il a traversés, des récits partiels. Leurs paroles seront comme un fanal qu'on élève en avant ou comme la voix des veilleurs qui dans le lointain retentit du haut d'une tour ; ils m'indiqueront par où il faut passer et diriger la marche de mon récit sans erreur et sans danger. [4] Je choisirai ce que je penserai convenir au but que je me propose, dans ce qu'ils rapportent çà et là, et je cueillerai chez ces écrivains antiques comme en des parterres d'éloquence les passages utiles et j'essaierai d'en faire un tout par mon récit. Heureux si je puis sauver de l'oubli les successions, sinon de tous les apôtres de notre Sauveur, du

ρος ἡμῶν ἀποστόλων τὰς διαδοχὰς κατὰ τὰς διαπρεπούσας ἔτι καὶ νῦν μνημονευομένας ἐκκλησίας ἀνασωσαίμεθα.

[5] Ἀναγκαιότατα δέ μοι πονεῖσθαι τὴν ὑπόθεσιν ἡγοῦμαι, ὅτι μηδένα πω εἰς δεῦρο τῶν ἐκκλησιαστικῶν συγγραφέων διέγνων περὶ τοῦτο τῆς γραφῆς σπουδὴν πεποιημένον τὸ μέρος· ἐλπίζω δ' ὅτι καὶ ὠφελιμωτάτη τοῖς φιλοτίμως περὶ τὸ χρηστομαθὲς τῆς ἱστορίας ἔχουσιν ἀναφανήσεται. [6] Ἤδη μὲν οὖν τούτων καὶ πρότερον ἐν οἷς διετυπωσάμην χρονικοῖς κανόσιν ἐπιτομὴν κατεστησάμην, πληρεστάτην δ' οὖν ὅμως αὐτῶν ἐπὶ τοῦ παρόντος ὡρμήθην τὴν ἀφήγησιν ποιήσασθαι.

Β'

[7] Καὶ ἄρξεταί γέ μοι ὁ λόγος, ὡς ἔφην, ἀπὸ τῆς κατὰ τὸν Χριστὸν ἐπινοουμένης ὑψηλοτέρας καὶ κρείττονος ἢ κατὰ ἄνθρωπον οἰκονομίας τε καὶ θεολογίας. [8] Καὶ γὰρ τὸν γραφῇ μέλλοντα τῆς ἐκκλησιαστικῆς ὑφηγήσεως παραδώσειν τὴν ἱστορίαν, ἄνωθεν ἐκ πρώτης τῆς κατ' αὐτὸν τὸν Χριστόν, ὅτιπερ ἐξ αὐτοῦ καὶ τῆς προσωνυμίας ἠξιώθημεν, θειοτέρας ἢ κατὰ τὸ δοκοῦν τοῖς πολλοῖς οἰκονομίας ἀναγκαῖον ἂν εἴη κατάρξασθαι.

moins de ceux qui se sont le plus distingués dans les Églises demeurées illustres jusqu'à nous.

[5] Je crois faire là un travail tout à fait nécessaire, car parmi les écrivains ecclésiastiques personne jusqu'ici à ma connaissance ne s'est soucié d'entreprendre une pareille œuvre. J'espère aussi qu'il paraîtra de quelque profit à ceux qui recherchent les enseignements de l'histoire. [6] J'ai déjà du reste dans les colonnes de mes *Chroniques*, disposé un résumé des événements dont je me prépare aujourd'hui à faire un récit très complet.

[7] Ainsi que je viens de le dire, je débuterai par un sujet qui dépasse en hauteur et en puissance la raison humaine : l'économie et la théologie du Christ (voy. l'*Appendice*). [8] Quiconque veut écrire un exposé de l'histoire ecclésiastique, doit d'abord traiter des débuts de l'économie du Christ lui-même puisque nous avons l'honneur de tirer notre nom de lui, économie du reste plus divine qu'il ne semble à beaucoup.

Διττοῦ δὲ ὄντος τοῦ κατ' αὐτὸν τρόπου, καὶ τοῦ μὲν σώματος ἐοικότος κεφαλῇ [*I Cor.*, XI, 3], ᾗ θεὸς ἐπινοεῖται, τοῦ δὲ ποσὶ παραβαλλομένου, ᾗ τὸν ἡμῖν ἄνθρωπον ὁμοιοπαθῆ τῆς ἡμῶν αὐτῶν ἕνεκεν ὑπέδυ σωτηρίας, γένοιτ' ἂν ἡμῖν ἐντεῦθεν ἐντελὴς ἡ τῶν ἀκολούθων διήγησις, εἰ τῆς κατ' αὐτὸν ἱστορίας ἁπάσης ἀπὸ τῶν κεφαλαιωδεστάτων καὶ κυριωτάτων τοῦ λόγου τὴν ὑφήγησιν ποιησαίμεθα· ταύτῃ δὲ καὶ τῆς Χριστιανῶν ἀρχαιότητος τὸ παλαιὸν ὁμοῦ καὶ θεοπρεπὲς τοῖς νέαν αὐτὴν καὶ ἐκτετοπισμένην, χθὲς καὶ οὐ πρότερον φανεῖσαν, ὑπολαμβάνουσιν ἀναδειχθήσεται.

[2] Γένους μὲν οὖν καὶ ἀξίας αὐτῆς τε οὐσίας τοῦ Χριστοῦ καὶ φύσεως οὔτις ἂν εἰς ἔκφρασιν αὐτάρκης γένοιτο λόγος, ᾗ καὶ τὸ πνεῦμα τὸ θεῖον ἐν προφητείαις. « Τὴν γενεὰν αὐτοῦ φησίν, τίς διηγήσεται; » [Is., LIII, 8], ὅτι δὴ οὔτε τὸν πατέρα τις ἔγνω, εἰ μὴ ὁ υἱός, οὔτ' αὖ τὸν υἱόν τις ἔγνω ποτὲ κατ' ἀξίαν, εἰ μὴ μόνος ὁ γεννήσας αὐτὸν πατήρ [Matth., XI, 27]. [3] Τό τε φῶς τὸ προκόσμιον [Jean, I, 9-10] καὶ τὴν πρὸ αἰώνων νοερὰν καὶ οὐσιώδη σοφίαν [*Prov.*, VIII, 23] τόν τε ζῶντα καὶ ἐν ἀρχῇ παρὰ τῷ πατρὶ τυγχάνοντα θεὸν λόγον [Jean, I, 4, 2] τίς ἂν πλὴν τοῦ πατρὸς καθαρῶς ἐννοή-

[CHAPITRE II

RÉSUMÉ SOMMAIRE DE LA DOCTRINE SUR LA
PRÉEXISTENCE ET LA DIVINITÉ DE NOTRE SAUVEUR
ET SEIGNEUR LE CHRIST DE DIEU]

Le Christ a deux sortes de nature ; on peut comparer l'une à la tête du corps, et par elle il est reconnu Dieu ; l'autre, aux pieds, et par elle, il a revêtu notre humanité et est devenu capable de souffrir comme nous, pour notre salut. L'exposition de ce qui va suivre sera parfaite si nous prenons pour point de départ les sommets qui dominent toute l'histoire chrétienne : ainsi l'antiquité et la majesté du christianisme apparaîtra manifeste à ceux qui le regardent comme une secte récente et étrangère qu'hier encore on ne connaissait pas.
[2] La génération, la dignité, la substance même et la nature du Christ dépassent tout ce que peut exprimer la parole : c'est pourquoi l'Esprit divin dit dans les prophéties : « Qui racontera sa génération ? » Car personne ne connaît le Père si ce n'est le Fils et personne ne connaît le Fils comme il convient hormis le Père qui l'a engendré. [3] Cette lumière plus ancienne que le monde, cette sagesse intellectuelle et substantielle qui a précédé les siècles, ce Verbe-Dieu qui vit et existe au commencement dans le Père, qui le comprendrait purement sinon le Père ? Il est antérieure-

σειεν, πρὸ πάσης κτίσεως [*Col.*, I, 15-16] καὶ δημιουργίας ὁρωμένης τε καὶ ἀοράτου τὸ πρῶτον καὶ μόνον τοῦ θεοῦ γέννημα, τὸν τῆς κατ' οὐρανὸν λογικῆς καὶ ἀθανάτου στρατιᾶς ἀρχιστράτηγον [Jos., v, 14], τὸν τῆς μεγάλης βουλῆς ἄγγελον [Is., IX, 6], τὸν τῆς ἀρρήτου γνώμης τοῦ πατρὸς ὑπουργόν, τὸν τῶν ἁπάντων σὺν τῷ πατρὶ δημιουργόν, τὸν δεύτερον μετὰ τὸν πατέρα τῶν ὅλων αἴτιον, τὸν τοῦ θεοῦ παῖδα γνήσιον καὶ μονογενῆ, τὸν τῶν γενητῶν ἁπάντων κύριον καὶ θεὸν καὶ βασιλέα τὸ κῦρος ὁμοῦ καὶ τὸ κράτος αὐτῇ θεότητι καὶ δυνάμει καὶ τιμῇ παρὰ τοῦ πατρὸς ὑποδεδεγμένον, ὅτι δὴ κατὰ τὰς περὶ αὐτοῦ μυστικὰς τῶν γραφῶν θεολογίας · « Ἐν ἀρχῇ ἦν ὁ λόγος, καὶ ὁ λόγος ἦν πρὸς τὸν θεόν, καὶ θεὸς ἦν ὁ λόγος · πάντα δι' αὐτοῦ ἐγένετο, καὶ χωρὶς αὐτοῦ ἐγένετο οὐδὲ ἕν » [Jean, I, 1, 3].

[4] Τοῦτό τοι καὶ ὁ μέγας Μωυσῆς, ὡς ἂν προφητῶν ἁπάντων παλαιότατος, θείῳ πνεύματι τὴν τοῦ παντὸς οὐσίωσίν τε καὶ διακόσμησιν ὑπογράφων, τὸν κοσμοποιὸν καὶ δημιουργὸν τῶν ὅλων αὐτῷ δὴ τῷ Χριστῷ καὶ οὐδὲ ἄλλῳ ἢ τῷ θείῳ δηλαδὴ καὶ πρωτογόνῳ ἑαυτοῦ λόγῳ τὴν τῶν ὑποβεβηκότων ποίησιν παραχωροῦντα διδάσκει αὐτῷ τε κοινολογούμενον ἐπὶ τῆς ἀνθρωπογονίας. « Εἶπεν γάρ, φησίν, ὁ θεός· « Ποιήσωμεν ἄνθρωπον κατ' εἰκόνα ἡμετέραν καὶ καθ' ὁμοί- « ωσιν » [*Gen.*, I, 26]. [5] Ταύτην δὲ ἐγγυᾶται τὴν φωνὴν προφητῶν ἄλλος, ὡδέ πως ἐν ὕμνοις θεολογῶν· « Αὐτὸς εἶπεν, καὶ ἐγενήθησαν · αὐτὸς ἐνετείλατο, καὶ ἐκτίσθη-

ment à toute création et à toute organisation d'êtres visibles et invisibles, le premier et l'unique rejeton de Dieu (voy. l'*Appendice*), le chef de l'armée céleste des esprits immortels, l'ange du grand conseil, le ministre de la pensée cachée du Père ; il est avec le Père l'ouvrier de l'univers, la seconde cause après le Père de tout ce qui existe, le Fils engendré et unique de Dieu, le maître et dieu et roi de toutes créatures. Il a reçu de son Père la domination, la force avec la divinité, la puissance et l'honneur; car il est dit de lui selon la mystérieuse théologie des Écritures qui traite de lui : « Au commencement était le Verbe et le Verbe était auprès de Dieu et le Verbe était Dieu ; tout a été fait par lui et sans lui rien n'a été fait ».

[4] Le grand Moïse, le plus ancien de tous les prophètes, décrivant sous l'action de l'Esprit divin la création et l'organisation du monde, enseigne que le créateur et ouvrier de l'univers n'a accordé qu'au Christ, et pas à d'autres, comme à son Verbe divin et premier né, la création des êtres inférieurs ; il le montre s'entretenant avec lui au sujet de la création de l'homme : « Car Dieu dit, raconte Moïse, faisons l'homme à notre image et ressemblance. » [5] Un autre prophète se porte garant de cette parole ; voici comme il parle de Dieu dans ses chants : « Il dit

σαν » [*Ps.*, XXXII, 9; CXLVIII, 5]; τὸν μὲν πατέρα καὶ ποιητὴν εἰσάγων ὡς ἂν πανηγεμόνα βασιλικῷ νεύματι προστάττοντα, τὸν δὲ τούτῳ δευτερεύοντα θεῖον λόγον, οὐχ ἕτερον τοῦ πρὸς ἡμῶν κηρυττομένου, ταῖς πατρικαῖς ἐπιτάξεσιν ὑπουργοῦντα.

[6] Τοῦτον καὶ ἀπὸ πρώτης ἀνθρωπογονίας πάντες ὅσοι δὴ δικαιοσύνῃ καὶ θεοσεβείας ἀρετῇ διαπρέψαι λέγονται, ἀμφί τε τὸν μέγαν θεράποντα Μωυσέα καὶ πρό γε αὐτοῦ πρῶτος Ἀβραὰμ τούτου τε οἱ παῖδες καὶ ὅσοι μετέπειτα δίκαιοι πεφήνασιν καὶ προφῆται, καθαροῖς διανοίας ὄμμασι φαντασθέντες ἔγνωσάν τε καὶ οἷα θεοῦ παιδὶ τὸ προσῆκον ἀπένειμαν σέβας, [7] αὐτός τε, οὐδαμῶς ἀπορραθυμῶν τῆς τοῦ πατρὸς εὐσεβείας, διδάσκαλος τοῖς πᾶσι τῆς πατρικῆς καθίστατο γνώσεως. Ὦφθαι γοῦν κύριος ὁ θεὸς ἀνείρηται οἷά τις κοινὸς ἄνθρωπος τῷ Ἀβραὰμ καθημένῳ παρὰ τὴν δρῦν τὴν Μαμβρῆ· ὁ δ᾽ ὑποπεσὼν αὐτίκα, καίτοι γε ἄνθρωπον ὀφθαλμοῖς ὁρῶν, προσκυνεῖ μὲν ὡς θεόν, ἱκετεύει δὲ ὡς κύριον, ὁμολογεῖ τε μὴ ἀγνοεῖν ὅστις εἴη, ῥήμασιν αὐτοῖς λέγων· « Κύριε ὁ κρίνων πᾶσαν τὴν γῆν, οὐ ποιήσεις κρίσιν; » [*Gen.*, XVIII, 1-25]. [8] Εἰ γὰρ μηδεὶς ἐπιτρέποι λόγος τὴν ἀγένητον καὶ ἄτρεπτον οὐσίαν θεοῦ τοῦ παντοκράτορος εἰς ἀνδρὸς εἶδος μεταβάλλειν μηδ᾽ αὖ γενητοῦ μηθενὸς φαντασίᾳ τὰς τῶν ὁρώντων ὄψεις ἐξαπατᾶν μηδὲ μὴν ψευδῶς τὰ τοιαῦτα πλάττεσθαι τὴν γραφήν, θεὸς καὶ κύριος ὁ κρίνων πᾶσαν τὴν γῆν καὶ ποιῶν κρίσιν, ἐν ἀνθρώπου ὁρώμενος σχήματι, τίς ἂν ἕτερος ἀναγορεύοιτο, εἰ μὴ φάναι θέμις τὸ πρῶτον

et les êtres existèrent, il ordonna et ils furent créés. »
Il présente ainsi le Père et créateur commandant en
souverain avec un geste royal, et, au second rang
après lui, le Verbe divin, celui-là même qui nous a été
prêché, exécutant les ordres paternels.

[6] Tous ceux que depuis la création de l'homme
l'on dit s'être distingués dans la justice et la vertu de
religion, les disciples de Moïse le grand serviteur de
Dieu, et le premier avant lui, Abraham, ainsi que ses
enfants, et ceux qui furent après lui justes et prophètes, tous l'ont contemplé avec l'œil pur de leur
intelligence; ils l'ont reconnu et lui ont rendu l'honneur qui convient au Fils de Dieu. [7] Lui-même,
du reste, n'a jamais négligé le culte religieux de son
Père et il a été pour tous le maître de la connaissance du
Père. Dieu et Seigneur, il est dit s'être laissé voir sous
les traits d'un simple mortel à Abraham assis près du
chêne de Mambré (voy. l'*Appendice*) : le patriarche se
prosterne aussitôt et quoique ses yeux ne lui laissent
apercevoir qu'un homme, il l'adore comme un Dieu
et le prie comme un Seigneur. Il prouve qu'il
n'ignore pas qui il est, lorsqu'il lui dit en propres
termes : « Seigneur, toi qui juges toute la terre, ne
feras-tu pas justice? » [8] La raison ne peut aucune-
ment prouver que la nature non engendrée et immuable
du Dieu tout-puissant se soit changée en une forme
humaine ou qu'elle ait trompé les yeux par la vaine
apparence d'une créature, ou que l'Écriture ait imaginé
ce récit d'une façon mensongère. Ce Dieu et Seigneur
qui juge toute la terre et qui rend la justice, qui a été vu
sous les dehors d'un homme, quel autre nom lui donner

των όλων αίτιον, ή μόνος ό προών αύτου λόγος ; Περί ού και έν ψαλμοΐς άνείρηται · « Άπέστειλεν τον λόγον αύτοΰ, και ιάσατο αύτούς, και έρρύσατο αύτούς έκ των διαφθορών αύτών » [*Ps*., cvi, 20]. [9] Τούτον δεύτερον μετά τον πατέρα κύριον σαφέστατα Μωυσής άναγορεύει λέγων· « Έβρεξε κύριος έπι Σόδομα και Γόμορρα θεΐον και πύρ παρά κυρίου » [*Gen*., xix, 24]· τούτον και τώ Ίακώβ αύθις έν άνδρός φανέντα σχήματι, θεόν ή θεία προσαγορεύει γραφή, φάσκοντα τώ Ίακώβ· « Ούκέτι κληθήσεται τό όνομά σου Ίακώβ, άλλ' Ισραήλ έσται τό όνομά σου, ότι ένίσχυσας μετά θεού » [*Gen*., xxxii, 28], ότε και « έκάλεσεν Ίακώβ τό όνομα τού τόπου έκείνου Είδος θεού, » λέγων· « Είδον γάρ θεόν πρόσωπον προς πρόσωπον, και έσώθη μου ή ψυχή » [*Gen*., xxxii, 30].

[10] Και μήν ούδ' ύποβεβηκότων άγγέλων και λειτουργών θεού τάς άναγραφείσας θεοφανείας ύπονοείν θέμις, έπειδή και τούτων ότε τις άνθρώποις παραφαίνεται, ούκ έπικρύπτεται ή γραφή, όνομαστι ού θεόν ούδέ μήν κύριον, άλλ' άγγέλους χρηματίσαι λέγουσα, ώς διά μυρίων μαρτυριών πιστώσασθαι ράδιον.

[11] Τούτον και ό Μωυσέως διάδοχος Ίησούς, ώς άν τών ούρανίων άγγέλων και άρχαγγέλων τών τε ύπερκοσμίων δυνάμεων ήγούμενον και ώς άν εί τού πατρός ύπάρχοντα δύναμιν και σοφίαν [*I Cor*., i, 24] και τά δευτερεία τής κατά πάντων βασιλείας τε και άρχής έμπεπιστευμένον, άρχιστράτηγον δυνάμεως κυρίου όνομάζει, ούκ άλλως

s'il n'est pas permis de dire qu'il est la première cause de l'univers, sinon celui de son Verbe qui existait avant la création ? Il est dit de lui dans les Psaumes : « Il a envoyé son Verbe et il les a guéris et il les a délivrés de leur corruption. » [9] Moïse le présente en termes très clairs comme le second maître après le Père lorsqu'il déclare que : « Le Seigneur fit pleuvoir sur Sodome et Gomorrhe le soufre et le feu de la part du Seigneur. » Lorsqu'il apparut de nouveau à Jacob sous la forme humaine, la divine Écriture l'appelle Dieu ; alors il dit au patriarche : « Ton nom ne sera plus Jacob, mais Israël, car tu as été fort avec Dieu. » Alors aussi Jacob nomma ce lieu : Vision de Dieu, « car, dit-il, j'ai vu Dieu face à face et mon âme a été sauvée. »

[10] Qu'il s'agisse d'anges inférieurs à Dieu dont ils sont les serviteurs, dans les apparitions ainsi décrites, c'est ce qu'il n'est pas permis de penser ; car chaque fois que l'un d'eux s'est montré aux hommes, le texte sacré ne le cache pas et il n'attribue le fait ni à Dieu ni au Seigneur, mais il nomme formellement les anges : il est aisé de s'en convaincre dans un grand nombre de passages.

[11] Le successeur de Moïse, Josué appelle ce personnage le prince des anges célestes, des archanges et des puissances qui sont au-dessus du monde, la puissance et la sagesse du Père (voy. l'*Appendice*), celui à qui a été confié la seconde place dans la royauté et le gouvernement de l'univers, le chef suprême des armées du Seigneur : en quelle circonstance ? après

αὐτὸν ἢ αὖθις ἐν ἀνθρώπου μορφῇ καὶ σχήματι θεωρήσας. [12] Γέγραπται γοῦν· « Καὶ ἐγενήθη, ὡς ἦν Ἰησοῦς ἐν Ἱεριχώ, καὶ ἀναβλέψας ὁρᾷ ἄνθρωπον ἑστηκότα κατέναντι αὐτοῦ, καὶ ἡ ῥομφαία ἐσπασμένη ἐν τῇ χειρὶ αὐτοῦ, καὶ προσελθὼν Ἰησοῦς εἶπεν· « Ἡμέτερος εἶ ἢ τῶν ὑπεναντίων ; » καὶ εἶπεν αὐτῷ· « Ἐγὼ ἀρχιστράτηγος δυνάμεως κυρίου· « νυνὶ παραγέγονα ». Καὶ Ἰησοῦς ἔπεσεν ἐπὶ πρόσωπον ἐπὶ τὴν γῆν καὶ εἶπεν αὐτῷ· « Δέσποτα, τί προστάσσεις τῷ σῷ « οἰκέτῃ ; » Καὶ εἶπεν ὁ ἀρχιστράτηγος κυρίου πρὸς Ἰησοῦν· « Λῦσαι τὸ ὑπόδημα ἐκ τῶν ποδῶν σου· ὁ γὰρ « τόπος, ἐν ᾧ σὺ ἕστηκας, τόπος ἅγιός ἐστιν. » [Jos., v, 13-15]. [13] Ἔνθα καὶ ἐπιστήσεις ἀπὸ τῶν αὐτῶν ῥημάτων ὅτι μὴ ἕτερος οὗτος εἴη τοῦ καὶ Μωυσεῖ κεχρηματικότος, ὅτι δὴ αὐτοῖς ῥήμασι καὶ ἐπὶ τῷδέ φησιν ἡ γραφή· « Ὡς δὲ εἶδεν κύριος ὅτι προσάγει ἰδεῖν, ἐκάλεσεν αὐτὸν κύριος ἐκ τοῦ βάτου λέγων· « Μωυσῆ Μωυσῆ ». Ὁ δὲ εἶπεν· « Τί ἐστιν ; » Καὶ εἶπεν· « Μὴ ἐγγίσῃς ὧδε· λῦσαι « τὸ ὑπόδημα ἐκ τῶν ποδῶν σου· ὁ γὰρ τόπος, ἐν ᾧ σὺ « ἕστηκας ἐπ' αὐτοῦ, γῆ ἁγία ἐστίν ». Καὶ εἶπεν αὐτῷ· « Ἐγώ εἰμι ὁ θεὸς τοῦ πατρός σου, θεὸς Ἀβραὰμ καὶ θεὸς « Ἰσαὰκ καὶ θεὸς Ἰακώβ » [Exod., III, 4-6].

[14] Καὶ ὅτι γέ ἐστιν οὐσία τις προκόσμιος ζῶσα καὶ ὑφεστῶσα, ἡ τῷ πατρὶ καὶ θεῷ τῶν ὅλων εἰς τὴν τῶν γενητῶν ἁπάντων δημιουργίαν ὑπηρετησαμένη, λόγος θεοῦ καὶ σοφία χρηματίζουσα, πρὸς ταῖς τεθειμέναις ἀποδείξεσιν ἔτι καὶ αὐτῆς ἐξ ἰδίου προσώπου τῆς σοφίας ἐπακοῦσαι πάρεστιν,

qu'il lui eût apparu derechef sous la forme et l'aspect d'un homme. [12] Il est écrit en effet : « Voici ce qui arriva à Josué lorsqu'il était à Jéricho : il leva les yeux et, ayant regardé, il vit un homme qui se tenait en face de lui, une épée nue à la main, et Josué s'avança en disant : « Es-tu des nôtres ou des enne-« mis ? » Il lui répondit : « Je suis le chef suprême de « la puissance du Seigneur et maintenant je viens. » Et Josué tombant la face contre terre lui dit : « Maître « qu'ordonnes-tu à ton serviteur ? » Et le chef des armées du Seigneur dit à Josué : « Quitte tes sandales, « car le lieu où tu te tiens est un lieu sacré. » [13] Il ressort évidemment de ce langage, que celui qui parle en cet endroit est le même qui s'est nommé à Moïse, car l'Écriture se sert des mêmes termes pour celui-ci : « Comme le Seigneur le vit qui s'approchait pour contempler la vision, le Seigneur l'appela du buisson : « Moïse, Moïse ! — Qu'y a-t-il, » demanda celui-ci. Et le Seigneur reprit : « N'approche pas ainsi, mais détache la « sandale de tes pieds ; car le sol que tu foules est une « terre sainte. » Et il ajouta : « Je suis le Dieu de ton « père, le Dieu d'Abraham, le Dieu d'Isaac, le Dieu « de Jacob. »

[14] Qu'il ait existé avant le monde une substance vivante et subsistante qui a aidé le Père et Dieu de l'univers dans la création de tous les êtres, qu'elle soit appelée Verbe de Dieu et Sagesse, en outre des preuves déjà apportées, on peut l'inférer de ce que cette Sagesse divine dit elle-même (voy. l'*Appendice*), lorsqu'elle déclare très nettement par la bouche de Salomon

διὰ Σαλομῶνος λευκότατα ὧδέ πως τὰ περὶ αὐτῆς μυσταγωγούσης· « Ἐγὼ ἡ σοφία κατεσκήνωσα βουλήν, καὶ γνῶσιν καὶ ἔννοιαν ἐγὼ ἐπεκαλεσάμην. Δι' ἐμοῦ βασιλεῖς βασιλεύουσιν, καὶ οἱ δυνάσται γράφουσι δικαιοσύνην· δι' ἐμοῦ μεγιστᾶνες μεγαλύνονται, καὶ τύραννοι δι' ἐμοῦ κρατοῦσι γῆς » [*Prov.*, VIII, 12, 15, 16]. [15] Οἷς ἐπιλέγει· « Κύριος ἔκτισέν με ἀρχὴν ὁδῶν αὐτοῦ εἰς ἔργα αὐτοῦ, πρὸ τοῦ αἰῶνος ἐθεμελίωσέν με· ἐν ἀρχῇ πρὸ τοῦ τὴν γῆν ποιῆσαι, πρὸ τοῦ προελθεῖν τὰς πηγὰς τῶν ὑδάτων, πρὸ τοῦ ὄρη ἑδρασθῆναι, πρὸ δὲ πάντων βουνῶν γεννᾷ με. Ἡνίκα ἡτοίμαζεν τὸν οὐρανόν, συμπαρήμην αὐτῷ, καὶ ὡς ἀσφαλεῖς ἐτίθει πηγὰς τῆς ὑπ' οὐρανόν, ἤμην σὺν αὐτῷ ἁρμόζουσα. Ἐγὼ ἤμην ᾗ προσέχαιρεν καθ' ἡμέραν, εὐφραινόμην δὲ ἐνώπιον αὐτοῦ ἐν παντὶ καιρῷ, ὅτε εὐφραίνετο τὴν οἰκουμένην συντελέσας » [*Prov.*, VIII, 22-25, 27-28, 30-31].

[16] Ὅτι μὲν οὖν προῆν καὶ τισὶν, εἰ καὶ μὴ τοῖς πᾶσιν, ὁ θεῖος λόγος ἐπεφαίνετο, ταῦθ' ἡμῖν ὡς ἐν βραχέσιν εἰρήσθω.

[17] Τί δὴ οὖν οὐχὶ καθάπερ τὰ νῦν, καὶ πάλαι πρότερον εἰς πάντας ἀνθρώπους καὶ πᾶσιν ἔθνεσιν ἐκηρύττετο, ὧδε ἂν γένοιτο πρόδηλον· οὐκ ἦν πω χωρεῖν οἷός τε τὴν τοῦ Χριστοῦ πάνσοφον καὶ πανάρετον διδασκαλίαν ὁ πάλαι τῶν ἀνθρώπων βίος. [18] Εὐθὺς μέν γε ἐν ἀρχῇ μετὰ τὴν πρώτην ἐν μακαρίοις ζωὴν ὁ πρῶτος ἄνθρωπος ἧττον τῆς θείας ἐντολῆς φροντίσας, εἰς τουτονὶ τὸν θνητὸν καὶ ἐπίκηρον βίον καταπέπτωκεν καὶ τὴν ἐπάρατον ταυτηνὶ γῆν τῆς

(voy. l'*Appendice*) : « Je suis la Sagesse, j'habite dans le conseil, et je m'appelle science et intelligence. Par moi, les rois règnent et les puissants écrivent la justice. Par moi, les grands dominent et les tyrans commandent à la terre. » [15] Et elle poursuit : « Le Seigneur m'a formée comme commencement de ses voies en vue de ses œuvres : il m'a établie avant les siècles. Avant de créer la terre, avant de faire couler les sources des eaux, avant d'asseoir les montagnes sur leurs bases, avant toutes les collines, il m'a engendrée. Lorsqu'il préparait le ciel, j'étais avec lui ; lorsqu'il établissait les sources constantes sous les cieux, j'étais assise et j'agissais avec lui. J'étais assise là où il se réjouissait chaque jour, et j'exultais devant lui à toute occasion tandis qu'il s'applaudissait d'avoir créé la terre. »

[16] Le Verbe divin existait donc avant l'univers et il s'est manifesté à certains, sinon à tous, ainsi que je viens de l'exposer brièvement.

[17] Pourquoi ne fut-il pas annoncé autrefois à tous les hommes et dans toutes les nations comme il l'est aujourd'hui ? En voici l'explication : le genre humain dans l'antiquité n'était pas capable d'atteindre la doctrine du Christ, parfaite en sagesse et en vertu. [18] Tout d'abord le premier homme vécut au sein du bonheur, mais il transgressa le précepte de Dieu et tomba dans l'existence corruptible et périssable qui est la nôtre. Il reçut en partage la terre maudite que nous habitons, à la place des délices divines d'autrefois. Ses descendants

πάλαι ενθέου τρυφής άντικατηλλάξατο, οϊ τε άπό τούτου την καθ' ήμας σύμπασαν πληρώσαντες πολύ χείρους αναφανέντες εκτός ενός που καί δευτέρου, θηριώδη τινά τρόπον καί βίον αβίωτον έπανήρηντο [19] αλλά καί ούτε πόλιν ούτε πολιτείαν, ού τέχνας, ούκ επιστήμας επί νούν εβάλλοντο, νόμων τε καί δικαιωμάτων καί προσέτι αρετής καί φιλοσοφίας ουδέ ονόματος μετείχον, νομάδες δέ έπ' ερημίας οία τινες άγριοι καί απηνείς διήγον, τούς μέν έκ φύσεως προσήκοντας λογισμούς τά τε λογικά καί ήμερα της ανθρώπων ψυχής σπέρματα αυτοπροαιρέτου κακίας υπερβολή διαφθείροντες, ανοσιουργίαις δέ πάσαις όλους σφάς έκδεδωκότες, ώς τοτέ μέν άλληλοφθορείν, τοτέ δέ άλληλοκτονείν, άλλοτε δέ άνθρωποβορείν, θεομαχίας τε καί τάς παρά τοίς πάσιν βοωμένας γιγαντομαχίας επιτολμάν, καί γήν μέν επιτειχίζειν ούρανώ διανοείσθαι, μανία δέ φρονήματος εκτόπου αυτόν τον επί πάσιν πολεμείν παρασκευάζεσθαι [20] έφ' οίς τούτον εαυτοίς <εις>άγουσι τον τρόπον κατακλυσμοίς αυτούς καί πυρπολήσεσιν ώσπερ αγρίαν ύλην κατά πάσης της γής κεχυμένην θεός ό πάντων έφορος μετήει, λιμοίς τε συνεχέσι καί λοιμοίς πολέμοις τε αύ καί κεραυνών βολαίς άνωθεν αυτούς υπετέμνετο, ώσπερ τινά δεινήν καί χαλεπωτάτην νόσον ψυχών πικροτέροις ανέχων τοίς κολαστηρίοις.

[21] Τότε μέν ούν, ότε δή καί πολύς ήν επικεχυμένος ολίγου δείν κατά πάντων ό τής κακίας κόρος, οία μέθης δεινής, τάς απάντων σχεδόν ανθρώπων επισκιαζούσης καί

la peuplèrent dans son entier, mais tous, sauf un ou deux, se montrèrent beaucoup plus méchants que lui et s'abandonnèrent à une vie brutale et déréglée (voy. l'*Appendice*). [19] Parmi eux, nul souci ni de villes, ni de constitutions politiques, ni d'arts, ni de sciences. Lois, droit, vertu, philosophie ne leur étaient pas connus, même de nom. Ils menaient une vie nomade dans les déserts, comme des êtres agrestes et féroces. La raison qu'ils avaient reçue de la nature et les germes de bon sens ou de civilisation qui se trouvent dans toute âme humaine, étaient détruits par l'excès d'une malice délibérée. Ils se livraient tout entiers à toute œuvre scélérate ; ils se perdaient mutuellement, se tuaient, se dévoraient les uns les autres. Ils osèrent même lutter contre Dieu et les combats de géants sont connus de tous ; ils imaginèrent de fortifier la terre contre les entreprises du ciel ; enfin ils poussèrent leur folie insensée jusqu'à préparer la guerre contre le Dieu suprême. [20] Mais sur les auteurs de pareils déportements (voy. l'*Appendice*) des déluges d'eau et de feu fondirent comme sur une forêt sauvage qui aurait envahi la terre entière, déchaînés par le Dieu qui veille sur toutes choses. Par des famines ininterrompues, par des pestes, par des guerres et les éclats de la foudre, il les extermina : comme s'il se fût agi de guérir un mal d'âme terrible et très pernicieux, il employait les châtiments les plus durs.

[21] Alors que le vertige de la malice était intense et sévissait sur tous, ou peu s'en faut, alors que semblable à une affreuse ivresse il aveuglait et enténé-

ἐπισκοτούσης ψυχάς [*Col.* I, 15 ; *Proverbes*, VIII, 22], ἡ πρωτόγονος καὶ πρωτόκτιστος τοῦ θεοῦ σοφία καὶ αὐτὸς ὁ προὼν λόγος [I JEAN, I, 1] φιλανθρωπίας ὑπερβολῇ τοτὲ μὲν δι᾽ ὀπτασίας ἀγγέλων τοῖς ὑποβεβηκόσι, τοτὲ δὲ καὶ δι᾽ ἑαυτοῦ οἷα θεοῦ δύναμις [*I Cor.*, I, 24] σωτήριος ἑνί που καὶ δευτέρῳ τῶν πάλαι θεοφιλῶν ἀνδρῶν οὐκ ἄλλως ἢ δι᾽ ἀνθρώπου μορφῆς, ὅτι μηδ᾽ ἑτέρως ἦν δυνατὸν αὐτοῖς, ὑπεφαίνετο. [22] Ὡς δ᾽ ἤδη διὰ τούτων τὰ θεοσεβείας σπέρματα εἰς πλῆθος ἀνδρῶν καταβέβλητο ὅλον τε ἔθνος ἐπὶ γῆς θεοσεβείᾳ προσανέχον ἐκ τῶν ἀνέκαθεν Ἑβραίων ὑπέστη, τούτοις μὲν, ὡς ἂν εἰ πλήθεσιν ἔτι ταῖς παλαιαῖς ἀγωγαῖς ἐκδεδιῃτημένοις, διὰ τοῦ προφήτου Μωυσέως εἰκόνας καὶ σύμβολα σαββάτου τινὸς μυστικοῦ καὶ περιτομῆς ἑτέρων τε νοητῶν θεωρημάτων εἰσαγωγάς, ἀλλ᾽ οὐκ αὐτὰς ἐναργεῖς παρεδίδου μυσταγωγίας· [23] ὡς δὲ τῆς παρὰ τούτοις νομοθεσίας βοωμένης καὶ πνοῆς δίκην εὐώδους εἰς ἅπαντας ἀνθρώπους διαδιδομένης, ἤδη τότε ἐξ αὐτῶν καὶ τοῖς πλείοσιν τῶν ἐθνῶν διὰ τῶν πανταχόσε νομοθετῶν τε καὶ φιλοσόφων ἡμέρωτο τὰ φρονήματα, τῆς ἀγρίας καὶ ἀπηνοῦς θηριωδίας ἐπὶ τὸ πρᾶον μεταβεβλημένης, ὡς καὶ εἰρήνην βαθεῖαν φιλίας τε καὶ ἐπιμιξίας πρὸς ἀλλήλους ἔχειν, τηνικαῦτα πᾶσι δὴ λοιπὸν ἀνθρώποις καὶ τοῖς ἀνὰ τὴν οἰκουμένην ἔθνεσιν ὡς ἂν προωφελημένοις καὶ ἤδη τυγχάνουσιν ἐπιτηδείοις πρὸς παραδοχὴν τῆς τοῦ πατρὸς γνώσεως, ὁ αὐτὸς δὴ πάλιν ἐκεῖνος ὁ τῶν ἀρετῶν διδάσκαλος, ὁ ἐν πᾶσιν ἀγαθοῖς τοῦ πατρὸς ὑπουργός, ὁ θεῖος καὶ οὐρά-

brait les âmes de presque tous les hommes, la Sagesse, première fille et première œuvre de Dieu (voy. l'*Appendice*), le Verbe préexistant lui-même, dans un excès d'amour pour les hommes, se manifesta à ceux qui étaient au dessous de lui : tantôt il se servit d'apparitions angéliques ; tantôt, ainsi qu'il était loisible à la puissance d'un Dieu sauveur, il se montra lui-même dans ces temps anciens à un ou deux amis de Dieu : il prenait alors la forme humaine, car il ne pouvait en être pour eux autrement. [22] Ceux-ci jetèrent les semences de la religion dans la multitude des hommes, et, sur la terre, la nation qui descend des anciens Hébreux se rallia tout entière à ce culte divin. Dieu lui donna alors par le prophète Moïse, comme à une multitude encore imbue des anciennes mœurs, des figures et les symboles d'un sabbat mystérieux, les initiations de la circoncision et d'autres préceptes spirituels, mais non pas l'intelligence claire des secrets contenus dans tous ces mystères. [23] Lorsque la législation des Juifs fut connue, elle se répandit dans le reste du monde comme une brise chargée de parfums : les Hébreux furent ainsi cause que la plupart des peuples s'efforcèrent par leurs législateurs et leurs philosophes d'adoucir leurs mœurs et changèrent en douceur leur barbarie sauvage et brutale. Ce fut le règne de la paix profonde, de l'amitié et des bons rapports entre les hommes : alors tous les autres hommes et les nations de la terre ainsi préparés devinrent capables de recevoir la notion du Père. Alors de nouveau, le maître des vertus, le ministre du Père en tout bien, le Verbe divin et céleste de Dieu parut lui-même dans un corps humain qui ne différait en

υἱὸς τοῦ θεοῦ λόγος, δι' ἀνθρώπου κατὰ μηδὲν σώματος οὐσίᾳ τὴν ἡμετέραν φύσιν διαλλάττοντος ἀρχομένης τῆς Ῥωμαίων βασιλείας ἐπιφανείς, τοιαῦτα ἔδρασέν τε καὶ πέπονθεν, οἷα ταῖς προφητείαις ἀκόλουθα ἦν, ἄνθρωπον ὁμοῦ καὶ θεὸν ἐπιδημήσειν τῷ βίῳ παραδόξων ἔργων ποιητὴν καὶ τοῖς πᾶσιν ἔθνεσιν διδάσκαλον τῆς τοῦ πατρὸς εὐσεβείας ἀναδειχθήσεσθαι τό τε παράδοξον αὐτοῦ τῆς γενέσεως καὶ τὴν καινὴν διδασκαλίαν καὶ τῶν ἔργων τὰ θαύματα ἐπί τε τούτοις τοῦ θανάτου τὸν τρόπον τήν τε ἐκ νεκρῶν ἀνάστασιν καὶ ἐπὶ πᾶσιν τὴν εἰς οὐρανοὺς ἔνθεον ἀποκατάστασιν αὐτοῦ προκηρυττούσαις.

[24] Τὴν γοῦν ἐπὶ τέλει βασιλείαν αὐτοῦ Δανιὴλ ὁ προφήτης θείῳ πνεύματι συνορῶν, ὧδέ πῃ ἐθεοφορεῖτο, ἀνθρωπινώτερον τὴν θεοπτίαν ὑπογράφων [Dan., VII, 9-10]· « Ἐθεώρουν γάρ, φησίν, ἕως οὗ θρόνοι ἐτέθησαν, καὶ παλαιὸς ἡμερῶν ἐκάθητο. Καὶ τὸ ἔνδυμα αὐτοῦ ὡς εἰ χιὼν λευκόν, καὶ ἡ θρὶξ τῆς κεφαλῆς αὐτοῦ ὡς εἰ ἔριον καθαρόν· ὁ θρόνος αὐτοῦ φλὸξ πυρός, οἱ τροχοὶ αὐτοῦ πῦρ φλέγον· ποταμὸς πυρὸς εἷλκεν ἔμπροσθεν αὐτοῦ. Χίλιαι χιλιάδες ἐλειτούργουν αὐτῷ, καὶ μύριαι μυριάδες παρειστήκεισαν ἔμπροσθεν αὐτοῦ. Κριτήριον ἐκάθισεν, καὶ βίβλοι ἠνεῴχθησαν ». [25] Καὶ ἑξῆς· « Ἐθεώρουν, φησίν, καὶ ἰδοὺ μετὰ τῶν νεφελῶν τοῦ οὐρανοῦ ὡς εἰ υἱὸς ἀνθρώπου ἐρχόμενος, καὶ ἕως τοῦ παλαιοῦ τῶν ἡμερῶν ἔφθασεν, καὶ ἐνώπιον αὐτοῦ προσηνέχθη· καὶ αὐτῷ ἐδόθη ἡ ἀρχὴ καὶ ἡ τιμὴ καὶ ἡ βασιλεία, καὶ πάντες οἱ λαοὶ φυλαὶ γλῶσσαι αὐτῷ δουλεύ-

rien du nôtre, au commencement de l'Empire romain ;
il réalisa et souffrit ce qu'avaient annoncé les prophètes. Ils avaient prédit qu'il viendrait au monde Dieu
et homme pour faire des œuvres surprenantes et qu'il
paraîtrait à tous les peuples comme le maître qui
enseigne la religion du Père. Ils avaient annoncé le
prodige de sa naissance, la nouveauté de sa doctrine,
les merveilles de ses œuvres, puis le genre de mort qu'il
devait subir, sa résurrection et enfin son divin retour
dans les cieux.

[24] Quant à son règne final, le prophète Daniel l'a
connu par l'illumination de l'Esprit divin : il raconte
ainsi sa vision, l'accommodant à la capacité de
l'homme : « Je regardais, dit-il, jusqu'à ce que des
trônes fussent placés et que l'Ancien des jours fût assis :
Et son vêtement étincelait comme la neige, et les
cheveux de sa tête ressemblait à une toison éclatante de
blancheur : son trône était une flamme de feu et les roues
étaient un feu brûlant : un fleuve de feu coulait devant
lui : mille milliers le servaient et dix mille myriades
se tenaient devant lui : il établit un jugement et des
livres furent ouverts. » [25] Un peu plus loin : « Je
regardais, dit-il, et voici qu'avec les nuées du ciel
vint comme un fils de l'homme et il alla jusqu'à
l'Ancien des jours et il approcha en face de lui : et
à lui fut donné le commandement, l'honneur, la
royauté et tous les peuples, tribus et langues le servent :
son pouvoir est un pouvoir éternel, qui ne passera pas,
sa royauté ne sera pas détruite. » [26] Il est clair que

σουσιν. Ἡ ἐξουσία αὐτοῦ ἐξουσία αἰώνιος, ἥτις οὐ παρελεύσεται· καὶ ἡ βασιλεία αὐτοῦ οὐ διαφθαρήσεται.» [DAN. VII, 13-14.] [26] Ταῦτα δὲ σαφῶς οὐδ᾿ ἐφ᾿ ἕτερον, ἀλλ᾿ ἐπὶ τὸν ἡμέτερον σωτῆρα, τὸν ἐν ἀρχῇ πρὸς τὸν θεὸν θεὸν λόγον [JEAN, I, 1], ἀναφέροιτο ἄν, υἱὸν ἀνθρώπου διὰ τὴν ὑστάτην ἐνανθρώπησιν αὐτοῦ χρηματίζοντα. Ἀλλὰ γὰρ ἐν οἰκείοις ὑπομνήμασιν τὰς περὶ τοῦ σωτῆρος ἡμῶν Ἰησοῦ Χριστοῦ προφητικὰς ἐκλογὰς συναγαγόντες ἀποδεικτικώτερόν τε τὰ περὶ αὐτοῦ δηλούμενα ἐν ἑτέροις συστήσαντες, τοῖς εἰρημένοις ἐπὶ τοῦ παρόντος ἀρκεσθησόμεθα.

Γ´

Ὅτι δὲ καὶ αὐτὸ τοὔνομα τοῦ τε Ἰησοῦ καὶ δὴ καὶ τοῦ Χριστοῦ παρ᾿ αὐτοῖς τοῖς πάλαι θεοφιλέσιν προφήταις τετίμητο, ἤδη καιρὸς ἀποδεικνύναι. [2] Σεπτὸν ὡς ἔνι μάλιστα καὶ ἔνδοξον τὸ Χριστοῦ ὄνομα πρῶτος αὐτὸς γνωρίσας Μωυσῆς τύπους οὐρανίων καὶ σύμβολα μυστηριώδεις τε εἰκόνας ἀκολούθως χρησμῷ φήσαντι αὐτῷ [Hebr., VIII, 5; Exod., XXV, 40]· «Ὅρα, ποιήσεις πάντα κατὰ τὸν τύπον τὸν δειχθέντα σοι ἐν τῷ ὄρει» παραδούς, ἀρχιερέα θεοῦ [Levit., IV, 5, 16; VI, 22], ὡς ἐνῆν μάλιστα δυνατὸν ἄνθρωπον, ἐπιφημίσας, τοῦτον Χριστὸν ἀναγορεύει, καὶ ταύτῃ γε τῇ κατὰ τὴν ἀρχιερωσύνην ἀξίᾳ, πᾶσαν ὑπερβαλλούσῃ παρ᾿ αὐτῷ τὴν ἐν ἀνθρώποις προεδρίαν, ἐπὶ τιμῇ καὶ δόξῃ τὸ

ceci ne s'applique à personne autre qu'à notre Sauveur ; il était auprès de Dieu au commencement comme Verbe-Dieu : plus tard, son incarnation fit de lui le fils de l'homme. J'ai du reste rassemblé dans des commentaires spéciaux un choix de prophéties qui concernent notre Sauveur Jésus-Christ et j'ai montré en d'autres écrits d'une façon plus étendue qu'elles s'appliquent à lui : je me contenterai donc à présent de ce qui vient d'être exposé.

CHAPITRE III

[LE NOM DE JÉSUS ET CELUI DE CHRIST ONT ÉTÉ AUTREFOIS CONNUS ET HONORÉS PAR LES DIVINS PROPHÈTES.]

C'est maintenant le moment de montrer que le nom de Jésus et celui de Christ ont été honorés par les anciens prophètes chers à Dieu. [2] Moïse le premier sut que le nom de Christ est entre tous auguste et glorieux. Il donna au peuple les vérités célestes sous le voile de figures, de symboles et d'images mystérieuses, obéissant à l'oracle qui lui avait dit : « Regarde et fais selon le type qui t'a été montré sur la montagne », et afin d'exalter le grand prêtre de Dieu autant qu'un homme peut l'être, il l'appela Christ : à la dignité du suprême sacerdoce qui, à son jugement, dépassait sur la terre toutes les autres, il ajouta comme un surcroît

τοῦ Χριστοῦ περιτίθησιν ὄνομα· οὕτως ἄρα τὸν Χριστὸν θεῖόν τι χρῆμα ἠπίστατο.

[3] Ὁ δ᾽ αὐτὸς καὶ τὴν τοῦ Ἰησοῦ προσηγορίαν εὖ μάλα πνεύματι θείῳ προϊδών, πάλιν τινὸς ἐξαιρέτου προνομίας καὶ ταύτην ἀξιοῖ. Οὔποτε γοῦν πρότερον ἐκφωνηθὲν εἰς ἀνθρώπους, πρὶν ἢ Μωυσεῖ γνωσθῆναι, τὸ τοῦ Ἰησοῦ πρόσρημα τούτῳ Μωυσῆς πρώτῳ καὶ μόνῳ περιτίθησιν, ὃν κατὰ τύπον αὖθις καὶ σύμβολον ἔγνω μετὰ τὴν αὐτοῦ τελευτὴν διαδεξόμενον τὴν κατὰ πάντων ἀρχήν [*Nomb*., XIII, 17]. [4] Οὐ πρότερον γοῦν τὸν αὐτοῦ διάδοχον, τῇ τοῦ Ἰησοῦ κεχρημένον προσηγορίᾳ, ὀνόματι δὲ ἑτέρῳ τῷ Αὐσῆ, ὅπερ οἱ γεννήσαντες αὐτῷ τέθεινται, καλούμενον, Ἰησοῦν αὐτὸς ἀναγορεύει, γέρας ὥσπερ τίμιον, παντὸς πολὺ μεῖζον βασιλικοῦ διαδήματος, τοὔνομα αὐτῷ δωρούμενος, ὅτι δὴ καὶ αὐτὸς ὁ τοῦ Ναυῆ Ἰησοῦς τοῦ σωτῆρος ἡμῶν τὴν εἰκόνα ἔφερεν, τοῦ μόνου, μετὰ Μωυσέα καὶ τὸ συμπέρασμα τῆς δι᾽ ἐκείνου παραδοθείσης συμβολικῆς λατρείας, τῆς ἀληθοῦς καὶ καθαρωτάτης εὐσεβείας τὴν ἀρχὴν διαδεξαμένου. [5] Καὶ Μωυσῆς μὲν ταύτῃ πῃ δυσὶ τοῖς κατ᾽ αὐτὸν ἀρετῇ καὶ δόξῃ παρὰ πάντα τὸν λαὸν προφέρουσιν ἀνθρώποις, τῷ μὲν ἀρχιερεῖ, τῷ δὲ μετ᾽ αὐτὸν ἡγησομένῳ, τὴν τοῦ σωτῆρος ἡμῶν Ἰησοῦ Χριστοῦ προσηγορίαν ἐπὶ τιμῇ τῇ μεγίστῃ περιτέθειται.

[6] Σαφῶς δὲ καὶ οἱ μετὰ ταῦτα προφῆται ὀνομαστὶ τὸν Χριστὸν προανεφώνουν, ὁμοῦ τὴν μέλλουσαν ἔσεσθαι κατ᾽ αὐτοῦ συσκευὴν τοῦ Ἰουδαίων λαοῦ, ὁμοῦ δὲ καὶ τὴν τῶν ἐθνῶν

d'honneur et de gloire le nom du Christ, tant il était convaincu que celui-ci était un être divin.

[3] Il connut aussi par l'Esprit de Dieu le nom de Jésus et il pensa qu'il méritait encore un privilège de choix. Ce nom n'avait jamais été prononcé parmi les hommes avant d'être connu de Moïse; celui-ci le donna premièrement et uniquement, comme appellation figurative et symbolique, à l'homme qu'il savait devoir à sa mort lui succéder dans le commandement suprême. [4] Ce successeur de Moïse, qui reçut alors seulement (voy. l'*Appendice*) le nom de Jésus, en portait un autre, celui d'Ausé qu'il tenait de ses pères ; ce fut Moïse qui l'appela Jésus, lui conférant ainsi un honneur beaucoup plus grand que tout diadème royal : car Jésus fils de Navé était l'image de Jésus notre Sauveur. Après Moïse en effet, lorsque la religion symbolique établie par lui fut arrivée à son terme, celui-ci fut le seul qui reçut l'héritage du pouvoir dans la religion véritable et très pure. [5] Ainsi, aux deux hommes qui l'emportaient alors à son avis sur tous les autres par la vertu et le renom, au grand prêtre et à celui qui devait être le chef du peuple après lui, Moïse donna comme le plus magnifique honneur dont il pût disposer, le nom de notre Sauveur Jésus-Christ.

[6] Les prophètes qui suivirent ont parlé clairement du Christ, l'appelant d'avance par son nom : ils ont annoncé en même temps la machination que le peuple

δι' αὐτοῦ κλῆσιν προμαρτυρόμενοι, τοτὲ μὲν ὡδέ πως Ἱερεμίας λέγων [*Thren.*, IV, 20]· « Πνεῦμα προσώπου ἡμῶν Χριστὸς κύριος συνελήφθη ἐν ταῖς διαφθοραῖς αὐτῶν, οὗ εἴπομεν· Ἐν τῇ σκιᾷ αὐτοῦ ζησόμεθα ἐν τοῖς ἔθνεσιν », τοτὲ δὲ ἀμηχανῶν Δαυὶδ διὰ τούτων [*Ps.*, II, 1-2]· « Ἵνα τί ἐφρύαξαν ἔθνη καὶ λαοὶ ἐμελέτησαν κενά; παρέστησαν οἱ βασιλεῖς τῆς γῆς, καὶ οἱ ἄρχοντες συνήχθησαν ἐπὶ τὸ αὐτό, κατὰ τοῦ κυρίου καὶ κατὰ τοῦ Χριστοῦ αὐτοῦ »· οἷς ἑξῆς ἐπιλέγει ἐξ αὐτοῦ δὴ προσώπου τοῦ Χριστοῦ· « Κύριος εἶπεν πρός με· « Υἱός μου εἶ σύ, ἐγὼ σήμερον « γεγέννηκά σε· αἴτησαι παρ' ἐμοῦ, καὶ δώσω σοι ἔθνη « τὴν κληρονομίαν σου, καὶ τὴν κατάσχεσίν σου τὰ πέρατα « τῆς γῆς » [*Ps.*, II, 7-8].

[7] Οὐ μόνους δὲ ἄρα τοὺς ἀρχιερωσύνῃ τετιμημένους, ἐλαίῳ σκευαστῷ τοῦ συμβόλου χριομένους ἕνεκα, τὸ τοῦ Χριστοῦ κατεκόσμει παρ' Ἑβραίοις ὄνομα, ἀλλὰ καὶ τοὺς βασιλέας, οὓς καὶ αὐτοὺς νεύματι θείῳ προφῆται χρίοντες εἰκονικούς τινας Χριστοὺς ἀπειργάζοντο, ὅτι δὴ καὶ αὐτοὶ τῆς τοῦ μόνου καὶ ἀληθοῦς Χριστοῦ, τοῦ κατὰ πάντων βασιλεύοντος θείου λόγου, βασιλικῆς καὶ ἀρχικῆς ἐξουσίας τοὺς τύπους δι' ἑαυτῶν ἔφερον. [8] Ἤδη δὲ καὶ αὐτῶν τῶν προφητῶν τινας διὰ χρίσματος Χριστοὺς ἐν τύπῳ γεγονέναι παρειλήφαμεν, ὡς τούτους ἅπαντας τὴν ἐπὶ τὸν ἀληθῆ Χριστόν, τὸν ἔνθεον καὶ οὐράνιον λόγον, ἀναφορὰν ἔχειν, μόνον ἀρχιερέα τῶν ὅλων καὶ μόνον ἁπάσης κτίσεως βασιλέα καὶ μόνον προφητῶν ἀρχιπροφήτην τοῦ πατρὸς τυγχάνοντα.

juif devait ourdir contre lui, et ils ont prédit qu'il serait l'auteur de la vocation des Gentils. C'est ainsi que parle Jérémie : « L'Esprit de notre face, le Seigneur Christ a été pris dans leurs corruptions ; nous avons dit de lui : « Nous vivrons sous son ombre dans les nations. » Alors David embarrassé se demande : « Pourquoi les nations ont-elles frémi ? pourquoi les peuples ont-ils médité des choses vaines ? Les rois de la terre se sont levés et les chefs se sont assemblés en une coalition contre le Seigneur et contre son Christ. » Un peu plus loin, parlant sous la personne même du Christ, il ajoute : « Le Seigneur m'a dit : « Tu es mon fils, je t'ai engendré aujourd'hui ; demande-« moi et je te donnerai les nations pour ton héritage « et pour biens les extrémités de la terre. »

[7] Les Hébreux n'honoraient pas seulement du nom de Christ les souverains pontifes sur qui, à cause du symbole, avait coulé l'huile consacrée, mais aussi les rois que les prophètes divinement inspirés avaient oints et présentés comme des figures du Christ ; ceux-ci portaient en effet en eux l'image du pouvoir royal et suprême du seul et vrai Christ, du Verbe divin qui règne sur tous les êtres. [8] Nous avons appris encore que certains prophètes sont eux-mêmes devenus, par l'onction, des Christs figuratifs ; parce que tous ceux-ci avaient une ressemblance avec le véritable Christ, le Verbe divin et céleste, le seul souverain prêtre de l'univers, le seul roi de toute la création, le seul chef des prophètes de son Père.

[9] Τούτου δ' ἀπόδειξις τὸ μηδένα πω τῶν πάλαι διὰ τοῦ συμβόλου κεχρισμένων, μήτε ἱερέων μήτε βασιλέων μήτε μὴν προφητῶν, τοσαύτην ἀρετῆς ἐνθέου δύναμιν κτήσασθαι, ὅσην ζω ὁ σωτὴρ καὶ κύριος ἡμῶν Ἰησοῦς ὁ μόνος καὶ ἀληθινὸς Χριστὸς ἐπιδέδειχται. [10] Οὐδείς γέ τοι ἐκείνων, καίπερ ἀξιώματι καὶ τιμῇ ἐπὶ πλείσταις ὅσαις γενεαῖς παρὰ τοῖς οἰκείοις διαλαμψάντων, τοὺς ὑπηκόους πώποτε ἐκ τῆς περὶ αὐτοὺς εἰκονικῆς τοῦ Χριστοῦ προσρήσεως Χριστιανοὺς ἐπεφήμισεν· ἀλλ' οὐδὲ σεβασμιός τινι τούτων πρὸς τῶν ὑπηκόων ὑπῆρξε τιμή· ἀλλ' οὐδὲ μετὰ τὴν τελευτὴν τοσαύτη διάθεσις, ὡς καὶ ὑπεραποθνῄσκειν ἑτοίμως ἔχειν τοῦ τιμωμένου· ἀλλ' οὐδὲ πάντων τῶν ἀνὰ τὴν οἰκουμένην ἐθνῶν περί τινα τῶν τότε τοσαύτη γέγονε κίνησις, ἐπεὶ μηδὲ τοσοῦτον ἐν ἐκείνοις ἡ τοῦ συμβόλου δύναμις οἷά τε ἦν ἐνεργεῖν, ὅσον ἡ τῆς ἀληθείας παράστασις διὰ τοῦ σωτῆρος ἡμῶν ἐνδεικνυμένη. [11] ὃς οὔτε σύμβολα καὶ τύπους ἀρχιερωσύνης παρά του λαβών, ἀλλ' οὐδὲ γένος τὸ περὶ σῶμα ἐξ ἱερωμένων κατάγων, οὐδ' ἀνδρῶν δορυφορίαις ἐπὶ βασιλείαν προαχθείς οὐδὲ μὴν προφήτης ὁμοίως τοῖς πάλαι γενόμενος, οὐδ' ἀξίας ὅλως ἤ τινος παρὰ Ἰουδαίοις τυχὼν προεδρίας, ὅμως τοῖς πᾶσιν, εἰ καὶ μὴ τοῖς συμβόλοις, ἀλλ' αὐτῇ γε τῇ ἀληθείᾳ παρὰ τοῦ πατρὸς κεκόσμητο, [12] οὐχ ὁμοίων δ' οὖν οἷς προειρήκαμεν, τυχών, πάντων ἐκείνων καὶ Χριστὸς μᾶλλον ἀνηγόρευται, καὶ ὡς ἂν μόνος καὶ ἀληθὴς αὐτὸς ὢν ὁ Χριστὸς μᾶλλον ἀνηγόρευται, καὶ ὡς ἂν μόνος καὶ ἀληθὴς αὐτὸς ὢν ὁ Χριστὸς τοῦ θεοῦ, Χρισ-

[9] Cela montre clairement que, de tous ceux qui ont autrefois reçu l'onction symbolique, pas un, prêtre, roi ou prophète n'a possédé la force de la vertu divine à un aussi haut degré que notre Sauveur et Seigneur Jésus, l'unique et vrai Christ. [10] Aucun de ces hommes, si illustres dans leur patrie par leur dignité et l'honneur qu'ils tiraient de la longue suite de leurs ancêtres, n'a emprunté au nom figuré de Christ qu'il portait, le nom même de ses sujets ; aucun ne les a appelés chrétiens ; aucun n'a reçu d'eux un culte quelconque ; après la vie, aucun n'a excité un amour tel qu'on fût prêt à mourir pour lui; pour aucun d'eux il ne s'est produit un tel ébranlement de toutes les nations de la terre : la force du symbole qu'ils portaient était impuissante à enfanter des prodiges comme la présence de la vérité qui parut dans notre Sauveur. [11] Lui, il n'a reçu de personne les symboles et les insignes du souverain sacerdoce ; il n'était pas de race sacerdotale, il n'a pas été élevé sur un trône par la main des soldats, il n'a pas été prophète à la façon de ceux d'autrefois et il n'a dû aux Juifs absolument aucune charge, ni aucune dignité; cependant son Père les lui a toutes données, non en symboles, mais d'une façon tout à fait véritable. [12] Quoiqu'il n'ait aucun des titres que nous venons de citer, il est pourtant appelé Christ à meilleur titre que tous les autres, et parce qu'il est le seul et vrai Christ de Dieu, il a rempli le monde entier du nom

τιχνῶν τὸν πάντα κόσμον, τῆς ὄντως σεμνῆς καὶ ἱερᾶς αὐτοῦ προσηγορίας, κατέπλησεν, οὐκέτι τύπους οὐδὲ εἰκόνας, ἀλλ' αὐτὰς γυμνὰς ἀρετὰς καὶ βίον οὐράνιον αὐτοῖς ἀληθείας δόγμασιν τοῖς θιασώταις παραδούς, [13] τό τε χρῖσμα, οὐ τὸ διὰ σωμάτων σκευαστόν, ἀλλ' αὐτὸ δὴ πνεύματι θείῳ τὸ θεοπρεπές, μετοχῇ τῆς ἀγεννήτου καὶ πατρικῆς θεότητος ἀπεικήρει· ὃ καὶ αὐτὸ πάλιν Ἡσαΐας διδάσκει, ὡς ἂν ἐξ αὐτοῦ ὡδέ πως ἀναβοῶν τοῦ Χριστοῦ [Luc, iv, 18-19 (Is., lxi, 1)]· « Πνεῦμα κυρίου ἐπ' ἐμέ, οὗ εἵνεκεν ἔχρισέν με εὐαγγελίσασθαι πτωχοῖς ἀπέσταλκέν με, κηρῦξαι αἰχμαλώτοις ἄφεσιν καὶ τυφλοῖς ἀνάβλεψιν ».

[14] Καὶ οὐ μόνος γε Ἡσαΐας, ἀλλὰ καὶ Δαυὶδ εἰς τὸ αὐτοῦ πρόσωπον ἀναφωνεῖ λέγων [Ps., xliv, 7-8]· « Ὁ θρόνος σου, ὁ θεός, εἰς τὸν αἰῶνα τοῦ αἰῶνος· ῥάβδος εὐθύτητος ἡ ῥάβδος τῆς βασιλείας σου· ἠγάπησας δικαιοσύνην καὶ ἐμίσησας ἀνομίαν· διὰ τοῦτο ἔχρισέν σε, ὁ θεός, ὁ θεός σου ἔλαιον ἀγαλλιάσεως παρὰ τοὺς μετόχους σου »· ἐν οἷς ὁ λόγος ἐν μὲν τῷ πρώτῳ στίχῳ θεὸν αὐτὸν ἐπιφημίζει, ἐν δὲ τῷ δευτέρῳ σκήπτρῳ βασιλικῷ τιμᾷ, [15] εἶθ' ἑξῆς ὑποβὰς μετὰ τὴν ἔνθεον καὶ βασιλικὴν δύναμιν τρίτῃ τάξει Χριστὸν αὐτὸν γεγονότα, ἐλαίῳ οὐ τῷ ἐξ ὕλης σωμάτων, ἀλλὰ τῷ ἐνθέῳ τῆς ἀγαλλιάσεως ἠλειμμένον, παρίστησιν· παρ' ὃ καὶ τὸ ἐξαίρετον αὐτοῦ καὶ πολὺ κρεῖττον καὶ διάφορον τῶν πάλαι διὰ τῶν εἰκόνων σωματικώτερον κεχρισμένων ὑποσημαίνει. [16] Καὶ ἀλλαχοῦ δὲ ὁ αὐτὸς ὡδέ πως τὰ περὶ αὐτοῦ δηλοῖ λέγων [Ps., cix, 1]· « Εἶπεν ὁ κύριος

vraiment vénérable et sacré que tirent de lui les Chrétiens. Il n'a pas transmis à ses disciples des allégories, ni des figures, mais la réalité des vertus et une vie céleste par la doctrine même de la vérité. [13] L'onction qu'il a reçue n'a rien d'une préparation matérielle (voy. l'*Appendice*); c'est l'onction divine par l'Esprit de Dieu, par la participation de la divinité non engendrée et paternelle. Isaïe nous l'enseigne encore lorsqu'il s'écrie par la bouche du Christ : « L'Esprit du Seigneur est sur moi ; c'est pourquoi il m'a oint, il m'a envoyé évangéliser les pauvres et annoncer aux prisonniers la liberté, aux aveugles le retour à la lumière. »

[14] Et non seulement Isaïe, mais David dit à son tour, s'adressant au Christ : « Ton trône, ô Dieu, est pour les siècles des siècles et c'est un sceptre de droiture que le sceptre de ta royauté. Tu as aimé la justice et haï l'iniquité : voilà pourquoi Dieu qui est ton Dieu t'a oint d'une huile d'allégresse de préférence à tes compagnons. » Ainsi le texte l'appelle Dieu dans le premier verset ; au second, il l'honore du sceptre royal, [15] et, dans un troisième, après lui avoir attribué la puissance divine et royale, allant plus loin, il le montre devenu Christ, consacré par une onction non point matérielle, mais par l'onction divine de l'allégresse : l'Écriture indique sa grandeur et son excellence et le place bien au-dessus de tous ceux qui jadis ont reçu l'onction corporelle et symbolique. [16] Dans un autre passage, le même dit encore du Christ : « Le Seigneur dit à mon Seigneur : « Assieds-toi à ma droite, jusqu'à ce

τῷ κυρίῳ μου· « Κάθου ἐκ δεξιῶν μου, ἕως ἂν θῶ τοὺς ἐχθρούς σου ὑποπόδιον τῶν ποδῶν σου », καί [*Ps.*, CIX, 3-4; cf. *Hebr.*, VII, 11-25]· « Ἐκ γαστρὸς πρὸ ἑωσφόρου ἐγέννησά σε. Ὤμοσεν κύριος καὶ οὐ μεταμεληθήσεται· σὺ εἶ ἱερεὺς εἰς τὸν αἰῶνα κατὰ τὴν τάξιν Μελχισεδέκ ».

[17] Οὗτος δὲ εἰσάγεται ἐν τοῖς ἱεροῖς λόγοις ὁ Μελχισεδὲκ ἱερεὺς τοῦ θεοῦ τοῦ ὑψίστου, οὐκ ἐν σκευαστῷ τινι χρίσματι ἀναδεδειγμένος, ἀλλ' οὐδὲ διαδοχῇ γένους προσήκων τῇ καθ' Ἑβραίους ἱερωσύνῃ· δι' ὃ κατὰ τὴν αὐτοῦ τάξιν, ἀλλ' οὐ κατὰ τὴν τῶν ἄλλων σύμβολα καὶ τύπους ἀνειληφότων, Χριστὸς καὶ ἱερεὺς μεθ' ὅρκου παραλήψεως ὁ σωτὴρ ἡμῶν ἀνηγόρευται· [18] ὅθεν οὐδὲ σωματικῶς παρὰ Ἰουδαίοις χρισθέντα αὐτὸν ἡ ἱστορία παραδίδωσιν, ἀλλ' οὐδ' ἐκ φυλῆς τῶν ἱερωμένων γενόμενον, ἐξ αὐτοῦ δὲ θεοῦ πρὸ ἑωσφόρου μέν, τοῦτ' ἐστὶν πρὸ τῆς τοῦ κόσμου συστάσεως, οὐσιωμένον, ἀθάνατον δὲ καὶ ἀγήρω τὴν ἱερωσύνην εἰς τὸν ἄπειρον αἰῶνα διακατέχοντα.

[19] Τῆς δ' εἰς αὐτὸν γενομένης ἀσωμάτου καὶ ἐνθέου χρίσεως μέγα καὶ ἐναργὲς τεκμήριον τὸ μόνον αὐτὸν ἐξ ἁπάντων τῶν πώποτε εἰς ἔτι καὶ νῦν παρὰ πᾶσιν ἀνθρώποις καθ' ὅλου τοῦ κόσμου Χριστὸν ἐπιφημίζεσθαι ὁμολογεῖσθαί τε καὶ μαρτυρεῖσθαι πρὸς ἁπάντων ἐπὶ τῇ προσηγορίᾳ παρά τε Ἕλλησι καὶ βαρβάροις μνημονεύεσθαι, καὶ εἰς ἔτι νῦν παρὰ τοῖς ἀνὰ τὴν οἰκουμένην αὐτοῦ θιασώταις τιμᾶσθαι μὲν ὡς βασιλέα, θαυμάζεσθαι δὲ ὑπὲρ προφήτην, δοξάζεσθαί τε ὡς ἀληθῆ καὶ μόνον θεοῦ ἀρχιερέα, καὶ ἐπὶ πᾶσι τούτοις,

« que je fasse de tes ennemis l'escabeau de tes pieds » et : « Je t'ai engendré avant l'aurore ; le Seigneur a juré et il ne se repentira pas de son serment : tu es prêtre pour l'éternité selon l'ordre de Melchisédech. » [17] Ce Melchisédech est présenté par les saintes Écritures comme un prêtre du Dieu très haut, qui n'a pas été sacré par l'onction des hommes et n'a pas obtenu le sacerdoce des Hébreux par droit de succession. C'est selon l'ordre de ce patriarche, et non selon celui des autres prêtres qui n'ont reçu que des symboles et des figures, que notre Sauveur est proclamé avec l'assurance d'un serment, Christ et prêtre (voy. l'*Appendice*). [18] Voilà pourquoi il n'a pas reçu l'onction corporelle des Juifs, selon le témoignage de l'histoire ; il n'est pas issu d'une tribu sacerdotale ; mais avant l'aurore, c'est-à-dire avant la constitution du monde, il reçoit son être (voy. l'*Appendice*) de Dieu même et possède un sacerdoce éternellement impérissable et indéfectible.

[19] Une preuve forte et manifeste qu'il porte en lui cette onction incorporelle et divine, est que, seul entre tous les autres qui ont été jamais jusqu'ici, il est appelé Christ par tous les hommes dans tout l'univers ; tous le reconnaissent pour tel et tous, grecs et barbares, s'accordent pour lui rendre témoignage par ce nom. Aujourd'hui même, par ses disciples répandus dans la terre entière, il est révéré comme un roi, admiré plus qu'un prophète, glorifié comme le vrai et unique souverain prêtre de Dieu, et par-dessus tout cela, parce qu'il est le Verbe divin préexistant,

οἷα θεοῦ λόγον προόντα καὶ πρὸ αἰώνων ἁπάντων οὐσιωμένον τήν τε σεβάσμιον τιμὴν παρὰ τοῦ πατρὸς ὑπειληφότα, καὶ προσκυνεῖσθαι ὡς θεόν· [20] τό γε μὴν πάντων παραδοξότατον, ὅτι μὴ φωναῖς αὐτὸ μόνον καὶ ῥημάτων ψόφοις αὐτὸν γεραίρομεν οἱ καθωσιωμένοι αὐτῷ, ἀλλὰ καὶ πάσῃ διαθέσει ψυχῆς, ὡς καὶ αὐτῆς προτιμᾶν τῆς ἑαυτῶν ζωῆς τὴν εἰς αὐτὸν μαρτυρίαν.

Ταῦτα μὲν οὖν ἀναγκαίως πρὸ τῆς ἱστορίας ἐνταῦθά μοι κείσθω, ὡς ἂν μὴ νεώτερόν τις εἶναι νομίσειεν τὸν σωτῆρα καὶ κύριον ἡμῶν Ἰησοῦν τὸν Χριστὸν διὰ τοὺς τῆς ἐνσάρκου πολιτείας αὐτοῦ χρόνους.

Δ´

Ἵνα δὲ μηδὲ τὴν διδασκαλίαν αὐτοῦ νέαν εἶναι καὶ ξένην, ὡς ἂν ὑπὸ νέου καὶ μηδὲν τοὺς λοιποὺς διαφέροντος ἀνθρώπους συστᾶσαν, ὑπονοήσειέν τις, φέρε, βραχέα καὶ περὶ τούτου διαλάβωμεν. [2] Τῆς μὲν γὰρ τοῦ σωτῆρος ἡμῶν Ἰησοῦ Χριστοῦ παρουσίας νεωστὶ πᾶσιν ἀνθρώποις ἐπιλαμψάσης, νέον ὁμολογουμένως ἔθνος, οὐ μικρὸν οὐδ᾽ ἀσθενὲς

subsistant avant les siècles, parce qu'il a reçu (voy. l'*Appendice*) du Père l'honneur le plus auguste, il est adoré comme Dieu. [20] Mais ce qui est plus merveilleux encore, c'est que nous-mêmes qui lui sommes dévoués, nous ne le célébrons pas seulement des lèvres et par de vaines paroles, mais nous lui sommes attachés par toute l'affection de l'âme, prêts à donner notre vie elle-même pour confesser son nom.

[CHAPITRE IV

LA RELIGION ANNONCÉE PAR LUI A TOUTES LES NATIONS
N'EST NI NOUVELLE NI ÉTRANGÈRE]

Avant d'entrer dans mon récit, je dois faire une observation indispensable, pour que personne ne pense que Jésus-Christ notre Sauveur et Seigneur n'est que d'hier, à cause du temps où il a paru dans sa chair.

Afin qu'on ne soupçonne point sa doctrine d'être récente et étrangère, œuvre d'un homme nouveau et en tout semblable aux autres, il faut nous expliquer brièvement sur cela. [2] Sans doute il n'est pas contestable que notre Sauveur Jésus ait récemment manifesté sa présence à tous les hommes ; il est très sûr

οὐδ' ἐπὶ γωνίας ποι γῆς ἱδρυμένον, ἀλλὰ καὶ πάντων τῶν ἐθνῶν πολυανθρωπότατόν τε καὶ θεοσεβέστατον, ταύτῃ τε ἀνώλεθρον καὶ ἀήττητον ᾖ καὶ εἰς ἀεὶ τῆς παρὰ θεοῦ βοηθείας τυγχάνει, χρόνων προθεσμίαις ἀρρήτοις ἀθρόως οὕτως ἀναπέφηνεν, τὸ παρὰ τοῖς πᾶσι τῇ τοῦ Χριστοῦ προσηγορίᾳ τετιμημένον. [3] Τοῦτο καὶ προφητῶν κατεπλάγη τις, θείου πνεύματος ὀφθαλμῷ τὸ μέλλον ἔσεσθαι προθεωρήσας, ὡς καὶ τάδε ἀναφθέγξασθαι· « Τίς ἤκουσεν τοιαῦτα, καὶ τίς ἐλάλησεν οὕτως; Εἰ ὤδινεν γῆ ἐν μιᾷ ἡμέρᾳ, καὶ εἰ ἐτέχθη ἔθνος εἰς ἅπαξ » [Is., LXVI, 8]. Ὑποσημαίνει δέ πως καὶ τὴν μέλλουσαν ὁ αὐτὸς προσηγορίαν, λέγων [Is., LXV, 15-16]· « Τοῖς δὲ δουλεύουσίν μοι κληθήσεται ὄνομα καινόν, ὃ εὐλογηθήσεται ἐπὶ τῆς γῆς. »

[4] Ἀλλ' εἰ καὶ νέοι σαφῶς ἡμεῖς καὶ τοῦτο καινὸν ὄντως ὄνομα τὸ Χριστιανῶν ἀρτίως παρὰ πᾶσιν ἔθνεσιν γνωρίζεται, ὁ βίος δ' οὖν ὅμως καὶ τῆς ἀγωγῆς ὁ τρόπος αὐτοῖς εὐσεβείας δόγμασιν ὅτι μὴ ἔναγχος ὑφ' ἡμῶν ἐπιπέπλασται, ἐκ πρώτης δ' ὡς εἰπεῖν ἀνθρωπογονίας φυσικαῖς ἐννοίαις τῶν πάλαι θεοφιλῶν ἀνδρῶν κατωρθοῦτο, ὧδέ πως ἐπιδείξομεν.

[5] Οὐ νέον, ἀλλὰ καὶ παρὰ πᾶσιν ἀνθρώποις ἀρχαιότητι τετιμημένον ἔθνος, τοῖς πᾶσι καὶ αὐτὸ γνώριμον, τὸ Ἑβραίων τυγχάνει. Λόγοι δὴ παρὰ τούτῳ καὶ γράμματα παλαιοὺς ἄνδρας περιέχουσιν, σπανίους μὲν καὶ ἀριθμῷ βραχεῖς, ἀλλ' ὅμως εὐσεβείᾳ καὶ δικαιοσύνῃ καὶ πάσῃ τῇ λοιπῇ διενεγκόντας ἀρετῇ, πρὸ μέν γε τοῦ κατακλυσμοῦ διαφόρους, μετὰ δὲ καὶ τοῦτον ἑτέρους, τῶν τε τοῦ Νῶε

également qu'il a surgi un peuple qu'on n'avait jamais vu, non pas petit et faible, ni resserré dans quelque coin de la terre, mais le plus nombreux et aussi le plus religieux de tous, indestructible et invincible parce qu'il reçoit sans cesse le secours de Dieu : il a fait son apparition en masse, à l'heure mystérieuse des volontés divines : c'est le peuple que tous honorent du nom du Christ. [3] Un prophète fut frappé d'étonnement, en le voyant d'avance dans l'avenir par l'illumination de l'Esprit divin, et il s'écria : « Qui a jamais entendu ou raconté rien de semblable ? Voici que la terre a enfanté en un seul jour et qu'un peuple est né d'un seul coup. » Il insinue même en quelque sorte le nom futur de ce peuple : « Mes serviteurs seront appelés d'un nom nouveau qui sera béni sur la terre. »

[4] Mais si, à n'en pas douter, nous sommes d'hier, si le nom récent de Chrétien n'est connu que depuis peu parmi toutes les nations, notre genre de vie, nos mœurs inspirés par les principes de la religion, n'ont rien de récent et n'ont pas été inventées par nous : dès les premiers temps de l'humanité, pour ainsi dire, elles furent adoptées d'instinct par les hommes pieux d'autrefois. Nous allons le montrer.

[5] Le peuple juif n'est certes pas un peuple nouveau, tous lui accordent l'honneur de l'antiquité : ses livres et ses écrits nous apprennent que dès les âges anciens quelques hommes, clairsemés et peu nombreux, il est vrai, ne laissaient pas d'être éminents en piété, en justice et dans toutes les autres vertus. Plusieurs d'entre eux ont vécu avant le déluge ; d'autres ont existé plus tard, tels les fils et les descendants de Noé,

παίδων καὶ ἀπογόνων ἀτὰρ καὶ τὸν Ἀβραάμ, ὃν ἀρχηγὸν καὶ προπάτορα σφῶν αὐτῶν παῖδες Ἑβραίων αὐχοῦσι. [6] Πάντας δὴ ἐκείνους ἐπὶ δικαιοσύνῃ μεμαρτυρημένους, ἐξ αὐτοῦ Ἀβραὰμ ἐπὶ τὸν πρῶτον ἀνιοῦσιν ἄνθρωπον, ἔργῳ Χριστιανούς, εἰ καὶ μὴ ὀνόματι, προσειπών τις οὐκ ἂν ἐκτὸς βάλοι τῆς ἀληθείας. [7] Ὃ γάρτοι δηλοῦν ἐθέλοι τοὔνομα, τὸν Χριστιανὸν ἄνδρα διὰ τῆς τοῦ Χριστοῦ γνώσεως καὶ διδασκαλίας σωφροσύνῃ καὶ δικαιοσύνῃ καρτερίᾳ τε βίου καὶ ἀρετῆς ἀνδρείᾳ εὐσεβείας τε ὁμολογίᾳ ἑνὸς καὶ μόνου τοῦ ἐπὶ πάντων Θεοῦ διαπρέπειν, τοῦτο πᾶν ἐκείνοις οὐ χεῖρον ἡμῶν ἐσπουδάζετο. [8] Οὔτ᾽ οὖν σώματος αὐτοῖς περιτομῆς ἔμελεν, ὅτι μηδὲ ἡμῖν, οὐ σαββάτων ἐπιτηρήσεως, ὅτι μηδὲ ἡμῖν, ἀλλ᾽ οὐδὲ τῶν τοιῶνδε τροφῶν παραφυλακῆς οὐδὲ τῶν ἄλλων διαστολῆς, ὅσα τοῖς μετέπειτα πρῶτος ἁπάντων Μωυσῆς ἀρξάμενος ἐν συμβόλοις τελεῖσθαι παραδέδωκεν, ὅτι μηδὲ νῦν Χριστιανῶν τὰ τοιαῦτα· ἀλλὰ καὶ σαφῶς αὐτὸν ᾔδεσαν τὸν Χριστὸν τοῦ θεοῦ, εἴ γε ὦφθαι μὲν τῷ Ἀβραάμ, χρηματίσαι δὲ τῷ Ἰσαάκ, λελαληκέναι δὲ τῷ Ἰσραὴλ [*Gen.*, XVIII, 1; XXVI, 2; XXXV, 1], Μωυσεῖ τε καὶ τοῖς μετὰ ταῦτα προφήταις ὡμιληκέναι προδέδεικται· [9] ἔνθεν αὐτοὺς δὴ τοὺς θεοφιλεῖς ἐκείνους εὕροις ἂν καὶ τῆς τοῦ Χριστοῦ κατηξιωμένους ἐπωνυμίας, κατὰ τὴν φάσκουσαν περὶ αὐτῶν φωνήν [*Ps.*, CIV, 15; *Paralip.*, I, XVI, 22]· « Μὴ ἅψησθε τῶν Χριστῶν μου, καὶ ἐν τοῖς προφήταις μου μὴ πονηρεύεσθε »· [10] ὥστε σαφῶς πρώτην ἡγεῖσθαι δεῖν καὶ πάντων παλαιοτάτην τε καὶ ἀρχαιοτάτην θεοσεβείας εὕρεσιν

tel Abraham que les fils des Hébreux se glorifient d'avoir pour chef et pour premier père. [6] Tous ceux dont la justice est ainsi attestée, depuis Abraham en remontant jusqu'au premier homme, on peut sans sortir de la vérité les appeler des chrétiens ; ils l'ont été en fait, sans en porter le nom. [7] Ce nom signifie en effet que le chrétien, grâce à la connaissance et à la doctrine du Christ, se distingue par la modestie, l'équité, la force du caractère, la virilité de sa conduite, la confession et le culte d'un seul et unique Dieu souverain : or aucun de ceux dont nous parlons n'a rien à nous envier en tous ces points. [8] Ils n'ont pas plus que nous pratiqué la circoncision, ni pas plus que nous l'observance du sabbat ; ils ne furent pas astreints aux défenses relatives aux aliments, ni aux autres prescriptions que Moïse, le premier de tous, commença à introduire dans un but symbolique, pour ceux qui devaient suivre, et dont aujourd'hui les chrétiens ne se soucient guère. Cependant ils ont fort bien connu le Christ de Dieu : Abraham l'a vu, Isaac a reçu ses oracles, il a parlé à Israël, et il s'est entretenu avec Moïse et les prophètes qui vinrent plus tard ainsi que nous l'avons montré. [9] C'est pourquoi dans l'Écriture on trouve que ces amis de Dieu sont honorés du nom de Christ selon la parole : « Ne touchez pas à mes Christs et ne faites pas de mal à mes prophètes. » [10] Il faut clairement conclure de ceci que cette forme de religion la plus antique et la plus pri-

αὐτῶν ἐκείνων τῶν ἀμφὶ τὸν Ἀβραὰμ θεοφιλῶν ἀνδρῶν τὴν ἀρτίως διὰ τῆς τοῦ Χριστοῦ διδασκαλίας πᾶσιν ἔθνεσιν κατηγγελμένην.

[11] Εἰ δὲ δὴ μακρῷ ποθ' ὕστερον περιτομῆς φασι τὸν Ἀβραὰμ ἐντολὴν εἰληφέναι, ἀλλὰ πρό γε ταύτης δικαιοσύνην διὰ πίστεως μαρτυρηθεὶς ἀνείρηται, ὧδέ πως τοῦ θείου φάσκοντος λόγου [Gen., xv, 6 ; cf. Rom. iv, 3]· « Ἐπίστευσεν δὲ Ἀβραὰμ τῷ θεῷ, καὶ ἐλογίσθη αὐτῷ εἰς δικαιοσύνην ». [12] Καὶ δὴ τοιούτῳ πρὸ τῆς περιτομῆς γεγονότι χρησμὸς ὑπὸ τοῦ φήναντος ἑαυτὸν αὐτῷ θεοῦ (οὗτος δ' ἦν αὐτὸς ὁ Χριστός, ὁ τοῦ θεοῦ λόγος) περὶ τῶν ἐν τοῖς μετέπειτα χρόνοις τὸν ὅμοιον αὐτῷ δικαιοῦσθαι τρόπον μελλόντων ῥήμασιν αὐτοῖς προεπήγγελται λέγων [Gen. xxii, 18]· « Καὶ ἐνευλογηθήσονται ἐν σοὶ πᾶσαι αἱ φυλαὶ τῆς γῆς », καὶ ὡς ὅτι [Gen., xviii, 18]· « Ἔσται εἰς ἔθνος μέγα καὶ πολύ, καὶ ἐνευλογηθήσονται ἐν αὐτῷ πάντα τὰ ἔθνη τῆς γῆς ». [13] Τούτῳ δὲ καὶ ἐπιστῆσαι εἰς ἡμᾶς ἐκπεπληρωμένῳ πάρεστιν. Πίστει μὲν γὰρ ἐκεῖνος τῇ εἰς τὸν ὀφθέντα αὐτῷ τοῦ θεοῦ λόγον τὸν Χριστὸν δεδικαίωτο, πατρῴας μὲν ἀποστὰς δεισιδαιμονίας καὶ πλάνης βίου προτέρας [cf. Gen. xii, 1], ἕνα δὲ τὸν ἐπὶ πάντων ὁμολογήσας θεὸν καὶ τοῦτον ἔργοις ἀρετῆς, οὐχὶ δὲ θρησκείᾳ νόμου τοῦ μετὰ ταῦτα Μωυσέως θεραπεύσας, τοιούτῳ τε ὄντι εἴρητο ὅτι δὴ πᾶσαι αἱ φυλαὶ τῆς γῆς καὶ πάντα τὰ ἔθνη ἐν αὐτῷ εὐλογηθήσεται· [14] ἔργοις δὲ λόγων ἐναργεστέροις ἐπὶ τοῦ παρόντος παρὰ μόνοις Χριστιανοῖς καθ'

mitive de toutes, trouvée par ces hommes pieux, contemporains d'Abraham, est celle même qui est annoncée depuis peu à toutes les nations par la doctrine du Christ.

[11] Si l'on prétend qu'Abraham reçut beaucoup plus tard le précepte de la circoncision, on peut répondre que bien auparavant il avait été déclaré juste à cause de sa foi : la divine parole dit en effet : « Abraham crut à Dieu et cela lui fut imputé à justice. » [12] Le patriarche était donc juste avant la circoncision, au jour où Dieu, c'est-à-dire le Christ, Verbe de Dieu, lui apparut et lui fit cette prédiction concernant ceux qui dans la suite des âges devaient être justifiés de la même manière que lui, disant en propres termes : « Et en toi seront bénies toutes les nations de la terre » ; et encore : « Il sera chef d'une nation grande et nombreuse, et en lui seront bénis tous les peuples de la terre ». [13] Il est facile de voir que ces promesses se sont réalisées en nous, car Abraham a été justifié par la foi au Christ, au Verbe de Dieu, qu'il avait vu lui-même. Il s'est éloigné de l'idolâtrie de ses pères et des erreurs premières de sa vie ; il a reconnu le Dieu unique et souverain, et il l'a honoré par des œuvres de vertu, non point par l'observance de la loi mosaïque qui est postérieure. C'est à un tel homme qu'il a été dit que toutes les tribus de la terre et toutes les nations seront bénies en lui. [14] Aujourd'hui, c'est dans les œuvres des seuls chrétiens répandus dans l'univers entier,

ὅλης τῆς οἰκουμένης ἀσκούμενος αὐτὸς ἐκεῖνος ὁ τῆς θεοσεβείας τοῦ Ἀβραὰμ ἀναπέφηνε τρόπος.

[15] Τί δὴ οὖν λοιπὸν ἐμποδὼν ἂν εἴη, μὴ οὐχὶ ἕνα καὶ τὸν αὐτὸν βίον τε καὶ τρόπον εὐσεβείας ἡμῖν τε τοῖς ἀπὸ Χριστοῦ καὶ τοῖς πρόπαλαι θεοφιλέσιν ὁμολογεῖν; ὥστε μὴ νέαν καὶ ξένην, ἀλλ᾽ εἰ δεῖ φάναι ἀληθεύοντα, πρώτην ὑπάρχειν καὶ μόνην καὶ ἀληθῆ κατόρθωσιν εὐσεβείας τὴν διὰ τῆς τοῦ Χριστοῦ διδασκαλίας παραδοθεῖσαν ἡμῖν ἀποδείκνυσθαι. Καὶ ταῦτα μὲν ὧδε ἐχέτω.

Ε΄

Φέρε δὲ ἤδη, μετὰ τὴν δέουσαν προκατασκευὴν τῆς προτεθείσης ἡμῖν ἐκκλησιαστικῆς ἱστορίας ἤδη λοιπὸν ἀπὸ τῆς ἐνσάρκου τοῦ σωτῆρος ἡμῶν ἐπιφανείας οἷά τινος ὁδοιπορίας ἐφαψώμεθα, τὸν τοῦ λόγου πατέρα θεὸν καὶ τὸν δηλούμενον αὐτὸν Ἰησοῦν Χριστὸν τὸν σωτῆρα καὶ κύριον ἡμῶν, τὸν οὐράνιον τοῦ θεοῦ λόγον, βοηθὸν ἡμῖν καὶ συνεργὸν τῆς κατὰ τὴν διήγησιν ἀληθείας ἐπικαλεσάμενοι.

[2] Ἦν δὴ οὖν τοῦτο δεύτερον καὶ τεσσαρακοστὸν ἔτος τῆς Αὐγούστου βασιλείας, Αἰγύπτου δ᾽ ὑποταγῆς καὶ τελευτῆς Ἀντωνίου καὶ Κλεοπάτρας, εἰς ἣν ὑστάτην ἡ κατ᾽ Αἴγυπτον τῶν Πτολεμαίων κατέληξε δυναστεία, ὄγδοον ἔτος καὶ εἰκοστόν, ὁπηνίκα ὁ σωτὴρ καὶ κύριος ἡμῶν Ἰησοῦς ὁ Χριστὸς ἐπὶ τῆς τότε πρώτης ἀπογραφῆς, ἡγεμονεύοντος Κυρινίου τῆς Συρίας [Luc, II, 2], ἀκολούθως

qu'on trouve, plus clairement reproduite que dans tout discours, la forme de la religion d'Abraham.

[15] Quel motif a-t-on, par suite, de nier que nous, postérieurs au Christ, nous n'ayons un seul et même genre de vie, une même religion que ces antiques amis de Dieu ? Non, elle n'est ni nouvelle ni étrangère, et à dire vrai, elle nous apparaît la plus ancienne et la seule véritable forme normale du culte divin, cette religion que nous puisons dans la doctrine du Christ. Mais cela suffit.

CHAPITRE V

[DU TEMPS OU LE CHRIST A APPARU PARMI LES HOMMES]

Après cette introduction nécessaire de l'histoire ecclésiastique que nous nous proposons d'entreprendre, il nous reste à commencer notre voyage : notre point de départ sera l'apparition de notre Sauveur dans sa chair. Que Dieu le Père du Verbe, que Jésus-Christ lui-même, dont nous parlons (voy. l'*Appendice*), notre Sauveur et Seigneur, le Verbe céleste de Dieu (voy. l'*Appendice*), soient notre aide et notre secours dans l'exposition de la vérité, nous les en prions.

[2] La quarante-deuxième année du règne d'Auguste, la vingt-huitième depuis la soumission de l'Égypte et la mort d'Antoine et de Cléopâtre qui marqua la fin de la domination des Ptolémées [3-2 av. J.-C.], notre Sauveur et Seigneur Jésus-Christ naquit, au temps du premier dénombrement ordonné par Quirinius, gouver-

ταῖς περὶ αὐτοῦ προφητείαις ἐν Βηθλεὲμ γεννᾶται τῆς Ἰουδαίας [MICH., v, 2]. [3] Ταύτης δὲ τῆς κατὰ Κυρίνιου ἀπογραφῆς καὶ ὁ τῶν παρ' Ἑβραίοις ἐπισημότατος ἱστορικῶν Φλαύιος Ἰώσηπος μνημονεύει, καὶ ἄλλην ἐπισυνάπτων ἱστορίαν περὶ τῆς τῶν Γαλιλαίων κατὰ τοὺς αὐτοὺς ἐπιφυείσης χρόνους αἱρέσεως, ἧς καὶ παρ' ἡμῖν ὁ Λουκᾶς ἐν ταῖς Πράξεσιν μνήμην ὧδέ πως λέγων πεποίηται· « Μετὰ τοῦτον ἀνέστη Ἰούδας ὁ Γαλιλαῖος ἐν ταῖς ἡμέραις τῆς ἀπογραφῆς, καὶ ἀπέστησε λαὸν ὀπίσω αὐτοῦ· κἀκεῖνος ἀπώλετο, καὶ πάντες ὅσοι ἐπείσθησαν αὐτῷ, διεσκορπίσθησαν » [Act., v, 37].

[4] Τούτοις δ' οὖν καὶ ὁ δεδηλωμένος ἐν ὀκτωκαιδεκάτῳ τῆς Ἀρχαιολογίας συνᾴδων ταῦτα παρατίθεται κατὰ λέξιν [JOSÈPHE, Ant., XVIII, 1].

« Κυρίνιος δὲ τῶν εἰς τὴν βουλὴν συναγομένων, ἀνὴρ τάς τε ἄλλας ἀρχὰς ἐπιτετελεκὼς καὶ διὰ πασῶν ὁδεύσας ὕπατος γενέσθαι τά τε ἄλλα ἀξιώματι μέγας, σὺν ὀλίγοις ἐπὶ Συρίας παρῆν, ὑπὸ Καίσαρος δικαιοδότης τοῦ ἔθνους ἀπεσταλμένος καὶ τιμητὴς τῶν οὐσιῶν γενησόμενος. »

[5] Καὶ μετὰ βραχέα φησίν [JOSÈPHE, Ant., XVIII, 4]·

« Ἰούδας δέ, Γαυλανίτης ἀνὴρ ἐκ πόλεως ὄνομα Γάμαλα, Σάδδοκον Φαρισαῖον προσλαβόμενος, ἠπείγετο ἐπὶ ἀποστάσει, τήν τε ἀποτίμησιν οὐδὲν ἄλλο ἢ ἄντικρυς δουλείαν ἐπιφέρειν λέγοντες καὶ τῆς ἐλευθερίας ἐπ' ἀντιλήψει παρακαλοῦντες τὸ ἔθνος ».

neur de Syrie, à Bethléem de Judée ainsi que les prophéties l'avaient annoncé. [3] Le plus célèbre historien juif, Flavius Josèphe, fait mention de ce recensement lorsqu'il raconte l'insurrection des Galiléens qui eut lieu à cette même époque et dont Luc, un des nôtres, rappelle le souvenir en ces termes dans les *Actes* : « Après lui, Judas le Galiléen se leva aux jours du dénombrement ; il attira à sa suite beaucoup de partisans, mais il périt et ceux qui avaient cru en lui furent dispersés. »

[4] D'accord avec ces indications (voy. l'*Appendice*), Josèphe au dix-huitième livre de l'*Antiquité* expose en outre ce qui suit en propres termes :

« Quirinius, membre du Sénat, avait rempli les autres charges et passé par toutes, de manière à devenir consul ; c'était du reste un homme de grande réputation. Il vint en Syrie avec peu de monde, envoyé par César comme juge de la nation et censeur des biens. »

[5] Peu après, il ajoute :

« Judas Gaulanite, d'une ville appelée Gamala, s'adjoignit le pharisien Sadoc, et tous deux poussèrent à la révolte : ils disaient que le recensement n'avait d'autre but que d'apporter directement la servitude et ils animaient la nation à la défense de la liberté. »

[6] Καὶ ἐν τῇ δευτέρᾳ δὲ τῶν ἱστοριῶν τοῦ Ἰουδαϊκοῦ πολέμου περὶ τοῦ αὐτοῦ ταῦτα γράφει [Josèphe, *Bel.*, II, 118]·

« Ἐπὶ τούτου τις ἀνὴρ Γαλιλαῖος Ἰούδας ὄνομα εἰς ἀποστασίαν ἐνῆγε τοὺς ἐπιχωρίους, κακίζων εἰ φόρον τε Ῥωμαίοις τελεῖν ὑπομενοῦσιν καὶ μετὰ τὸν θεὸν οἴσουσι θνητοὺς δεσπότας. »

Ταῦτα ὁ Ἰώσηπος.

ς'

Τηνικαῦτα δὲ καὶ τοῦ Ἰουδαίων ἔθνους Ἡρώδου πρώτου τὸ γένος ἀλλοφύλου διειληφότος τὴν βασιλείαν ἡ διὰ Μωυσέως περιγραφὴν ἐλάμβανεν προφητεία [*Gen.*, XLIX, 10], οὐκ ἐκλείψειν ἄρχοντα ἐξ Ἰούδα οὐδὲ ἡγούμενον ἐκ τῶν μηρῶν αὐτοῦ φήσασα, ἕως ἂν ἔλθῃ ᾧ ἀπόκειται, ὃν καὶ ἀποφαίνει προσδοκίαν ἔσεσθαι ἐθνῶν.

[2] Ἀτελῆ γέ τοι τὰ τῆς προρρήσεως ἦν καθ' ὃν ὑπὸ τοῖς οἰκείοις τοῦ ἔθνους ἄρχουσι διάγειν αὐτοῖς ἐξῆν χρόνον, ἄνωθεν ἐξ αὐτοῦ Μωυσέως καταρξαμένοις καὶ εἰς τὴν Αὐγούστου βασιλείαν διαρκέσασιν, καθ' ὃν πρῶτος ἀλλόφυλος Ἡρώδης τὴν κατὰ Ἰουδαίων ἐπιτρέπεται ὑπὸ Ῥωμαίων ἀρχήν, ὡς μὲν Ἰώσηπος παραδίδωσιν [Josèphe, *Ant.*, XIV, 8, 121; *Bel.*, I, 123, 181], Ἰδουμαῖος ὢν κατὰ πατέρα τὸ γένος Ἀράβιος δὲ κατὰ μητέρα, ὡς δ'

[6] Au second livre des *Histoires de la guerre juive* il écrit encore ceci sur le même sujet :

« Alors un Galiléen du nom de Judas excitait ses compatriotes à se soulever, leur reprochant d'accepter de payer l'impôt aux Romains et de tolérer des maîtres mortels autres que Dieu. »

Voilà ce que dit Josèphe.

CHAPITRE VI

[COMMENT EN SON TEMPS, SELON LES PROPHÉTIES, LES CHEFS DE LA NATION JUIVE, PRIS JUSQUE LA DANS LA SUCCESSION DE LEUR RACE, CESSÈRENT DE COMMANDER, ET COMMENT HÉRODE FUT LE PREMIER QUI RÉGNA SUR EUX]

Alors, pour la première fois, la famille étrangère d'Hérode reçut la royauté du peuple juif, et la prophétie rapportée par Moïse eut son accomplissement : « Il ne manquera point de prince ni de chef du sang de Juda, dit-elle, jusqu'à ce que vienne celui à qui il est réservé, » celui qu'il déclare devoir être l'attente des nations.

[2] Cette prédiction resta stérile, tant qu'il fut permis aux juifs de vivre sous des chefs de leur race, en descendant depuis Moïse lui-même et en allant jusqu'au règne d'Auguste. A cette époque seulement pour la première fois, Hérode, un étranger, obtint des Romains le pouvoir sur les Juifs. Josèphe, du

54 — VI, 6

[6] Καὶ
πολέμου π:
118]·
« Ἐπὶ
ἀποστασίαν
Ῥωμαίοις
θνητοὺς δε
Ταῦτα ἐ

Τηνίκα
τὸ γένος
Μωυσέως
10], οὐκ
ἐκ τῶν μη
ὂν καὶ ἀπ

: Ecl. proph.,

reste, nous apprend qu'il était Iduméen par son père et arabe par sa mère. D'après Africain, qui fut lui aussi un écrivain et non le premier venu, ceux qui ont raconté sa vie avec exactitude disent (voy. l'*Appendice*) qu'il était fils d'Antipater et que celui-ci était né lui-même d'un Hérode d'Ascalon, hiérodule du temple d'Apollon. [3] Cet Antipater, fait prisonnier tout enfant par des brigands Iduméens, demeura avec eux, parce que son père, un mendiant (voy. l'*Appendice*), ne pouvait payer sa rançon ; il fut élevé dans leur genre de vie. Plus tard, il obtint l'amitié du grand prêtre des Juifs, Hyrcan. De lui naquit Hérode, le contemporain de notre Sauveur. [4] Lorsque le sceptre des Juifs vint en ses mains, celui que la prophétie appelle l'attente des nations était aux portes ; car à compter de cette heure, les chefs et les princes qui depuis Moïse s'étaient succédé au gouvernement d'Israël firent défaut.

[5] Avant la captivité et l'exil à Babylone, les Juifs avaient vécu sous le pouvoir des rois, à commencer par Saül, qui fut le premier, et par David. Antérieurement, ils avaient obéi à des gouverneurs appelés Juges, après Moïse et son successeur Josué. [6] Après le retour de Babylone, ils ne cessèrent d'avoir un régime aristocratique et oligarchique : les prêtres (voy. *Appendice*) présidaient aux affaires. Cet état de choses dura jusqu'à ce que Pompée, général des Romains, vint assiéger et prendre Jérusalem : il souilla les choses saintes après avoir

ἱεροῦ προελθών, τὸν δ' ἐκ προγόνων διαδοχῆς εἰς ἐκεῖνο τοῦ καιροῦ διαρκέσαντα βασιλέα τε ὁμοῦ καὶ ἀρχιερέα, Ἀριστόβουλος ὄνομα ἦν αὐτῷ, δέσμιον ἐπὶ Ῥώμης ἅμα τέκνοις ἐκπέμψας, Ὑρκανῷ μὲν τῷ τούτου ἀδελφῷ τὴν ἀρχιερωσύνην παραδίδωσιν, τὸ δὲ πᾶν Ἰουδαίων ἔθνος ἐξ ἐκείνου Ῥωμαίοις ὑπόφορον κατεστήσατο. [7] Αὐτίκα γοῦν καὶ Ὑρκανοῦ, εἰς ὃν ὕστατον τὰ τῆς τῶν ἀρχιερέων περιέστη διαδοχῆς, ὑπὸ Πάρθων αἰχμαλώτου ληφθέντος, πρῶτος, ὡς γοῦν ἔφην, ἀλλόφυλος Ἡρώδης ὑπὸ τῆς συγκλήτου Ῥωμαίων Αὐγούστου τε βασιλέως τὸ Ἰουδαίων ἔθνος ἐγχειρίζεται, [8] καθ' ὃν ἐναργῶς τῆς τοῦ Χριστοῦ παρουσίας ἐνστάσης, καὶ τῶν ἐθνῶν ἡ προσδοκωμένη σωτηρία τε καὶ κλῆσις ἀκολούθως τῇ προφητείᾳ παρηκολούθησεν· ἐξ οὗ δὴ χρόνου τῶν ἀπὸ Ἰούδα ἀρχόντων τε καὶ ἡγουμένων, λέγω δὲ τῶν ἐκ τοῦ Ἰουδαίων ἔθνους, διαλελοιπότων, εἰκότως αὐτοῖς καὶ τὰ τῆς ἐκ προγόνων εὐσταθῶς ἐπὶ τοὺς ἔγγιστα διαδόχους κατὰ γενεὰν προϊούσης ἀρχιερωσύνης παραχρῆμα συγχεῖται.

[9] Ἔχεις καὶ τούτων ἀξιόχρεων τὸν Ἰώσηπον μάρτυρα [Josèphe, Ant., XX, 247, 249; cf. Ecl. proph., CLX, 7-21; Dem. ev., VIII, ιι, 93-94], δηλοῦντα ὡς τὴν βασιλείαν παρὰ Ῥωμαίων ἐπιτραπεὶς Ἡρώδης οὐκέτι τοὺς ἐξ ἀρχαίου γένους καθίστησιν ἀρχιερεῖς, ἀλλά τισιν ἀσήμοις τὴν τιμὴν ἀπένεμεν· τὰ ὅμοια δὲ πρᾶξαι τῷ Ἡρώδῃ περὶ τῆς καταστάσεως τῶν ἱερέων Ἀρχέλαόν τε τὸν παῖδα αὐτοῦ καὶ μετὰ τοῦτον Ῥωμαίους, τὴν ἀρχὴν τῶν Ἰουδαίων

pénétré jusque dans les lieux interdits du temple. Aristobule, qui avait été jusqu'à ce jour grand prêtre et roi par succession de ses ancêtres, fut envoyé par lui à Rome comme captif avec ses enfants. Pompée donna le pontificat suprême à Hyrcan son frère, et depuis ce moment toute la nation juive fut tributaire des Romains. [7] Hyrcan, le dernier successeur des souverains pontifes, fut fait prisonnier par les Parthes. Alors pour la première fois, ainsi que je l'ai dit, ce fut un étranger, Hérode, qui prit en mains le gouvernement du peuple juif de par le sénat de Rome et l'empereur Auguste. [8] Ce fut en ce temps que parut manifestement le Christ et on vit dès lors se réaliser sans retard le salut attendu des Gentils, et leur vocation prédite par la prophétie. A partir de ce moment, il n'y eut plus de princes ni de chefs de Juda, je veux dire d'origine juive, et comme de juste la succession normale du souverain pontificat, qui échéait par descendance aux plus proches héritiers, fut aussitôt troublée.

[9] De tout cela nous avons, comme garant digne de créance, l'historien Josèphe. Il nous raconte qu'Hérode, après avoir reçu le trône des Romains, n'établit plus de pontifes de l'ancienne race ; il départit cet honneur à des gens obscurs. Son fils Archélaüs en usa pareillement dans la désignation des prêtres (voy. *Appendice*), et, après lui, les Romains, lorsqu'ils recueillirent la domination

παρειληφότας. [10] Ὁ δ' αὐτὸς δηλοῖ [Ant., XVIII, 92-93; cf. Ecl. proph., CLX, 25-161 ; Dem. ev., VIII, II, 95] ὡς ἄρα καὶ τὴν ἱερὰν στολὴν τοῦ ἀρχιερέως πρῶτος Ἡρώδης ἀποκλείσας ὑπὸ ἰδίαν σφραγῖδα πεποίηται, μηκέτ' αὐτὴν τοῖς ἀρχιερεῦσιν ἔχειν ὑφ' ἑαυτοὺς ἐπιτρέψας· ταὐτὸν δὲ καὶ τὸν μετ' αὐτὸν Ἀρχέλαον καὶ μετὰ τοῦτον Ῥωμαίους διαπράξασθαι. [11] Καὶ ταῦτα δ' ἡμῖν εἰρήσθω εἰς ἑτέρας ἀπόδειξιν προφητείας κατὰ τὴν ἐπιφάνειαν τοῦ σωτῆρος ἡμῶν Ἰησοῦ Χριστοῦ πεπερασμένης. Σαφέστατα γοῦν ἐν τῷ Δανιὴλ [DANIEL, IX, 24-27] ἑβδομάδων τινῶν ἀριθμὸν ὀνομαστὶ ἕως Χριστοῦ ἡγουμένου περιλαβὼν ὁ λόγος, περὶ ὧν ἐν ἑτέροις διειλήφαμεν [Ecl. proph., CLIII,12-165, 7; Dem. ev., VIII, II, 55-129], μετὰ τὸ τούτων συμπέρασμα ἐξολοθρευθήσεσθαι τὸ παρὰ Ἰουδαίοις χρῖσμα προφητεύει· καὶ τοῦτο δὲ σαφῶς κατὰ τὸν καιρὸν τῆς τοῦ σωτῆρος ἡμῶν Ἰησοῦ Χριστοῦ γενέσεως ἀποδείκνυται συμπεπληρωμένον. Ταῦτα δ' ἡμῖν ἀναγκαίως εἰς παράστασιν τῆς τῶν χρόνων ἀληθείας προτετηρήσθω.

Z'

Ἐπειδὴ δὲ τὴν περὶ τοῦ Χριστοῦ γενεαλογίαν διαφόρως ἡμῖν ὅ τε Ματθαῖος καὶ ὁ Λουκᾶς εὐαγγελιζόμενοι παραδεδώκασι διαφωνεῖν τε νομίζονται τοῖς πολλοῖς τῶν τε πιστῶν ἕκαστος ἀγνοίᾳ τἀληθοῦς εὑρησιλογεῖν εἰς τοὺς τόπους

LES GÉNÉALOGIES DU CHRIST

de la Judée. [10] Le même auteur raconte que, le premier, Hérode garda, placée sous clef et sous son propre sceau, la robe sacrée du pontife, et ne permit plus qu'elle fût à la disposition des grands prêtres. Après lui, Archélaüs et ensuite les Romains firent de même. [11] Je rapporte ces détails pour mettre en lumière une autre prophétie qui s'est réalisée lors de l'apparition de notre Sauveur Jésus-Christ. Au livre de Daniel, après avoir très clairement fixé le nombre exact des semaines qui devaient s'écouler jusqu'au Christ roi et dont j'ai parlé ailleurs, l'Écriture annonce qu'après leur accomplissement, l'onction disparaîtra de chez les Juifs. Cela s'est manifestement réalisé lors de la naissance de notre Sauveur Jésus-Christ. Voilà ce qu'il était nécessaire de dire pour établir la vérité en ce qui concerne l'époque de sa venue.

CHAPITRE VII

[DE LA DIVERGENCE QUE L'ON CROIT TROUVER DANS LES ÉVANGILES EN CE QUI CONCERNE LA GÉNÉALOGIE DU CHRIST]

Les évangélistes Matthieu et Luc donnent différemment la généalogie du Christ. C'est pourquoi beaucoup ont pensé qu'ils se contredisaient, et, parmi les fidèles, il est arrivé que dans l'ignorance du vrai, chacun s'est efforcé d'imaginer des raisons pour expliquer ces passages. Nous allons reproduire ici l'explication qui est venue jusqu'à nous ; nous la trouvons dans une lettre écrite à Aristide, sur l'accord de la généa-

πεφιλοτίμηται, φέρε, καὶ τὴν περὶ τούτων κατελθοῦσαν εἰς ἡμᾶς ἱστορίαν παραθώμεθα, ἣν δι' ἐπιστολῆς Ἀριστείδῃ γράφων περὶ συμφωνίας τῆς ἐν τοῖς εὐαγγελίοις γενεαλογίας ὁ μικρῷ πρόσθεν ἡμῖν δηλωθεὶς Ἀφρικανὸς ἐμνημόνευσεν, τὰς μὲν δὴ τῶν λοιπῶν δόξας ὡς ἂν βιαίους καὶ διεψευσμένας ἀπελέγξας, ἣν δ' αὐτὸς παρείληφεν ἱστορίαν, τούτοις αὐτοῖς ἐκτιθέμενος τοῖς ῥήμασιν·

« [2] Ἐπειδὴ γὰρ τὰ ὀνόματα τῶν γενῶν ἐν Ἰσραὴλ ἠριθμεῖτο ἢ φύσει ἢ νόμῳ, φύσει μέν, γνησίου σπέρματος διαδοχῇ, νόμῳ δέ, ἑτέρου παιδοποιουμένου εἰς ὄνομα τελευτήσαντος ἀδελφοῦ ἀτέκνου (ὅτι γὰρ οὐδέπω δέδοτο ἐλπὶς ἀναστάσεως σαφής, τὴν μέλλουσαν ἐπαγγελίαν ἀναστάσει ἐμιμοῦντο θνητῇ, ἵνα ἀνέκλειπτον τὸ ὄνομα μείνῃ τοῦ μετηλλαχότος)· [3] ἐπεὶ οὖν οἱ τῇ γενεαλογίᾳ ταύτῃ ἐμφερόμενοι, οἳ μὲν διεδέξαντο παῖς πατέρα γνησίως, οἳ δὲ ἑτέροις μὲν ἐγεννήθησαν, ἑτέροις δὲ προσετέθησαν κλήσει, ἀμφοτέρων γέγονεν ἡ μνήμη, καὶ τῶν γεγεννηκότων καὶ τῶν ὡς γεγεννηκότων. [4] Οὕτως οὐδέτερον τῶν εὐαγγελίων ψεύδεται καὶ φύσιν ἀριθμοῦν καὶ νόμον· ἐπεπλάκη γὰρ ἀλλήλοις τὰ γένη, τό τε ἀπὸ τοῦ Σολομῶνος καὶ τὸ ἀπὸ τοῦ Ναθάν, ἀναστάσεσιν ἀτέκνων καὶ δευτερογαμίαις καὶ ἀναστάσει σπερμάτων, ὡς δικαίως τοὺς αὐτοὺς ἄλλοτε ἄλλων νομίζεσθαι, τῶν μὲν δοκούντων πατέρων, τῶν δὲ ὑπαρχόντων· ὡς ἀμφοτέρας τὰς διηγήσεις κυρίως ἀληθεῖς οὔσας ἐπὶ τὸν Ἰωσὴφ πολυπλόκως μέν, ἀλλ' ἀκριβῶς κατελθεῖν.

logie dans les évangiles, par Africain, l'auteur dont nous avons parlé un peu plus haut. Il réfute d'abord les explications différentes de la sienne, comme forcées ou erronées, et il rapporte en ces termes l'information qu'il a recueillie sur ce sujet (voy. l'*Appendice*) :

« [2] Les noms des générations chez les Israélites étaient comptés selon l'ordre de la nature ou l'ordre de la loi. Le premier suppose la filiation paternelle; dans le second, un frère engendrait des enfants sous le nom de son frère mort sans en avoir. L'espérance de la résurrection n'était en effet pas clairement donnée aux Juifs, la promesse n'en devant arriver que plus tard; ils la figuraient par une sorte de résurrection mortelle où le nom du trépassé demeurait en se perpétuant. [3] Parmi ceux dont il est question dans cette généalogie, les uns succèdent par naissance à leur père ; les autres, au contraire, sont des enfants qui ont été engendrés pour d'autres et qui portent le nom d'autrui. Ces deux catégories de fils, par naissance paternelle ou par attribution, ont été mentionnées. [4] Ainsi ni l'un ni l'autre des évangiles ne dit rien de contraire à la vérité ; c'est tantôt l'ordre de la nature et tantôt celui de la loi qui est suivi. Les générations sorties de Salomon et les générations sorties de Nathan sont embrouillés les unes dans les autres : des substitutions au bénéfice de ceux qui étaient sans enfants, des secondes noces, des attributions de descendants sont les causes pour lesquelles les mêmes fils sont imputés justement soit aux pères putatifs, soit aux pères réels. De la sorte, les deux récits se trouvent entièrement vrais, et l'on arrive à Joseph d'une façon très compliquée, mais pourtant exacte.

« [5] Ἵνα δὲ σαφὲς ᾖ τὸ λεγόμενον, τὴν ἐναλλαγὴν τῶν γενῶν διηγήσομαι. Ἀπὸ τοῦ Δαυὶδ διὰ Σολομῶνος τὰς γενεὰς καταριθμουμένοις τρίτος ἀπὸ τέλους εὑρίσκεται [Matth., i, 15-16] Ματθαν, ὃς ἐγέννησε τὸν Ἰακώβ, τοῦ Ἰωσὴφ τὸν πατέρα· ἀπὸ δὲ Ναθαν τοῦ Δαυὶδ κατὰ Λουκᾶν [Luc., iii, 23-24] ὁμοίως τρίτος ἀπὸ τέλους Μελχι· Ἰωσὴφ γὰρ υἱὸς Ἡλὶ τοῦ Μελχι. [6] Σκοποῦ τοίνυν ἡμῖν κειμένου τοῦ Ἰωσήφ, ἀποδεικτέον πῶς ἑκάτερος αὐτοῦ πατὴρ ἱστορεῖται, ὅ τε Ἰακὼβ ὁ ἀπὸ Σολομῶνος καὶ Ἡλὶ ὁ ἀπὸ τοῦ Ναθαν ἑκάτερος κατάγοντες γένος, ὅπως τε πρότερον οὗτοι δή, ὅ τε Ἰακὼβ καὶ ὁ Ἡλί, δύο ἀδελφοί, καὶ πρό γε, πῶς οἱ τούτων πατέρες, Ματθαν καὶ Μελχι, διαφόρων ὄντες γενῶν, τοῦ Ἰωσὴφ ἀναφαίνονται πάπποι.

« [7] Καὶ δὴ οὖν ὅ τε Ματθαν καὶ ὁ Μελχι, ἐν μέρει τὴν αὐτὴν ἀγαγόμενοι γυναῖκα, ὁμομητρίους ἀδελφοὺς ἐπαιδοποιήσαντο, τοῦ νόμου μὴ κωλύοντος χηρεύουσαν, ἤτοι ἀπολελυμένην ἢ καὶ τελευτήσαντος τοῦ ἀνδρός, ἄλλῳ γαμεῖσθαι· [8] ἐκ δὴ τῆς Ἐσθα (τοῦτο γὰρ καλεῖσθαι τὴν γυναῖκα παραδέδοται) πρῶτος Ματθαν, ὁ ἀπὸ τοῦ Σολομῶνος τὸ γένος κατάγων, τὸν Ἰακὼβ γεννᾷ, καὶ τελευτήσαντος τοῦ Ματθαν Μελχι, ὁ ἐπὶ τὸν Ναθαν κατὰ γένος ἀναφερόμενος, χηρεύουσαν, ἐκ μὲν τῆς αὐτῆς φυλῆς, ἐξ ἄλλου δὲ γένους ὤν, ὡς προεῖπον, ἀγαγόμενος αὐτήν, ἔσχεν υἱὸν τὸν Ἡλί. [9] Οὕτω δὴ διαφόρων δύο γενῶν εὑρήσομεν τόν τε Ἰακὼβ καὶ τὸν Ἡλὶ ὁμομητρίους ἀδελ-

« [5] Afin d'expliquer clairement ce que j'avance, j'exposerai l'interversion (voy. l'*Appendice*) des descendances. A compter les générations à partir de David par Salomon, on trouve que le troisième avant la fin est Mathan qui a engendré Jacob, père de Joseph ; selon Luc, depuis Nathan, fils de David, celui qui est semblablement le troisième avant la fin est Melchi : car Joseph est le fils d'Héli, fils de Melchi. [6] Eh bien, notre terme étant Joseph, il faut montrer comment tous les deux sont présentés comme son père, et Jacob, de la descendance de Salomon, et Héli, de celle de Nathan ; tout d'abord comment Jacob et Héli étaient frères ; auparavant comment leurs pères, Mathan et Melchi, quoique n'étant pas de même race, sont déclarés grands-pères de Joseph.

« [7] D'abord, Mathan et Melchi épousèrent successivement la même femme et eurent des enfants qui étaient frères utérins. La loi ne défendait pas à une femme sans mari, soit qu'elle fût répudiée, soit que le mari fût mort, de se remarier. [8] De cette femme dont on a conservé le nom, Estha, Mathan de la descendance de Salomon, eut d'abord un fils, Jacob, puis il mourut ; Melchi de la descendance de Nathan, épouse sa veuve. Il était de la même tribu, mais non de la même famille, comme je l'ai dit plus haut, et il eut d'elle Héli comme fils. [9] Ainsi donc Jacob et Héli, qui appartenaient à deux descendances différentes, étaient frères de mère.

φούς, ὧν ὁ ἕτερος, Ἰακώβ, ἀτέκνου τοῦ ἀδελφοῦ τελευτήσαντος Ἠλι, τὴν γυναῖκα παραλαβών, ἐγέννησεν ἐξ αὐτῆς τρίτον τὸν Ἰωσήφ, κατὰ φύσιν μὲν ἑαυτῷ (καὶ κατὰ λόγον, δι' ὃ γέγραπται [Matth., i, 16] « Ἰακὼβ δὲ « ἐγέννησεν τὸν Ἰωσήφ »), κατὰ νόμον δὲ τοῦ Ἠλι υἱὸς ἦν· ἐκείνῳ γὰρ ὁ Ἰακώβ, ἀδελφὸς ὤν, ἀνέστησεν σπέρμα. [10] Δι' ὅπερ οὐκ ἀκυρωθήσεται καὶ ἡ κατ' αὐτὸν γενεαλογία· ἣν Ματθαῖος μὲν ὁ εὐαγγελιστὴς ἐξαριθμούμενος· « Ἰακὼβ δέ, φησίν, ἐγέννησεν τὸν Ἰωσήφ », ὁ δὲ Λουκᾶς ἀνάπαλιν [Luc, iii, 23-24]· « Ὃς ἦν, ὡς ἐνομίζετο (καὶ « γὰρ καὶ τοῦτο προστίθησιν), τοῦ Ἰωσὴφ τοῦ Ἠλι τοῦ « Μελχι ». Τὴν γὰρ κατὰ νόμον γένεσιν ἐπισημότερον οὐκ ἦν ἐξειπεῖν, καὶ τὸ « ἐγέννησεν » ἐπὶ τῆς τοιᾶσδε παιδοποιίας ἄχρι τέλους ἐσιώπησεν, τὴν ἀναφορὰν ποιησάμενος ἕως « τοῦ Ἀδὰμ τοῦ θεοῦ » κατ' ἀνάλυσιν.

« [11] Οὐδὲ μὴν ἀναπόδεικτον ἢ ἐσχεδιασμένον ἐστὶν τοῦτο. Τοῦ γοῦν σωτῆρος οἱ κατὰ σάρκα συγγενεῖς, εἴτ' οὖν φανητιῶντες εἴθ' ἁπλῶς ἐκδιδάσκοντες, πάντως δὲ ἀληθεύοντες, παρέδοσαν καὶ ταῦτα· ὡς Ἰδουμαῖοι λῃσταὶ Ἀσκάλωνι πόλει τῆς Παλαιστίνης ἐπελθόντες, ἐξ εἰδωλείου Ἀπόλλωνος, ὃ πρὸς τοῖς τείχεσιν ἵδρυτο, Ἀντίπατρον Ἡρώδου τινὸς ἱεροδούλου παῖδα πρὸς τοῖς ἄλλοις σύλοις αἰχμάλωτον ἀπῆγον, τῷ δὲ λύτρα ὑπὲρ τοῦ υἱοῦ καταθέσθαι μὴ δύνασθαι τὸν ἱερέα ὁ Ἀντίπατρος τοῖς τῶν Ἰδουμαίων ἔθεσιν ἐντραφείς, ὕστερον Ὑρκανῷ φιλοῦται τῷ τῆς Ἰουδαίας ἀρχιερεῖ· [12] πρεσβεύσας δὲ πρὸς Πομπήιον ὑπὲρ τοῦ

Héli mourut sans fils : alors, Jacob, son frère, épousa sa femme et troisièmement (voy. l'*Appendice*) eut d'elle Joseph, qui est son fils selon la nature (ainsi que le porte le texte où il est écrit : « Jacob a engendré Joseph »). Mais selon la loi, il était le fils d'Héli ; car c'est à Héli que Jacob, en sa qualité de frère, avait suscité un descendant. [10] Voilà comment la généalogie, quant à lui, ne peut pas être considérée comme inexacte. Matthieu l'évangéliste l'expose ainsi : « Jacob, dit-il, engendra Joseph ». Luc reprend à son tour : « lequel était fils, selon l'attribution (car il ajoute cette remarque), de Joseph, fils d'Héli, fils de Melchi ». Il n'est pas possible d'exprimer plus clairement la descendance légale. Luc s'abstient complètement, jusqu'à la fin, du mot : « engendra », dans le dénombrement de tant de générations, et il conduit son énumération jusqu'à « Adam qui fut de Dieu. »

« [11] Ceci n'est pas une affirmation dénuée de preuve et faite à la légère. Les parents du Sauveur, selon la chair, dans le désir de vanter leur origine ou simplement de nous l'apprendre, en tout cas conformément à la vérité, ont aussi ajouté ceci (voy. l'*Appendice*). Des brigands Iduméens vinrent à Ascalon, ville de Palestine : d'un petit temple d'Apollon qui était bâti vers les remparts, ils enlevèrent, avec le reste de leur butin un enfant appelé Antipater, fils d'Hérode, un hiérodule, et ils l'emmenèrent comme leur prisonnier Le prêtre ne put payer la rançon de son fils et celui-ci fut élevé selon les coutumes des Iduméens. Plus tard il fut aimé d'Hyrcan, grand prêtre de Judée, [12] qui l'envoya comme ambassadeur auprès de Pompée. Il

Ύρκανοῦ καὶ τὴν βασιλείαν ἐλευθερώσας αὐτῷ ὑπὸ Ἀριστοβούλου τοῦ ἀδελφοῦ περικοπτομένην, αὐτὸς ἠυτύχησεν, ἐπιμελητὴς τῆς Παλαιστίνης χρηματίσας· διαδέχεται δὲ τὸν Ἀντίπατρον, φθόνῳ τῆς πολλῆς εὐτυχίας δολοφονηθέντα, υἱὸς Ἡρώδης, ὃς ὕστερον ὑπ' Ἀντωνίου καὶ τοῦ Σεβαστοῦ συγκλήτου δόγματι τῶν Ἰουδαίων ἐκρίθη βασιλεύειν· οὗ παῖδες Ἡρώδης οἱ τ' ἄλλοι τετράρχαι. Ταῦτα μὲν δὴ κοινὰ καὶ ταῖς Ἑλλήνων ἱστορίαις.

« [13] Ἀναγράπτων δὲ εἰς τότε ἐν τοῖς ἀρχείοις ὄντων τῶν Ἑβραϊκῶν γενῶν καὶ τῶν ἄχρι προσηλύτων ἀναφερομένων, ὡς Ἀχιὼρ τοῦ Ἀμμανίτου [cf. *Judith*, xiv, 10] καὶ Ῥοὺθ τῆς Μωαβίτιδος τῶν τε ἀπ' Αἰγύπτου [*Exod*., xii, 38; cf. *Deut*., xxiii, 8] συνεκπεσόντων ἐπιμίκτων, ὁ Ἡρώδης, οὐδέν τι συμβαλλομένου τοῦ τῶν Ἰσραηλιτῶν γένους αὐτῷ καὶ τῷ συνειδότι τῆς δυσγενείας κρουόμενος, ἐνέπρησεν αὐτῶν τὰς ἀναγραφὰς τῶν γενῶν, οἰόμενος εὐγενὴς ἀναφανεῖσθαι τῷ μηδ' ἄλλον ἔχειν ἐκ δημοσίου συγγραφῆς τὸ γένος ἀνάγειν ἐπὶ τοὺς πατριάρχας ἢ προσηλύτους τούς τε καλουμένους γειώρας, τοὺς ἐπιμίκτους.

« [14] Ὀλίγοι δὴ τῶν ἐπιμελῶν ἰδιωτικὰς ἑαυτοῖς ἀπογραφὰς ἢ μνημονεύσαντες τῶν ὀνομάτων ἢ ἄλλως ἔχοντες ἐξ ἀντιγράφων, ἐναβρύνονται σῳζομένῃ τῇ μνήμῃ τῆς εὐγενείας· ὧν ἐτύγχανον οἱ προειρημένοι, δεσπόσυνοι καλούμενοι διὰ τὴν πρὸς τὸ σωτήριον γένος συνάφειαν ἀπό τε Ναζάρων καὶ Κωχαβα κωμῶν Ἰουδαϊκῶν τῇ λοιπῇ γῇ

obtint pour son maître le royaume des Juifs, dont son frère Aristobule avait usurpé une partie, tandis que lui-même, parvenu au comble de la fortune, était nommé épimélète (voy. l'*Appendice*) de Palestine. Le grand bonheur d'Antipater lui valut des envieux ; il fut tué par trahison. Son fils Hérode lui succéda, et, plus tard, Antoine et Auguste, par un décret du sénat, l'appelèrent au trône des Juifs. Il eut pour fils Hérode et les autres tétrarques. Ceci est en accord avec les histoires des Grecs.

« [13] On avait conservé jusqu'à cette époque, dans les archives, les généalogies des familles vraiment hébraïques et de celles qui tiraient leur origine de prosélytes comme Achior l'Ammanite et Ruth la Moabite, ainsi que les listes de ceux qui étaient sortis d'Égypte avec les Juifs et s'étaient mêlés à eux. Hérode n'avait aucun intérêt à ces traditions d'Israélites ; le souvenir de sa naissance obscure le choquait ; il fit donc brûler les registres de ces généalogies. Il lui semblait qu'il commencerait à paraître de race noble dès que nul ne pourrait plus alléguer les témoignages authentiques de sa propre descendance, qu'elle vînt des patriarches ou des prosélytes ou des étrangers alliés aux Israélites et appelés *géores* (voy. l'*Appendice*).

« [14] Des gens avisés en petit nombre gardèrent dans leur mémoire les noms de leur propre généalogie ou en conservèrent des copies : ils étaient très fiers d'avoir sauvé le souvenir de leur noblesse. Parmi eux se trouvaient ceux dont j'ai parlé plus haut, qu'on nomme *dominicaux* à cause de leur parenté avec le Sauveur : partis des bourgs juifs de Nazareth et de

ἐπιφοιτήσαντες καὶ τὴν προκειμένην γενεαλογίαν ἔκ τε τῆς Βίβλου τῶν ἡμερῶν, ἐς ὅσον ἐξικνοῦντο, ἐξηγησάμενοι.

« [15] Εἴτ' οὖν οὕτως εἴτ' ἄλλως ἔχοι, σαφεστέραν ἐξήγησιν οὐκ ἂν ἔχοι τις ἄλλος ἐξευρεῖν, ὡς ἔγωγε νομίζω πᾶς τε ὅς εὐγνώμων τυγχάνει, καὶ ἡμῖν αὕτη μελέτω, εἰ καὶ ἀμάρτυρός ἐστιν, τῷ μὴ κρείττονα ἢ ἀληθεστέραν ἔχειν εἰπεῖν· τό γέ τοι εὐαγγέλιον πάντως ἀληθεύει ».

[16] Καὶ ἐπὶ τέλει δὲ τῆς αὐτῆς ἐπιστολῆς προστίθησι ταῦτα·

« Ματθὰν ὁ ἀπὸ Σολομῶνος ἐγέννησε τὸν Ἰακώβ· Ματθὰν ἀποθανόντος, Μελχὶ ὁ ἀπὸ Ναθὰν ἐκ τῆς αὐτῆς γυναικὸς ἐγέννησε τὸν Ἡλί· ὁμομήτριοι ἄρα ἀδελφοὶ Ἡλὶ καὶ Ἰακώβ. Ἡλὶ ἀτέκνου ἀποθανόντος, ὁ Ἰακὼβ ἀνέστησεν αὐτῷ σπέρμα, γεννήσας τὸν Ἰωσήφ, κατὰ φύσιν μὲν ἑαυτῷ, κατὰ νόμον δὲ τῷ Ἡλί. Οὕτως ἀμφοτέρων ἦν υἱὸς ὁ Ἰωσήφ. »

Τοσαῦτα ὁ Ἀφρικανός.

[17] Καὶ δὴ τοῦ Ἰωσὴφ ὡδέ πως γενεαλογουμένου, δυνάμει καὶ ἡ Μαρία σὺν αὐτῷ πέφηνεν ἐκ τῆς αὐτῆς οὖσα φυλῆς, εἴ γε κατὰ τὸν Μωυσέως νόμον οὐκ ἐξῆν ἑτέραις ἐπιμίγνυσθαι φυλαῖς· ἑνὶ γὰρ τῶν ἐκ τοῦ αὐτοῦ δήμου καὶ πατριᾶς τῆς αὐτῆς ζεύγνυσθαι πρὸς γάμον παρακελεύεται, ὡς ἂν μὴ περιστρέφοιτο τοῦ γένους ὁ κλῆρος ἀπὸ φυλῆς ἐπὶ φυλήν [*Nomb.*, xxxvi, 8-9]. Ὡδὶ μὲν οὖν καὶ ταῦτα ἐχέτω.

Cochaba, ils s'étaient dispersés dans le reste du pays et avaient recherché avec tout le soin dont ils étaient capables la suite de leur lignée dans le *Livre des Jours*.

« [15] En est-il ainsi ou autrement ? je ne crois pas qu'il soit possible de trouver une explication plus claire et tout homme sensé est de cet avis. Qu'elle nous suffise donc, quoiqu'elle ne soit pas appuyée de preuves. Nous n'avons rien à dire de meilleur ni de plus vrai. Du reste, l'Évangile est entièrement dans la vérité. »

[16] A la fin de la même lettre, Africain ajoute ceci :
« Mathan descendant de Salomon, engendra Jacob ; Mathan mort, Melchi, de la race de Nathan, engendra de la même femme Héli : Héli et Jacob étaient donc frères uterins. Héli, mort sans enfant, Jacob lui suscita un descendant, il engendra Joseph qui était son fils selon la nature, et selon la loi était fils d'Héli. Voilà comment Joseph est le fils de tous deux. »

Telles sont les paroles d'Africain.

[17] La généalogie de Joseph ainsi établie, Marie apparaît forcément avec lui, comme appartenant à la même tribu que lui. La loi de Moïse ne permettait pas à un Israélite de contracter mariage dans d'autres tribus que la sienne : on devait se marier dans son bourg et dans la tribu où l'on était né, de façon à ce que le patrimoine ne passât pas d'une tribu à une autre. Mais en voilà assez sur ce sujet.

Η'

Ἀλλὰ γὰρ τοῦ Χριστοῦ γεννηθέντος ταῖς προφητείαις ἀκολούθως ἐν Βηθλεὲμ τῆς Ἰουδαίας κατὰ τοὺς δεδηλωμένους χρόνους, Ἡρώδης ἐπὶ τῇ τῶν ἐξ ἀνατολῆς μάγων ἀνερωτήσει ὅπη εἴη διαπυνθανομένων ὁ τεχθεὶς βασιλεὺς τῶν Ἰουδαίων, ἑορακέναι γὰρ αὐτοῦ τὸν ἀστέρα καὶ τῆς τοσῆσδε πορείας τοῦτ' αἴτιον αὐτοῖς γεγονέναι, οἷα θεῷ προσκυνῆσαι τῷ τεχθέντι διὰ σπουδῆς πεποιημένοις, οὐ σμικρῶς ἐπὶ τῷ πράγματι, ἅτε κινδυνευούσης, ὥς γε δὴ ᾤετο, αὐτῷ τῆς ἀρχῆς, διακινηθείς, πυθόμενος τῶν παρὰ τῷ ἔθνει νομοδιδασκάλων ποῦ τὸν Χριστὸν γεννηθήσεσθαι προσδοκῷεν, ὡς ἔγνω τὴν Μιχαίου προφητείαν [Mich., v, 2] ἐν Βηθλεὲμ προαναφωνοῦσαν, ἑνὶ προστάγματι τοὺς ὑπομαζίους ἔν τε τῇ Βηθλεὲμ καὶ πᾶσι τοῖς ὁρίοις αὐτῆς ἀπὸ διετοῦς καὶ κατωτέρω παῖδας, κατὰ τὸν ἀπηκριβωμένον αὐτῷ χρόνον παρὰ τῶν μάγων, ἀναιρεθῆναι προστάττει, πάντως που καὶ τὸν Ἰησοῦν, ὥς γε ἦν εἰκός, τῆς αὐτῆς τοῖς ὁμήλιξι συναπολαῦσαι συμφορᾶς οἰόμενος. [2] Φθάνει γε μὴν τὴν ἐπιβουλὴν εἰς Αἴγυπτον διακομισθεὶς ὁ παῖς, δι' ἐπιφανείας ἀγγέλου τὸ μέλλον προμεμαθηκότων αὐτοῦ τῶν γονέων. Ταῦτα μὲν οὖν καὶ ἡ ἱερὰ τοῦ εὐαγγελίου [Matth., ii, 1-7, 16, 13-15] διδάσκει γραφή.

CHAPITRE VIII

[ATTENTAT D'HÉRODE CONTRE LES ENFANTS ET QUELLE
FUT LA TRISTE FIN DE SA VIE]

Le Christ était né selon les prophéties à Bethléem de Judée au temps que nous avons dit. Hérode fut interrogé par les mages d'Orient ; ils lui demandèrent où était le roi des Juifs qui venait de naître ; car ils avaient vu son étoile, ils avaient entrepris leur long voyage et ils avaient hâte d'adorer comme un dieu le nouveau né. Hérode ne fut pas médiocrement troublé de cette affaire ; dans sa pensée, elle mettait son trône en danger. Il s'informa donc auprès des docteurs de la loi où ils espéraient que le Christ devait naître. Quand il sut la prophétie de Michée annonçant que c'était à Bethléem, il ordonna par un édit de tuer les enfants à la mamelle dans cette ville et dans tout le pays limitrophe, depuis deux ans et au-dessous, à partir de l'époque exacte fixée par les mages. Il pensait que selon toute apparence Jésus partagerait à peu près sûrement le même sort que ses compagnons d'âge. [2] Mais l'enfant prévint le coup et fut emporté en Égypte. Ses parents avaient été instruits de ce qui devait arriver par l'apparition d'un ange. Du reste le récit sacré de l'Évangile nous apprend cela.

[3] Ἄξιον δ' ἐπὶ τούτοις συνιδεῖν τἀπίχειρα τῆς Ἡρώδου κατὰ τοῦ Χριστοῦ καὶ τῶν ὁμηλίκων αὐτῷ τόλμης, ὡς παραυτίκα, μηδὲ σμικρᾶς ἀναβολῆς γεγενημένης, ἡ θεία δίκη περιόντα ἔτ' αὐτὸν τῷ βίῳ μετελήλυθεν, τὰ τῶν μετὰ τὴν ἐνθένδε ἀπαλλαγὴν διαδεξομένων αὐτὸν ἐπιδεικνῦσα προοίμια. [4] Ὡς μὲν οὖν τὰς κατὰ τὴν βασιλείαν αὐτῷ νομισθείσας εὐπραγίας ταῖς κατὰ τὸν οἶκον ἐπαλλήλοις ἠμαύρωσεν συμφοραῖς, γυναικὸς καὶ τέκνων καὶ τῶν λοιπῶν τῶν μάλιστα πρὸς γένους ἀναγκαιοτάτων τε καὶ φιλτάτων μιαιφονίαις, οὐδὲ οἷόν τε νῦν καταλέγειν, τραγικὴν ἅπασαν δραματουργίαν ἐπισκιαζούσης τῆς περὶ τούτων ὑποθέσεως, ἣν εἰς πλάτος ἐν ταῖς κατ' αὐτὸν ἱστορίαις ὁ Ἰώσηπος διελήλυθεν. [5] Ὡς δ' ἅμα τῇ κατὰ τοῦ σωτῆρος ἡμῶν καὶ τῶν ἄλλων νηπίων ἐπιβουλῇ θεήλατος αὐτὸν καταλαβοῦσα μάστιξ εἰς θάνατον συνήλασεν, οὐ χεῖρον καὶ τῶν φωνῶν τοῦ συγγραφέως ἐπακοῦσαι, κατὰ λέξιν ἐν ἑπτακαιδεκάτῳ τῆς Ἰουδαϊκῆς Ἀρχαιολογίας τὴν καταστροφὴν τοῦ κατ' αὐτὸν βίου τοῦτον γράφοντος τὸν τρόπον [*Ant.*, XVII, 168-170]·

« Ἡρώδῃ δὲ μειζόνως ἡ νόσος ἐνεπικραίνετο, δίκην ὧν παρηνόμησεν ἐκπρασσομένου τοῦ θεοῦ. [6] Πῦρ μὲν γὰρ μαλακὸν ἦν, οὐχ ὧδε πολλὴν ἀποσημαῖνον τοῖς ἐπαφωμένοις τὴν φλόγωσιν, ὅσην τοῖς ἐντὸς προσετίθει τὴν κάκωσιν, ἐπιθυμία δὲ δεινὴ τοῦ δέξασθαί τι, οὐδὲ ἦν μὴ οὐχ ὑπουργεῖν, καὶ ἕλκωσις τῶν τε ἐντέρων καὶ μάλιστα τοῦ κώλου δειναὶ ἀλγηδόνες καὶ φλέγμα ὑγρὸν περὶ τοὺς πόδας καὶ

[3] A cette occasion, il est à propos de voir quel fut le châtiment de l'audacieuse cruauté d'Hérode contre le Christ et ceux de son âge. Aussitôt après, sans le moindre avertissement, la justice divine se mit à le poursuivre tandis qu'il était encore dans cette vie ; elle lui montra le prélude de ce qui lui était réservé au jour où il en sortirait. [4] Au moment même où tout lui paraissait prospère dans ses états, son étoile pâlit et les crimes se succédèrent dans sa maison. Il assassina sa femme, ses enfants, tous ses plus proches parents et ses meilleurs amis. Il est impossible (voy. l'*Appendice*) de décrire ces horreurs, c'est un sujet qui ferait pâlir les tragédies ; Josèphe l'a du reste exposé tout au long dans ses *Histoires*. [5] Immédiatement après le crime commis contre notre Sauveur et les autres enfants, un fouet manié par une main divine s'acharna sur le coupable et le poussa vers la mort. Il ne sera pas hors de propos d'entendre le narrateur des crimes d'Hérode nous raconter dans le dix-septième livre de l'*Antiquité juive*, la triste fin de sa vie. Voici ses paroles :

« La maladie se fit sentir de jour en jour plus lourde à Hérode. Dieu exerçait la vengeance des crimes qu'il avait commis. [6] Un feu lent, en effet, qu'on percevait peu au toucher, exerçait affreusement son action à l'intérieur de son corps ; il avait une faim dévorante que rien ne pouvait apaiser ; ses intestins étaient remplis d'ulcères ; de violentes coliques lui faisaient endurer de terribles douleurs ; ses pieds étaient enflés et couverts

διαυγές· [7] παραπλησία δὲ καὶ περὶ τὸ ἧτρον κάκωσις ἦν, καὶ μὴν καὶ τοῦ αἰδοίου σῆψις, σκώληκας ἐμποιοῦσα, πνεύματός τε ὀρθία ἔντασις, καὶ αὐτὴ λίαν ἀηδὴς ἀχθηδόνι τε τῆς ἀποφορᾶς καὶ τῷ πυκνῷ τοῦ ἄσθματος, ἐσπασμένος τε περὶ πᾶν ἦν μέρος, ἰσχὺν οὐχ ὑπομενητὴν προστιθέμενος. [8] Ἐλέγετο γοῦν ὑπὸ τῶν θειαζόντων καὶ οἷς ταῦτα προαποφθέγγεσθαι σοφία πρόκειται, ποινὴν τοῦ πολλοῦ καὶ δυσσεβοῦς ταύτην ὁ θεὸς εἰσπράττεσθαι παρὰ τοῦ βασιλέως ».

Ταῦτα μὲν ἐν τῇ δηλωθείσῃ γραφῇ παρασημαίνεται ὁ προειρημένος· [9] καὶ ἐν τῇ δευτέρᾳ δὲ τῶν Ἱστοριῶν τὰ παραπλήσια περὶ τοῦ αὐτοῦ παραδίδωσιν, ὧδέ πως γράφων [*Bel.*, 1, 656-660]·

« Ἔνθεν αὐτοῦ τὸ σῶμα πᾶν ἡ νόσος διαλαβοῦσα ποικίλοις πάθεσιν ἐμέριζεν. Πυρετὸς μὲν γὰρ ἦν χλιαρός, κνησμὸς δ' ἀφόρητος τῆς ἐπιφανείας ὅλης καὶ κόλου συνεχεῖς ἀλγηδόνες περί τε τοὺς πόδας ὡς ὑδρωπιῶντος οἰδήματα τοῦ τε ἤτρου φλεγμονὴ καὶ δι' αἰδοίου σηπεδὼν σκώληκα γεννῶσα, πρὸς τούτοις ὀρθόπνοια καὶ δύσπνοια καὶ σπασμοὶ πάντων τῶν μελῶν, ὥστε τοὺς ἐπιθειάζοντας ποινὴν εἶναι τὰ νοσήματα λέγειν.

[10] Ὁ δὲ παλαίων τοσούτοις πάθεσιν ὅμως τοῦ ζῆν ἀντείχετο, σωτηρίαν τε ἤλπιζεν, καὶ θεραπείας ἐπενόει. Διαβὰς γοῦν τὸν Ἰορδάνην τοῖς κατὰ Καλλιρόην θερμοῖς ἐχρῆτο· ταῦτα δὲ ἔξεισιν μὲν εἰς τὴν Ἀσφαλτῖτιν λίμνην, ὑπὸ γλυκύτητος δέ ἐστι καὶ πότιμα. [11] Δόξαν ἐνταῦθα τοῖς ἰατροῖς

d'une humeur luisante. [7] Il avait les aînes dans le même état et les parties secrètes de son corps étaient en putréfaction et par suite remplies de vers. Il ne respirait qu'avec peine et en se dressant (voy. l'*Appendice*); il exhalait une odeur insupportable à cause de la pesanteur et de la fréquence de son souffle. Des convulsions agitaient tous ses membres (voy. l'*Appendice*) avec une violence intolérable. [8] Les devins, et ceux qui mettent leur sagesse à prédire ces sortes de choses, affirmaient que Dieu se vengeait ainsi des nombreuses impiétés de ce roi. »

Voilà ce qu'écrit Josèphe dans l'écrit mentionné. [9] Au second livre des *Histoires* (voy. l'*Appendice*), il rapporte à peu près les mêmes choses en ces termes :

« Ensuite le mal se répandit dans tout son corps et lui fit endurer mille souffrances : il avait une fièvre lente, une démangeaison insupportable sur toute la peau et des coliques continues. Ses pieds étaient gonflés comme ceux d'un hydropique, il avait le bas ventre enflé et les parties secrètes de son corps étaient en putréfaction et pleines de vers. De plus, sa respiration était celle des asthmatiques et fort pénible : tous ses membres en proie aux convulsions; et de tels maux, au dire des devins, étaient un châtiment.

« [10] Luttant contre de telles souffrances, il s'attachait à la vie, espérait une guérison, et cherchait des remèdes. Il franchit donc le Jourdain pour prendre les eaux de Callirrhoé : celles-ci coulent vers le lac Asphaltite et leur douceur les rend même potables. [11] Là les méde-

ἐλαίῳ θερμῷ πᾶν ἀναθάλψαι τὸ σῶμα χαλασθὲν εἰς ἐλαίου πλήρη πύελον, ἐκλύει καὶ τοὺς ὀφθαλμοὺς ὡς ἐκλυθεὶς ἀνέστρεψεν. Θορύβου δὲ τῶν θεραπόντων γενομένου, πρὸς μὲν τὴν πληγὴν ἀνήνεγκεν, εἰς δὲ τὸ λοιπὸν ἀπογνοὺς τὴν σωτηρίαν, τοῖς τε στρατιώταις ἀνὰ δραχμὰς πεντήκοντα ἐκέλευσεν διανεῖμαι καὶ πολλὰ χρήματα τοῖς ἡγεμόσι καὶ τοῖς φίλοις. [12] Αὐτὸς δ' ὑποστρέφων εἰς Ἱεριχοῦντα παραγίνεται, μελαγχολῶν ἤδη καὶ μόνον οὐκ ἀπειλῶν αὐτῷ τι τῷ θανάτῳ· προέκοψεν δ' εἰς ἐπιβουλὴν ἀθεμίτου πράξεως. Τοὺς γὰρ ἀφ' ἑκάστης κώμης ἐπισήμους ἄνδρας ἐξ ὅλης Ἰουδαίας συναγαγὼν εἰς τὸν καλούμενον ἱππόδρομον ἐκέλευσεν συγκλεῖσαι, [13] προσκαλεσάμενος δὲ Σαλώμην τὴν ἀδελφὴν καὶ τὸν ἄνδρα ταύτης Ἀλεξᾶν· « Οἶδα, ἔφη, Ἰου- « δαίους τὸν ἐμὸν ἑορτάσοντας θάνατον, δύναμαι δὲ πεν- « θεῖσθαι δι' ἑτέρων καὶ λαμπρὸν ἐπιτάφιον σχεῖν, ἂν ὑμεῖς « θελήσητε ταῖς ἐμαῖς ἐντολαῖς ὑπουργῆσαι. Τούσδε τοὺς « φρουρουμένους ἄνδρας, ἐπειδὰν ἐκπνεύσω, τάχιστα κτεί- « νατε περιστήσαντες τοὺς στρατιώτας, ἵνα πᾶσα Ἰουδαία « καὶ πᾶς οἶκος καὶ ἄκων ἐπ' ἐμοὶ δακρύσῃ ».

[14] Καὶ μετὰ βραχέα φησίν [JOSÈPHE, *Bel.*, I, 662]· « Αὖθις δὲ (καὶ γὰρ ἐνδείᾳ τροφῆς καὶ βηχὶ σπασμώδει διετείνετο), τῶν ἀλγηδόνων ἡσθεὶς φθάσαι τὴν εἱμαρμένην ἐπεβάλλετο· λαβὼν δὲ μῆλον, ᾔτησε καὶ μαχαίριον· εἰώ- θει γὰρ ἀποτέμνων ἐσθίειν· ἔπειτα περιαθρήσας μή τις ὁ κωλύσων αὐτὸν εἴη, ἐπῆρεν τὴν δεξιὰν ὡς πλήξων ἑαυ- τόν ».

cins pensèrent lui réchauffer tout le corps affaibli (voy. l'*Appendice*) en le plongeant dans une baignoire pleine d'huile chaude, mais ce traitement l'épuisa et ses yeux se retournèrent comme dans une syncope. Au cri que firent ses serviteurs, il se remit, renonçant du reste à guérir. Il ordonna de distribuer à chaque soldat cinquante drachmes et de grandes sommes aux chefs et aux amis. [12] Il revint lui-même à Jéricho avec une humeur sombre et irritée ; puis, comme s'il eût voulu menacer la mort elle-même, il en vint à un piège (voy. l'*Appendice*) et à une action atroce. Il fit assembler les notables de chacun des bourgs de toute la Judée et les enferma dans l'hippodrome. [13] Il appela alors sa sœur, Salomé, et Alexandre, son mari : « Je sais, dit-il, que les Juifs doivent fêter joyeusement ma mort ; mais je puis être pleuré par d'autres et avoir de brillantes funérailles si vous voulez exécuter mes ordres. Faites entourer par des soldats ces hommes que l'on garde, et après mon dernier soupir, mettez-les à mort aussitôt : ainsi la Judée entière et chaque famille me pleurera malgré elle ».

[14] Josèphe ajoute un peu plus loin :
« Il était de nouveau tourmenté par la faim et secoué par une toux convulsive. Sous l'impression (voy. l'*Appendice*) de la douleur, il résolut de prévenir le destin. Il prit une pomme et demanda un couteau, car il avait coutume de manger en coupant. Il regarda ensuite autour de lui afin d'être sûr que personne ne l'empêcherait, il leva la main pour se frapper. »

[15] Ἐπὶ δὲ τούτοις ὁ αὐτὸς ἱστορεῖ [JOSÈPHE. *Ant.*, XVII, 187, 191 ; *Bel.*, I, 664-665] συγγραφεὺς ἕτερον αὐτοῦ γνήσιον παῖδα πρὸ τῆς ἐσχάτης τοῦ βίου τελευτῆς, τρίτον ἐπὶ δυσὶν ἤδη προανῃρημένοις, δι' ἐπιτάξεως ἀνελόντα, παραχρῆμα τὴν ζωὴν οὐ μετὰ σμικρῶν ἀλγηδόνων ἀπορρῆξαι. [16] Καὶ τοιοῦτο μὲν τὸ πέρας τῆς Ἡρώδου γέγονεν τελευτῆς, ποινὴν δικαίαν ἐκτίσαντος ὧν ἀμφὶ τὴν Βηθλεὲμ ἀνεῖλεν παίδων τῆς τοῦ σωτῆρος ἡμῶν ἐπιβουλῆς ἕνεκα· μεθ' ἣν ἄγγελος ὄναρ ἐπιστὰς ἐν Αἰγύπτῳ διατρίβοντι τῷ Ἰωσὴφ ἀπᾶραι ἅμα τῷ παιδὶ καὶ τῇ τούτου μητρὶ ἐπὶ τὴν Ἰουδαίαν παρακελεύεται, τεθνηκέναι δηλῶν τοὺς ἀναζητοῦντας τὴν ψυχὴν τοῦ παιδίου. Τούτοις δ' ὁ εὐαγγελιστὴς ἐπιφέρει λέγων [MATTH., II, 22]· « Ἀκούσας δὲ ὅτι Ἀρχέλαος βασιλεύει ἀντὶ Ἡρώδου τοῦ πατρὸς αὐτοῦ, ἐφοβήθη ἐκεῖ ἀπελθεῖν· χρηματισθεὶς δὲ κατ' ὄναρ ἀνεχώρησεν εἰς τὰ μέρη τῆς Γαλιλαίας ».

[IX, 1] Τῇ δ' ἐπὶ τὴν ἀρχὴν μετὰ τὸν Ἡρώδην τοῦ Ἀρχελάου καταστάσει συνᾴδει καὶ ὁ προειρημένος ἱστορικός [JOSÈPHE, *Ant.*, XVII, 188-189, 195, 317-319, 342-344 ; *Bel.*, I, 668-669; II, 93-94, 111, 167], τόν τε τρόπον ἀναγράφων, καθ' ὃν ἐκ διαθηκῶν Ἡρώδου τοῦ πατρὸ

[15] En outre, le même historien raconte qu'avant sa fin, il donna l'ordre de faire périr le troisième de ses fils ; il avait déjà tué les deux autres : enfin il termina subitement sa vie dans d'atroces souffrances. [16] Telle fut la fin d'Hérode ; il subit le juste châtiment du meurtre des enfants de Bethléem qu'il avait entrepris pour faire périr notre Sauveur. Après cette mort, un ange fut envoyé en songe à Joseph qui se trouvait alors en Égypte ; il lui ordonna de ramener l'enfant et sa mère en Judée, lui montrant que ceux qui en voulaient à la vie de l'enfant n'étaient plus. A cela l'évangéliste ajoute : « Mais ayant appris qu'Archélaüs régnait à la place d'Hérode son père, il craignit de s'y rendre et averti par un songe, il partit pour le pays de Galilée. »

[CHAPITRE IX

LES TEMPS DE PILATE]

L'historien mentionné plus haut nous apprend aussi, en accord avec l'Évangile, l'avènement d'Archélaüs au pouvoir après Hérode. Il explique comment le testament de son père et le consentement de César Auguste lui donnèrent le trône des Juifs, et comment lors de sa

ἐπικρίσεώς τε Καίσαρος Αὐγούστου τὴν κατὰ Ἰουδαίων βασιλείαν διεδέξατο, καὶ ὡς τῆς ἀρχῆς μετὰ δεκαέτη χρόνον ἀποπεσόντος οἱ ἀδελφοὶ Φίλιππός τε καὶ ὁ νέος Ἡρώδης ἅμα Λυσανίᾳ τὰς ἑαυτῶν διεῖπον τετραρχίας [cf. Luc, III, 1].

Θ'

[2] Ὁ δ' αὐτὸς ἐν ὀκτωκαιδεκάτῳ τῆς Ἀρχαιολογίας [Josèphe, Ant., XVIII, 32-33, 35, 89] κατὰ τὸ δωδέκατον ἔτος τῆς Τιβερίου βασιλείας (τοῦτον γὰρ τὴν καθ' ὅλων ἀρχὴν διαδέξασθαι ἑπτὰ ἐπὶ πεντήκοντα ἔτεσιν τὴν ἡγεμονίαν ἐπικρατήσαντος Αὐγούστου) Πόντιον Πιλᾶτον τὴν Ἰουδαίαν ἐπιτραπῆναι δηλοῖ, ἐνταῦθα δὲ ἐφ' ὅλοις ἔτεσιν δέκα σχεδὸν εἰς αὐτὴν παραμεῖναι τὴν Τιβερίου τελευτήν. [3] Οὐκοῦν σαφῶς ἀπελήλεγκται τὸ πλάσμα τῶν κατὰ τοῦ σωτῆρος ἡμῶν ὑπομνήματα χθὲς καὶ πρῴην διαδεδωκότων, ἐν οἷς πρῶτος αὐτὸς ὁ τῆς παρασημειώσεως χρόνος τῶν πεπλακότων ἀπελέγχει τὸ ψεῦδος. [4] Ἐπὶ τῆς τετάρτης δ' οὖν ὑπατείας Τιβερίου, ἣ γέγονεν ἔτους ἑβδόμου τῆς βασιλείας αὐτοῦ, τὰ περὶ τὸ σωτήριον πάθος αὐτοῖς τολμηθέντα περιέχει, καθ' ὃν δείκνυται χρόνον μηδ' ἐπιστὰς πω τῇ Ἰουδαίᾳ Πιλᾶτος, εἴ γε τῷ Ἰωσήπῳ μάρτυρι χρήσασθαι δέον, σαφῶς οὕτως σημαίνοντι κατὰ τὴν δηλωθεῖσαν αὐτοῦ γραφὴν ὅτι δὴ δωδεκάτῳ ἐνιαυτῷ τῆς Τι-

chute du trône, arrivée dix ans plus tard, ses frères, Philippe et Hérode le jeune, ainsi que Lysanias obtinrent chacun leur tétrarchie.

[2] Le même Josèphe nous montre encore au dix-huitième livre de ses *Antiquités* que la douzième année du règne de Tibère, le successeur au pouvoir suprême d'Auguste qui avait régné cinquante-sept ans, le gouvernement de la Judée fut confié à Ponce-Pilate, qui y demeura dix ans entiers, presque jusqu'à la mort du prince. [3] Ainsi donc apparaît évidente la fausseté des *Mémoires* de notre Seigneur publiés tout récemment (voy. l'*Appendice*). Le temps indiqué dans l'en-tête est d'abord une preuve du mensonge de leur fiction. [4] Ils disent que ce fut sous le quatrième consulat de Tibère, c'est-à-dire la septième année de son règne [21 ap. J.-C.], qu'eurent lieu les crimes des Juifs concernant la passion du Sauveur. Or, il est démontré qu'à cette époque Pilate ne gouvernait pas encore la Judée, s'il faut en croire le témoignage de Josèphe. Celui-ci déclare clairement, dans le livre cité plus haut, que ce fut la douzième année du règne de Tibère que Pilate fut établi, par ce prince, procurateur de Judée.

βερίου βασιλείας ἐπίτροπος τῆς Ἰουδαίας ὑπὸ Τιβερίου καθίσταται Πιλᾶτος.

[X, 1] Ἐπὶ τούτων δὴ οὖν, κατὰ τὸν εὐαγγελιστὴν [LUC, III, 1] ἔτος πεντεκαιδέκατον Τιβερίου Καίσαρος ἄγοντος, τέταρτον δὲ τῆς ἡγεμονίας Ποντίου Πιλάτου, τῆς τε λοιπῆς Ἰουδαίας τετραρχούντων Ἡρώδου καὶ Λυσανίου καὶ Φιλίππου, ὁ σωτὴρ καὶ κύριος ἡμῶν Ἰησοῦς ὁ Χριστὸς τοῦ θεοῦ, ἀρχόμενος ὡς εἰ ἐτῶν τριάκοντα [LUC, III, 23], ἐπὶ τὸ Ἰωάννου βάπτισμα παραγίνεται, καταρχήν τε ποιεῖται τηνικαῦτα τοῦ κατὰ τὸ εὐαγγέλιον κηρύγματος.

Ι'

[2] Φησὶν δὲ αὐτὸν ἡ θεία γραφή [LUC, III, 2] τὸν πάντα τῆς διδασκαλίας διατελέσαι χρόνον ἐπὶ ἀρχιερέως Ἄννα καὶ Καϊάφα, δηλοῦσα ὅτι δὴ ἐν τοῖς μεταξὺ τῆς τούτων ἔτεσιν λειτουργίας ὁ πᾶς τῆς διδασκαλίας αὐτῷ συνεπεράνθη χρόνος. Ἀρξαμένου μὲν <οὖν> κατὰ τὴν τοῦ Ἄννα ἀρχιερωσύνην, μέχρι δὲ τῆς ἀρχῆς τοῦ Καϊάφα παραμείναντος οὐδ' ὅλος ὁ μεταξὺ τετραετὴς παρίσταται χρόνος. [3] Τῶν γάρ τοι κατὰ τὸν νόμον ἤδη πως καθαιρουμένων ἐξ ἐκείνου θεσμῶν, λέλυτο μὲν ᾧ διὰ βίου καὶ ἐκ προγόνων διαδοχῆς τὰ τῆς τοῦ θεοῦ θεραπείας προσήκοντα ἦν, ὑπὸ δὲ τῶν Ῥωμαϊκῶν ἡγεμόνων ἄλλοτε ἄλλοι τὴν ἀρχιερωσύνην ἐπιτρεπόμενοι, οὐ πλεῖον ἔτους ἑνὸς ἐπὶ ταύτης διετέλουν. [4] Ἱστορεῖ δ' οὖν ὁ Ἰώσηπος τέσσα-

[CHAPITRE X

GRANDS-PRÊTRES JUIFS SOUS LESQUELS LE CHRIST
PRÊCHA SA DOCTRINE]

Alors, c'est-à-dire selon l'évangéliste, pendant la quinzième année du règne de Tibère César, et la quatrième du gouvernement de Ponce-Pilate, tandis que les tétrarques Hérode, Lysanias et Philippe gouvernaient le reste de la Judée, notre Sauveur et Seigneur Jésus, le Christ de Dieu, commençant environ sa trentième année, vint recevoir le baptême de Jean et débuta alors dans la prédication de l'Évangile.

[2] La divine Écriture nous dit que tout le temps de son enseignement s'écoula sous les pontifes Anne et Caïphe, montrant que la durée entière de sa prédication tient dans les limites formées par les années de leur charge. Il commença donc sous le pontificat d'Anne et alla jusqu'au temps de celui de Caïphe, ce qui ne fournit pas tout à fait une durée de quatre ans (voy. l'*Appendice*). [3] Dès cette époque, en effet, les usages sacrés institués par la loi avaient déjà été abolis ; ce qui concernait le service de Dieu n'était plus une charge à vie et ne s'obtenait plus par droit de succession. Les gouverneurs romains donnaient tantôt à l'un, tantôt à l'autre, le souverain pontificat ; mais personne ne le garda plus d'une année. [4] Josèphe nous cite une succession de

ρας κατὰ διαδοχὴν ἐπὶ Καϊάφαν ἀρχιερεῖς μετὰ τὸν Ἄνναν διαγενέσθαι, κατὰ τὴν αὐτὴν τῆς Ἀρχαιολογίας γραφὴν ὧδέ πως λέγων [Josèphe, *Ant.*, XVIII, 34-35; cf. *Dem. ev.*, VIII, ιι, 100]·

« Οὐαλέριος Γρᾶτος, παύσας ἱερᾶσθαι Ἄνανον, Ἰσμάηλον ἀρχιερέα ἀποφαίνει τὸν τοῦ Φαβί, καὶ τοῦτον δὲ μετ' οὐ πολὺ μεταστήσας, Ἐλεάζαρον τὸν Ἀνάνου τοῦ ἀρχιερέως υἱὸν ἀποδείκνυσιν ἀρχιερέα. [5] Ἐνιαυτοῦ δὲ διαγενομένου καὶ τόνδε παύσας, Σίμωνι τῷ Καμίθου τὴν ἀρχιερωσύνην παραδίδωσιν. Οὐ πλέον δὲ καὶ τῷδε ἐνιαυτοῦ τὴν τιμὴν ἔχοντι διεγένετο χρόνος, καὶ Ἰώσηπος, ὁ καὶ Καϊάφας, διάδοχος ἦν αὐτῷ ».

[6] Οὐκοῦν ὁ σύμπας οὐδ' ὅλος τετραέτης ἀποδείκνυται τῆς τοῦ σωτῆρος ἡμῶν διδασκαλίας χρόνος, τεσσάρων ἐπὶ τέσσαρσιν ἔτεσιν ἀρχιερέων ἀπὸ τοῦ Ἄννα καὶ ἐπὶ τὴν τοῦ Καϊάφα κατάστασιν ἐνιαύσιον λειτουργίαν ἐκτετελεκότων. Τὸν γέ τοι Καϊάφαν ἀρχιερέα εἰκότως τοῦ ἐνιαυτοῦ, καθ' ὃν τὰ τοῦ σωτηρίου πάθους ἐπετελεῖτο, ἡ τοῦ εὐαγγελίου παρεσημήνατο γραφή [Matth., xxvi, 3, 57; Jean, xi, 49; xviii, 13, 24, 28], ἐξ ἧς καὶ αὐτῆς οὐκ ἀπᾴδων τῆς προκειμένης ἐπιτηρήσεως ὁ τῆς τοῦ Χριστοῦ διδασκαλίας ἀποδείκνυται χρόνος. [7] Ἀλλὰ γὰρ ὁ σωτὴρ καὶ κύριος ἡμῶν οὐ μετὰ πλεῖστον τῆς καταρχῆς τοῦ κηρύγματος τοὺς δώδεκα ἀποστόλους ἀνακαλεῖται, οὓς καὶ μόνους τῶν λοιπῶν αὐτοῦ μαθητῶν κατά τι γέρας ἐξαίρετον ἀποστόλους ὠνόμασεν [Matth., x, 1 suiv.; Marc,

quatre grands prêtres d'Anne à Caïphe, et il nous dit ceci dans le même livre des *Antiquités* :

« Valérius Gratus déposa Anne du sacerdoce et proclama grand prêtre Ismaël, fils de Phabis : peu après il le changea et nomma à sa place Éléazar, fils d'Anne le grand prêtre. [5] Une année s'écoula : il le déposa à son tour et il donna le suprême sacerdoce à Simon, fils de Kamith ; celui-ci ne conserva pas sa charge plus d'un an, et Joseph, dit aussi Caïphe, fut son successeur. »

[6] La durée entière de la prédication de notre Sauveur n'apparaît donc pas de quatre années complètes. Quatre grands prêtres occupèrent en quatre ans le pontificat annuel, d'Anne à la promotion de Caïphe. L'Évangile nous dit que Caïphe était justement en charge l'année où eurent lieu les événements de la passion du Sauveur : la concordance de l'évangile et de cette observation elle-même détermine le temps pendant lequel a enseigné le Christ. [7] Peu après le début de sa prédication, notre Sauveur et Seigneur appela à lui les douze, et seuls entre le reste de ses disciples, il les honora du nom spécial d'apôtres. Il désigna encore soixante-dix autres hommes qu'il envoya deux à deux devant lui dans tous

III, 14 suiv. ; Luc, vi, 13, 9 suiv.], καὶ αὖθις ἀναδείκνυσιν « ἑτέρους ἑβδομήκοντα », οὓς καὶ αὐτοὺς « ἀπέστειλεν ἀνὰ δύο δύο πρὸ προσώπου αὐτοῦ εἰς πάντα τόπον καὶ πόλιν οὗ ἤμελλεν αὐτὸς ἔρχεσθαι » [Luc, x, 1 ; cf. *Dem. ev.*, III, II, 25 ; III, 37].

IA'

Οὐκ εἰς μακρὸν δὲ τοῦ βαπτιστοῦ Ἰωάννου ὑπὸ τοῦ νέου Ἡρώδου τὴν κεφαλὴν ἀποτμηθέντος, μνημονεύει μὲν καὶ ἡ θεία τῶν εὐαγγελίων γραφή [Matth., xiv, 1-12 ; Marc, vi, 14-29 ; Luc, III, 19-20 ; ix, 7-9], συνιστορεῖ γε μὴν καὶ ὁ Ἰώσηπος [Josèphe, *Ant.*, XVIII, 109-114], ὀνομαστὶ τῆς τε Ἡρωδιάδος μνήμην πεποιημένος καὶ ὡς ἀδελφοῦ γυναῖκα οὖσαν αὐτὴν ἠγάγετο πρὸς γάμον Ἡρώδης, ἀθετήσας μὲν τὴν προτέραν αὐτῷ κατὰ νόμους γεγαμημένην (Ἀρέτα δὲ ἦν αὕτη τοῦ Πετραίων βασιλέως θυγάτηρ), τὴν δὲ Ἡρωδιάδα ζῶντος διαστήσας τοῦ ἀνδρός· δι᾽ ἣν καὶ τὸν Ἰωάννην ἀνελὼν πόλεμον αἴρεται πρὸς τὸν Ἀρέταν, ὡς ἂν ἠτιμασμένης αὐτῷ τῆς θυγατρός, [2] ἐν ᾧ πολέμῳ μάχης γενομένης πάντα φησὶν τὸν Ἡρώδου στρατὸν διαφθαρῆναι καὶ ταῦτα πεπονθέναι τῆς ἐπιβουλῆς ἕνεκεν τῆς κατὰ τοῦ Ἰωάννου γεγενημένης. [3] Ὁ δ᾽ αὐτὸς Ἰώσηπος [Josèphe, *Ant.*, XVIII, 117] ἐν τοῖς μάλιστα δικαιότατον καὶ βαπτιστὴν ὁμολογῶν γεγο-

les lieux et dans tou s les villes où il devait aller lui-même.

CHAPITRE XI

[TÉMOIGNAGES CONCERNANT JEAN-BAPTISTE ET LE CHRIST]

Le livre divin des Évangiles raconte que peu après, Jean-Baptiste fut décapité par Hérode le jeune. Josèphe le rapporte aussi lorsque, mentionnant le nom d'Hérodiade, il nous dit qu'Hérode l'épousa quoiqu'elle fût la femme de son frère ; que ce roi avait dans ce but, répudié son épouse légitime, fille d'Arétas, roi de la Pétrée et séparé Hérodiade de son époux encore vivant; qu'à cause d'elle, il fit mettre à mort Jean-Baptiste et déclara la guerre à Arétas dont il avait outragé la fille; [2] que dans cette guerre en une bataille, il perdit toute son armée, désastre qui fut le châtiment de sa cruauté envers Jean. [3] Le même Josèphe atteste que Jean-Baptiste était un homme remarquablement juste

νέναι τὸν Ἰωάννην, τοῖς περὶ αὐτοῦ κατὰ τὴν τῶν εὐαγγελίων γραφὴν ἀναγεγραμμένοις συμμαρτυρεῖ, ἱστορεῖ δὲ καὶ τὸν Ἡρῴδην τῆς βασιλείας ἀποπεπτωκέναι διὰ τὴν αὐτὴν Ἡρῳδιάδα, μεθ' ἧς αὐτὸν καὶ εἰς τὴν ὑπερορίαν ἀπεληλάσθαι. Βίενναν τῆς Γαλλίας πόλιν οἰκεῖν καταδικασθέντα [*Ant.*, XVIII, 240-245; cf. XVII, 344]. [4] Καὶ ταὐτά γε αὐτῷ ἐν ὀκτωκαιδεκάτῳ τῆς Ἀρχαιολογίας δεδήλωται, ἔνθα συλλαβαῖς αὐταῖς περὶ τοῦ Ἰωάννου ταῦτα γράφει [JOSÈPHE, *Ant.*, XVIII, 117-119; cf. *Dem. ev.*, IX, v, 15]·

« Τισὶ δὲ τῶν Ἰουδαίων ἐδόκει ὀλωλέναι τὸν Ἡρῴδου στρατὸν ὑπὸ τοῦ θεοῦ, καὶ μάλα δικαίως τιννυμένου κατὰ ποινὴν Ἰωάννου τοῦ καλουμένου βαπτιστοῦ. [5] Κτείνει γὰρ τοῦτον Ἡρῴδης, ἀγαθὸν ἄνδρα καὶ τοῖς Ἰουδαίοις κελεύοντα ἀρετὴν ἐπασκοῦσιν καὶ τὰ πρὸς ἀλλήλους δικαιοσύνῃ καὶ πρὸς τὸν θεὸν εὐσεβείᾳ χρωμένους βαπτισμῷ συνιέναι · οὕτω γὰρ δὴ καὶ τὴν βάπτισιν ἀποδεκτὴν αὐτῷ φανεῖσθαι, μὴ ἐπί τινων ἁμαρτάδων παραιτώσει χρωμένων, ἀλλ' ἐφ' ἁγνείᾳ τοῦ σώματος, ἅτε δὴ καὶ τῆς ψυχῆς δικαιοσύνῃ προεκκεκαθαρμένης. [6] Καὶ τῶν ἄλλων συστρεφομένων (καὶ γὰρ ἤρθησαν ἐπὶ πλεῖστον τῇ ἀκροάσει τῶν λόγων), δείσας Ἡρῴδης τὸ ἐπὶ τοσόνδε πιθανὸν αὐτοῦ τοῖς ἀνθρώποις, μὴ ἐπὶ ἀποστάσει τινὶ φέροι (πάντα γὰρ ἐοίκεσαν συμβουλῇ τῇ ἐκείνου πράξοντες), πολὺ κρεῖττον ἡγεῖται, πρίν τι νεώτερον ὑπ' αὐτοῦ γενέσθαι, προλαβὼν ἀναιρεῖν, ἢ μεταβολῆς γενομένης εἰς πράγματα

et son témoignage s'accorde avec ce qui est écrit de lui au livre des Évangiles. Il raconte qu'Hérode perdit son trône, par la faute de cette même Hérodiade avec laquelle il fut relégué en exil et condamné à habiter à Vienne, ville de la Gaule (voy. l'*Appendice*). [4] Tout cela est exposé au dix-huitième livre des *Antiquités* où l'auteur écrit ceci de Jean en propres termes :

« A plusieurs Juifs, il a paru que la perte de l'armée d'Hérode était due à Dieu, qui vengeait très justement la mort de Jean appelé le baptiste. [5] Car Hérode le fit mourir, lui, cet homme excellent qui exhortait les Juifs à s'exercer à la vertu, à pratiquer la justice les uns à l'égard des autres, et la piété envers Dieu, et à venir au baptême. L'immersion lui paraissait ainsi une chose bonne, sinon pour y chercher la délivrance de certaines fautes, du moins pour la purification du corps, l'âme étant auparavant débarrassée de ses souillures par la justice. [6] Tout le peuple (voy. l'*Appendice*) s'attroupait autour de lui, et ils étaient suspendus à ses lèvres. Hérode craignit qu'il n'usât de son ascendant sur les hommes pour les porter à quelque révolution ; car ils lui paraissaient disposés à tout faire sur son conseil. Aussi jugea-t-il bien préférable, avant que rien ne fût tenté par lui, de prendre les devants et de faire périr le baptiste, plutôt que d'avoir à se repentir, si un changement se produisait, d'être tombé dans l'embar-

ἐμπεσὼν μετανοεῖν. Καὶ ὁ μὲν ὑποψίᾳ τῇ Ἡρώδου δέσμιος εἰς τὸν Μαχαιροῦντα πεμφθείς, τὸ προειρημένον φρούριον, ταύτῃ κτίννυται. »

Ταῦτα περὶ τοῦ Ἰωάννου διελθών, καὶ τοῦ σωτῆρος ἡμῶν κατὰ τὴν αὐτὴν τοῦ συγγράμματος ἱστορίαν ὧδέ πως μέμνηται [Josèphe, *Ant.*, XVIII, 63-64 ; cf. *Dem. ev.*, III, III, 105, 106 ; *Theoph.*, V, 44]·

« Γίνεται δὲ κατὰ τοῦτον τὸν χρόνον Ἰησοῦς, σοφὸς ἀνήρ, εἴ γε ἄνδρα αὐτὸν λέγειν χρή. Ἦν γὰρ παραδόξων ἔργων ποιητής, διδάσκαλος ἀνθρώπων τῶν ἡδονῇ τἀληθῆ δεχομένων, καὶ πολλοὺς μὲν τῶν Ἰουδαίων, πολλοὺς δὲ καὶ ἀπὸ τοῦ Ἑλληνικοῦ ἐπηγάγετο. [8] Ὁ Χριστὸς οὗτος ἦν, καὶ αὐτὸν ξεξενδείᾳ τῶν πρώτων ἀνδρῶν παρ' ἡμῖν σταυρῷ ἐπιτετιμηκότος Πιλάτου, οὐκ ἐπαύσαντο οἱ τὸ πρῶτον ἀγαπήσαντες· ἐφάνη γὰρ αὐτοῖς τρίτην ἔχων ἡμέραν πάλιν ζῶν, τῶν θείων προφητῶν ταῦτά τε καὶ ἄλλα μυρία περὶ αὐτοῦ θαυμάσια εἰρηκότων. Εἰς ἔτι τε νῦν τῶν Χριστιανῶν ἀπὸ τοῦδε ὠνομασμένων οὐκ ἐπέλιπε τὸ φῦλον ».

[9] Ταῦτα τοῦ ἐξ αὐτῶν Ἑβραίων συγγραφέως ἀνέκαθεν τῇ ἑαυτοῦ γραφῇ περί τε τοῦ βαπτιστοῦ Ἰωάννου καὶ τοῦ σωτῆρος ἡμῶν παραδεδωκότος, τίς ἂν ἔτι λείποιτο ἀποφυγὴ τοῦ μὴ ἀναισχύντους ἀπελέγχεσθαι τοὺς τὰ κατ' αὐτῶν πλασαμένους ὑπομνήματα; Ἀλλὰ ταῦτα μὲν ἐχέτω ταύτῃ.

ras. C'est sur ce soupçon que Jean fut envoyé comme prisonnier à Machéronte, château fort mentionné plus haut, où il fut mis à mort. »

[7] Voilà ce que Josèphe raconte de Jean-Baptiste. Dans le cours du même ouvrage il parle ainsi de notre Sauveur (voy. l'*Appendice*) :

« A la même époque fut Jésus, homme sage, s'il faut toutefois l'appeler un homme. Il était en effet l'auteur d'œuvres merveilleuses et le maître d'hommes qui recevaient avec joie la vérité : un grand nombre de Juifs et d'Hellènes le suivaient. [8] C'était le Christ. Les principaux de notre nation le dénoncèrent et il fut condamné au supplice de la croix par Pilate. Ceux qui l'avaient aimé lui demeurèrent fidèles et ils leur apparut le troisième jour de nouveau vivant. Les prophètes divins avaient du reste prédit ce prodige et beaucoup d'autres merveilles qui le concernaient. La race des chrétiens qui lui doit son nom, existe encore aujourd'hui. »

[9] Quand un écrivain parmi les Juifs eux-mêmes transmet dès ce temps-là dans l'un de ses écrits de pareilles choses concernant Jean-Baptiste et notre Sauveur, quelle chance reste-t-il aux faussaires qui ont fabriqué les *Mémoires* qui les concernent, d'échapper au reproche d'impudence ? Mais il suffit.

ΙΒ'

Τῶν γε μὴν τοῦ σωτῆρος ἀποστόλων παντί τῳ σαφὴς ἐκ τῶν εὐαγγελίων ἡ πρόσρησις · τῶν δὲ ἑβδομήκοντα μαθητῶν κατάλογος μὲν οὐδεὶς οὐδαμῇ φέρεται, λέγεταί γε μὴν εἷς αὐτῶν Βαρναβᾶς γεγονέναι, οὗ διαφόρως μὲν καὶ αἱ Πράξεις τῶν ἀποστόλων ἐμνημόνευσαν, οὐχ ἥκιστα δὲ καὶ Παῦλος Γαλάταις γράφων [*Galat.*, ιι, 1, 9, 13]. Τούτων δ' εἶναί φασι καὶ Σωσθένην τὸν ἅμα Παύλῳ Κορινθίοις [*I Cor.*, ι, 1] ἐπιστείλαντα· [2] ἡ δ' ἱστορία παρὰ Κλήμεντι κατὰ τὴν πέμπτην τῶν Ὑποτυπώσεων· ἐν ᾗ καὶ Κηφᾶν, περὶ οὗ φησιν ὁ Παῦλος [*Galat.*, ιι, 11]· « Ὅτε δὲ ἦλθεν Κηφᾶς εἰς Ἀντιόχειαν, κατὰ πρόσωπον αὐτῷ ἀντέστην », ἕνα φησὶ γεγονέναι τῶν ἑβδομήκοντα μαθητῶν, ὁμώνυμον Πέτρῳ τυγχάνοντα τῷ ἀποστόλῳ. [3] Καὶ Ματθίαν δὲ τὸν ἀντὶ Ἰούδα τοῖς ἀποστόλοις συγκαταλεγέντα τόν τε σὺν αὐτῷ τῇ ὁμοίᾳ ψήφῳ τιμηθέντα τῆς αὐτῆς τῶν ἑβδομήκοντα κλήσεως ἠξιῶσθαι κατέχει λόγος [*Act.*, ι, 23-26]. Καὶ Θαδδαῖον δὲ ἕνα τῶν αὐτῶν εἶναί φασι, περὶ οὗ καὶ ἱστορίαν ἐλθοῦσαν εἰς ἡμᾶς αὐτίκα μάλα ἐκθήσομαι.

[4] Καὶ τῶν ἑβδομήκοντα δὲ πλείους τοῦ σωτῆρος πεφηνέναι μαθητὰς εὕροις ἂν ἐπιτηρήσας, μάρτυρι χρώμενος τῷ Παύλῳ [*I Cor.*, xv, 5-7], μετὰ τὴν ἐκ νεκρῶν

CHAPITRE XII

[LES DISCIPLES DE NOTRE SAUVEUR]

Tout le monde connaît parfaitement les noms des apôtres du Sauveur d'après l'Évangile. Quant à la liste des soixante-dix disciples, elle n'existe nulle part. On dit pourtant que Barnabé était l'un d'eux ; car les *Actes des Apôtres* le mentionnent plusieurs fois, de même que Paul écrivant aux Galates. On prétend que Sosthène, qui écrivit avec Paul aux Corinthiens, en était aussi ; [2] Clément, dans la cinquième de ses *Hypotyposes*, l'affirme, et il déclare que Céphas, dont Paul dit : « Quand Céphas vint à Antioche, je lui résistai en face », est un des soixante-dix disciples, homonyme de l'apôtre Pierre. [3] Il raconte encore que Mathias, qui fut élu par les Apôtres à la place de Judas, et celui qui, dans cette élection, fut honoré d'un pareil suffrage, avaient été tous deux jugés dignes de la vocation des soixante-dix. Thaddée est aussi présenté comme l'un d'eux ; à son sujet je vais incessamment rapporter un récit venu jusqu'à nous.

[4] Du reste, si l'on réfléchit, on trouvera qu'il y eut plus de soixante-dix disciples du Sauveur. Paul en apporte un témoignage quand il dit qu'après sa résur-

ἔγερσιν ὦφθαι αὐτὸν φήσαντι πρῶτον μὲν Κηφᾷ, ἔπειτα τοῖς δώδεκα, καὶ μετὰ τούτους ἐπάνω πεντακοσίοις ἀδελφοῖς ἐφάπαξ, ὧν τινὰς μὲν ἔφασκεν κεκοιμῶσθαι, τοὺς πλείους δ' ἔτι τῷ βίῳ, καθ' ὃν καιρὸν αὐτῷ ταῦτα συνετάττετο, περιμένειν. [5] Ἔπειτα δ' ὦφθαι αὐτὸν Ἰακώβῳ φησίν· εἷς δὲ καὶ οὗτος τῶν φερομένων τοῦ σωτῆρος ἀδελφῶν ἦν· εἶθ' ὡς παρὰ τούτους κατὰ μίμησιν τῶν δώδεκα πλείστων ὅσων ὑπαρξάντων ἀποστόλων, οἷος καὶ αὐτὸς ὁ Παῦλος ἦν, προστίθησι λέγων· « Ἔπειτα ὤφθη τοῖς ἀποστόλοις πᾶσιν », ταῦτα μὲν οὖν περὶ τῶνδε.

ΙΓ´

Τῆς δὲ περὶ τὸν Θαδδαῖον ἱστορίας τοιοῦτος γέγονεν ὁ τρόπος. Ἡ τοῦ κυρίου καὶ σωτῆρος ἡμῶν Ἰησοῦ Χριστοῦ θειότης, εἰς πάντας ἀνθρώπους τῆς παραδοξοποιοῦ δυνάμεως ἕνεκεν βοωμένη, μυρίους ὅσους καὶ τῶν ἐπ' ἀλλοδαπῆς πορρωτάτω ὄντων τῆς Ἰουδαίας νόσων καὶ παντοίων παθῶν ἐλπίδι θεραπείας ἐπήγετο. [2] Ταύτῃ τοι βασιλεὺς Ἄβγαρος, τῶν ὑπὲρ Εὐφράτην ἐθνῶν ἐπισημότατα δυναστεύων, πάθει τὸ σῶμα δεινῷ καὶ οὐ θεραπευτῷ ὅσον ἐπ' ἀνθρωπείᾳ δυνάμει καταφθειρόμενος, ὡς καὶ τοὔνομα τοῦ Ἰησοῦ πολὺ καὶ τὰς δυνάμεις συμφώνως πρὸς ἁπάντων

rection d'entre les morts, le Sauveur a été vu d'abord par Céphas, puis par les douze, et en une seule fois par cinq cents frères, dont plusieurs sont morts, affirme-t-il, mais dont le plus grand nombre demeure encore en ce monde à l'époque même où il écrit. [5] Il poursuit en disant que le Sauveur apparut à Jacques, l'un de ceux qu'on appelait les frères du Sauveur. Puis, comme en dehors de ceux-ci beaucoup étaient apôtres à l'imitation des douze, tel que Paul lui-même, il ajoute ces paroles : « Il fut ensuite vu de tous les apôtres. » Mais en voilà assez sur ce sujet.

CHAPITRE XIII

[CE QUE L'ON RACONTE DU ROI D'ÉDESSE]

Quant à l'histoire de Thaddée, voici en quoi elle consiste. Quand la divinité de notre Seigneur et Sauveur, Jésus-Christ, grâce à sa puissance et à ses miracles, fut proclamée à tous les hommes, ils vinrent à lui en foule de partout, même des pays les plus éloignés de Judée amenés par l'espoir de guérir de leurs infirmités et de toutes leurs souffrances. [2] Ainsi le roi Abgar, qui gouvernait avec la plus grande distinction les peuples d'au delà de l'Euphrate, était consumé par un mal terrible et incurable au moins selon les moyens humains. Dès qu'il connut la célébrité du nom de Jésus et son pouvoir attesté d'une voix unanime par tous ceux qui en avaient été les témoins, il devint son suppliant et lui

EUSÈBE. — *Histoire ecclésiastique.*

μαρτυρουμένας ἐπύθετο, ἱκέτης αὐτοῦ πέμψας δι' ἐπιστοληφόρου γίνεται, τῆς νόσου τυχεῖν ἀπαλλαγῆς ἀξιῶν. [3] Ὁ δὲ μὴ τότε καλοῦντι ὑπακούσας, ἐπιστολῆς γοῦν αὐτὸν ἰδίας καταξιοῖ, ἕνα τῶν αὐτοῦ μαθητῶν ἀποστέλλειν ἐπὶ θεραπείᾳ τῆς νόσου ὁμοῦ τε αὐτοῦ σωτηρίᾳ καὶ τῶν προσηκόντων ἁπάντων ὑπισχνούμενος. [4] Οὐκ εἰς μακρὸν δὲ ἄρα αὐτῷ ἐπληροῦτο τὰ τῆς ἐπαγγελίας. Μετὰ γοῦν τὴν ἐκ νεκρῶν ἀνάστασιν αὐτοῦ καὶ τὴν εἰς οὐρανοὺς ἄνοδον Θωμᾶς, τῶν ἀποστόλων εἷς τῶν δώδεκα, Θαδδαῖον, ἐν ἀριθμῷ καὶ αὐτὸν τῶν ἑβδομήκοντα τοῦ Χριστοῦ μαθητῶν κατειλεγμένον, κινήσει θειοτέρᾳ ἐπὶ τὰ Ἔδεσσα κήρυκα καὶ εὐαγγελιστὴν τῆς περὶ τοῦ Χριστοῦ διδασκαλίας ἐκπέμπει, πάντα τε δι' αὐτοῦ τὰ τῆς τοῦ σωτῆρος ἡμῶν τέλος ἐλάμβανεν ἐπαγγελίας. [5] Ἔχεις καὶ τούτων ἀνάγραπτον τὴν μαρτυρίαν, ἐκ τῶν κατὰ Ἔδεσσαν τὸ τηνικάδε βασιλευομένην πόλιν γραμματοφυλακείων ληφθεῖσαν· ἐν γοῦν τοῖς αὐτόθι δημοσίοις χάρταις, τοῖς τὰ παλαιὰ καὶ τὰ ἀμφὶ τὸν Ἄβγαρον πραχθέντα περιέχουσι, καὶ ταῦτα εἰς ἔτι νῦν ἐξ ἐκείνου πεφυλαγμένα εὕρηται, οὐδὲν δὲ οἷον καὶ αὐτῶν ἐπακοῦσαι τῶν ἐπιστολῶν, ἀπὸ τῶν ἀρχείων ἡμῖν ἀναληφθεισῶν καὶ τόνδε αὐτοῖς ῥήμασιν ἐκ τῆς Σύρων φωνῆς μεταβληθεισῶν τὸν τρόπον·

ΑΝΤΙΓΡΑΦΟΝ ΕΠΙΣΤΟΛΗΣ ΓΡΑΦΕΙΣΗΣ ΥΠΟ
ΑΒΓΑΡΟΥ ΤΟΠΑΡΧΟΥ ΤΩΙ ΙΗΣΟΥ ΚΑΙ
ΠΕΜΦΘΕΙΣΗΣ ΑΥΤΩΙ ΔΙ' ΑΝΑΝΙΟΥ ΤΑΧΥΔΡΟΜΟΥ
ΕΙΣ ΙΕΡΟΣΟΛΥΜΑ

fit porter une lettre dans l'espoir d'obtenir la délivrance de son mal. [3] Le Sauveur ne se rendit pas alors à son appel ; cependant il daigna lui écrire une lettre autographe, lui promettant qu'il lui enverrait un de ses disciples pour lui apporter la guérison et le salut, à lui, ainsi qu'à tous ses sujets. [4] Cette promesse ne fut pas longtemps à se réaliser pour Abgar. Après la résurrection de Jésus d'entre les morts et son ascension au ciel, l'apôtre Thomas, un des douze, mû par une inspiration toute divine, dirigea vers Edesse Thaddée, qui était du nombre des soixante-dix disciples, pour y être le héraut et l'évangéliste de la doctrine du Christ : ce fut par lui, que toutes les promesses de notre Sauveur, reçurent leur accomplissement. [5] On a de ces faits la preuve écrite, elle a été gardée dans les archives d'Edesse, alors ville royale. Les documents publics de ce pays qui renferment les choses anciennes et ce qui s'est passé sous Abgar, nous ont conservé depuis ce roi jusqu'à aujourd'hui ces événements : mais rien ne vaut comme de voir ces lettres elles-mêmes tirées des archives et traduites littéralement du syriaque en ces termes (voy. l'*Appendice*) :

COPIE DE LA LETTRE ÉCRITE PAR LE SOUVERAIN
ABGAR ET ENVOYÉE A JÉSUS A JÉRUSALEM PAR LE
COUREUR ANANIAS

« [6] Ἄβγαρος Οὔχαμα τοπάρχης Ἰησοῦ σωτῆρι ἀγαθῷ ἀναφανέντι ἐν τόπῳ Ἱεροσολύμων χαίρειν.

« Ἤκουσταί μοι τὰ περὶ σοῦ καὶ τῶν σῶν ἰαμάτων, ὡς ἄνευ φαρμάκων καὶ βοτανῶν ὑπὸ σοῦ γινομένων. Ὡς γὰρ λόγος, τυφλοὺς ἀναβλέπειν ποιεῖς, χωλοὺς περιπατεῖν, καὶ λεπροὺς καθαρίζεις, καὶ ἀκάθαρτα πνεύματα καὶ δαίμονας ἐκβάλλεις, καὶ τοὺς ἐν μακρονοσίᾳ βασανιζομένους θεραπεύεις, καὶ νεκροὺς ἐγείρεις [MATTH., XI, 5; LUC, VII, 22]. [7] Καὶ ταῦτα πάντα ἀκούσας περὶ σοῦ, κατὰ νοῦν ἐθέμην τὸ ἕτερον τῶν δύο, ἢ ὅτι σὺ εἶ ὁ θεὸς καὶ καταβὰς ἀπὸ τοῦ οὐρανοῦ ποιεῖς ταῦτα, ἢ υἱὸς εἶ τοῦ θεοῦ ποιῶν ταῦτα. [8] Διὰ τοῦτο τοίνυν γράψας ἐδεήθην σου σκυλῆναι πρός με καὶ τὸ πάθος, ὃ ἔχω, θεραπεῦσαι. Καὶ γὰρ ἤκουσα ὅτι καὶ Ἰουδαῖοι καταγογγύζουσί σου καὶ βούλονται κακῶσαί σε. Πόλις δὲ μικροτάτη μοί ἐστι καὶ σεμνή, ἥτις ἐξαρκεῖ ἀμφοτέροις [cf. Eccl., IX, 14]. »

[Καὶ ταῦτα μὲν οὕτως ἔγραψεν, τῆς θείας αὐτὸν τέως μικρὸν συγησάσης ἐλλάμψεως. Ἄξιον δὲ καὶ τῆς πρὸς τοῦ Ἰησοῦ αὐτῷ διὰ τοῦ αὐτοῦ γραμματοκομιστοῦ ἀποσταλείσης ἐπακοῦσαι ὀλιγοστίχου μέν, πολυδυνάμου δὲ ἐπιστολῆς, τοῦτον ἐχούσης καὶ αὐτῆς τὸν τρόπον·]

ΤΑ ΑΝΤΙΓΡΑΦΕΝΤΑ ΥΠΟ ΙΗΣΟΥ ΔΙΑ ΑΝΑΝΙΟΥ ΤΑΧΥΔΡΟΜΟΥ ΤΟΠΑΡΧΗΙ ΑΒΓΑΡΩΙ

« [10] Μακάριος εἶ πιστεύσας ἐν ἐμοί, μὴ ἑορακώς με [cf. JEAN, XX, 20, 29]. Γέγραπται γὰρ περὶ ἐμοῦ τοὺς ἑορα-

[6] « Abgar, fils d'Oukamas, souverain, à Jésus, Sauveur bienfaisant, qui a apparu au pays de Jérusalem, salut.

« J'ai entendu parler de toi et de tes guérisons, et j'ai appris que tu les opères sans remèdes ni herbages. Car on raconte que tu fais voir les aveugles et marcher les boiteux, que tu purifies les lépreux, que tu chasses les esprits impurs et les démons, que tu délivres ceux qui sont tourmentés par de longues maladies, que tu ressuscites les morts. [7] Après avoir entendu tout cela de toi, je suis convaincu que de deux choses l'une : ou bien tu es Dieu et, descendu du ciel, tu fais ces merveilles ; ou bien tu es le Fils de Dieu, accomplissant ces choses. [8] Voilà donc pourquoi je t'écris aujourd'hui pour te prier de te donner la peine de venir chez moi et de me guérir du mal que j'ai. On m'a dit d'ailleurs que les Juifs murmurent contre toi et qu'ils veulent te faire du mal : ma ville est toute petite, mais fort belle ; elle nous suffira à tous les deux. »

[Telle est la supplique rédigée par Abgar, alors éclairé par un faible rayon de la clarté divine. Il mérita ainsi de recevoir de Jésus une réponse qui lui fut adressée par le même coureur. Elle est courte, mais d'un grand poids : en voici le texte (voy. l'*Appendice*)].

RÉPONSE DE JÉSUS ENVOYÉE AU SOUVERAIN ABGAR
PAR LE COUREUR ANANIAS

« [10] Tu es bienheureux, puisque tu as cru en moi sans m'avoir vu. Il est en effet écrit de moi que ceux

κότας με μὴ πιστεύσειν ἐν ἐμοί, καὶ ἵνα οἱ μὴ ἑορακότες με αὐτοὶ πιστεύσωσι καὶ ζήσονται. Περὶ δὲ οὗ ἔγραψάς μοι ἐλθεῖν πρὸς σέ, δέον ἐστὶ πάντα δι' ἃ ἀπεστάλην ἐνταῦθα πληρῶσαι καὶ μετὰ τὸ πληρῶσαι οὕτως ἀναληφθῆναι πρὸς τὸν ἀποστείλαντά με. Καὶ ἐπειδὰν ἀναληφθῶ, ἀποστελῶ σοί τινα τῶν μαθητῶν μου, ἵνα ἰάσηταί σου τὸ πάθος καὶ ζωήν σοι καὶ τοῖς σὺν σοὶ παράσχηται ».

[11] Ταύταις δὲ ταῖς ἐπιστολαῖς ἔτι καὶ ταῦτα συνῆκτο τῇ Σύρων φωνῇ·

« Μετὰ δὲ τὸ ἀναληφθῆναι τὸν Ἰησοῦν ἀπέστειλεν αὐτῷ Ἰούδας, ὁ καὶ Θωμᾶς, Θαδδαῖον ἀπόστολον, ἕνα τῶν ἑβδομήκοντα· ὃς ἐλθὼν κατέμενεν πρὸς Τωβίαν τὸν τοῦ Τωβία. Ὡς δὲ ἠκούσθη περὶ αὐτοῦ, ἐμηνύθη τῷ Ἀβγάρῳ ὅτι ἐλήλυθεν ἀπόστολος ἐνταῦθα τοῦ Ἰησοῦ, καθὰ ἐπέστειλέν σοι. [12] Ἤρξατο οὖν ὁ Θαδδαῖος ἐν δυνάμει θεοῦ θεραπεύειν πᾶσαν νόσον καὶ μαλακίαν [Matth., iv, 23; ix, 35; x, 1], ὥστε πάντας θαυμάζειν· ὡς δὲ ἤκουσεν ὁ Ἄβγαρος τὰ μεγαλεῖα καὶ τὰ θαυμάσια ἃ ἐποίει, καὶ ὡς ἐθεράπευεν, ἐν ὑπονοίᾳ γέγονεν ὡς ὅτι αὐτός ἐστιν περὶ οὗ ὁ Ἰησοῦς ἐπέστειλεν λέγων· « Ἐπειδὰν ἀναληφθῶ, ἀποστελῶ σοί τινα τῶν « μαθητῶν μου, ὃς τὸ πάθος σου ἰάσεται ». [13] Μετακαλεσάμενος οὖν τὸν Τωβίαν, παρ' ᾧ κατέμενεν, εἶπεν· « Ἤκουσα ὅτι ἀνήρ τις δυνάστης ἐλθὼν κατέμεινεν ἐν τῇ « σῇ οἰκίᾳ· ἀνάγαγε αὐτὸν πρός με ». Ἐλθὼν δὲ ὁ Τωβίας παρὰ Θαδδαίῳ, εἶπεν αὐτῷ· « Ὁ τοπάρχης Ἄβγαρος μετα« καλεσάμενός με εἶπεν ἀναγαγεῖν σε παρ' αὐτῷ, ἵνα θερα-

qui m'ont vu ne croiront pas en moi, afin que ceux qui ne m'ont pas vu, croient et vivent (voy. l'*Appendice*). Quant à ce que tu me mandes, d'aller chez toi : il me faut accomplir ici tout l'objet de ma mission et remonter ensuite vers celui qui m'a envoyé. Quand j'y serai, tu recevras de moi un de mes disciples qui te guérira de ton mal et te donnera la vie, à toi et à tous ceux qui sont avec toi. »

[11] A la suite de ces lettres est encore joint le récit suivant écrit en langue syriaque.

« Après l'ascension de Jésus, Judas, qu'on appelle aussi Thomas, députa au roi l'apôtre Thaddée (voy. l'*Appendice*), un des soixante-dix. Celui-ci partit et à son arrivée s'arrêta chez Tobie, fils de Tobie. Le bruit de sa présence se répandit et l'on fit savoir à Abgar : « Un apôtre de Jésus est venu ici selon qu'il te l'a écrit. » [12] Thaddée cependant s'était mis avec l'aide de la vertu divine à guérir toutes espèces de maladies et de langueurs, si bien que tous en étaient dans l'admiration. Lorsque le roi apprit les œuvres magnifiques et étonnantes qu'il opérait et les guérisons qu'il faisait, il comprit qu'il était bien celui dont Jésus avait parlé dans sa lettre : « Après mon ascension, je t'enverrai un de mes disciples qui te guérira de ton mal. [13] Il appela donc Tobie chez qui l'apôtre demeurait : « J'ai appris, lui dit-il, qu'un « homme puissant est venu habiter dans ta maison; « amène-le-moi. » Tobie retourna auprès de Thaddée et lui dit : « Le souverain Abgar m'a appelé et m'a dit « de te conduire chez lui afin que tu le guérisses. » —

« πεύσῃς αὐτόν ». Καὶ ὁ Θαδδαῖος· « Ἀναβαίνω, ἔφη, « ἐπειδήπερ δυνάμει παρ' αὐτῷ ἀπέσταλμαι ».

« [14] Ὀρθρίσας οὖν ὁ Τωβίας τῇ ἑξῆς καὶ παραλαβὼν τὸν Θαδδαῖον ἦλθεν πρὸς τὸν Ἄβγαρον. Ὡς δὲ ἀνέβη, παρόντων καὶ ἑστώτων τῶν μεγιστάνων αὐτοῦ, παραχρῆμα ἐν τῷ εἰσιέναι αὐτὸν ὅραμα μέγα ἐφάνη τῷ Ἀβγάρῳ ἐν τῷ προσώπῳ τοῦ ἀποστόλου Θαδδαίου· ὅπερ ἰδὼν Ἄβγαρος προσεκύνησεν τῷ Θαδδαίῳ, θαυμά τε ἔσχεν πάντας τοὺς περιεστῶτας· αὐτοὶ γὰρ οὐχ ἑοράκασι τὸ ὅραμα, ὃ μόνῳ τῷ Ἀβγάρῳ ἐφάνη· [15] ὃς καὶ τὸν Θαδδαῖον ἤρετο εἰ· « Ἐπ' « ἀληθείας μαθητὴς εἶ Ἰησοῦ τοῦ υἱοῦ τοῦ θεοῦ, ὃς εἰρήκει « πρός με· « Ἀποστελῶ σοί τινα τῶν μαθητῶν μου, ὅστις « ἰάσεταί σε καὶ ζωήν σοι παρέξει ». Καὶ ὁ Θαδδαῖος ἔφη· « Ἐπεὶ μεγάλως πεπίστευκας εἰς τὸν ἀποστείλαντά με, « διὰ τοῦτο ἀπεστάλην πρὸς σέ. Καὶ πάλιν, ἐὰν πιστεύσῃς « ἐν αὐτῷ, ὡς ἂν πιστεύσῃς ἔσται σοι τὰ αἰτήματα τῆς « καρδίας σου ». [16] Καὶ ὁ Ἄβγαρος πρὸς αὐτόν· « Οὕτως ἐπίστευσα, φησίν, ἐν αὐτῷ, ὡς καὶ τοὺς Ἰουδαίους « τοὺς σταυρώσαντας αὐτὸν βουληθῆναι δύναμιν παραλα- « βὼν κατακόψαι, εἰ μὴ διὰ τὴν βασιλείαν τὴν Ῥωμαίων « ἀνεκόπην τούτου ». Καὶ ὁ Θαδδαῖος εἶπεν· « Ὁ κύριος « ἡμῶν τὸ θέλημα τοῦ πατρὸς αὐτοῦ πεπλήρωκεν καὶ « πληρώσας ἀνελήφθη πρὸς τὸν πατέρα ». [17] Λέγει αὐτῷ Ἄβγαρος· « Κἀγὼ πεπίστευκα εἰς αὐτὸν καὶ εἰς τὸν « πατέρα αὐτοῦ ». Καὶ ὁ Θαδδαῖος· « Διὰ τοῦτο, φησί, « τίθημι τὴν χεῖρά μου ἐπὶ σὲ ἐν ὀνόματι αὐτοῦ ». Καὶ

« J'irai, repartit Thaddée, puisque je suis envoyé avec
« puissance pour lui. »

« [14] Le lendemain, de grand matin, accompagné de
Tobie, il se rendit auprès d'Abgar. Lorsqu'il entra,
les principaux du royaume étaient debout autour du
monarque : tout à coup, le roi aperçut à son arrivée
un grand signe sur le visage de l'apôtre Thaddée,
et à cette vue, il se prosterna devant lui. Tous les
assistants restaient stupéfaits ; car ils n'avaient rien
remarqué et la vision paraissait seulement pour Abgar.
[15] Celui-ci demanda à Thaddée : « Es-tu en vérité
« le disciple de Jésus, le fils de Dieu qui m'a dit :
« Je t'enverrai un de mes disciples qui te donnera
« la guérison et la vie ? » Thaddée lui répondit : « Tû
« as cru fermement à celui qui m'envoie, c'est pour
« cela que je suis député vers toi. Aussi, si tu
« crois en lui, selon que tu croiras, les désirs de
« ton cœur seront accomplis. » [16] Abgar reprit :
« J'ai tellement cru en lui que j'aurais voulu prendre
« une armée et détruire les Juifs qui l'ont mis en
« croix, si je n'en avais été empêché par l'empire
« romain. » Thaddée répondit : « Notre Maître a
« accompli la volonté de son Père, puis il est retourné
« à lui. » [17] « J'ai, moi aussi, cru en lui et en son
« Père, » dit Abgar. Thaddée dit : « Voilà pourquoi
« j'étends la main sur toi en son nom. » Et aussitôt

τοῦτο πράξαντος, παραχρῆμα ἐθεραπεύθη τῆς νόσου καὶ τοῦ πάθους οὗ εἶχεν. [18] Ἐθαύμασέν τε ὁ Ἄβγαρος ὅτι καθὼς ἤκουσται αὐτῷ περὶ τοῦ Ἰησοῦ, οὕτως τοῖς ἔργοις παρέλαβεν διὰ τοῦ μαθητοῦ αὐτοῦ Θαδδαίου, ὃς αὐτὸν ἄνευ φαρμακείας καὶ βοτανῶν ἐθεράπευσεν, καὶ οὐ μόνον, ἀλλὰ καὶ Ἄβδον τὸν τοῦ Ἄβδου, ποδάγραν ἔχοντα· ὃς καὶ αὐτὸς προσελθὼν ὑπὸ τοὺς πόδας αὐτοῦ ἔπεσεν, εὐχάς τε διὰ χειρὸς λαβὼν ἐθεραπεύθη, πολλούς τε ἄλλους συμπολίτας αὐτῶν ὁ αὐτὸς ἰάσατο, θαυμαστὰ καὶ μεγάλα ποιῶν καὶ κηρύσσων τὸν λόγον τοῦ θεοῦ.

« [19] Μετὰ δὲ ταῦτα ὁ Ἄβγαρος· « Σὺ Θαδδαῖε, ἔφη,
« σὺν δυνάμει τοῦ θεοῦ ταῦτα ποιεῖς καὶ ἡμεῖς αὐτοὶ ἐθαυ-
« μάσαμεν· ἀλλ' ἐπὶ τούτοις δέομαί σου, διήγησαί μοι περὶ
« τῆς ἐλεύσεως τοῦ Ἰησοῦ πῶς ἐγένετο, καὶ περὶ τῆς δυνά-
« μεως αὐτοῦ, καὶ ἐν ποίᾳ δυνάμει ταῦτα ἐποίει ἅτινα
« ἤκουσταί μοι ». [20] Καὶ ὁ Θαδδαῖος· « Νῦν μὲν
« σιωπήσομαι, ἔφη, ἐπεὶ δὲ κηρῦξαι τὸν λόγον ἀπεστάλην,
« αὔριον ἐκκλησίασόν μοι τοὺς πολίτας σου πάντας, καὶ ἐπ'
« αὐτῶν κηρύξω καὶ σπερῶ ἐν αὐτοῖς τὸν λόγον τῆς ζωῆς,
« περί τε τῆς ἐλεύσεως τοῦ Ἰησοῦ καθὼς ἐγένετο, καὶ
« περὶ τῆς ἀποστολῆς αὐτοῦ, καὶ ἕνεκα τίνος ἀπεστάλη ὑπὸ
« τοῦ πατρός, καὶ περὶ τῆς δυνάμεως καὶ τῶν ἔργων αὐτοῦ
« καὶ μυστηρίων ὧν ἐλάλησεν ἐν κόσμῳ, καὶ ποίᾳ δυνάμει
« ταῦτα ἐποίει, καὶ περὶ τῆς καινῆς αὐτοῦ κηρύξεως, καὶ
« περὶ τῆς μικρότητος καὶ περὶ τῆς ταπεινώσεως, καὶ
« πῶς ἐταπείνωσεν ἑαυτὸν [Phil., II, 8] καὶ ἀπέθετο

qu'il l'eut fait, le roi fut sur-le-champ délivré de son mal et ses souffrances disparurent. [18] Il fut étonné ; ce qu'il avait entendu raconter de Jésus, il le voyait en fait dans son disciple Thaddée : celui-ci lui avait rendu la santé sans remèdes, ni herbages. Il ne fut d'ailleurs pas seul à jouir de ce bienfait. Abdos, fils d'Abdos, avait la goutte : il vint lui aussi se jeter aux pieds de Thaddée, obtint ses prières et l'imposition de ses mains, et fut délivré. Thaddée guérit encore beaucoup de leurs concitoyens, accomplit de grands miracles et prêcha la parole de Dieu.

« [19] Après cela, Abgar dit : « Toi, Thaddée, tu
« opères ces prodiges par la force divine et nous t'ad-
« mirons ; mais je t'en conjure, apprends-nous com-
« ment Jésus est venu sur la terre, quelle était sa
« puissance et par quel pouvoir il a fait ce que j'ai
« entendu raconter. » [20] Et Thaddée dit (voy. l'*Ap-*
« *pendice*) : Maintenant je garderai le silence ; mais
« puisque j'ai été envoyé pour annoncer la parole,
« assemble demain tous tes concitoyens et je la leur
« prêcherai ; je sèmerai en eux la parole de vie, je leur
« dirai comment s'est produite la venue de Jésus, quelle
« fut sa mission et pourquoi il fut envoyé par le Père :
« je raconterai sa puissance et ses œuvres, les mys-
« tères qu'il a enseignés dans le monde et j'indiquerai
« par quel pouvoir il a accompli cela ; je montrerai
« la nouveauté de sa prédication, son humilité et sa
« modestie ; j'exposerai comment il s'est abaissé et a
« déposé et rapetissé sa divinité et a été mis en croix,

« καὶ ἐσμίκρυνεν αὐτοῦ τὴν θεότητα, καὶ ἐσταυρώθη, καὶ
« κατέβη εἰς τὸν Ἅιδην, καὶ διέσχισε φραγμὸν τὸν ἐξ
« αἰῶνος μὴ σχισθέντα, καὶ ἀνήγειρεν νεκροὺς, καὶ κατέβη
« μόνος, ἀνέβη δὲ μετὰ πολλοῦ ὄχλου πρὸς τὸν πατέρα
« αὐτοῦ ». [21] Ἐκέλευσεν οὖν ὁ Ἄβγαρος τῇ ἕωθεν συνάξαι
τοὺς πολίτας αὐτοῦ καὶ ἀκοῦσαι τὴν κήρυξιν Θαδδαίου, καὶ
μετὰ ταῦτα προσέταξεν δοθῆναι αὐτῷ χρυσὸν καὶ ἄσημον.
Ὁ δὲ οὐκ ἐδέξατο, εἰπών· « Εἰ τὰ ἡμέτερα καταλελοί-
« παμεν, πῶς τὰ ἀλλότρια ληψόμεθα; » [22] Ἐπράχθη
ταῦτα τεσσαρακοστῷ καὶ τριακοσιοστῷ ἔτει ».

Ἃ καὶ οὐκ εἰς ἄχρηστον πρὸς λέξιν ἐκ τῆς Σύρων μετα-
βληθέντα φωνῆς ἐνταῦθά μοι κατὰ καιρὸν κείσθω.

« comment il est descendu aux enfers, après en avoir
« brisé la barrière qui ne s'était ouverte de l'éter-
« nité ; comment il a ressuscité les morts; comment
enfin, il est descendu seul et remonté à son Père suivi
d'un cortège nombreux. » [21] Abgar ordonna d'assembler de grand matin les habitants de sa ville pour entendre la prédication de Thaddée. Il lui fit ensuite offrir des pièces et des lingots d'or : l'homme de Dieu les refusa : « Si nous laissons nos biens, dit-il, com-
« ment pourrions-nous accepter celui des autres ».
Ceci se passait en l'an trois cent quarante [28-29 ap. J.-C.]. »

Voilà ce que je n'ai pas cru inutile et hors de propos de citer ici textuellement, traduit du syriaque.

Β΄

Τάδε καὶ ἡ β΄ περιέχει βίβλος τῆς
Ἐκκλησιαστικῆς ἱστορίας·

Α΄ Περὶ τῆς μετὰ τὴν ἀνάληψιν τοῦ Χριστοῦ διαγωγῆς τῶν ἀποστόλων.
Β΄ Ὅπως Τιβέριος ὑπὸ Πιλάτου τὰ περὶ τοῦ Χριστοῦ διδαχθεὶς ἐκινήθη.
Γ΄ Ὅπως εἰς πάντα τὸν κόσμον ἐν βραχεῖ χρόνῳ διέδραμεν ὁ περὶ τοῦ Χριστοῦ λόγος.
Δ΄ Ὡς μετὰ Τιβέριον Γάϊος Ἰουδαίων βασιλέα καθίστησιν Ἀγρίππαν, τὸν Ἡρώδην ἀϊδίῳ ζημιώσας φυγῇ.
Ε΄ Ὡς Φίλων ὑπὲρ Ἰουδαίων πρεσβείαν ἐστείλατο πρὸς Γάϊον.
Ϛ΄ Ὅσα Ἰουδαίοις συνερρύη κακὰ μετὰ τὴν κατὰ τοῦ Χριστοῦ τόλμαν.
Ζ΄ Ὡς καὶ Πιλᾶτος ἑαυτὸν διεχρήσατο.
Η΄ Περὶ τοῦ κατὰ Κλαύδιον λιμοῦ.
Θ΄ Μαρτύριον Ἰακώβου τοῦ ἀποστόλου,

LIVRE II

VOICI CE QUE CONTIENT LE SECOND LIVRE DE
L'HISTOIRE ECCLÉSIASTIQUE :

I. Ce que firent les apôtres après l'ascension du Christ.

II. Comment Tibère fut vivement frappé de ce qu'il apprit par Pilate concernant le Christ.

III. Comment la doctrine du Christ fut propagée en peu de temps dans le monde entier.

IV. Après Tibère, Gaïus établit Agrippa roi des Juifs et condamna Hérode à l'exil perpétuel.

V. Philon est envoyé en ambassade auprès de Gaïus en faveur des Juifs.

VI. Nombreux malheurs arrivés aux Juifs après le meurtre du Christ.

VII. Comment Pilate se suicida.

VIII. La famine sous Claude.

IX. Martyre de l'apôtre Jacques.

Ι΄ Ὡς Ἀγρίππας ὁ καὶ Ἡρώδης τοὺς ἀποστόλους διώξας τῆς θείας παραυτίκα δίκης ᾔσθετο.

ΙΑ΄ Περὶ Θευδᾶ τοῦ γόητος.

ΙΒ΄ Περὶ Ἑλένης τῆς τῶν Ἀδιαβηνῶν βασιλίδος.

ΙΓ΄ Περὶ Σίμωνος τοῦ μάγου.

ΙΔ΄ Περὶ τοῦ κατὰ Ῥώμην κηρύγματος Πέτρου τοῦ ἀποστόλου.

ΙΕ΄ Περὶ τοῦ κατὰ Μάρκον εὐαγγελίου.

ΙϚ΄ Ὡς πρῶτος Μάρκος τοῖς κατ' Αἴγυπτον τὴν εἰς τὸν Χριστὸν γνῶσιν ἐκήρυξεν.

ΙΖ΄ Οἷα περὶ τῶν κατ' Αἴγυπτον ἀσκητῶν ὁ Φίλων ἱστορεῖ.

ΙΗ΄ Ὅσα τοῦ Φίλωνος εἰς ἡμᾶς περιῆλθεν συγγράμματα.

ΙΘ΄ Οἵα τοὺς ἐν Ἱεροσολύμοις Ἰουδαίους συμφορὰ μετῆλθεν ἐν τῇ τοῦ πάσχα ἡμέρᾳ.

Κ΄ Οἷα καὶ κατὰ Νέρωνα ἐν τοῖς Ἱεροσολύμοις ἐπράχθη.

ΚΑ΄ Περὶ τοῦ Αἰγυπτίου οὗ καὶ τῶν ἀποστόλων αἱ Πράξεις ἐμνημόνευσαν.

ΚΒ΄ Ὡς ἐκ τῆς Ἰουδαίας εἰς τὴν Ῥώμην δέσμιος ἀναπεμφθεὶς Παῦλος ἀπολογησάμενος πάσης ἀπελύθη αἰτίας.

ΚΓ΄ Ὡς ἐμαρτύρησεν Ἰάκωβος ὁ τοῦ κυρίου χρηματίσας ἀδελφός.

ΚΔ΄ Ὡς μετὰ Μάρκον πρῶτος ἐπίσκοπος τῆς Ἀλεξανδρέων ἐκκλησίας Ἀννιανὸς κατέστη.

X.	Hérode Agrippa pour avoir persécuté les apôtres éprouva sur-le-champ la vengeance divine.
XI.	Le magicien Theudas.
XII.	Hélène, reine des Adiabéniens.
XIII.	Simon le Mage.
XIV.	Prédication de l'apôtre Pierre à Rome.
XV.	L'Évangile de Marc.
XVI.	Marc le premier prêcha la connaissance du Christ en Égypte.
XVII.	Ce que Philon raconte des ascètes d'Égypte.
XVIII.	Livres de Philon parvenus jusqu'à nous.
XIX.	Malheurs arrivés aux Juifs à Jérusalem au jour de Pâques.
XX.	Ce qui arriva à Jérusalem sous Néron.
XXI.	De l'Égyptien dont parlent les *Actes des apôtres*.
XXII.	Paul, envoyé de Judée à Rome comme prisonnier, se lave et est absout de toutes accusations.
XXIII.	Comment Jacques appelé le frère du Seigneur fut martyr.
XXIV.	Après Marc, Annianus fut établi premier évêque de l'église d'Alexandrie.

Eusèbe. — *Histoire ecclésiastique* I.   8

ΚΕ´ Περὶ τοῦ κατὰ Νέρωνα διωγμοῦ, καθ' ὃν ἐπὶ Ῥώμης Παῦλος καὶ Πέτρος τοῖς ὑπὲρ εὐσεβείας μαρτυρίοις κατεκοσμήθησαν.

Κϛ´ Ὡς μυρίοις κακοῖς περιηλάθησαν Ἰουδαῖοι, καὶ ὡς τὸν ὕστατον πρὸς Ῥωμαίους ἤραντο πόλεμον.

Συνῆκται ἡμῖν ἡ βίβλος ἀπὸ τῶν Κλήμεντος Τερτυλλιανοῦ Ἰωσήπου Φίλωνος.

Ὅσα μὲν τῆς ἐκκλησιαστικῆς ἱστορίας ἐχρῆν ὡς ἐν προοιμίῳ διαστείλασθαι τῆς τε θεολογίας πέρι τοῦ σωτηρίου λόγου καὶ τῆς ἀρχαιολογίας τῶν τῆς ἡμετέρας διδασκαλίας δογμάτων ἀρχαιότητός τε τῆς κατὰ Χριστιανοὺς εὐαγγελικῆς πολιτείας, οὐ μὴν ἀλλὰ καὶ ὅσα περὶ τῆς γενομένης ἔναγχος ἐπιφανείας αὐτοῦ, τά τε πρὸ τοῦ πάθους καὶ τὰ περὶ τῆς τῶν ἀποστόλων ἐκλογῆς, ἐν τῷ πρὸ τούτου, συντεμόντες τὰς ἀποδείξεις, διειλήφαμεν. [2] Φέρε δ', ἐπὶ τοῦ παρόντος ἤδη καὶ τὰ μετὰ τὴν ἀνάληψιν αὐτοῦ διασκεψώμεθα, τὰ μὲν ἐκ τῶν θείων παρασημαινόμενοι γραμμάτων, τὰ δ' ἔξωθεν προσιστοροῦντες ἐξ ὧν κατὰ καιρὸν μνημονεύσομεν ὑπομνημάτων.

XXV. De la persécution de Néron, sous lequel Pierre et Paul furent honorés, à Rome, du martyre pour la religion.

XXVI. Comment les Juifs accablés de maux sans nombre déclarèrent enfin la guerre aux Romains.

Ce livre a pour sources Clément, Tertullien, Josèphe, Philon.

Ce qu'il fallait traiter de l'histoire ecclésiastique dans une introduction concernant la divinité du Verbe Sauveur, l'antiquité des dogmes de notre enseignement, l'ancienneté du genre de vie évangélique à la manière des chrétiens, comme aussi ce qui se rapporte à la récente venue du Christ, ce qui s'est passé avant sa passion, ce qui regarde l'élection des apôtres, nous l'avons exposé dans le livre précédent et nous en avons brièvement indiqué les preuves. [2] Examinons maintenant dans le livre présent ce qui est arrivé après l'ascension de Jésus. Nous l'exposerons en partie d'après les écrits divins et en partie d'après des documents profanes que nous citerons en leur lieu.

ΒΙΒΛΟΣ Β'

Α'

Πρῶτος τοιγαροῦν εἰς τὴν ἀποστολὴν ἀντὶ τοῦ προδότου Ἰούδα κληροῦται Ματθίας, εἷς καὶ αὐτός, ὡς δεδήλωται [I, XII, 3], τῶν τοῦ κυρίου γενόμενος μαθητῶν. Καθίστανται δὲ δι' εὐχῆς καὶ χειρῶν ἐπιθέσεως τῶν ἀποστόλων εἰς διακονίαν ὑπηρεσίας ἕνεκα τοῦ κοινοῦ ἄνδρες δεδοκιμασμένοι [Act., VI, 1-6], τὸν ἀριθμὸν ἑπτά, οἱ ἀμφὶ τὸν Στέφανον· ὃς καὶ πρῶτος μετὰ τὸν κύριον ἅμα τῇ χειροτονίᾳ, ὥσπερ εἰς αὐτὸ τοῦτο προαχθείς, λίθοις εἰς θάνατον πρὸς τῶν κυριοκτόνων βάλλεται, καὶ ταύτῃ πρῶτος τὸν αὐτῷ φερώνυμον τῶν ἀξιονίκων τοῦ Χριστοῦ μαρτύρων ἀποφέρεται στέφανον [Act., VII, 58-59]. [2] Τότε δῆτα καὶ Ἰάκωβον, τὸν τοῦ κυρίου λεγόμενον ἀδελφόν, ὅτι δὴ καὶ οὗτος τοῦ Ἰωσὴφ ὠνόμαστο παῖς, τοῦ δὲ Χριστοῦ πατὴρ ὁ Ἰωσήφ, ᾧ μνηστευθεῖσα ἡ παρθένος, πρὶν ἢ συνελθεῖν αὐτούς, εὑρέθη ἐν γαστρὶ ἔχουσα ἐκ πνεύματος ἁγίου

LIVRE II

CHAPITRE PREMIER

[CE QUE FIRENT LES APÔTRES APRÈS L'ASCENSION DU CHRIST]

Mathias fut d'abord choisi par le sort pour l'apostolat à la place du traître Judas ; il était lui-même, comme nous l'avons dit, un des disciples du Sauveur. D'autre part, les douze établirent, par la prière et l'imposition des mains, des hommes éprouvés pour le service et l'administration du bien commun ; ils étaient au nombre de sept, Étienne et ses compagnons. Celui-ci, le premier suivit le maître dans la mort, au temps même où les mains lui avaient été imposées, comme s'il avait été promu pour cela ; il fut lapidé et mis à mort par les meurtriers du Seigneur et de cette sorte il remporta le premier, réalisant ainsi son nom, la couronne des nobles et victorieux martyrs du Christ. [2] Alors Jacques, celui qu'on dit frère du Seigneur (car il était appelé, lui aussi, fils de Joseph : Joseph était le père du Christ et marié à la Vierge ; avant qu'ils fussent ensemble, celle-ci fut trouvée ayant conçu du Saint-Esprit, comme

ὡς ἡ ἱερὰ τῶν εὐαγγελίων διδάσκει γραφή [Matth., I, 18]· τοῦτον δὴ οὖν αὐτὸν Ἰάκωβον, ὃν καὶ δίκαιον ἐπίκλην οἱ πάλαι δι' ἀρετῆς ἐκάλουν προτερήματα, πρῶτον ἱστοροῦσιν τῆς ἐν Ἱεροσολύμοις ἐκκλησίας τὸν τῆς ἐπισκοπῆς ἐγχειρισθῆναι θρόνον. [3] Κλήμης ἐν ἕκτῳ τῶν Ὑποτυπώσεων γράφων ὧδε παρίστησιν·

Πέτρον γάρ φησιν καὶ Ἰάκωβον καὶ Ἰωάννην μετὰ τὴν ἀνάληψιν τοῦ σωτῆρος, ὡς ἂν καὶ ὑπὸ τοῦ σωτῆρος προτετιμημένους, μὴ ἐπιδικάζεσθαι δόξης, ἀλλὰ Ἰάκωβον τὸν δίκαιον ἐπίσκοπον τῶν Ἱεροσολύμων ἑλέσθαι.

[4] Ὁ δ' αὐτὸς ἐν ἑβδόμῳ τῆς αὐτῆς ὑποθέσεως ἔτι καὶ ταῦτα περὶ αὐτοῦ φησιν·

« Ἰακώβῳ τῷ δικαίῳ καὶ Ἰωάννῃ καὶ Πέτρῳ μετὰ τὴν ἀνάστασιν παρέδωκεν τὴν γνῶσιν ὁ κύριος, οὗτοι τοῖς λοιποῖς ἀποστόλοις παρέδωκαν, οἱ δὲ λοιποὶ ἀπόστολοι τοῖς ἑβδομήκοντα· ὧν εἷς ἦν καὶ Βαρναβᾶς. [5] Δύο δὲ γεγόνασιν Ἰάκωβοι, εἷς ὁ δίκαιος, ὁ κατὰ τοῦ πτερυγίου βληθεὶς καὶ ὑπὸ γναφέως ξύλῳ πληγεὶς εἰς θάνατον, ἕτερος δὲ ὁ καρατομηθείς ».

Αὐτοῦ δὴ τοῦ δικαίου καὶ ὁ Παῦλος μνημονεύει γράφων [Gal., I, 19]· « Ἕτερον δὲ τῶν ἀποστόλων οὐκ εἶδον, εἰ μὴ Ἰάκωβον τὸν ἀδελφὸν τοῦ κυρίου ». [6] Ἐν τούτοις καὶ τὰ τῆς τοῦ σωτῆρος ἡμῶν πρὸς τὸν τῶν Ὀσροηνῶν βασιλέα τέλος ἐλάμβανεν ὑποσχέσεως. Ὁ γοῦν Θωμᾶς τὸν Θαδδαῖον κινήσει θειοτέρᾳ ἐπὶ τὰ Ἔδεσσα κήρυκα καὶ εὐαγγελιστὴν τῆς περὶ τοῦ Χριστοῦ διδασκαλίας ἐκπέμπει, ὡς

l'enseigne la sainte écriture des évangiles); donc ce Jacques, que les anciens appelaient juste à cause de la supériorité de sa vertu, fut, dit-on, le premier, établi sur le trône épiscopal de l'église de Jérusalem, [3] Clément, dans le sixième livre de ses *Hypotyposes*, l'indique ainsi :

Il dit en effet que Pierre et Jacques et Jean, après l'ascension du Sauveur, quoique ayant été honorés plus que les autres par lui, ne revendiquèrent pas cette gloire, mais que Jacques le juste fut choisi comme évêque de Jérusalem.

[4] Le même écrivain, dans le septième livre du même ouvrage, dit encore de lui :

« Le Seigneur, après la résurrection, donna la science à Jacques le juste et à Jean et à Pierre, et ceux-ci la donnèrent au reste des apôtres, et ceux-ci aux soixante-dix disciples, dont l'un était Barnabé. [5] Ils étaient deux Jacques, l'un, le juste, qui, précipité du faîte du temple, fut frappé avec un bâton de foulon jusqu'à la mort et l'autre qui eut la tête coupée. »

Paul fait aussi mention de Jacques le juste quand il écrit : « Je n'ai pas vu d'autre apôtre, sinon Jacques, le frère du Seigneur ». [6] En ce temps-là les promesses de notre Sauveur au roi des Osroèniens s'accomplirent. Thomas, cédant à une impulsion tout à fait divine, envoya donc Thaddée à Edesse pour être le héraut et l'évangéliste de la doctrine du Christ. Nous venons du

ἀπὸ τῆς εὑρεθείσης αὐτόθι γραφῆς μικρῷ πρόσθεν ἐδηλώσαμεν [I, XIII]. [7] Ὁ δὲ τοῖς τόποις ἐπιστάς, τόν τε Ἄβγαρον ἰᾶται τῷ Χριστοῦ λόγῳ καὶ τοὺς αὐτόθι πάντας τοῖς τῶν θαυμάτων παραδόξοις ἐκπλήττει ἱκανῶς τε αὐτοὺς τοῖς ἔργοις διαθεὶς καὶ ἐπὶ σέβας ἀγαγὼν τῆς τοῦ Χριστοῦ δυνάμεως, μαθητὰς τῆς σωτηρίου διδασκαλίας κατεστήσατο, εἰς ἔτι τε νῦν ἐξ ἐκείνου ἡ πᾶσα τῶν Ἐδεσσηνῶν πόλις τῇ Χριστοῦ προσανάκειται προσηγορίᾳ, οὐ τὸ τυχὸν ἐπιφερομένη δεῖγμα τῆς τοῦ σωτῆρος ἡμῶν καὶ εἰς αὐτοὺς εὐεργεσίας.

[8] Καὶ ταῦτα δ' ὡς ἐξ ἀρχαίων ἱστορίας εἰρήσθω· μετίωμεν δ' αὖθις ἐπὶ τὴν θείαν γραφήν. Γενομένου δῆτα ἐπὶ τῇ τοῦ Στεφάνου μαρτυρίᾳ πρώτου καὶ μεγίστου πρὸς αὐτῶν Ἰουδαίων κατὰ τῆς ἐν Ἱεροσολύμοις ἐκκλησίας διωγμοῦ πάντων τε τῶν μαθητῶν πλὴν ὅτι μόνων τῶν δώδεκα ἀνὰ τὴν Ἰουδαίαν τε καὶ Σαμάρειαν διασπαρέντων [Act., VIII, 1], τινές, ᾗ φησιν ἡ θεία γραφή [Act., XI, 19], διελθόντες ἕως Φοινίκης καὶ Κύπρου καὶ Ἀντιοχείας, οὔπω μὲν ἔθνεσιν οἷοί τε ἦσαν τοῦ τῆς πίστεως μεταδιδόναι λόγου τολμᾶν, μόνοις δὲ τοῦτον Ἰουδαίοις κατήγγελλον. [9] Τηνικαῦτα [Act., VIII, 1-3] καὶ Παῦλος ἐλυμαίνετο εἰς ἔτι τότε τὴν ἐκκλησίαν, κατ' οἴκους τῶν πιστῶν εἰσπορευόμενος σύρων τε ἄνδρας καὶ γυναῖκας καὶ εἰς φυλακὴν παραδιδούς. [10] Ἀλλὰ καὶ [Act., VIII, 5-13] Φίλιππος, εἷς τῶν ἅμα Στεφάνῳ προχειρισθέντων εἰς τὴν διακονίαν [Act., VI, 5], ἐν τοῖς διασπαρεῖσιν γενόμενος, κάτεισιν εἰς τὴν Σαμάρειαν, θείας τε ἔμπλεως δυνά-

ÉLECTION DE PAUL 121

reste de le montrer un peu plus haut en citant l'écrit trouvé dans cette ville. [7] Arrivé dans ce pays, Thaddée guérit Abgar par la parole du Christ et étonna tous les habitants par les merveilles de ses prodiges ; après les avoir suffisamment disposés par ses œuvres et les avoir amenés à vénérer la puissance du Sauveur, il en fit les disciples de la doctrine de salut. Depuis lors jusqu'à maintenant, toute la ville d'Edesse est consacrée au nom du Christ ; elle garde de notre sauveur une preuve extraordinaire de sa bienfaisance à l'égard de ses habitants.

[8] Ces choses sont tirées d'un récit ancien ; revenons à la divine Écriture. Lors du martyre d'Étienne, pendant la première et très grande persécution soulevée par les Juifs contre l'église de Jérusalem, tous les disciples, excepté les douze, se dispersèrent à travers la Judée et la Samarie ; quelques-uns, selon le dire de la divine Écriture, allèrent jusqu'en Phénicie, à Chypre et à Antioche : ils n'osaient pas encore donner aux Gentils la parole de la foi et ils l'annonçaient seulement aux Juifs. [9] Alors Paul dévastait l'Église jusqu'à ce jour, entrait dans les maisons des fidèles, traînant hommes et femmes et les mettant en prison. [10] Mais Philippe, l'un de ceux qui avaient été choisis avec Étienne pour être diacre, était parmi les dispersés ; il vint à Samarie et, rempli d'une vertu divine, il fit entendre le premier

μεως κηρύττει πρῶτος τοῖς αὐτόθι τὸν λόγον, τοσαύτη δ' αὐτῷ θεία συνήργει χάρις, ὡς καὶ Σίμωνα τὸν μάγον μετὰ πλείστων ὅσων τοῖς αὐτοῦ λόγοις ἐλχθῆναι. [11] Ἐπὶ τοσοῦτον δ' ὁ Σίμων βεβοημένος κατ' ἐκεῖνο καιροῦ τῶν ἠπατημένων ἐκράτει γοητεία, ὡς τὴν μεγάλην αὐτὸν ἡγεῖσθαι εἶναι δύναμιν τοῦ θεοῦ. Τότε δ' οὖν καὶ οὗτος τὰς ὑπὸ τοῦ Φιλίππου δυνάμει θεία τελουμένας καταπλαγεὶς παραδοξοποιίας, ὑποδύεται καὶ μέχρι λουτροῦ τὴν εἰς Χριστὸν πίστιν καθυποκρίνεται· [12] ὃ καὶ θαυμάζειν ἄξιον εἰς δεῦρο γινόμενον πρὸς τῶν ἔτι καὶ νῦν τὴν ἀπ' ἐκείνου μιαρωτάτην μετιόντων αἵρεσιν, οἳ τῇ τοῦ σφῶν προπάτορος μεθόδῳ τὴν ἐκκλησίαν λοιμώδους καὶ ψωραλέας νόσου δίκην ὑποδυόμενοι, τὰ μέγιστα λυμαίνονται τοὺς οἷς ἐναπομάξασθαι οἷοί τε ἂν εἶεν τὸν ἐν αὐτοῖς ἀποκεκρυμένον δυσαλθῆ καὶ χαλεπὸν ἰόν. Ἤδη γέ τοι πλείους τούτων ἀπεώσθησαν, ὁποῖοί τινες εἶεν τὴν μοχθηρίαν, ἁλόντες, ὥσπερ οὖν καὶ ὁ Σίμων αὐτὸς [*Act.*, VIII, 18-38] πρὸς τοῦ Πέτρου καταφωραθεὶς ὃς ἦν, τὴν προσήκουσαν ἔτισεν τιμωρίαν.

[13] Ἀλλὰ γὰρ εἰς αὔξην ὁσημέραι προϊόντος τοῦ σωτηρίου κηρύγματος, οἰκονομία τις ἦγεν ἀπὸ τῆς Αἰθιόπων γῆς τῆς αὐτόθι βασιλίδος, κατά τι πάτριον ἔθος ὑπὸ γυναικὸς τοῦ ἔθνους εἰς ἔτι νῦν βασιλευομένου, δυνάστην· ὃν πρῶτον ἐξ ἐθνῶν πρὸς τοῦ Φιλίππου δι' ἐπιφανείας τὰ τοῦ θείου λόγου ὄργια μετασχόντα τῶν τε ἀνὰ τὴν οἰκουμένην πιστῶν ἀπαρχὴν γενόμενον, πρῶτον κατέχει λόγος ἐπὶ τὴν πάτριον παλινοστήσαντα γῆν εὐαγγελίσασθαι τὴν τοῦ τῶν

la parole de Dieu aux gens de ce pays. Il fut assisté d'une telle grâce divine que même Simon le Mage ainsi qu'une grande multitude furent convaincus par ses discours. [11] Simon était à cette époque fort célèbre et il jouissait d'un tel ascendant sur ceux qu'il avait trompés par ses artifices qu'ils le tenaient pour la grande puissance de Dieu. Mais alors, étonné lui-même des merveilles que Philippe opérait en vertu d'un pouvoir divin, il s'insinua auprès de lui et feignit la foi au Christ jusqu'à ce qu'il reçût le baptême. [12] Il est du reste une chose étonnante qui se produit jusqu'en notre temps : les partisans de cette secte immonde, depuis cette époque, se glissent encore maintenant dans l'Église à la façon de leur ancêtre comme une peste et une gale, et ils causent de graves dommages à ceux auxquels ils peuvent infuser le venin caché en eux, difficile à guérir et virulent. La plupart d'entre eux ont du reste été chassés quand leur perversité fut découverte. Simon lui-même fut ainsi démasqué par Pierre et reçut la peine qu'il méritait.

[13] Cependant la prédication du salut faisait de jour en jour des progrès quand une providence amena d'Éthiopie un officier de la reine de ce pays (c'est une coutume antique observée encore aujourd'hui par ce peuple d'être gouverné par une femme). Le premier d'entre les gentils, cet étranger obtint de Philippe, grâce à une révélation, de participer aux mystères du Verbe divin ; il devint le premier des croyants de la terre, et, à son retour dans son pays, il fut aussi le premier, suivant la tradition, à prêcher

ὅλων θεοῦ γνῶσιν καὶ τὴν ζωοποιὸν εἰς ἀνθρώπους τοῦ σωτῆρος ἡμῶν ἐπιδημίαν, ἔργῳ πληρωθείσης δι' αὐτοῦ τῆς· « Αἰθιοπία προφθάσει χεῖρα αὐτῆς τῷ θεῷ » περιεχούσης προφητείας [*Ps.*, LXVII, 32].

[14] Ἐπὶ τούτοις Παῦλος τὸ τῆς ἐκλογῆς σκεῦος [*Act.*, IX, 15], οὐκ ἐξ ἀνθρώπων οὐδὲ δι' ἀνθρώπων, δι' ἀποκαλύψεως δ' αὐτοῦ Ἰησοῦ Χριστοῦ καὶ θεοῦ πατρὸς τοῦ ἐγείραντος αὐτὸν ἐκ νεκρῶν [*Gal.*, I, 1], ἀπόστολος ἀναδείκνυται, δι' ὀπτασίας καὶ τῆς κατὰ τὴν ἀποκάλυψιν οὐρανίου φωνῆς ἀξιωθεὶς τῆς κλήσεως [*Act.*, IX, 3-6].

B'

Καὶ δὴ τῆς παραδόξου τοῦ σωτῆρος ἡμῶν ἀναστάσεώς τε καὶ εἰς οὐρανοὺς ἀναλήψεως τοῖς πλείστοις ἤδη περιβοήτου καθεστώσης, παλαιοῦ κεκρατηκότος ἔθους τοῖς τῶν ἐθνῶν ἄρχουσι τὰ παρὰ σφίσιν καινοτομούμενα τῷ τὴν βασίλειον ἀρχὴν ἐπικρατοῦντι σημαίνειν, ὡς ἂν μηδὲν αὐτὸν διαδιδράσκοι τῶν γινομένων, τὰ περὶ τῆς ἐκ νεκρῶν ἀναστάσεως τοῦ σωτῆρος ἡμῶν Ἰησοῦ εἰς πάντας ἤδη καθ' ὅλης Παλαιστίνης βεβοημένα Πιλᾶτος Τιβερίῳ βασιλεῖ κοινοῦται, [2] τάς τε ἄλλας αὐτοῦ πυθόμενος τεραστίας καὶ ὡς ὅτι μετὰ θάνατον ἐκ νεκρῶν ἀναστὰς ἤδη θεὸς εἶναι παρὰ τοῖς πολλοῖς πεπίστευτο [cf. TERT., *Apolog.*,

la connaissance du Dieu de l'univers et l'avènement de notre Sauveur parmi les hommes comme source de vie. Par lui s'accomplissait la prophétie : « La première, l'Éthiopie tendra les mains vers Dieu ».

[14] Cependant Paul, ce vase d'élection, fut proclamé apôtre, non de la part ni par l'intermédiaire des hommes, mais par la manifestation de Jésus-Christ lui-même et de Dieu le Père qui l'a ressuscité des morts : il fut déclaré digne de cette vocation par la vision et la voix qui retentit du ciel au moment de cette révélation.

CHAPITRE II

[COMMENT TIBÈRE FUT VIVEMENT FRAPPÉ DE CE QU'IL APPRIT PAR PILATE CONCERNANT LE CHRIST]

La merveilleuse résurrection du Sauveur et son ascension étaient déjà connues d'un grand nombre. En vertu d'une ancienne coutume, les gouverneurs des provinces devaient informer l'empereur régnant des événements survenus dans leur ressort, de façon à ce que rien n'échappât au prince. Pilate fit donc part à Tibère de ce qu'on racontait dans toute la Palestine au sujet de la résurrection de notre Sauveur Jésus-Christ, [2] l'informant des autres merveilles de sa vie, et qu'à cause de sa résurrection le plus grand nombre croyait

xxi]. Τὸν δὲ Τιβέριον ἀνενεγκεῖν ἐπὶ τὴν σύγκλητον ἐκείνην τ' ἀπώσασθαί φασι τὸν λόγον, τῷ μὲν δοκεῖν, ὅτι μὴ πρότερον αὐτὴ τοῦτο δοκιμάσασα ἦν, παλαιοῦ νόμου κεκρατηκότος μὴ ἄλλως τινὰ παρὰ Ῥωμαίοις θεοποιεῖσθαι μὴ οὐχὶ ψήφῳ καὶ δόγματι συγκλήτου, τῇ δ' ἀληθείᾳ, ὅτι μηδὲ τῆς ἐξ ἀνθρώπων ἐπικρίσεώς τε καὶ συστάσεως ἡ σωτήριος τοῦ θείου κηρύγματος ἐδεῖτο διδασκαλία· [3] ταύτῃ δ' οὖν ἀπωσαμένης τὸν προσαγγελθέντα περὶ τοῦ σωτῆρος ἡμῶν λόγον τῆς Ῥωμαίων βουλῆς, τὸν Τιβέριον ἣν καὶ πρότερον εἶχεν γνώμην τηρήσαντα, μηδὲν ἄτοπον κατὰ τῆς τοῦ Χριστοῦ διδασκαλίας ἐπινοῆσαι.

[4] Ταῦτα Τερτυλλιανὸς τοὺς Ῥωμαίων νόμους ἠκριβωκώς, ἀνὴρ τά τε ἄλλα ἔνδοξος καὶ τῶν μάλιστα ἐπὶ Ῥώμης λαμπρῶν, ἐν τῇ γραφείσῃ μὲν αὐτῷ Ῥωμαίων φωνῇ, μεταβληθείσῃ δ' ἐπὶ τὴν Ἑλλάδα γλῶτταν ὑπὲρ Χριστιανῶν ἀπολογίᾳ τίθησιν, κατὰ λέξιν τοῦτον ἱστορῶν τὸν τρόπον [Tert., *Apol.*, v]·

« [5] Ἵνα δὲ καὶ ἐκ τῆς γενέσεως διαλεχθῶμεν τῶν τοιούτων νόμων, παλαιὸν ἦν δόγμα μηδένα θεὸν ὑπὸ βασιλέως καθιεροῦσθαι, πρὶν ὑπὸ τῆς συγκλήτου δοκιμασθῆναι. Μάρκος Αἰμίλιος οὕτως περί τινος εἰδώλου πεποίηκεν Ἀλβούρνου. Καὶ τοῦτο ὑπὲρ τοῦ ἡμῶν λόγου πεποίηται, ὅτι παρ' ὑμῖν ἀνθρωπείᾳ δοκιμῇ ἡ θεότης δίδοται. Ἐὰν μὴ ἀνθρώπῳ θεὸς ἀρέσῃ, θεὸς οὐ γίνεται· οὕτως κατά γε τοῦτο ἄνθρωπον θεῷ ἵλεω εἶναι προσῆκεν. [6] Τιβέριος οὖν, ἐφ' οὗ τὸ τῶν Χριστιανῶν ὄνομα εἰς τὸν κόσμον εἰσελήλυ-

déjà en la divinité de Jésus. L'empereur en référa au Sénat. Cette assemblée écarta la proposition, en apparence parce qu'elle n'avait pas été soumise à son examen préalable (c'était une loi antique qu'un dieu ne pouvait être reconnu chez les Romains que par un vote et un décret du Sénat) ; mais, en vérité, parce que l'enseignement divin et la prédication du salut n'avaient besoin ni de l'assentiment ni de la garantie d'une assemblée humaine. [3] Le Sénat romain ayant ainsi repoussé le projet qui lui était adressé au sujet de notre Sauveur, Tibère garda sa manière de voir antérieure et n'entreprit rien de mal contre la doctrine du Christ.

[4] C'est ce que Tertullien, homme très versé dans les lois romaines, illustre du reste et des plus célèbres à Rome nous raconte dans son *Apologie*. Cet ouvrage écrit en langue latine, a été traduit en grec et voici textuellement ce qu'il nous apprend de cette affaire :

« [5] Pour traiter de l'origine de telles lois, il faut remarquer que, d'après un ancien décret, aucune divinité ne pouvait être consacrée par l'empereur à moins d'avoir été examinée par le Sénat. C'est ainsi qu'en usa Marc-Émile au sujet d'un certain dieu Alburnus. Mais que chez vous la décision des hommes donne la divinité, voilà certes qui est favorable à notre cause. Si Dieu ne plaît pas à l'homme, il ne sera pas Dieu ; de cette manière, il convint donc que l'homme fût favorable à Dieu. [6] Tibère, sous le règne duquel le nom

θεν, ἀγγελθέντος αὐτῷ ἐκ Παλαιστίνης τοῦ δόγματος τούτου, ἔνθα πρῶτον ἤρξατο, τῇ συγκλήτῳ ἀνεκοινώσατο, δῆλος ὢν ἐκείνοις ὡς τῷ δόγματι ἀρέσκεται. Ἡ δὲ σύγκλητος, ἐπεὶ οὐκ αὐτὴ δεδοκιμάκει, ἀπώσατο· ὁ δὲ ἐν τῇ αὐτοῦ ἀποφάσει ἔμεινεν, ἀπειλήσας θάνατον τοῖς τῶν Χριστιανῶν κατηγόροις. »

Τῆς οὐρανίου προνοίας κατ' οἰκονομίαν τοῦτ' αὐτῷ πρὸς νοῦν βαλλομένης, ὡς ἂν ἀπαραποδίστως ἀρχὰς ἔχων ὁ τοῦ εὐαγγελίου λόγος πανταχόσε γῆς διαδράμοι.

Γ'

Οὕτω δῆτα οὐρανίῳ δυνάμει καὶ συνεργίᾳ ἀθρόως οἷά τις ἡλίου βολὴ τὴν σύμπασαν οἰκουμένην ὁ σωτήριος κατηύγαζε λόγος· αὐτίκα ταῖς θείαις ἑπομένως γραφαῖς [Ps., XVIII, 5] ἐπὶ « πᾶσαν » προῄει « τὴν γῆν ὁ φθόγγος » τῶν θεσπεσίων εὐαγγελιστῶν αὐτοῦ καὶ ἀποστόλων, « καὶ εἰς τὰ πέρατα τῆς οἰκουμένης τὰ ῥήματα αὐτῶν ». [2] Καὶ δῆτα ἀνὰ πάσας πόλεις τε καὶ κώμας, πληθυούσης ἅλωνος δίκην [cf. MATTH., III, 12 ; LUC, III, 17], μυρίανδροι καὶ παμπληθεῖς ἀθρόως ἐκκλησίαι συνεστήκε-

chrétien fit son apparition dans le monde, reçut de Palestine, où elle débuta, des informations relatives à leur doctrine ; il les transmit au sénat, laissant voir que cette croyance lui plaisait. Cette assemblée refusa d'y ajouter sa sanction, parce qu'elle n'avait pas été consultée tout d'abord. Tibère persévéra dans son sentiment et menaça de mort ceux qui accusaient les chrétiens. »

Cette disposition d'esprit était chez l'empereur, le fait d'une direction de la Providence céleste, afin que la parole de l'évangile, encore à ses débuts, pût être, sans obstacle, répandue dans tout l'univers.

CHAPITRE III

[COMMENT LA DOCTRINE DU CHRIST FUT PROPAGÉE EN PEU DE TEMPS DANS LE MONDE ENTIER]

Grâce au concours de la puissance divine, la doctrine du Sauveur, ainsi qu'une traînée de lumière, éclaira d'une façon soudaine la terre entière. Aussitôt comme l'avaient prédit les saintes écritures, la voix des évangélistes divins et des apôtres « retentit dans tout l'univers et leur parole alla jusqu'aux confins du monde ». [2] Et dans chaque ville, dans chaque bourgade, des églises s'élevaient, se remplissaient de fidèles et ressemblaient à une aire pleine. Ceux que la tradition de leurs ancêtres et l'antique erreur retenaient

σαν, οἵ τε ἐκ προγόνων διαδοχῆς καὶ τῆς ἀνέκαθεν πλάνης, παλαιᾷ νόσῳ δεισιδαιμονίας εἰδώλων τὰς ψυχὰς πεπεδημένοι, πρὸς τῆς τοῦ Χριστοῦ δυνάμεως διὰ τῆς τῶν φοιτητῶν αὐτοῦ διδασκαλίας τε ὁμοῦ καὶ παραδοξοποιίας ὥσπερ δεινῶν δεσποτῶν ἀπηλλαγμένοι εἰργμῶν τε χαλεπωτάτων λύσιν εὑράμενοι, πάσης μὲν δαιμονικῆς κατέπτυον πολυθεΐας, ἕνα δὲ μόνον εἶναι θεὸν ὡμολόγουν, τὸν τῶν συμπάντων δημιουργόν, τοῦτόν τε αὐτὸν θεσμοῖς ἀληθοῦς εὐσεβείας δι' ἐνθέου καὶ σώφρονος θρησκείας τῆς ὑπὸ τοῦ σωτῆρος ἡμῶν τῷ τῶν ἀνθρώπων βίῳ κατασπαρείσης ἐγέραιρον.

[3] Ἀλλὰ γὰρ [*Act.*, x] τῆς χάριτος ἤδη τῆς θείας καὶ ἐπὶ τὰ λοιπὰ χεομένης ἔθνη καὶ πρώτου μὲν κατὰ τὴν Παλαιστίνων Καισάρειαν Κορνηλίου σὺν ὅλῳ τῷ οἴκῳ δι' ἐπιφανείας θειοτέρας ὑπουργίας τε Πέτρου τὴν εἰς Χριστὸν πίστιν καταδεξαμένου πλείστων τε καὶ ἄλλων ἐπ' Ἀντιοχείας Ἑλλήνων, οἷς οἱ κατὰ τὸν Στεφάνου διωγμὸν διασπαρέντες ἐκήρυξαν, ἀνθούσης ἄρτι καὶ πληθυούσης τῆς κατὰ Ἀντιόχειαν ἐκκλησίας ἐν ταὐτῷ τε ἐπιπαρόντων πλείστων ὅσων τῶν τε ἀπὸ Ἱεροσολύμων προφητῶν καὶ σὺν αὐτοῖς Βαρναβᾶ καὶ Παύλου ἑτέρου τε πλήθους ἐπὶ τούτοις ἀδελφῶν, ἡ Χριστιανῶν προσηγορία τότε πρῶτον αὐτόθι ὥσπερ ἀπ' εὐθαλοῦς καὶ γονίμου πηγῆς ἀναδίδοται. [4] Καὶ Ἄγαβος μέν, εἷς τῶν συνόντων αὐτοῖς προφητῶν, περὶ τοῦ μέλλειν ἔσεσθαι λιμὸν προθεσπίζει, Παῦλος δὲ καὶ Βαρναβᾶς ἐξυπηρετησόμενοι τῇ τῶν ἀδελφῶν παραπέμπονται διακονίᾳ [*Act.*, xi, 20-30].

encore dans la maladie invétérée d'une superstition idolâtrique ont, par la puissance du Christ, non moins que par la prédication et les miracles de ses disciples, trouvé la délivrance de leurs cruels dominateurs et des lourdes chaînes qu'ils portaient. Ils ont conspué le polythéisme diabolique et confessé qu'il n'existe qu'un seul Dieu créateur de tous les êtres. Ils l'honorent maintenant par les rites d'une piété véritable et les pratiques de la religion divine et pure que notre Sauveur a fait connaître au genre humain.

[3] La grâce de Dieu se répandit en effet sur le reste des Gentils, et à Césarée de Palestine, Cornélius reçut le premier avec toute sa maison la foi au Christ, par le moyen d'une révélation céleste et par l'action de Pierre. Une multitude de Grecs d'Antioche crurent également lorsqu'ils eurent entendu la parole de ceux que la persécution d'Étienne avait dispersés. L'église d'Antioche fut tout à coup florissante et populeuse ; un grand nombre de prophètes de Jérusalem s'y trouvaient, avec Paul et Barnabé et une foule de frères. C'est de là que jaillit comme d'une source merveilleuse et féconde le nom de chrétien. [4] Et comme Agabus, l'un des prophètes présents, prédisait une famine, on envoya Paul et Barnabé à Jérusalem avec mission de soulager les frères.

Δ'

Τιβέριος μὲν οὖν ἀμφὶ τὰ δύο καὶ εἴκοσι βασιλεύσας ἔτη τελευτᾷ, μετὰ δὲ τοῦτον Γάϊος τὴν ἡγεμονίαν παραλαβών, αὐτίκα τῆς Ἰουδαίων ἀρχῆς Ἀγρίππᾳ τὸ διάδημα περιτίθησιν, βασιλέα καταστήσας αὐτὸν τῆς τε Φιλίππου καὶ τῆς Λυσανίου τετραρχίας, πρὸς αἷς μετ' οὐ πολὺν αὐτῷ χρόνον καὶ τὴν Ἡρώδου τετραρχίαν παραδίδωσιν, ἀϊδίῳ φυγῇ τὸν Ἡρώδην (οὗτος δ' ἦν ὁ κατὰ τὸ πάθος τοῦ σωτῆρος) σὺν καὶ τῇ γυναικὶ Ἡρῳδιάδι πλείστων ἕνεκα ζημιώσας αἰτιῶν. Μάρτυς Ἰώσηπος καὶ τούτων [Jos., *Ant.*, XVIII, 224 ; *Bel.* II, 180 ; *Ant.*, XVIII, 237, 252, 255].

Ε'

[2] Κατὰ δὴ τοῦτον Φίλων ἐγνωρίζετο πλείστοις, ἀνὴρ οὐ μόνον τῶν ἡμετέρων, ἀλλὰ καὶ τῶν ἀπὸ τῆς ἔξωθεν ὁρμωμένων παιδείας ἐπισημότατος. Τὸ μὲν οὖν γένος ἀνέκαθεν Ἑβραῖος ἦν, τῶν δ' ἐπ' Ἀλεξανδρείας ἐν τέλει διαφανῶν οὐδενὸς χείρων, [3] περὶ δὲ τὰ θεῖα καὶ πάτρια μαθήματα ὅσον τε καὶ ὁπηλίκον εἰσενήνεκται πόνον, ἔργῳ πᾶσι δῆλος, καὶ περὶ τὰ φιλόσοφα δὲ καὶ ἐλευθέρια τῆς ἔξωθεν παιδείας οἷός τις ἦν, οὐδὲν δεῖ λέγειν, ὅτε μάλιστα τὴν κατὰ Πλά-

CHAPITRE IV

[APRÈS TIBÈRE, GAÏUS ÉTABLIT AGRIPPA ROI DES
JUIFS ET CONDAMNE HÉRODE A L'EXIL PERPÉTUEL]

Tibère régna environ vingt-deux ans et mourut ; Gaïus lui succéda à l'empire. Il donna aussitôt le diadème du commandement sur les Juifs à Agrippa, l'établit roi des tétrarchies de Philippe et de Lysanias, et peu après, y ajouta celle d'Hérode. Ce dernier (le même qui régnait au temps de la passion du Sauveur) fut, à cause de ses crimes nombreux, puni, ainsi que sa femme Hérodiade, de l'exil perpétuel comme en témoigne Josèphe (voy. l'*Appendice*).

[2] Ce fut sous Gaïus que florissait le Juif Philon, l'homme le plus remarquable non seulement des nôtres, mais aussi de ceux qui se rattachent à une doctrine étrangère. Sa famille était parmi les anciennes familles juives et, parmi ceux qu'illustrait leur situation dans Alexandrie, il n'était inférieur à personne. [3] Chacun sait combien il a pris de peine aux sciences divines et à celles qui sont en honneur dans sa patrie ; quant au talent dont il a fait preuve en philosophie et dans les études profanes, il est inutile de le signaler. Il dépas-

τωνα καὶ Πυθαγόραν ἐζηλωκὼς ἀγωγήν, διενεγκεῖν ἅπαντας τοὺς καθ' ἑαυτὸν ἱστορεῖται.

[V, 1] Καὶ δὴ τὰ κατὰ Γάϊον οὗτος Ἰουδαίοις συμβάντα πέντε βιβλίοις παραδίδωσιν, ὁμοῦ τὴν Γαΐου διεξιὼν φρενοβλάβειαν, ὡς θεὸν ἑαυτὸν ἀναγορεύσαντος καὶ μυρία περὶ τὴν ἀρχὴν ἐνυβρικότος, τάς τε κατ' αὐτὸν Ἰουδαίων ταλαιπωρίας καὶ ἣν αὐτὸς στειλάμενος ἐπὶ τῆς Ῥωμαίων πόλεως ὑπὲρ τῶν κατὰ τὴν Ἀλεξάνδρειαν ὁμοεθνῶν ἐποιήσατο πρεσβείαν, ὅπως τε ἐπὶ τοῦ Γαΐου καταστὰς ὑπὲρ τῶν πατρίων νόμων, οὐδέν τι πλέον γέλωτος καὶ διασυρμῶν ἀπηνέγκατο, μικροῦ δεῖν καὶ τὸν περὶ τῆς ζωῆς ἀνατλὰς κίνδυνον. [2] Μέμνηται καὶ τούτων ὁ Ἰώσηπος, ἐν ὀκτωκαιδεκάτῳ τῆς Ἀρχαιολογίας κατὰ λέξιν ταῦτα γράφων [Jos., *Ant.*, XVIII, 257-260]·

« Καὶ δὴ στάσεως ἐν Ἀλεξανδρείᾳ γενομένης Ἰουδαίων τε οἳ ἐνοικοῦσι, καὶ Ἑλλήνων, τρεῖς ἀφ' ἑκατέρας τῆς στάσεως πρεσβευταὶ αἱρεθέντες παρῆσαν πρὸς τὸν Γάϊον. [3] Καὶ ἦν γὰρ τῶν Ἀλεξανδρέων πρέσβεων εἷς Ἀπίων ὃς πολλὰ εἰς τοὺς Ἰουδαίους ἐβλασφήμησεν, ἄλλα τε λέγων

sait tous ses contemporains dans la connaissance des doctrines de Platon et de Pythagore auxquelles il s'était surtout attaché.

CHAPITRE V

[PHILON EST ENVOYÉ EN AMBASSADE AUPRÈS DE GAIUS POUR LES JUIFS]

Philon raconte en cinq livres ce qui est arrivé aux Juifs sous Gaïus (voy. l'*Appendice*); il rapporte la folie de ce prince, il dit comment il se fit proclamer dieu et se permit des abus sans nombre dans l'exercice du pouvoir. Il décrit les outrages que les Juifs eurent à supporter sous ce règne et l'ambassade dont il fut chargé, envoyé à Rome par ses congénères d'Alexandrie. Il affirme que parlant devant Gaïus des lois de ses pères, il n'obtint que moquerie et dérision, et pour un peu sa vie même eût été en danger. [2] Josèphe, dans le dix-huitième livre de l'*Antiquité*, mentionne aussi ces événements dans les termes suivants :

« Un soulèvement se produisit à Alexandrie entre les Juifs domiciliés en ce pays et les Grecs. Trois membres de chaque parti furent choisis et comparurent devant Gaïus. [3] L'un des ambassadeurs alexandrins, Apion, dit beaucoup de mal des Juifs : entres autres accusations, il allégua d'abord qu'ils se souciaient peu de

καὶ ὡς τῶν Καίσαρος τιμῶν περιορῷεν· πάντων γοῦν, ὅσοι τῇ Ῥωμαίων ἀρχῇ ὑποτελεῖς εἶεν, βωμοὺς τῷ Γαΐῳ καὶ ναοὺς ἱδρυμένων τά τε ἄλλα ἐν πᾶσιν αὐτὸν ὥσπερ τοὺς θεοὺς δεχομένων, μόνους τούσδε ἄδοξον ἡγεῖσθαί ἀνδριᾶσι τιμᾶν καὶ ὅρκιον αὐτοῦ τὸ ὄνομα ποιεῖσθαι· [4] πολλὰ δὲ καὶ χαλεπὰ Ἀπίωνος εἰρηκότος, ὑφ' ὧν ἀρθῆναι ἤλπιζεν τὸν Γάϊον καὶ εἰκὸς ἦν, Φίλων ὁ προεστὼς τῶν Ἰουδαίων τῆς πρεσβείας, ἀνὴρ τὰ πάντα ἔνδοξος Ἀλεξάνδρου τε τοῦ ἀλαβάρχου ἀδελφὸς ὢν καὶ φιλοσοφίας οὐκ ἄπειρος, οἷός τε ἦν ἐπ' ἀπολογίᾳ χωρεῖν τῶν κατηγορημένων, [5] διακλείει δ' αὐτὸν Γάϊος, κελεύσας ἐκποδὼν ἀπελθεῖν, περιοργής τε ὢν φανερὸς ἦν ἐργασόμενός τι δεινὸν αὐτούς. Ὁ δὲ Φίλων ἔξεισι περιυβρισμένος, καί φησιν πρὸς τοὺς Ἰουδαίους οἳ περὶ αὐτὸν ἦσαν, ὡς χρὴ θαρρεῖν, Γαΐου μὲν αὐτοῖς ὠργισμένου, ἔργῳ δὲ ἤδη τὸν θεὸν ἀντιπαρεξάγοντος ».

Ταῦτα ὁ Ἰώσηπος.

[6] Καὶ αὐτὸς δὲ ὁ Φίλων ἐν ᾗ συνέγραψεν Πρεσβείᾳ τὰ κατὰ μέρος ἀκριβῶς τῶν τότε πραχθέντων αὐτῷ δηλοῖ [cf. PHILON, *Leg. ad Gaium*, XXIV, XXXVIII], ὧν τὰ πλεῖστα παρείς, ἐκεῖνα μόνα παραθήσομαι, δι' ὧν τοῖς ἐντυγχάνουσι προφανὴς γενήσεται δήλωσις τῶν ἅμα τε καὶ οὐκ εἰς μακρὸν τῶν κατὰ τοῦ Χριστοῦ τετολμημένων ἕνεκεν Ἰουδαίοις συμβεβηκότων.

rendre les honneurs dus à César : tandis que tous les sujets de l'empire élevaient des autels et des temples à Gaïus, le traitant en tout comme les dieux, les Juifs seuls pensaient qu'il était déraisonnable de l'honorer par des statues et de jurer par son nom. [4] Apion allégua beaucoup de griefs fort graves, destinés à exciter la colère de Gaïus et assortis à ce but. Philon, le chef de l'ambassade juive, homme très illustre, frère d'Alexandre l'alabarque, habile philosophe, était capable de repousser les accusations. [5] Gaïus lui ferma la bouche et lui ordonna de se retirer : il paraissait du reste fort irrité et sur le point de sévir contre les envoyés juifs. Philon sortit donc, grossièrement outragé, et il dit aux siens qui l'entouraient : « Courage, les paroles et la colère de Gaïus « tombent sur nous, mais en réalité il se fait de « Dieu un ennemi. »

Voilà ce que rapporte Josèphe.

[6] Philon, dans l'écrit qu'il intitula *L'Ambassade*, raconte lui-même en détail et d'une façon précise ce qu'il fit dans cette circonstance. Je laisserai la plus grande partie de son récit et je rapporterai seulement ce qui sera nécessaire pour montrer clairement ce qui est arrivé aux Juifs aussitôt et sans tarder à cause de leur attentat contre le Christ.

ς'

[7] Πρῶτον δὴ οὖν κατὰ Τιβέριον ἐπὶ μὲν τῆς Ῥωμαίων πόλεως ἱστορεῖ Σηιανόν, τῶν τότε παρὰ βασιλεῖ πολλὰ δυνάμενον, ἄρδην τὸ πᾶν ἔθνος ἀπολέσθαι σπουδὴν εἰσαγηοχέναι, ἐπὶ δὲ τῆς Ἰουδαίας Πιλᾶτον, καθ' ὃν τὰ περὶ τὸν σωτῆρα τετόλμητο, περὶ τὸ ἐν Ἱεροσολύμοις ἔτι τότε συνεστὸς ἱερὸν ἐπιχειρήσαντά τι παρὰ τὸ Ἰουδαίοις ἐξόν, τὰ μέγιστα αὐτοὺς ἀναταράξαι.

[VI, 1] Μετὰ δὲ τὴν Τιβερίου τελευτὴν Γάϊον τὴν ἀρχὴν παρειληφότα, πολλὰ μὲν εἰς πολλοὺς καὶ ἄλλα ἐνυβρίσαι, πάντων δὲ μάλιστα τὸ πᾶν Ἰουδαίων ἔθνος οὐ σμικρὰ καταβλάψαι· ἃ καὶ ἐν βραχεῖ πάρεστιν διὰ τῶν αὐτοῦ καταμαθεῖν φωνῶν, ἐν αἷς κατὰ λέξιν ταῦτα γράφει [*Leg. ad C.*, XLIII]·

[2] « Τοσαύτη μὲν οὖν τις ἡ τοῦ Γαΐου περὶ τὸ ἦθος ἦν ἀνωμαλία πρὸς ἅπαντας διαφερόντως δὲ πρὸς τὸ Ἰουδαίων γένος, ᾧ χαλεπῶς ἀπεχθανόμενος τὰς μὲν ἐν ταῖς ἄλλαις πόλεσιν προσευχάς, ἀπὸ τῶν κατ' Ἀλεξάνδρειαν ἀρξάμενος,

[7] Philon rapporte d'abord que sous Tibere, Séjan très puissant parmi ceux qui entouraient alors l'empereur, mettait tout en œuvre pour détruire tout le peuple juif dans la ville de Rome. En Judée d'autre part, Pilate, sous lequel eut lieu la passion du Sauveur, se permit au temple de Jérusalem, qui existait encore, des choses interdites par la loi juive et excita ainsi les plus grands troubles.

[CHAPITRE VI

NOMBREUX MALHEURS ARRIVÉS AUX JUIFS
APRÈS LE MEURTRE DU CHRIST]

Après la mort de Tibère, Gaïus obtint l'empire et il fit sentir sa violence à beaucoup de gens, en beaucoup de rencontres, mais il ne nuisit à personne plus qu'à toute la race juive. [2] On peut s'en rendre compte rapidement dans ce passage de Philon dont voici le texte :

« Gaïus avait un caractère tout à fait anormal pour tout le monde, mais à un tout autre degré pour la race des Juifs. Il les poursuivait durement de sa haine, s'emparait des oratoires qu'ils avaient dans les

σφετερίζεται, καταπλήσας εἰκόνων καὶ ἀνδριάντων τῆς ἰδίας μορφῆς. (ὃ γὰρ ἑτέρων ἀνατιθέντων ἐφιείς, αὐτὸς ἱδρύετο δυνάμει), τὸν δ᾽ ἐν τῇ ἱεροπόλει νεών, ὃς λοιπὸς ἦν ἄψαυστος, ἀσυλίας ἠξιωμένος τῆς πάσης, μεθηρμόζετο καὶ μετεσχημάτιζεν εἰς οἰκεῖον ἱερόν, ἵνα Διὸς Ἐπιφανοῦς Νέου χρηματίζῃ Γαίου ».

[3] Μυρία μὲν οὖν ἄλλα δεινὰ καὶ πέρα πάσης διηγήσεως ὁ αὐτὸς κατὰ τὴν Ἀλεξάνδρειαν συμβεβηκότα Ἰουδαίοις ἐπὶ τοῦ δηλουμένου ἐν δευτέρῳ συγγράμματι ὧν ἐπέγραψεν Περὶ ἀρετῶν ἱστορεῖ· συνᾴδει δ᾽ αὐτῷ καὶ ὁ Ἰώσηπος, ὁμοίως ἀπὸ τῶν Πιλάτου χρόνων καὶ τῶν κατὰ τοῦ σωτῆρος τετολμημένων τὰς κατὰ παντὸς τοῦ ἔθνους ἐνάρξασθαι σημαίνων συμφοράς. [4] Ἄκουε δ᾽ οὖν οἷα καὶ οὗτος ἐν δευτέρῳ τοῦ Ἰουδαϊκοῦ πολέμου αὐταῖς συλλαβαῖς δηλοῖ λέγων [Josephe, *Bel.*, II, 169-170]·

« Πεμφθεὶς δὲ εἰς Ἰουδαίαν ἐπίτροπος ὑπὸ Τιβερίου Πιλᾶτος νύκτωρ κεκαλυμμένας εἰς Ἱεροσόλυμα παρεισκομίζει τὰς Καίσαρος εἰκόνας· σημαῖαι καλοῦνται. Τοῦτο μεθ᾽ ἡμέραν μεγίστην ταραχὴν ἤγειρεν τοῖς Ἰουδαίοις, οἵ τε γὰρ ἐγγὺς πρὸς τὴν ὄψιν ἐξεπλάγησαν, ὡς πεπατημένων αὐτοῖς τῶν νόμων. Οὐδὲν γὰρ ἀξιοῦσιν ἐν τῇ πόλει δείκηλον τίθεσθαι ».

[5] Ταῦτα δὲ συγκρίνας τῇ τῶν εὐαγγελίων γραφῇ, εἴσῃ ὡς οὐκ εἰς μακρὸν αὐτοὺς μετῆλθεν ἣν ἔρρηξαν ἐπ᾽ αὐτοῦ Πιλάτου φωνήν, δι᾽ ἧς οὐκ ἄλλον ἢ μόνον ἔχειν ἐπεβόων Καίσαρα βασιλέα [Jean, xix, 15].

villes, à commencer par ceux d'Alexandrie, pour les remplir des images et des statues de sa propre personne ; car permettre à d'autres de les y placer c'était bien le faire lui-même. Le temple de la ville sainte, demeuré inviolable jusque là, et jouissant du droit d'asile complet, fut désaffecté et il le changea en son propre sanctuaire qui fut consacré au Nouveau Jupiter Visible, à Gaïus. »

[3] Il arriva aux Juifs d'Alexandrie sous ce prince bien d'autres malheurs qui dépassent ce qu'on en peut raconter. Le même écrivain les a rapportés dans un autre ouvrage qu'il a intitulé *Des Vertus*. Josèphe s'accorde avec lui pour constater que les calamités qui accablèrent le peuple juif tout entier, commencèrent au temps de Pilate et de leur criminelle entreprise contre le Sauveur. [4] Voici ce qu'il écrit en propres termes au second livre de la *Guerre des Juifs* :

« Envoyé en Judée par Tibère avec le titre de procurateur, Pilate introduisit à Jérusalem pendant la nuit sous un voile les images de César qu'on appelle enseignes. Avec le jour, cela excita un très grand tumulte parmi les Juifs ; ceux-ci en effet s'étant approchés, ils furent frappés de stupéfaction à cette vue ; leurs lois étaient foulées aux pieds, car il était interdit de dresser aucune image dans la ville. »

[5] Si l'on compare ceci avec ce que l'Évangile nous raconte, on verra qu'il fallut peu de temps pour que se retournât contre eux le cri qu'ils poussaient devant le même Pilate et par lequel ils proclamaient qu'ils n'avaient pas d'autre roi que César.

[6] Εἶτα δὲ καὶ ἄλλην ἑξῆς ὁ αὐτὸς συγγραφεὺς ἱστορεῖ μετελθεῖν αὐτοὺς συμφορὰν ἐν τούτοις (JOSÈPHE, *Bel.*, II, 175-177)·

« Μετὰ δὲ ταῦτα ταραχὴν ἑτέραν ἐκίνει, τὸν ἱερὸν θησαυρόν, καλεῖται δὲ κορβανᾶς, εἰς καταγωγὴν ὑδάτων ἐξαναλίσκων· κατῄει δὲ ἀπὸ τριακοσίων σταδίων. Πρὸς τοῦτο τοῦ πλήθους ἀγανάκτησις ἦν, [7] καὶ τοῦ Πιλάτου παρόντες εἰς Ἱεροσόλυμα, περιστάντες ἅμα κατεβόων. Ὁ δὲ προῄδει γὰρ αὐτῶν τὴν ταραχὴν καὶ τῷ πλήθει τοὺς στρατιώτας ἐνόπλους, ἐσθήσεσιν ἰδιωτικαῖς κεκαλυμμένους, ἐγκαταμίξας καὶ ξίφει μὲν χρήσασθαι κωλύσας, ξύλοις δὲ παίειν τοὺς κεκραγότας ἐγκελευσάμενος, σύνθημα δίδωσιν ἀπὸ τοῦ βήματος. Τυπτόμενοι δὲ οἱ Ἰουδαῖοι πολλοὶ μὲν ὑπὸ τῶν πληγῶν, πολλοὶ δὲ ὑπὸ σφῶν αὐτῶν ἐν τῇ φυγῇ καταπατηθέντες ἀπώλοντο, πρὸς δὲ τὴν συμφορὰν τῶν ἀνῃρημένων καταπλαγὲν τὸ πλῆθος ἐσιώπησεν ».

[8] Ἐπὶ τούτοις μυρίας ἄλλας ἐν αὐτοῖς Ἱεροσολύμοις κεκινῆσθαι νεωτεροποιίας ὁ αὐτὸς ἐμφαίνει, παριστὰς ὡς οὐδαμῶς ἐξ ἐκείνου διέλιπον τήν τε πόλιν καὶ τὴν Ἰουδαίαν ἅπασαν στάσεις καὶ πόλεμοι καὶ κακῶν ἐπάλληλοι μηχαναί, εἰς ὅτε τὸ πανύστατον ἡ κατὰ Οὐεσπασιανὸν αὐτοὺς μετῆλθεν πολιορκία. Ἰουδαίους μὲν οὖν ὧν κατὰ τοῦ Χριστοῦ τετολμήκασιν, ταύτῃ πῃ τὰ ἐκ τῆς θείας μετῄει δίκης.

[6] Le même écrivain nous raconte ensuite en ces termes un autre malheur qui les atteignit :

« Après cela, dit-il, Pilate fit naître une autre sédition. Il s'empara du trésor sacré, appelé Corban. Il voulait s'en servir pour amener l'eau à Jérusalem : elle était à trois cents stades de là. Ce fut la cause d'un soulèvement de la multitude. [7] Lorsque Pilate vint à Jérusalem, les Juifs l'entourèrent en poussant des cris ; mais il avait prévu ce trouble et avait pris la précaution de mêler à la foule des soldats armés et vêtus d'habits ordinaires. Ils avaient l'ordre de ne pas se servir de leurs épées, mais de frapper à coups de bâton les mécontents qui crieraient. Pilate donna lui-même le signal de son siège. Ainsi frappés, les Juifs ou bien périssaient sous les coups ou bien s'écrasaient les uns les autres dans le désordre de la fuite. Le peuple, effrayé à la vue du malheur de ceux qui étaient morts, rentra dans le silence. »

[8] Le même nous dit qu'il y eut encore beaucoup d'autres révolutions dans la ville même de Jérusalem : il ajoute qu'à partir de cette époque, les séditions, les guerres et les calamités de toutes sortes se succédèrent sans interruption tant à Jérusalem que dans toute la Judée, jusqu'au dernier siège qui arriva sous Vespasien. Voilà comment la justice divine vengea les crimes que les Juifs commirent contre le Christ.

Z'

Οὐκ ἀγνοεῖν δὲ ἄξιον ὡς καὶ αὐτὸν ἐκεῖνον τὸν ἐπὶ τοῦ σωτῆρος Πιλᾶτον κατὰ Γάϊον, οὗ τοὺς χρόνους διέξιμεν, τοσαύταις περιπεσεῖν κατέχει λόγος συμφοραῖς, ὡς ἐξ ἀνάγκης αὐτοφονευτὴν ἑαυτοῦ καὶ τιμωρὸν αὐτόχειρα γενέσθαι, τῆς θείας, ὡς ἔοικεν, δίκης οὐκ εἰς μακρὸν αὐτὸν μετελθούσης. Ἱστοροῦσιν Ἑλλήνων οἱ τὰς Ὀλυμπιάδας ἅμα τοῖς κατὰ χρόνους πεπραγμένοις ἀναγράψαντες.

H'

Ἀλλὰ γὰρ Γάϊον οὐδ' ὅλοις τέτταρσιν ἔτεσιν τὴν ἀρχὴν κατασχόντα Κλαύδιος αὐτοκράτωρ διαδέχεται [cf. Jos., *Ant.*, XIX, 201; *Bel.*, II, 204]· καθ' ὃν λιμοῦ τὴν οἰκουμένην πιέσαντος (τοῦτο δὲ καὶ οἱ πόρρω τοῦ καθ' ἡμᾶς λόγου συγγραφεῖς ταῖς αὐτῶν ἱστορίαις παρέδοσαν), ἡ κατὰ τὰς Πράξεις τῶν ἀποστόλων Ἀγάβου προφήτου περὶ τοῦ μέλλειν ἔσεσθαι λιμὸν ἐφ' ὅλην τὴν οἰκουμένην πέρας ἐλάμβανεν πρόρρησις [*Act.*, XI, 28]. [2] Τὸν δὲ κατὰ Κλαύδιον λιμὸν ἐπισημηνάμενος ἐν ταῖς Πράξεσιν ὁ Λουκᾶς ἱστορήσας τε [*Act.*, XI, 29-30] ὡς ἄρα διὰ Παύλου καὶ

CHAPITRE VII

[COMMENT PILATE SE SUICIDA]

Il n'est pas à propos d'omettre ce que l'on raconte de Pilate qui vivait au temps du Sauveur. On dit que sous Gaïus, dont nous avons vu l'époque, de tels malheurs fondirent sur lui qu'il devint par force son propre meurtrier et son propre bourreau : la justice divine ne parut mettre envers lui aucun retard. Ceci nous est raconté par les écrivains grecs qui nous ont laissé la suite des olympiades avec les événements survenus à leur date.

CHAPITRE VIII

[LA FAMINE SOUS CLAUDE]

Cependant le règne de Gaïus ne dura pas tout à fait quatre ans, et l'empereur Claude lui succéda. Sous ce prince, une famine désola le monde. Même les écrivains éloignés de notre croyance mentionnent le fait dans leurs écrits. La prédiction du prophète Agabus qui se trouve aux *Actes des apôtres* et qui annonçait ce fléau pour toute la terre, reçut ainsi son accomplissement. [2] Luc parle de cette famine, qui arriva sous Claude, et il raconte

Βαρναβᾶ οἱ κατὰ Ἀντιόχειαν ἀδελφοὶ τοῖς κατὰ τὴν Ἰουδαίαν ἐξ ὧν ἕκαστος ηὐπόρει διαπεμψάμενοι εἶησαν, ἐπιφέρει λέγων [*Act.*, xii, 1-2]·

Θ'

« Κατ' ἐκεῖνον δὲ τὸν καιρόν (δῆλον δ' ὅτι τὸν ἐπὶ Κλαυδίου), ἐπέβαλεν Ἡρώδης ὁ βασιλεὺς τὰς χεῖρας κακῶσαί τινας τῶν ἀπὸ τῆς ἐκκλησίας, ἀνεῖλεν δὲ Ἰάκωβον τὸν ἀδελφὸν Ἰωάννου μαχαίρᾳ ». [2] Περὶ τούτου δ' ὁ Κλήμης τοῦ Ἰακώβου καὶ ἱστορίαν μνήμης ἀξίαν ἐν τῇ τῶν Ὑποτυπώσεων ἑβδόμῃ παρατίθεται ὡς ἂν ἐκ παραδόσεως τῶν πρὸ αὐτοῦ, φάσκων ὅτι δὴ ὁ εἰσαγαγὼν αὐτὸν εἰς δικαστήριον, μαρτυρήσαντα αὐτὸν ἰδὼν κινηθείς, ὡμολόγησεν εἶναι καὶ αὐτὸς ἑαυτὸν Χριστιανόν.

[3] « Συναπήχθησαν οὖν ἄμφω, φησίν, καὶ κατὰ τὴν ὁδὸν ἠξίωσεν ἀφεθῆναι αὐτῷ ὑπὸ τοῦ Ἰακώβου· ὁ δὲ ὀλίγον σκεψάμενος, « Εἰρήνη σοι » εἶπεν, καὶ κατεφίλησεν αὐτόν. Καὶ οὕτως ἀμφότεροι ὁμοῦ ἐκαρατομήθησαν ».

[4] Τότε δῆτα, ὥς φησιν ἡ θεία γραφή [*Act.*, xii, 3-17], ἰδὼν Ἡρώδης ἐπὶ τῇ τοῦ Ἰακώβου ἀναιρέσει πρὸς ἡδονῆς γεγονὸς τὸ πραχθὲν τοῖς Ἰουδαίοις, ἐπιτίθεται καὶ Πέτρῳ, δεσμοῖς τε αὐτὸν παραδούς, ὅσον οὔπω καὶ τὸν κατ' αὐτοῦ φόνον ἐνήργησεν ἄν, εἰ μὴ διὰ θείας ἐπιφανείας, ἐπιστάντος

que les frères d'Antioche envoyèrent à ceux de Judée par Paul et Barnabé ce que chacun d'eux avait en abondance ; et il ajoute :

CHAPITRE IX

[MARTYRE DE L'APÔTRE JACQUES]

« En ce temps-là (à savoir sous le règne de Claude), le roi Hérode entreprit de maltraiter quelques membres de l'Église : il fit périr par le glaive Jacques, frère de Jean. » [2] Clément, dans la septième des *Hypotyposes*, rapporte de ce Jacques un trait digne de mémoire; il l'a appris de la tradition des ancêtres. Celui qui l'avait amené devant le tribunal, l'entendant rendre témoignage, fut ébranlé et confessa lui aussi qu'il était chrétien.

« [3] On les emmena, dit-il, tous deux au supplice, et en chemin celui-ci pria Jacques de lui pardonner. L'apôtre réfléchit un instant : « La paix soit avec toi », dit-il, et il l'embrassa. Et ainsi tous deux furent en même temps décapités. »

[4] Alors, dit la sainte Écriture, Hérode, ayant vu que la mort de Jacques avait plu aux Juifs, s'attaqua aussi à Pierre, le jeta en prison et peu s'en fallut qu'il ne le fît également mourir. Mais, grâce à une manifestation de Dieu, un ange apparut au captif pendant la nuit et le délivra miraculeusement de ses liens ;

αὐτῷ νύκτωρ ἀγγέλου, παραδόξως τῶν εἰργμῶν ἀπαλλαγείς, ἐπὶ τὴν τοῦ κηρύγματος ἀφεῖται διακονίαν. Καὶ τὰ μὲν κατὰ Πέτρον οὕτως εἶχεν οἰκονομίας.

Ι'

Τὰ δέ γε τῆς κατὰ τῶν ἀποστόλων ἐγχειρήσεως τοῦ βασιλέως οὐκέτ' ἀναβολῆς εἴχετο, ἅμα γέ τοι αὐτὸν ὁ τῆς θείας δίκης τιμωρὸς διάκονος μετῄει, παραυτίκα μετὰ τὴν τῶν ἀποστόλων ἐπιβουλήν, ὡς ἡ τῶν Πράξεων ἱστορεῖ γραφή [*Act.*, XII, 19, 21-23], ὁρμήσαντα μὲν ἐπὶ τὴν Καισάρειαν, ἐν ἐπισήμῳ δ' ἐνταῦθα ἑορτῆς ἡμέρᾳ λαμπρᾷ καὶ βασιλικῇ κοσμησάμενον ἐσθῆτι ὑψηλόν τε πρὸ βήματος δημηγορήσαντα· τοῦ γάρ τοι δήμου παντὸς ἐπευφημήσαντος ἐπὶ τῇ δημηγορίᾳ ὡς ἐπὶ θεοῦ φωνῇ καὶ οὐκ ἀνθρώπου, παραχρῆμα τὸ λόγιον πατάξαι αὐτὸν ἄγγελον κυρίου ἱστορεῖ, γενόμενόν τε σκωληκόβρωτον ἐκψῦξαι.

[2] Θαυμάσαι δ' ἄξιον τῆς περὶ τὴν θείαν γραφὴν καὶ ἐν τῷδε τῷ παραδόξῳ συμφωνίας τὴν τοῦ Ἰωσήπου ἱστορίαν, καθ' ἣν ἐπιμαρτυρῶν τῇ ἀληθείᾳ δῆλός ἐστιν, ἐν τόμῳ τῆς Ἀρχαιολογίας ἐννεακαιδεκάτῳ, ἔνθα αὐτοῖς γράμμασιν ὧδέ πως τὸ θαῦμα διηγεῖται [JOSÈPHE, *Ant.*, XIX, 343-351]·

« [3] Τρίτον δ' ἔτος αὐτῷ βασιλεύοντι τῆς ὅλης Ἰουδαίας πεπλήρωτο, καὶ παρῆν εἰς πόλιν Καισάρειαν, ἣ τὸ

l'apôtre était réservé pour le ministère de l'évangile. Telle fut la disposition des événements à l'égard de Pierre.

CHAPITRE X

[COMMENT HÉRODE AGRIPPA, POUR AVOIR PERSÉCUTÉ LES APÔTRES ÉPROUVA SUR-LE-CHAMP LA VENGEANCE DIVINE]

Le prince reçut sans retard le châtiment de son entreprise contre les apôtres et le ministre vengeur de la divine justice le poursuivit aussitôt. Immédiatement après les avoir persécutés, ainsi que l'apprend le récit des *Actes*, il partit pour Césarée. Là, un jour de fête solennelle, revêtu d'un magnifique manteau royal, il haranguait la foule du haut d'une tribune. Le peuple entier acclamait son discours et disait entendre, non pas un homme, mais un dieu ; tout à coup, l'Écriture raconte qu'un ange du Seigneur le frappa et il périt rongé par les vers.

[2] Il faut remarquer aussi à propos de ce miracle l'accord qui existe entre l'Écriture sainte et le récit de Josèphe. Dans le dix-neuvième livre de l'*Antiquité*, ce dernier rend un éclatant témoignage à la vérité et rapporte en ces termes ce fait étonnant :

« [3] Agrippa avait achevé la troisième année de son règne sur toute la Judée et était entré dans Césarée, appelée

πρότερον Στράτωνος πύργος ἐκαλεῖτο. Συνετέλει δ' ἐνταῦθα θεωρίας εἰς τὴν Καίσαρος τιμήν, ὑπὲρ τῆς ἐκείνου σωτηρίας ἑορτήν τινα ταύτην ἐπιστάμενος, καὶ παρ' αὐτὴν ἤθροιστο τῶν κατὰ τὴν ἐπαρχίαν ἐν τέλει καὶ προβεβηκότων εἰς ἀξίαν πλῆθος. [4] Δευτέρᾳ δὲ τῶν θεωριῶν ἡμέρᾳ στολὴν ἐνδυσάμενος ἐξ ἀργύρου πεποιημένην πᾶσαν, ὡς θαυμάσιον ὑφὴν εἶναι, παρῆλθεν εἰς τὸ θέατρον ἀρχομένης ἡμέρας. Ἔνθα ταῖς πρώταις τῶν ἡλιακῶν ἀκτίνων ἐπιβολαῖς ὁ ἄργυρος καταυγασθείς, θαυμασίως ἀπέστιλβεν, μαρμαίρων τι φοβερὸν καὶ τοῖς εἰς αὐτὸν ἀτενίζουσι φρικῶδες. [5] Εὐθὺς δὲ οἱ κόλακες τὰς οὐδὲν ἐκείνῳ πρὸς ἀγαθοῦ ἄλλος ἄλλοθεν φωνὰς ἀνεβόων, θεὸν προσαγορεύοντες « Εὐμενής τε εἴης » ἐπιλέγοντες, « Εἰ καὶ μέχρι νῦν ὡς ἄνθρωπον ἐφοβήθημεν, ἀλλὰ τοὐν-« τεῦθεν κρείττονά σε θνητῆς φύσεως ὁμολογοῦμεν ». [6] Οὐκ ἐπέπληξεν τούτοις ὁ βασιλεὺς οὐδὲ τὴν κολακείαν ἀσεβοῦσαν ἀπετρίψατο. Ἀνακύψας δὲ μετ' ὀλίγον, τῆς ἑαυτοῦ κεφαλῆς ὑπερκαθεζόμενον εἶδεν ἄγγελον. Τοῦτον εὐθὺς ἐνόησεν κακῶν εἶναι αἴτιον, τὸν καί ποτε τῶν ἀγαθῶν γενόμενον [cf. *Ant.*, XVIII, 195 suiv.], καὶ διακάρδιον ἔσχεν ὀδύνην, [7] ἄθρουν δ' αὐτῷ τῆς κοιλίας προσέφυσεν ἄλγημα, μετὰ σφοδρότητος ἀρξάμενον. Ἀναθεωρῶν οὖν πρὸς τοὺς φίλους· « Ὁ θεὸς ὑμῖν ἐγώ, φησίν, ἤδη καταστρέφειν ἐπιτάτ-« τομαι τὸν βίον, παραχρῆμα τῆς εἱμαρμένης τὰς ἄρτι μου « κατεψευσμένας φωνὰς ἐλεγχούσης. Ὁ κληθεὶς ἀθάνατος « ὑφ' ὑμῶν, ἤδη θανεῖν ἀπάγομαι. Δεκτέον δὲ τὴν πεπρω-« μένην, ᾗ θεὸς βεβούληται. Καὶ γὰρ βεβιώκαμεν οὐδαμῇ

autrefois Tour de Straton. Il savait qu'on avait institué cette fête pour le salut de César et il y ordonna des pompes en son honneur. Une foule s'y pressait, composée de fonctionnaires de la province et des hommes admis aux honneurs. [4] Au second jour des fêtes, il revêtit un manteau fait entièrement d'un tissu d'argent merveilleux et alla de grand matin à l'amphithéâtre. Alors l'argent enflammé par les rayons du soleil levant se mit à briller avec un éclat tellement surprenant que ceux qui le regardaient en face en étaient effrayés et tremblaient. [5] Bientôt les courtisans lui adressèrent de tous côtés de pernicieuses flatteries, lui donnant le titre de dieu et ajoutant : « Sois-nous propice, » ou encore : « Jusqu'ici, nous t'avons craint comme un homme ; « mais, dès cette heure, nous confessons que tu as « une nature supérieure à celle des mortels. » [6] Le roi ne réprimait ni ne repoussait ces louanges inconvenantes ; mais peu après, levant les yeux, il aperçut un ange posté au-dessus de sa tête. Aussitôt il pensa que ce génie serait l'auteur de sa perte, comme il l'avait été autrefois de son bonheur, et il ressentit une souffrance extrêmement douloureuse.

« [7] Il éprouva des déchirements d'entrailles qui se déclarèrent avec une violence inouïe et subite. Alors il regarda ses amis en disant : « Moi qui suis votre dieu, « je reçois déjà l'ordre de quitter la vie. Le destin con- « fond sans tarder vos paroles mensongères. Je suis « appelé par vous immortel, au moment même où je « suis entraîné par la mort. Mais il faut bien accepter « la fatalité comme un dieu le veut. Je n'ai jamais vécu

« φαύλως, ἀλλ' ἐπὶ τῆς μακαριζομένης μακρότητος ». Ταῦτα δὲ λέγων ἐπιτάσει τῆς ὀδύνης κατεπονεῖτο. [8] Μετὰ σπουδῆς οὖν εἰς τὸ βασίλειον ἐκομίσθη, καὶ διῆξε λόγος εἰς πάντας ὡς ἔχοι τοῦ τεθνάναι παντάπασι μετ' ὀλίγον. Ἡ πληθὺς δ' αὐτίκα σὺν γυναιξὶ καὶ παισὶν ἐπὶ σάκκον καθεσθεῖσα τῷ πατρίῳ νόμῳ τὸν θεὸν ἱκέτευον ὑπὲρ τοῦ βασιλέως, οἰμωγῆς τε πάντ' ἦν ἀνάπλεα καὶ θρήνων. Ἐν ὑψηλῷ δ' ὁ βασιλεὺς δωματίῳ κατακείμενος καὶ κάτω βλέπων αὐτοὺς πρηνεῖς προπίπτοντας, ἄδακρυς οὐδ' αὐτὸς ἔμενεν. [9] Συνεχεῖς δ' ἐφ' ἡμέρας πέντε τῷ τῆς γαστρὸς ἀλγήματι διεργασθείς, τὸν βίον κατέστρεψεν, ἀπὸ γενέσεως ἄγων πεντηκοστὸν ἔτος καὶ τέταρτον, τῆς δὲ βασιλείας ἕβδομον. Τέσσαρας μὲν οὖν ἐπὶ Γαΐου Καίσαρος ἐβασίλευσεν ἐνιαυτούς, τῆς Φιλίππου μὲν τετραρχίας εἰς τριετίαν ἄρξας, τῷ τετάρτῳ δὲ καὶ τὴν Ἡρώδου προσειληφώς, τρεῖς δ' ἐπιλαβὼν τῆς Κλαυδίου Καίσαρος αὐτοκρατορίας ».

Ταῦτα τὸν Ἰώσηπον μετὰ τῶν ἄλλων ταῖς θείαις συναληθεύοντα γραφαῖς ἀποθαυμάζω · εἰ δὲ περὶ τὴν τοῦ βασιλέως προσηγορίαν δόξειέν τισιν διαφωνεῖν, ἀλλ' ὅ γε χρόνος καὶ ἡ πρᾶξις τὸν αὐτὸν ὄντα δείκνυσιν, ἤτοι κατά τι σφάλμα γραφικὸν ἐνηλλαγμένου τοῦ ὀνόματος, ἢ καὶ διωνυμίας περὶ τὸν αὐτόν, οἷα καὶ περὶ πολλούς, γεγενημένης.

« dans la misère, mais dans une grandeur heureuse. » En disant cela, il était tourmenté par l'aiguillon de la douleur.

« [8] On s'empressa de le porter au palais et le bruit circula dans toute la ville qu'il était à l'article de la mort. Aussitôt, le peuple avec les femmes et les enfants s'étendirent sur des sacs selon la coutume de leur pays et adressèrent à Dieu des supplications pour le roi : tout retentissait de pleurs et de gémissements. Agrippa couché dans une chambre haute, regarda en bas, vit ces gens prosternés et ne put lui non plus retenir ses larmes. [9] Cinq jours durant, il fut torturé par ces douleurs d'entrailles, puis il mourut dans la cinquante-quatrième année de son âge, la septième de son règne. Il avait en effet tenu le sceptre pendant quatre ans sous l'empereur Gaïus. Pendant les trois premières années, il avait gouverné la tétrarchie de Philippe ; la quatrième, il reçut celle d'Hérode, et régna encore trois ans sous Claude. »

[10] Je suis frappé, ici comme ailleurs, de la ressemblance de ce récit de Josèphe avec celui des divines Écritures. Si l'on allègue la différence de nom du roi, le temps et le fait montrent bien qu'il s'agit du même personnage. Il y aura eu une erreur de transcription qui aura changé le nom du prince ou bien celui-ci avait deux noms ainsi que beaucoup d'autres (voy. l'*Appendice*).

ΙΑ΄

Ἐπεὶ δὲ πάλιν ὁ Λουκᾶς ἐν ταῖς Πράξεσιν [*Act.*, v, 34-36] εἰσάγει τὸν Γαμαλιὴλ ἐν τῇ περὶ τῶν ἀποστόλων σκέψει λέγοντα ὡς ἄρα κατὰ τὸν δηλούμενον χρόνον ἀνέστη Θευδᾶς λέγων ἑαυτὸν εἶναί τινά, ὃς κατελύθη, καὶ πάντες ὅσοι ἐπείσθησαν αὐτῷ, διελύθησαν· φέρε, καὶ τὴν περὶ τούτου παραθώμεθα τοῦ Ἰωσήπου γραφήν. Ἱστορεῖ τοίνυν αὖθις κατὰ τὸν ἀρτίως δεδηλωμένον αὐτοῦ λόγον αὐτὰ δὴ ταῦτα κατὰ λέξιν [JOSÈPHE, *Ant.*, XX, 97-98]·

« [2] Φάδου δὲ τῆς Ἰουδαίας ἐπιτροπεύοντος, γόης τις ἀνήρ, Θευδᾶς ὀνόματι, πείθει τὸν πλεῖστον ὄχλον ἀναλαβόντα τὰς κτήσεις ἕπεσθαι πρὸς τὸν Ἰορδάνην ποταμὸν αὐτῷ· προφήτης γὰρ ἔλεγεν εἶναι, καὶ προστάγματι τὸν ποταμὸν σχίσας δίοδον ἔφη παρέξειν αὐτοῖς ῥᾳδίαν, καὶ ταῦτα λέγων πολλοὺς ἠπάτησεν. [3] Οὐ μὴν εἴασεν αὐτοὺς τῆς ἀφροσύνης ὀνάσθαι Φάδος, ἀλλ' ἐξέπεμψεν ἴλην ἱππέων ἐπ' αὐτούς, ἥτις ἐπιπεσοῦσα ἀπροσδοκήτως αὐτοῖς, πολλοὺς μὲν ἀνεῖλεν, πολλοὺς δὲ ζῶντας ἔλαβεν, αὐτόν τε τὸν Θευδᾶν ζωγρήσαντες ἀποτέμνουσιν τὴν κεφαλὴν καὶ κομίζουσιν εἰς Ἱεροσόλυμα ».

Τούτοις ἑξῆς καὶ τοῦ κατὰ Κλαύδιον γενομένου λιμοῦ μνημονεύει ὧδέ πως [JOSÈPHE, *Ant.*, XX, 101]·

CHAPITRE XI

[LE MAGICIEN THEUDAS]

Au livre des *Actes*, Luc nous dit en outre que Gamaliel, dans le conseil tenu au sujet des apôtres, parla d'un Theudas qui parut à cette époque même, prétendit être quelqu'un et fut tué avec tous ceux qu'il avait entraînés. Il n'est pas hors de propos de comparer son récit avec celui de Josèphe. Voici donc ce que cet historien raconte encore en propres termes au livre cité tout à l'heure.

« [2] Lorsque Fadus gouvernait la Judée, un magicien du nom de Theudas persuada à une foule de gens de prendre leurs biens avec eux et de le suivre vers le Jourdain : il se disait prophète, à son commandement les eaux du fleuve devaient se diviser et leur laisser un chemin facile. Par ces discours, il en séduisit un grand nombre. [3] Fadus ne les laissa pas jouir de leur folie ; il expédia un détachement de cavaliers qui fondirent sur eux à l'improviste, en tuèrent beaucoup et firent un grand nombre de prisonniers. Theudas était de ces derniers ; on lui coupa la tête et on l'apporta à Jérusalem. »

Josèphe relate ensuite la famine qui arriva sous Claude, il le fait en ces termes :

IB'

« Ἐπὶ τούτοις γε καὶ τὸν μέγαν λιμὸν κατὰ τὴν Ἰουδαίαν συνέβη γενέσθαι, καθ' ὃν καὶ ἡ βασίλισσα Ἑλένη πολλῶν χρημάτων ὠνησαμένη σῖτον ἀπὸ τῆς Αἰγύπτου, διένειμεν τοῖς ἀπορουμένοις ».

[2] Σύμφωνα δ' ἂν εὕροις καὶ ταῦτα τῇ τῶν Πράξεων τῶν ἀποστόλων γραφῇ [*Act.*, xi, 29-30], περιεχούσῃ ὡς ἄρα τῶν κατ' Ἀντιόχειαν μαθητῶν, καθὼς ηὐπορεῖτό τις, ὥρισαν ἕκαστος εἰς διακονίαν ἀποστεῖλαι τοῖς κατοικοῦσιν ἐν τῇ Ἰουδαίᾳ· ὃ καὶ ἐποίησαν, ἀποστείλαντες πρὸς τοὺς πρεσβυτέρους διὰ χειρὸς Βαρναβᾶ καὶ Παύλου. [3] Τῆς γέ τοι Ἑλένης, ἧς δὴ καὶ ὁ συγγραφεὺς ἐποιήσατο μνήμην, εἰς ἔτι νῦν στῆλαι διαφανεῖς ἐν προαστείοις δείκνυνται τῆς νῦν Αἰλίας· τοῦ δὲ Ἀδιαβηνῶν ἔθνους αὕτη βασιλεῦσαι ἐλέγετο.

ΙΓ'

Ἀλλὰ γὰρ τῆς εἰς τὸν σωτῆρα καὶ κύριον ἡμῶν Ἰησοῦν Χριστὸν εἰς πάντας ἀνθρώπους ἤδη διαδιδομένης πίστεως, ὁ τῆς ἀνθρώπων πολέμιος σωτηρίας τὴν βασιλεύουσαν

CHAPITRE XII

[HÉLÈNE REINE DES ADIABÉNIENS]

« Sous ces procurateurs, dit-il, il y eut la grande famine de Judée, pendant laquelle la reine Hélène acheta à grands frais du blé en Égypte et le fit distribuer à ceux qui en manquaient. »

[2] Ceci s'accorde encore avec le récit des *Actes des Apôtres* où nous voyons que les disciples d'Antioche fixèrent, chacun selon ses moyens, ce qu'ils pouvaient envoyer à ceux de la Judée. Les secours furent en effet portés aux anciens par l'intermédiaire de Barnabé et de Paul. [3] On trouve encore aujourd'hui des stèles remarquables de cette Hélène dont parle Josèphe, dans les faubourgs de la ville qui porte aujourd'hui le nom d'Aelia. Il y est dit qu'elle a régné sur la nation des Adiabéniens.

CHAPITRE XIII

[SIMON LE MAGE]

Mais la foi à notre Sauveur et Seigneur Jésus-Christ se répandait déjà chez tous les hommes : l'ennemi de leur salut s'efforça de la devancer dans la ville des Césars pour

προαρπάσασθαι πόλιν μηχανώμενος, ἐνταῦθα Σίμωνα τὸν πρόσθεν δεδηλωμένον [II, ι, 11] ἄγει, καὶ δὴ ταῖς ἐντέχνοις τἀνδρὸς συναιρόμενος γοητείαις πλείους τῶν τὴν Ῥώμην οἰκούντων ἐπὶ τὴν πλάνην σφετερίζεται. [2] Δηλοῖ δὲ τοῦθ᾽ ὁ μετ᾽ οὐ πολὺ τῶν ἀποστόλων ἐν τῷ καθ᾽ ἡμᾶς διαπρέψας λόγῳ Ἰουστῖνος, περὶ οὗ τὰ προσήκοντα κατὰ καιρὸν παραθήσομαι· ὃς δὴ ἐν τῇ προτέρᾳ πρὸς Ἀντωνῖνον ὑπὲρ τοῦ καθ᾽ ἡμᾶς δόγματος ἀπολογίᾳ γράφων ὧδέ φησιν [Justin, *Apol.*, I, xxvi].

« [3] Καὶ μετὰ τὴν ἀνάληψιν τοῦ κυρίου εἰς οὐρανὸν προεβάλλοντο οἱ δαίμονες ἀνθρώπους τινὰς λέγοντας ἑαυτοὺς εἶναι θεούς, οἳ οὐ μόνον οὐκ ἐδιώχθησαν ὑφ᾽ ὑμῶν, ἀλλὰ καὶ τιμῶν ἠξιώθησαν· Σίμωνα μέν τινα Σαμαρέα, τὸν ἀπὸ κώμης λεγομένης Γίτθων, ὃς ἐπὶ Κλαυδίου Καίσαρος διὰ τῆς τῶν ἐνεργούντων δαιμόνων τέχνης δυνάμεις μαγικὰς ποιήσας ἐν τῇ πόλει ὑμῶν τῇ βασιλίδι Ῥώμῃ θεὸς ἐνομίσθη καὶ ἀνδριάντι παρ᾽ ὑμῶν ὡς θεὸς τετίμηται ἐν τῷ Τίβερι ποταμῷ μεταξὺ τῶν δύο γεφυρῶν, ἔχων ἐπιγραφὴν Ῥωμαϊκὴν ταύτην· SIMONI DEO SANCTO, ὅπερ ἐστὶν Σίμωνι θεῷ ἁγίῳ. [4] Καὶ σχεδὸν μὲν πάντες Σαμαρεῖς, ὀλίγοι δὲ καὶ ἐν ἄλλοις ἔθνεσιν ὡς τὸν πρῶτον θεὸν ἐκεῖνον ὁμολογοῦντες προσκυνοῦσιν. Καὶ Ἑλένην τινά, τὴν συμπερινοστήσασαν αὐτῷ κατ᾽ ἐκεῖνο τοῦ καιροῦ, πρότερον ἐπὶ τέγους σταθεῖσαν (ἐν Τύρῳ τῆς Φοινίκης) [Irénée, I, xxiii, 2], τὴν ἀπ᾽ αὐτοῦ πρώτην ἔννοιαν λέγουσιν ».

s'en emparer. Il y conduisit Simon dont nous avons déjà parlé, et grâce aux habiles supercheries de cet homme qu'il secondait, il entraîna dans l'erreur un grand nombre de Romains. [2] Nous tenons ceci de Justin qui vécut peu après les apôtres et s'illustra dans l'exposition de notre doctrine. Je dirai de lui en temps opportun ce qui convient. Voici ce qu'il dit dans sa première apologie de notre doctrine adressée à Antonin (voy. l'*Appendice*) :

[3] « Après l'ascension du Seigneur au ciel les démons inspirèrent à certains hommes de se dire dieux. Non seulement vous ne les avez pas poursuivis, mais vous leur avez décerné des honneurs. Simon, samaritain du bourg de Gitthon, qui sous l'empereur Claude faisait, avec l'aide des démons, des merveilles de magie a été regardé comme dieu dans votre ville impériale de Rome. Il a été honoré d'une statue comme une divinité, sur le Tibre, entre les deux ponts, avec cette inscription latine « *Simoni Deo sancto* », c'est-à-dire « A Simon Dieu saint. » [4] Presque tous les Samaritains et quelques-uns chez d'autres peuples croient en lui et l'adorent comme leur premier dieu. Ils appellent sa première pensée une certaine Hélène qui le suivait alors partout et qui auparavant était attachée à une maison de débauches, à Tyr en Phénicie. »

[5] Ταῦτα μὲν οὗτος· συνᾴδει δ' αὐτῷ καὶ Εἰρηναῖος [IRÉNÉE, I, xxiii, 1-4], ἐν πρώτῳ τῶν πρὸς τὰς αἱρέσεις ὁμοῦ τὰ περὶ τὸν ἄνδρα καὶ τὴν ἀνοσίαν καὶ μιαρὰν αὐτοῦ διδασκαλίαν ὑπογράφων, ἣν ἐπὶ τοῦ παρόντος περιττὸν ἂν εἴη καταλέγειν, παρὸν τοῖς βουλομένοις καὶ τῶν μετ' αὐτὸν κατὰ μέρος αἱρεσιαρχῶν τὰς ἀρχὰς καὶ τοὺς βίους καὶ τῶν ψευδῶν δογμάτων τὰς ὑποθέσεις τά τε πᾶσιν αὐτοῖς ἐπιτετηδευμένα διαγνῶναι, οὐ κατὰ πάρεργον τῇ δεδηλωμένῃ τοῦ Εἰρηναίου παραδεδομένα βίβλῳ. [6] Πάσης μὲν οὖν ἀρχηγὸν αἱρέσεως πρῶτον γενέσθαι τὸν Σίμωνα παρειλήφαμεν· ἐξ οὗ καὶ εἰς δεῦρο οἱ τὴν κατ' αὐτὸν μετιόντες αἵρεσιν τὴν σώφρονα καὶ διὰ καθαρότητα βίου παρὰ τοῖς πᾶσιν βεβοημένην Χριστιανῶν φιλοσοφίαν ὑποκρινόμενοι, ἧς μὲν ἔδοξαν ἀπαλλάττεσθαι περὶ τὰ εἴδωλα δεισιδαιμονίας οὐδὲν ἧττον αὖθις ἐπιλαμβάνονται, καταπίπτοντες ἐπὶ γραφὰς καὶ εἰκόνας αὐτοῦ τε τοῦ Σίμωνος καὶ τῆς σὺν αὐτῷ δηλωθείσης Ἑλένης θυμιάμασίν τε καὶ θυσίαις καὶ σπονδαῖς τούτους θρησκεύειν ἐγχειροῦντες, [7] τὰ δὲ τούτων αὐτοῖς ἀπορρητότερα, ὧν φασι τὸν πρῶτον ἐπακούσαντα ἐκπλαγήσεσθαι καὶ κατά τι παρ' αὐτοῖς λόγιον ἔγγραφον θαμβωθήσεσθαι, θάμβους ὡς ἀληθῶς καὶ φρενῶν ἐκστάσεως καὶ μανίας ἔμπλεα τυγχάνει, τοιαῦτα ὄντα, ὡς μὴ μόνον μὴ δυνατὰ εἶναι παραδοθῆναι γραφῇ, ἀλλ' οὐδὲ χείλεσιν αὐτὸ μόνον δι' ὑπερβολὴν αἰσχρουργίας τε καὶ ἀρρητοποιΐας ἀνδράσι σώφροσι λαληθῆναι. [8] Ὅ τι ποτὲ γὰρ ἂν ἐπινοηθείη παντὸς αἰσχροῦ μιαρώτερον, τοῦτο πᾶν

[5] Voilà ce que dit Justin, et Irénée est d'accord avec lui. Au premier livre de son ouvrage *Contre les hérésies*, il expose ce qu'était cet homme aussi bien que sa doctrine impie et sacrilège. Mais il est superflu de le rapporter ici. Il est loisible à qui le voudra de trouver encore ce qui concerne chacun des hérésiarques qui vinrent après lui avec leur début, leur vie, les principes de leurs dogmes mensongers et leurs entreprises à eux tous ; tout cela dans le livre indiqué d'Irénée est traité avec soin. [6] Nous y apprenons que Simon fut le premier chef de toute hérésie ; ceux qui, depuis cette époque jusqu'à nos jours, suivent son erreur, feignent de pratiquer la philosophie des chrétiens faite de tempérance et si célèbre auprès de tous pour la pureté qu'elle impose à la vie ; mais ils retombent bientôt dans le culte superstitieux des idoles qu'ils avaient paru laisser. Ils vénèrent les écrits et les images de Simon et d'Hélène, sa compagne, dont nous avons parlé ; à tous les deux ils témoignent leur culte par l'usage de l'encens, des sacrifices et des libations. [7] Quant à leurs pratiques plus secrètes dont le seul récit, disent-ils, étonne et, selon l'expression consacrée chez eux, produit la stupeur (voy. l'*Appendice*), elles sont en effet vraiment stupéfiantes, pleines d'égarement d'esprit et de folie. Non seulement leur nature ne permet pas d'en donner la description, mais quiconque se respecte ne peut les raconter de vive voix tant l'obscénité et l'indicible y dépasse les bornes. [8] Tout ce qu'on

ὑπερηχόντισεν ἡ τῶνδε μυσαρωτάτη αἵρεσις, ταῖς ἀθλίαις καὶ παντοίων ὡς ἀληθῶς κακῶν σεσωρευμέναις γυναιξὶν ἐγκαταπαιζόντων [*II Tim.*, III, 6].

[XIV, 1] Τοιούτων κακῶν πατέρα καὶ δημιουργὸν τὸν Σίμωνα κατ' ἐκεῖνο καιροῦ ὥσπερ εἰ μέγαν καὶ μεγάλων ἀντίπαλον τῶν θεσπεσίων τοῦ σωτῆρος ἡμῶν ἀποστόλων ἡ μισόκαλος καὶ τῆς ἀνθρώπων ἐπίβουλος σωτηρίας πονηρὰ δύναμις προυστήσατο.

ΙΔ'

[2] Ὅμως δ' οὖν ἡ θεία καὶ ὑπερουράνιος χάρις τοῖς αὐτῆς συναιρομένη διακόνοις, δι' ἐπιφανείας αὐτῶν καὶ παρουσίας ἀναπτομένην τοῦ πονηροῦ τὴν φλόγα ᾗ τάχος ἐσβέννυ, ταπεινοῦσα δι' αὐτῶν καὶ καθαιροῦσα πᾶν ὕψωμα ἐπαιρόμενον κατὰ τῆς γνώσεως τοῦ θεοῦ [*II Cor.*, x, v].
[3] Διὸ δὴ οὔτε Σίμωνος οὔτ' ἄλλου του τῶν τότε φυέντων συγκρότημά τι κατ' αὐτοὺς ἐκείνους τοὺς ἀποστολικοὺς ὑπέστη χρόνους. Ὑπερενίκα γάρ τοι καὶ ὑπερίσχυεν ἅπαντα τὸ τῆς ἀληθείας φέγγος ὅ τε λόγος αὐτὸς ὁ θεῖος ἄρτι θεόθεν ἀνθρώποις ἐπιλάμψας ἐπὶ γῆς τε ἀκμάζων καὶ τοῖς

peut imaginer de plus honteux et de plus souillé a été dépassé par l'abominable hérésie de ces gens qui abusent de misérables femmes chargées véritablement de toutes les turpitudes.

CHAPITRE XIV

[PRÉDICATION DE L'APÔTRE PIERRE A ROME]

Le père et l'artisan de tous ces maux fut Simon. A cette époque la puissance malfaisante, haineuse du bien, et ennemie du salut des hommes, le suscita comme un digne adversaire des grands et saints apôtres de notre Sauveur.

[2] Mais la grâce divine et supracéleste fut l'auxiliaire de ses serviteurs; dès qu'ils parurent et se montrèrent, elle éteignit au plus vite les flammes allumées par le méchant et se servit d'eux pour abaisser et détruire tout orgueil qui s'élève contre la science de Dieu. [3] Aussi bien, en ces temps apostoliques, aucune machination ne se produisit de la part de Simon, non plus d'aucun autre alors. L'éclat de la vérité subjuguait et dominait tout. Le Verbe de Dieu lui-même venait de luire divinement sur les hommes, il était dans toute sa force sur la terre et il régnait dans

ἰδίοις ἀποστόλοις ἐμπολιτευόμενος. [4] Αὐτίκα ὁ δηλωθεὶς, γόης ὥσπερ ὑπὸ θείας καὶ παραδόξου μαρμαρυγῆς τὰ τῆς διανοίας πληγεὶς ὄμματα ὅτε πρότερον ἐπὶ τῆς Ἰουδαίας ἐφ' οἷς ἐπονηρεύσατο πρὸς τοῦ ἀποστόλου Πέτρου κατεφωράθη [*Act.*, VIII, 18-23], μεγίστην καὶ ὑπερπόντιον ἀπάρας πορείαν τὴν ἀπ' ἀνατολῶν ἐπὶ δυσμὰς ᾤχετο φεύγων, μόνως ταύτῃ βιωτὸν αὐτῷ κατὰ γνώμην εἶναι οἰόμενος.

[5] Ἐπιβὰς δὲ τῆς Ῥωμαίων πόλεως, συναιρομένης αὐτῷ τὰ μεγάλα τῆς ἐφεδρευούσης ἐνταῦθα δυνάμεως, ἐν ὀλίγῳ τοσοῦτον τὰ τῆς ἐπιχειρήσεως ἤνυστο, ὡς καὶ ἀνδριάντος ἀναθέσει πρὸς τῶν τῇδε οἷα θεὸν τιμηθῆναι. [6] Οὐ μὴν εἰς μακρὸν αὐτῷ ταῦτα προυχώρει. Παρὰ πόδας γοῦν ἐπὶ τῆς αὐτῆς Κλαυδίου βασιλείας ἡ πανάγαθος καὶ φιλανθρωποτάτη τῶν ὅλων πρόνοια τὸν καρτερὸν καὶ μέγαν τῶν ἀποστόλων, τὸν ἀρετῆς ἕνεκα τῶν λοιπῶν ἁπάντων προήγορον, Πέτρον, ἐπὶ τὴν Ῥώμην ὡς ἐπὶ τηλικοῦτον λυμεῶνα βίου χειραγωγεῖ· ὃς οἷά τις γενναῖος θεοῦ στρατηγὸς τοῖς θείοις ὅπλοις φραξάμενος [cf. *Eph.*, VI, 14-17 ; *I Thess.*, V, 8], τὴν πολυτίμητον ἐμπορίαν τοῦ νοητοῦ φωτὸς ἐξ ἀνατολῶν τοῖς κατὰ δύσιν ἐκόμιζεν, φῶς αὐτὸ καὶ λόγον ψυχῶν σωτήριον [JEAN, I, 9], τὸ κήρυγμα τῆς τῶν οὐρανῶν βασιλείας, εὐαγγελιζόμενος.

ses propres apôtres. [4] Alors le magicien dont nous parlons eut les yeux de l'esprit éblouis comme par une lumière divine et miraculeuse, dès qu'en Judée il fut convaincu de ses entreprises criminelles par l'apôtre Pierre : il fit donc un grand voyage d'outre-mer et s'enfuit d'Orient en Occident, croyant que là seulement il pourrait vivre à sa guise.

[5] Il vint à Rome et la puissance qui était établie dans cette ville l'y assista pour de grands prodiges. Ses affaires allèrent rapidement si bien qu'il fut, ainsi qu'un dieu, honoré d'une statue par les gens de ce pays.

[6] Sa prospérité ne fut pas de longue durée ; tout au début du même règne de Claude, la Providence divine dans son entière bonté et son amour immense pour les hommes, conduisit par la main à Rome, comme contre ce fléau du monde, Pierre, le courageux et grand apôtre qui surpassait tous les autres par sa vertu : ainsi qu'un vaillant capitaine des armées de Dieu, il venait muni d'armes célestes et apportait d'Orient aux hommes d'Occident la marchandise précieuse de la lumière spirituelle. Il prêcha la lumière elle-même et le Verbe sauveur des âmes, annonçant le royaume des cieux.

[XV, 1] Οὕτω δὴ οὖν ἐπιδημήσαντος αὐτοῖς τοῦ θείου λόγου, ἡ μὲν τοῦ Σίμωνος ἀπέσβη καὶ παραχρῆμα σὺν καὶ τῷ ἀνδρὶ καταλέλυτο δύναμις·

ΙΕ'

Τοσοῦτον δ' ἐπέλαμψεν ταῖς τῶν ἀκροατῶν τοῦ Πέτρου διανοίαις εὐσεβείας φέγγος, ὡς μὴ τῇ εἰς ἅπαξ ἱκανῶς ἔχειν ἀρκεῖσθαι ἀκοῇ μηδὲ τῇ ἀγράφῳ τοῦ θείου κηρύγματος διδασκαλίᾳ, παρακλήσεσιν δὲ παντοίαις Μάρκον, οὗ τὸ εὐαγγέλιον φέρεται, ἀκόλουθον ὄντα Πέτρου, λιπαρῆσαι ὡς ἂν καὶ διὰ γραφῆς ὑπόμνημα τῆς διὰ λόγου παραδοθείσης αὐτοῖς καταλείψοι διδασκαλίας, μὴ πρότερόν τε ἀνεῖναι ἢ κατεργάσασθαι τὸν ἄνδρα, καὶ ταύτῃ αἰτίους γενέσθαι τῆς τοῦ λεγομένου κατὰ Μάρκον εὐαγγελίου γραφῆς. [2] Γνόντα δὲ τὸ πραχθέν φασι τὸν ἀπόστολον ἀποκαλύψαντος αὐτῷ τοῦ πνεύματος, ἡσθῆναι τῇ τῶν ἀνδρῶν προθυμίᾳ κυρῶσαί τε τὴν γραφὴν εἰς ἔντευξιν ταῖς ἐκκλησίαις. Κλήμης ἐν ἕκτῳ τῶν Ὑποτυπώσεων παρατέθειται τὴν ἱστορίαν, συνεπιμαρτυρεῖ δὲ αὐτῷ καὶ ὁ Ἱεραπολίτης ἐπίσκοπος ὀνόματι Παπίας. Τοῦ δὲ Μάρκου μνημονεύειν

CHAPITRE XV

[L'ÉVANGILE DE MARC]

La parole de Dieu se répandait ainsi chez les Romains et la puissance de Simon s'éteignit et disparut aussitôt avec lui.

Mais la lumière de la religion brilla d'un tel éclat dans l'esprit des auditeurs de Pierre que ce ne leur fut pas suffisant d'avoir entendu seulement l'exposé oral de cette prédication divine. Ils firent toutes sortes d'instances auprès de Marc, l'auteur de l'Évangile qui nous est parvenu et le compagnon de Pierre, pour qu'il leur laissât un livre qui leur fût un mémorial de l'enseignement donné de vive voix par l'apôtre, et ils ne cessèrent leurs demandes qu'après avoir été exaucés. Ils furent ainsi la cause de la rédaction de l'Évangile selon Marc. [2] Pierre connut, dit-on, le fait par une révélation de l'Esprit et il se réjouit d'un pareil zèle : il autorisa l'usage de ce livre pour la lecture dans les églises. Clément rapporte ceci dans sa sixième *Hypotypose* et l'évêque d'Hiérapolis, Papias, le confirme de son propre témoignage.

τὸν Πέτρον ἐν τῇ προτέρᾳ ἐπιστολῇ· ἣν καὶ συντάξαι φασὶν ἐπ' αὐτῆς Ῥώμης, σημαίνειν τε τοῦτ' αὐτόν, τὴν πόλιν τροπικώτερον Βαβυλῶνα προσειπόντα διὰ τούτων [I PIERRE, v, 13]· « Ἀσπάζεται ὑμᾶς ἡ ἐν Βαβυλῶνι συνεκλεκτὴ καὶ Μάρκος ὁ υἱός μου ».

Ις'

Τοῦτον δὲ Μάρκον πρῶτόν φασιν ἐπὶ τῆς Αἰγύπτου στειλάμενον, τὸ εὐαγγέλιον, ὃ δὴ καὶ συνεγράψατο, κηρῦξαι, ἐκκλησίας τε πρῶτον ἐπ' αὐτῆς Ἀλεξανδρείας συστήσασθαι.

ΙΖ'

[2] Τοσαύτη δ' ἄρα τῶν αὐτόθι πεπιστευκότων πληθὺς ἀνδρῶν τε καὶ γυναικῶν ἐκ πρώτης ἐπιβολῆς συνέστη δι' ἀσκήσεως φιλοσοφωτάτης τε καὶ σφοδροτάτης, ὡς καὶ γραφῆς αὐτῶν ἀξιῶσαι τὰς διατριβὰς καὶ τὰς συνηλύσεις τά τε συμπόσια καὶ πᾶσαν τὴν ἄλλην τοῦ βίου ἀγωγὴν τὸν Φίλωνα.

Pierre fait mention de Marc dans la première épître qu'il composa, dit-on, à Rome même : il l'indique du reste en appelant cette ville du nom métaphorique de Babylone dans ce passage : « L'église élue avec vous de Babylone vous salue, ainsi que Marc mon fils ».

CHAPITRE XVI

[MARC LE PREMIER PRÊCHA LA CONNAISSANCE
DU CHRIST EN ÉGYPTE]

On raconte que ce même Marc fut le premier envoyé en Égypte; il y prêcha l'évangile qu'il avait écrit et établit des églises d'abord à Alexandrie même.

[2] Dès le début le nombre des croyants parmi les hommes et les femmes y fut si grand, leur manière de vivre si conforme à la sagesse et si austère que Philon jugea à propos de raconter leurs occupations, leurs assemblées, leurs repas et tout leur train de vie.

[XVII, 1] Ὃν καὶ λόγος ἔχει κατὰ Κλαύδιον ἐπὶ τῆς Ῥώμης εἰς ὁμιλίαν ἐλθεῖν Πέτρῳ, τοῖς ἐκεῖσε τότε κηρύττοντι. Καὶ οὐκ ἀπεικὸς ἂν εἴη τοῦτό γε, ἐπεὶ καὶ ὃ φαμεν αὐτὸ σύγγραμμα, εἰς ὕστερον καὶ μετὰ χρόνους αὐτῷ πεπονημένον, σαφῶς τοὺς εἰς ἔτι νῦν καὶ εἰς ἡμᾶς πεφυλαγμένους τῆς ἐκκλησίας περιέχει κανόνας. [2] Ἀλλὰ καὶ τὸν βίον τῶν παρ' ἡμῖν ἀσκητῶν ὡς ἔνι μάλιστα ἀκριβέστατα ἱστορῶν, γένοιτ' ἂν ἔκδηλος οὐκ εἰδὼς μόνον, ἀλλὰ καὶ ἀποδεχόμενος ἐκθειάζων τε καὶ σεμνύνων τοὺς κατ' αὐτὸν ἀποστολικοὺς ἄνδρας, ἐξ Ἑβραίων, ὡς ἔοικε, γεγονότας ταύτῃ τε ἰουδαϊκώτερον τῶν παλαιῶν ἔτι τὰ πλεῖστα διατηροῦντας ἐθῶν.

[3] Πρῶτόν γέ τοι τὸ μηδὲν πέρα τῆς ἀληθείας οἴκοθεν καὶ ἐξ ἑαυτοῦ προσθήσειν οἷς ἱστορήσειν ἔμελλεν, ἀπισχυρισάμενος ἐν ᾧ ἐπέγραψεν λόγῳ Περὶ βίου θεωρητικοῦ ἢ ἱκετῶν [PHILON, p. 471-472], θεραπευτὰς αὐτοὺς καὶ τὰς σὺν αὐτοῖς γυναῖκας θεραπευτρίδας ἀποκαλεῖσθαί φησιν, τὰς αἰτίας ἐπειπὼν τῆς τοιᾶσδε προσρήσεως, ἤτοι παρὰ τὸ τὰς ψυχὰς τῶν προσιόντων αὐτοῖς τῶν ἀπὸ κακίας παθῶν ἰατρῶν δίκην ἀπαλλάττοντας ἀκεῖσθαι καὶ θερα-

CHAPITRE XVII

[CE QUE PHILON RACONTE DES ASCÈTES D'ÉGYPTE]

Sous le règne de Claude, Philon serait, dit-on, venu à Rome et entré en relations avec Pierre qui y prêchait alors. Le fait ne serait pas invraisemblable ; car la dissertation dont nous parlons, entreprise par lui dans la suite et après un certain temps, expose clairement les règles de l'Église qui sont en vigueur de nos jours encore parmi nous. [2] Au reste, quand il décrit, avec toute l'exactitude possible, la vie de nos ascètes, il paraît avec évidence non seulement connaître, mais approuver, préconiser et vénérer ces hommes apostoliques dont il est le contemporain : ils étaient, semble-t-il, de race hébraïque ; car ils observaient encore assez complètement à la manière juive la plupart des coutumes anciennes.

[3] Philon assure d'abord que, dans le livre qu'il a écrit *De la vie contemplative ou des suppliants*, il n'a rien ajouté à ce qu'il devait raconter, qui soit en dehors de la vérité ou qui vienne de lui-même. Il dit qu'on les nommait Thérapeutes ; et Thérapeutrides, les femmes qui habitaient avec eux. Puis, il donne les motifs de cette appellation, qui leur fut donnée soit parce qu'ils soignaient et guérissaient les âmes de ceux qui allaient à eux, les délivrant, ainsi que des médecins, des

πεύειν, ἢ τῆς περὶ τὸ θεῖον καθαρᾶς καὶ εἰλικρινοῦς θεραπείας τε καὶ θρησκείας ἕνεκα. [4] Εἶτ' οὖν ἐξ ἑαυτοῦ ταύτην αὐτοῖς ἐπιτέθειται τὴν προσηγορίαν, οἰκείως ἐπιγράψας τῷ τρόπῳ τῶν ἀνδρῶν τοὔνομα, εἴτε καὶ ὄντως τοῦτ' αὐτοὺς ἐκάλουν κατ' ἀρχὰς οἱ πρῶτοι, μηδαμῶς τῆς Χριστιανῶν πω προσρήσεως ἀνὰ πάντα τόπον ἐπιπεφημισμένης, οὖ τί πω διατείνεσθαι ἀναγκαῖον. [5] Ὅμως δ' οὖν ἐν πρώτοις τὴν ἀπόταξιν αὐτοῖς τῆς οὐσίας μαρτυρεῖ [p. 473, 18-22], φάσκων ἀρχομένους φιλοσοφεῖν ἐξίστασθαι τοῖς προσήκουσι τῶν ὑπαρχόντων, ἔπειτα [p. 474, 17-34] πάσαις ἀποταξαμένους ταῖς τοῦ βίου φροντίσιν, ἔξω τειχῶν προελθόντας, ἐν μοναγρίοις καὶ κήποις τὰς διατριβὰς ποιεῖσθαι, τὰς ἐκ τῶν ἀνομοίων ἐπιμιξίας ἀλυσιτελεῖς καὶ βλαβερὰς εὖ εἰδότας, τῶν κατ' ἐκεῖνο καιροῦ τοῦθ', ὡς εἰκός, ἐπιτελούντων ἐκθύμῳ καὶ θερμοτάτῃ πίστει τὸν προφητικὸν ζηλοῦν ἀσκούντων βίον. [6] Καὶ γὰρ οὖν κἀν ταῖς ὁμολογουμέναις τῶν ἀποστόλων Πράξεσιν [Act., II, 45] ἐμφέρεται ὅτι δὴ πάντες οἱ τῶν ἀποστόλων γνώριμοι τὰ κτήματα καὶ τὰς ὑπάρξεις διαπιπράσκοντες ἐμέριζον ἅπασιν καθ' ὃ ἄν τις χρείαν εἶχεν, ὡς μηδὲ εἶναί τινα ἐνδεῆ παρ' αὐτοῖς· ὅσοι γοῦν κτήτορες χωρίων ἢ οἰκιῶν ὑπῆρχον, ὡς ὁ λόγος φησίν, πωλοῦντες, ἔφερον τὰς τιμὰς τῶν πιπρασκομένων, ἐτίθεσάν τε παρὰ τοὺς πόδας τῶν ἀποστόλων, ὥστε διαδίδοσθαι ἑκάστῳ καθ' ὅτι ἄν τις χρείαν εἶχεν [Act., IV, 34-35].

[7] Τὰ παραπλήσια δὲ τούτοις μαρτυρήσας τοῖς δηλου-

souffrances du vice, soit en raison des soins chastes et purs et du culte qu'ils rendaient à la divinité. [4] Du reste que Philon les ait désignés par ce terme qui répondait parfaitement à leurs occupations, ou qu'en fait, on les ait appelés d'abord ainsi dès le début, le nom de chrétiens n'étant pas en usage partout, il est inutile de s'y arrêter. [5] Philon rapporte donc que d'abord ils renonçaient à leurs biens. Il dit que ceux qui s'adonnaient à cette philosophie, transféraient d'abord leur fortune à leurs parents ; puis, une fois libres de tous les soucis du siècle, ils sortaient des villes et allaient habiter des champs à l'écart et des jardins. Ils étaient persuadés que la compagnie d'hommes différents d'eux-mêmes leur était inutile et nuisible. Ils faisaient alors cela ainsi, comme il convient, avec une foi généreuse et très ardente s'exerçant à imiter la vie des prophètes. [6] Le livre des *Actes des Apôtres* qui est reçu de tous, porte d'ailleurs que tous les disciples des apôtres vendaient, eux aussi, leur fortune et leurs biens et les distribuaient à chacun selon ses besoins, tellement qu'il n'y avait aucun indigent parmi eux. Ceux qui possédaient des terres ou des maisons, dit l'Écriture, les vendaient et venaient en déposer le prix aux pieds des apôtres pour que la répartition en fût faite à chacun, selon qu'il était nécessaire.

[7] Philon rend le même témoignage de ces thérapeutes en question et voici textuellement ce qu'il ajoute :

μένοις ὁ Φίλων συλλαβαῖς αὐταῖς ἐπιφέρει λέγων [Philon, p. 474, 35-44]·

« Πολλαχοῦ μὲν οὖν τῆς οἰκουμένης ἐστὶν τὸ γένος· ἔδει γὰρ ἀγαθοῦ τελείου μετασχεῖν καὶ τὴν Ἑλλάδα καὶ τὴν βάρβαρον· πλεονάζει δ' ἐν Αἰγύπτῳ καθ' ἕκαστον τῶν ἐπικαλουμένων νομῶν καὶ μάλιστα περὶ τὴν Ἀλεξάνδρειαν. [8] Οἱ δὲ πανταχόθεν ἄριστοι, καθάπερ εἰς πατρίδα θεραπευτῶν, ἀποικίαν στέλλονται πρός τι χωρίον ἐπιτηδειότατον, ὅπερ ἐστὶν ὑπὲρ λίμνης Μαρείας κείμενον ἐπὶ γεωλόφου χθαμαλωτέρου, σφόδρα εὐκαίρως ἀσφαλείας τε ἕνεκα καὶ ἀέρος εὐκρασίας ».

[9] Εἶθ' ἑξῆς τὰς οἰκήσεις αὐτῶν ὁποῖαί τινες ἦσαν διαγράψας, περὶ τῶν κατὰ χώραν ἐκκλησιῶν ταῦτά φησιν [p. 475, 14-22].

« Ἐν ἑκάστῃ δὲ οἰκίᾳ ἐστὶν οἴκημα ἱερὸν ὃ καλεῖται σεμνεῖον καὶ μοναστήριον, ἐν ᾧ μονούμενοι τὰ τοῦ σεμνοῦ βίου μυστήρια τελοῦνται, μηδὲν εἰσκομίζοντες, μὴ ποτόν, μὴ σιτίον, μηδέ τι τῶν ἄλλων ὅσα πρὸς τὰς τοῦ σώματος χρείας ἀναγκαῖα, ἀλλὰ νόμους καὶ λόγια θεσπισθέντα διὰ προφητῶν καὶ ὕμνους καὶ τἆλλα οἷς ἐπιστήμη καὶ εὐσέβεια συναύξονται καὶ τελειοῦνται ».

Καὶ μεθ' ἕτερά φησιν [p. 475, 34-476, 2]·

« [10] Τὸ δ' ἐξ ἑωθινοῦ μέχρις ἑσπέρας διάστημα σύμπαν αὐτοῖς ἐστιν ἄσκησις. Ἐντυγχάνοντες γὰρ τοῖς ἱεροῖς γράμμασιν φιλοσοφοῦσιν τὴν πάτριον φιλοσοφίαν ἀλληγοροῦντες, ἐπειδὴ σύμβολα τὰ τῆς ῥητῆς ἑρμηνείας νομίζουσιν ἀποκε-

« Il y a de ces hommes en beaucoup de pays de la terre et il fallait que les barbares eussent part à ce bien parfait aussi bien que les Grecs. Mais c'est en Égypte qu'ils sont le plus nombreux ; ils sont répandus dans chacune des divisions appelées nomes, et surtout aux environs d'Alexandrie. [8] Les meilleurs d'entre ceux de tous les pays sont envoyés en colonie dans un pays tout à fait approprié et qui est comme la patrie des thérapeutes. Il est situé au delà du lac Maréotis, sur une butte de faible élévation. Cet endroit leur convient admirablement, aussi bien à cause de la sécurité qu'il présente que pour la salubrité du climat. »

[9] Philon décrit ensuite leurs maisons et voici ce qu'il dit des églises de leur pays :

« Dans chaque demeure, il y a un oratoire appelé maison religieuse et monastère. C'est là que les thérapeutes se retirent pour accomplir seuls les mystères de leur sainte vie. Ils n'apportent avec eux ni boisson, ni vivres, ni rien de tout ce qui est nécessaire aux besoins du corps, mais les lois, les oracles rendus par les prophètes, les hymnes et les autres choses qui peuvent les aider à augmenter et à perfectionner leur science et leur piété. »

Plus loin il ajoute :

« [10] Le temps qui s'écoule de l'aube au crépuscule est celui de l'ascèse. Ils lisent les saints livres et philosophent sur les doctrines de leurs ancêtres d'après la méthode allégorique. Ils pensent en effet que la parole elle-même est le symbole des choses cachées qui se manifestent dans

κρυμμένης φύσεως, ἐν ὑπονοίαις δηλουμένης. [11] Ἔστι δ' αὐτοῖς καὶ συγγράμματα παλαιῶν ἀνδρῶν οἵ, τῆς αἱρέσεως αὐτῶν ἀρχηγέται γενόμενοι, πολλὰ μνημεῖα τῆς ἐν τοῖς ἀλληγορουμένοις ἰδέας ἀπέλιπον, οἷς καθάπερ τισὶν ἀρχετύποις χρώμενοι μιμοῦνται τῆς προαιρέσεως τὸν τρόπον ».

[12] Ταῦτα μὲν οὖν ἔοικεν εἰρῆσθαι τῷ ἀνδρὶ τὰς ἱερὰς ἐξηγουμένων αὐτῶν ἐπακροασαμένῳ γραφάς, τάχα δ' εἰκός, ἃ φησιν ἀρχαίων παρ' αὐτοῖς εἶναι συγγράμματα, εὐαγγέλια καὶ τὰς τῶν ἀποστόλων γραφὰς διηγήσεις τέ τινας κατὰ τὸ εἰκὸς τῶν πάλαι προφητῶν ἑρμηνευτικάς, ὁποίας ἥ τε πρὸς Ἑβραίους καὶ ἄλλαι πλείους τοῦ Παύλου περιέχουσιν ἐπιστολαί, ταῦτ' εἶναι. [13] Εἶτα πάλιν ἑξῆς περὶ τοῦ νέους αὐτοὺς ποιεῖσθαι ψαλμοὺς οὕτως γράφει [p. 476]·

« Ὥστ' οὐ θεωροῦσι μόνον, ἀλλὰ καὶ ποιοῦσιν ᾄσματα καὶ ὕμνους εἰς τὸν θεὸν διὰ παντοίων μέτρων καὶ μελῶν ἀριθμοῖς σεμνοτέροις ἀναγκαίως χαράσσοντες ».

[14] Πολλὰ μὲν οὖν καὶ ἄλλα περὶ ὧν λόγος, ἐν ταὐτῷ διέξεισιν, ἐκεῖνα δ' ἀναγκαῖον ἐφάνη δεῖν ἀναλέξασθαι, δι' ὧν τὰ χαρακτηριστικὰ τῆς ἐκκλησιαστικῆς ἀγωγῆς ὑποτίθεται. [15] Εἰ δέ τῳ μὴ δοκεῖ τὰ εἰρημένα ἴδια εἶναι τῆς κατὰ τὸ εὐαγγέλιον πολιτείας, δύνασθαι δὲ καὶ ἄλλοις παρὰ τοὺς δεδηλωμένους ἁρμόττειν, πειθέσθω κἂν ἀπὸ τῶν ἑξῆς αὐτοῦ φωνῶν, ἐν αἷς ἀναμφήριστον, εἰ εὐγνωμονοίη, κομίσεται τὴν περὶ τοῦδε μαρτυρίαν. Γράφει γὰρ ὧδε [p. 476, 36-49]·

l'allégorie. [11] Ils ont aussi des ouvrages d'hommes anciens qui furent les premiers chefs de leur secte et qui ont laissé de nombreux monuments de leur système sous forme d'allégorie. Ils s'en servent comme de modèles et imitent leur genre de philosophie. »

[12] Un tel langage paraît bien être celui d'un homme qui les aurait entendus expliquer les saintes Écritures. Ce qu'il appelle les livres des anciens est peut-être vraisemblablement les évangiles et les écrits des apôtres, ainsi que certaines expositions des anciens prophètes, telles qu'on en trouve dans l'*Épître aux Hébreux* et les nombreuses autres lettres de Paul. [13] Quant aux psaumes nouveaux qu'ils composent, voici ce que Philon en écrit tout aussitôt :

« Ils ne se contentent pas de méditer, ils composent des chants et des hymnes à Dieu, en divers mètres et sur diverses mélodies, ne choisissant du reste forcément que des nombres très graves. »

[14] Philon raconte encore beaucoup d'autres particularités dans ce même ouvrage; il m'a paru nécessaire de choisir celles où l'on peut saisir le caractère de la vie ecclésiastique. [15] S'il paraît à quelqu'un que cette description ne s'applique pas au genre de vie évangélique, mais qu'elle peut convenir à d'autres qu'à ceux qui ont été indiqués, ce qu'en dit ensuite Philon le persuadera. Il y a là un témoignage irréfragable pour tout homme de sens droit. Voici ce qu'il écrit :

« [16] Ἐγκράτειαν δ' ὥσπερ τινὰ θεμέλιον προκαταβαλλόμενοι τῇ ψυχῇ, τὰς ἄλλας ἐποικοδομοῦσιν ἀρετάς. Σιτίον ἢ ποτὸν οὐδεὶς ἂν αὐτῶν προσενέγκαιτο πρὸ ἡλίου δύσεως, ἐπεὶ τὸ μὲν φιλοσοφεῖν ἄξιον φωτὸς κρίνουσιν εἶναι, σκότους δὲ τὰς τοῦ σώματος ἀνάγκας· ὅθεν τῷ μὲν ἡμέραν, ταῖς δὲ νυκτὸς βραχύ τι μέρος ἔνειμαν. [17] Ἔνιοι δὲ καὶ διὰ τριῶν ἡμερῶν ὑπομιμνήσκονται τροφῆς, οἷς πλείων ὁ πόθος ἐπιστήμης ἐνίδρυται, τινὲς δὲ οὕτως ἐνευφραίνονται καὶ τρυφῶσιν ὑπὸ σοφίας ἑστιώμενοι πλουσίως καὶ ἀφθόνως τὰ δόγματα χορηγούσης, ὡς καὶ πρὸς διπλασίονα χρόνον ἀντέχειν καὶ μόγις δι' ἓξ ἡμερῶν ἀπογεύεσθαι τροφῆς ἀναγκαίας, ἐθισθέντες ».

Ταύτας τοῦ Φίλωνος σαφεῖς καὶ ἀναντιρρήτους περὶ τῶν καθ' ἡμᾶς ὑπάρχειν ἡγούμεθα λέξεις. [18] Εἰ δ' ἐπὶ τούτοις ἀντιλέγων τις ἔτι σκληρύνοιτο, καὶ οὗτος ἀπαλλαττέσθω τῆς δυσπιστίας, ἐναργεστέραις πειθαρχῶν ἀποδείξεσιν, ἃς οὐ παρά τισιν ἢ μόνῃ τῇ Χριστιανῶν εὑρεῖν ἔνεστιν κατὰ τὸ εὐαγγέλιον θρησκείᾳ. [19] Φησὶν γὰρ [p. 482, 3-11] τοῖς περὶ ὧν ὁ λόγος καὶ γυναῖκας συνεῖναι, ὧν αἱ πλεῖσται γηραλέαι παρθένοι τυγχάνουσιν, τὴν ἁγνείαν οὐκ ἀνάγκῃ, καθάπερ ἔνιαι τῶν παρ' Ἕλλησιν ἱερειῶν, φυλάξασαι μᾶλλον ἢ καθ' ἑκούσιον γνώμην, διὰ ζῆλον καὶ πόθον σοφίας, ᾗ συμβιοῦν σπουδάσασαι τῶν περὶ τὸ σῶμα ἡδονῶν ἠλόγησαν, οὐ θνητῶν ἐκγόνων, ἀλλ' ἀθανάτων ὀρεχθεῖσαι, ἃ μόνη τίκτειν ἀφ' ἑαυτῆς οἷά τέ ἐστιν ἡ θεοφιλὴς ψυχή.

« [16] Ils jettent d'abord dans l'âme, comme un fondement, la tempérance, et élèvent ensuite l'édifice des autres vertus. Personne parmi eux ne mange ni ne boit avant le coucher du soleil; ils pensent que le temps de la lumière est celui de la philosophie et que celui des ténèbres convient aux nécessités du corps : à celle-là, ils consacrent le jour; aux autres, une courte partie de la nuit. [17] Quelques-uns même ne pensent à prendre des aliments que tous les trois jours, tant est grand leur désir de la science. Certains sont dans une telle joie et une telle jouissance, quand ils se nourrissent de la sagesse qui leur présente ses principes, avec abondance et sans compter, qu'ils passent presque un temps double sans manger, et c'est à peine s'ils goûtent à des mets nécessaires tous les six jours. »

Il nous semble que ces paroles montrent d'une façon claire et indiscutable que Philon a parlé de nos coreligionnaires. [18] Si toutefois quelqu'un résiste encore à l'admettre, voici des preuves plus évidentes qui auront raison de son obstination, parce qu'elles ne peuvent avoir de fondement que dans la religion des chrétiens qu'inspire l'Évangile. [19] Car il ajoute qu'il y a parmi ceux dont il est question, des femmes, mais elles sont la plupart arrivées à la vieillesse et ont gardé la virginité. La chasteté n'est pas pour elles une contrainte, comme pour certaines prêtresses grecques ; elles la conservent par libre choix et parce qu'elles désirent et recherchent la sagesse ; le désir d'en vivre leur a fait se refuser les joies du corps. Elles se perpétuent, non point par une descendance périssable, mais par des rejetons immortels que l'âme éprise de Dieu peut seule enfanter.

[20] Εἶθ' ὑποκαταβάς, ἐμφαντικώτερον ἐκτίθεται ταῦτα [p. 483, 42-484, 1]·

« Αἱ δ' ἐξηγήσεις τῶν ἱερῶν γραμμάτων γίνονται αὐτοῖς δι' ὑπονοιῶν ἐν ἀλληγορίαις. Ἅπασα γὰρ ἡ νομοθεσία δοκεῖ τοῖς ἀνδράσι τούτοις ἐοικέναι ζώῳ καὶ σῶμα μὲν ἔχειν τὰς ῥητὰς διατάξεις, ψυχὴν δὲ τὸν ἐναποκείμενον ταῖς λέξεσιν ἀόρατον νοῦν, ὃν ἤρξατο διαφερόντως ἡ οἰκία αὕτη θεωρεῖν, ὡς διὰ κατόπτρου τῶν ὀνομάτων ἐξαίσια κάλλη νοημάτων ἐμφαινόμενα κατιδοῦσα ».

[21] Τί δεῖ τούτοις ἐπιλέγειν τὰς ἐπὶ ταὐτὸν συνόδους καὶ τὰς ἰδίᾳ μὲν ἀνδρῶν, ἰδίᾳ δὲ γυναικῶν ἐν ταὐτῷ διατριβὰς καὶ τὰς ἐξ ἔθους ἔτι καὶ νῦν πρὸς ἡμῶν ἐπιτελουμένας ἀσκήσεις, ἃς διαφερόντως κατὰ τὴν τοῦ σωτηρίου πάθους ἑορτὴν ἐν ἀσιτίαις καὶ διανυκτερεύσεσιν προσοχαῖς τε τῶν θείων λόγων ἐκτελεῖν εἰώθαμεν, [22] ἅπερ ἐπ' ἀκριβέστερον αὐτὸν ὂν καὶ εἰς δεῦρο τετήρηται παρὰ μόνοις ἡμῖν τρόπον ἐπισημηνάμενος ὁ δηλωθεὶς ἀνὴρ τῇ ἰδίᾳ παρέδωκεν γραφῇ, τὰς τῆς μεγάλης ἑορτῆς παννυχίδας καὶ τὰς ἐν ταύταις ἀσκήσεις τούς τε ἔγεσθαι εἰωθότας πρὸς ἡμῶν ὕμνους ἱστορῶν, καὶ ὡς ἑνὸς μετὰ ῥυθμοῦ κοσμίως ἐπιψάλλοντος οἱ λοιποὶ καθ' ἡσυχίαν ἀκροώμενοι τῶν ὕμνων τὰ ἀκροτελεύτια συνεξηχοῦσιν, ὅπως τε κατὰ τὰς δεδηλωμένας ἡμέρας ἐπὶ στιβάδων χαμευνοῦντες, οἴνου μὲν τὸ παράπαν, ὡς αὐτοῖς ῥήμασιν ἀνέγραψεν, οὐδ' ἀπογεύονται, ἀλλ' οὐδὲ τῶν ἐναίμων τινός, ὕδωρ δὲ μόνον αὐτοῖς ἐστι ποτόν, καὶ προσόψημα μετ' ἄρτου ἅλες καὶ ὕσσωπον. [23] Πρὸς

[20] Plus loin, il dit encore plus expressément :

« L'explication des saintes lettres se fait chez eux par des figures et des allégories. Pour eux, la loi tout entière ressemble à un être vivant ; l'arrangement des paroles est le corps, l'âme est le sens invisible qui se cache dessous les mots : c'est celui-ci que cette secte cherche avant tout à contempler, essayant de découvrir dans le miroir des mots la merveilleuse beauté de la pensée qui s'y reflète. »

[21] Qu'est-il besoin de parler encore de leurs assemblées dans un même lieu et des occupations des hommes, séparées de celles des femmes, mais réunies chacune dans un même endroit ? Qu'est-il besoin de rappeler leurs exercices ? Ils sont encore de nos jours en usage parmi nous. Nous nous y adonnons surtout au temps de la passion du Sauveur, que nous passons dans le jeûne, les veilles et la méditation des saintes Écritures. [22] Dans ce que l'auteur dont nous parlons rapporte, nous trouvons très exactement, la même coutume que nous seuls observons jusqu'à maintenant. Il raconte les veillées de la grande fête et les exercices qu'on y pratique, les hymnes que nous avons l'habitude de chanter ; il dit que l'un d'eux chante seul en gardant avec soin le rythme, et que les autres l'écoutent en silence et ne chantent après lui que la fin des hymnes. Ces jours-là, ils couchent par terre sur une natte ; ils ne boivent absolument pas de vin, ainsi que l'affirme expressément Philon ; ils s'abstiennent de toute espèce de viandes : l'eau est leur seul breuvage et, avec leur pain, ils ne prennent que du sel et de l'hysope. [23] Philon décrit

τούτοις γράφει τὸν τῆς προστασίας τρόπον τῶν τὰς ἐκκλη- σιαστικὰς λειτουργίας ἐγκεχειρισμένων διακονίας τε καὶ τὰς ἐπὶ πᾶσιν ἀνωτάτω τῆς ἐπισκοπῆς προεδρίας [voy. l'*Appendice*]. Τούτων δ' ὅτῳ πόθος ἔνεστι τῆς ἀκριβοῦς ἐπιστάσεως, μάθοι ἂν ἐκ τῆς δηλωθείσης τοῦ ἀνδρὸς ἱστορίας· [24] ὅτι δὲ τοὺς πρώτους κήρυκας τῆς κατὰ τὸ εὐαγγέλιον διδασκαλίας τά τε ἀρχῆθεν πρὸς τῶν ἀποστόλων ἔθη παραδεδομένα καταλαβὼν ὁ Φίλων ταῦτ' ἔγραφεν, παντί τῳ δῆλον.

ΙΗ'

Πολύς γε μὴν τῷ λόγῳ καὶ πλατὺς ταῖς διανοίαις, ὑψηλός τε ὢν καὶ μετέωρος ἐν ταῖς εἰς τὰς θείας γραφὰς θεωρίαις γεγενημένος, ποικίλην καὶ πολύτροπον τῶν ἱερῶν λόγων πεποίηται τὴν ὑφήγησιν, τοῦτο μὲν εἱρμῷ καὶ ἀκολουθίᾳ τὴν τῶν εἰς τὴν Γένεσιν διεξελθὼν πραγματείαν ἐν οἷς ἐπέγραψεν Νόμων ἱερῶν ἀλληγορίας, τοῦτο δὲ κατὰ μέρος διαστολὰς κεφαλαίων τῶν ἐν ταῖς γραφαῖς ζητουμένων ἐπιστάσεις τε καὶ διαλύσεις πεποιημένος ἐν οἷς καὶ αὐτοῖς καταλλήλως Τῶν ἐν Γενέσει καὶ τῶν ἐν Ἐξαγωγῇ ζητημάτων καὶ λύσεων τέθειται τὴν ἐπιγραφήν. [2] Ἔστι δ' αὐτῷ παρὰ ταῦτα προβλημάτων τινῶν ἰδίως πεπονημένα σπουδάσματα, οἷά ἐστι τὰ Περὶ γεωργίας δύο, καὶ τὰ Περὶ μέθης τοσαῦτα, καὶ ἄλλα ἄττα διαφόρου καὶ οἰκείας ἐπιγραφῆς ἠξιωμένα, οἷος ὁ Περὶ ὧν νήψας ὁ νοῦς εὔχεται καὶ

en outre l'ordre de préséance des ministres du culte ecclésiastique ; il dit les fonctions du diacre et la présidence de l'évêque élevé au-dessus de tous. Quiconque au reste désire examiner avec précision ce sujet, pourra s'en instruire dans les livres de notre écrivain. [24] Mais que Philon ait pensé aux premiers prédicateurs de la doctrine évangélique et aux institutions établies dès l'origine par les apôtres, c'est évident pour tous.

CHAPITRE XVIII

[LIVRES DE PHILON PARVENUS JUSQU'A NOUS]

Écrivain abondant, large dans ses conceptions, élevé et sublime dans ses théories sur l'Écriture, Philon a élaboré l'exposition variée et ingénieuse des livres sacrés. Il a d'abord expliqué avec suite et ordre le récit de la *Genèse* dans un ouvrage intitulé *Allégorie des lois saintes* ; puis, il a traité à part et en détail les questions de certains chapitres de la Bible, proposant et résolvant les difficultés ; il a conséquemment appelé son ouvrage : *Problèmes et solutions sur la Genèse et l'Exode*. [2] En outre, on a de lui des écrits sur diverses questions particulières. Tels sont les deux livres *Sur l'Agriculture*, autant *Sur l'Ivresse*; d'autres qui portent des titres divers assortis à leur sujet : tels le traité *Sur ce qu'un esprit sobre désire et*

καταρᾶται καὶ Περὶ συγχύσεως τῶν διαλέκτων, καὶ ὁ Περὶ φυγῆς καὶ εὑρέσεως, καὶ ὁ Περὶ τῆς πρὸς τὰ παιδεύματα συνόδου, Περί τε τοῦ τίς ὁ τῶν θείων ἐστὶ κληρονόμος ἢ περὶ τῆς εἰς τὰ ἴσα καὶ ἐναντία τομῆς, καὶ ἔτι τὸ Περὶ τῶν τριῶν ἀρετῶν ἃς σὺν ἄλλαις ἀνέγραψεν Μωυσῆς, [3] πρὸς τούτοις ὁ Περὶ τῶν μετονομαζομένων καὶ ὧν ἕνεκα μετονομάζονται, ἐν ᾧ φησι [PHILON, *De mut. nom.*, LIII] συντεταχέναι καὶ Περὶ διαθηκῶν α΄ β΄· [4] ἔστιν δ᾽ αὐτοῦ καὶ Περὶ ἀποικίας καὶ βίου σοφοῦ τοῦ κατὰ δικαιοσύνην τελειωθέντος ἢ νόμων ἀγράφων, καὶ ἔτι Περὶ γιγάντων ἢ περὶ τοῦ μὴ τρέπεσθαι τὸ θεῖον, Περί τε τοῦ κατὰ Μωυσέα θεοπέμπτους εἶναι τοὺς ὀνείρους α΄ β΄ γ΄ δ΄ ε΄. Καὶ ταῦτα μὲν τὰ εἰς ἡμᾶς ἐλθόντα τῶν εἰς τὴν Γένεσιν, [5] εἰς δὲ τὴν Ἔξοδον ἔγνωμεν αὐτοῦ Ζητημάτων καὶ λύσεων α΄ β΄ γ΄ δ΄ ε΄, καὶ τὸ Περὶ τῆς σκηνῆς, τό τε Περὶ τῶν δέκα λογίων, καὶ τὰ Περὶ τῶν ἀναφερομένων ἐν εἴδει νόμων εἰς τὰ συντείνοντα κεφάλαια τῶν δέκα λόγων α΄ β΄ γ΄ δ΄, καὶ τὸ Περὶ τῶν εἰς τὰς ἱερουργίας ζώων καὶ τίνα τὰ τῶν θυσιῶν εἴδη, καὶ τὸ Περὶ τῶν προκειμένων ἐν τῷ νόμῳ τοῖς μὲν ἀγαθοῖς ἄθλων, τοῖς δὲ πονηροῖς ἐπιτιμίων καὶ ἀρῶν.

[6] Πρὸς τούτοις ἅπασιν καὶ μονόβιβλα αὐτοῦ φέρεται ὡς τὸ Περὶ προνοίας, καὶ ὁ Περὶ Ἰουδαίων αὐτῷ συνταχθεὶς λόγος, καὶ ὁ Πολιτικός, ἔτι τε ὁ Ἀλέξανδρος ἢ περὶ τοῦ λόγον ἔχειν τὰ ἄλογα ζῷα, ἐπὶ τούτοις ὁ Περὶ τοῦ δοῦλον εἶναι πάντα φαῦλον, ᾧ ἑξῆς ἐστιν ὁ Περὶ τοῦ πάντα σπου-

déteste et *Sur la confusion des langues* ; l'écrit *Sur la fuite et l'invention* ; l'écrit *Du groupement pour la formation de la jeunesse* ; *Quel est l'héritier des choses divines ou De la division en parties égales et inégales* ; *Des trois vertus que Moïse a décrites avec d'autres*. [3] En outre : un traité *Sur les changements de noms et leurs causes*, dans lequel il dit avoir écrit aussi un ouvrage *Sur les Testaments*, livres I et II. [4] On a encore de lui *De l'émigration* et *De la vie du Sage parfait selon la justice ou des lois non écrites* ; *Des géants ou de l'immutabilité divine* ; *Que les songes, selon Moïse, viennent de Dieu*, livres I, II, III, IV, V. Telles sont les œuvres qui sont venues jusqu'à nous de celles Sur la *Genèse*. [5] Concernant l'*Exode*, nous connaissons des livres de *Questions et réponses*, I, II, III, IV, V ; le traité *Sur le tabernacle*, celui *Du Décalogue* ; *Sur les lois particulières qui concordent avec les points principaux des dix commandements*, I, II, III, IV ; *Sur les animaux des sacrifices et quelles sont les espèces de sacrifices* ; *Sur les affirmations de la loi concernant les récompenses des bons, les peines et malédictions réservées aux méchants*.

[6] En outre de tous ces écrits, on cite encore de lui d'autres ouvrages d'un seul livre comme : *Sur sa providence*, le discours composé par lui *Sur les Juifs*, *Le politique*, et encore *Alexandre ou que les animaux muets ont une raison* ; de plus, le traité sur *Quiconque pèche est esclave*, avec la suite, *Quiconque est vertueux est libre*.

δαῖον ἐλεύθερον εἶναι· [7] μεθ' οὓς συντέτακται αὐτῷ ὁ Περὶ βίου θεωρητικοῦ ἢ ἱκετῶν, ἐξ οὗ τὰ περὶ τοῦ βίου τῶν ἀποστολικῶν ἀνδρῶν διεληλύθαμεν, καὶ Τῶν ἐν νόμῳ δὲ καὶ προφήταις Ἑβραϊκῶν ὀνομάτων αἱ ἑρμηνεῖαι τοῦ αὐτοῦ σπουδὴ εἶναι λέγονται. [8] Οὗτος μὲν οὖν κατὰ Γάϊον ἐπὶ τῆς Ῥώμης ἀφικόμενος, τὰ περὶ τῆς Γαΐου θεοστυγίας αὐτῷ γραφέντα, ἃ μετὰ ἤθους καὶ εἰρωνείας Περὶ ἀρετῶν ἐπέγραψεν, ἐπὶ πάσης λέγεται τῆς Ῥωμαίων συγκλήτου κατὰ Κλαύδιον διελθεῖν, ὡς καὶ τῆς ἐν βιβλιοθήκαις ἀναθέσεως θαυμασθέντας αὐτοῦ καταξιωθῆναι τοὺς λόγους.

ΙΘ'

[9] Κατὰ δὲ τούσδε τοὺς χρόνους Παύλου τὴν ἀπὸ Ἱερουσαλὴμ καὶ κύκλῳ πορείαν μέχρι τοῦ Ἰλλυρικοῦ διανύοντος [*Rom.*, xv, 19], 'Ιουδαίους Ῥώμης ἀπελαύνει Κλαύδιος, ὅτε Ἀκύλας καὶ Πρίσκιλλα μετὰ τῶν ἄλλων Ἰουδαίων τῆς Ῥώμης ἀπαλλαγέντες ἐπὶ τὴν Ἀσίαν καταίρουσιν, ἐνταῦθά τε Παύλῳ τῷ ἀποστόλῳ συνδιατρίβουσιν, τοὺς αὐτόθι τῶν ἐκκλησιῶν ἄρτι πρὸς αὐτοῦ καταβληθέντας θεμελίους ἐπιστηρίζοντι. Διδάσκαλος καὶ τούτων ἡ ἱερὰ τῶν Πράξεων γραφή [*Act.*, xviii, 2, 18, 19, 23].

[7] Après ces ouvrages il a composé : *De la vie contemplative ou des suppliants*, d'après lequel nous avons exposé ce qui concerne la vie des hommes apostoliques. *Les interprétations des noms hébreux qui se trouvent dans la loi et les prophètes* lui sont attribuées comme son œuvre. [8] Philon étant venu à Rome sous Gaïus raconta les impiétés de ce prince dans un écrit qu'il intitula avec finesse et ironie *Des vertus*. On dit que, sous le règne de Claude, il lut son œuvre en plein Sénat ; on l'admira tellement qu'on fit à ses ouvrages l'honneur de les admettre dans les bibliothèques.

[9] A cette époque, comme Paul achevait sa tournée de Jérusalem jusqu'en Illyricum. Claude chassait les Juifs de Rome. Aussi Aquila et Priscille avec leurs compagnons juifs en étant sortis, débarquèrent en Asie. Ils y rencontrèrent Paul et demeurèrent avec lui, tandis qu'il affermissait les fondements des églises qu'il avait récemment établies. Voilà ce que nous apprend le texte sacré des *Actes*.

[XIX, 1] Ἔτι δὲ Κλαυδίου τὰ τῆς βασιλείας διέποντος, κατὰ τὴν τοῦ πάσχα ἑορτὴν τοσαύτην ἐπὶ τῶν Ἱεροσολύμων στάσιν καὶ ταραχὴν ἐγγενέσθαι συνέβη, ὡς μόνων τῶν περὶ τὰς ἐξόδους τοῦ ἱεροῦ βίᾳ συνωθουμένων τρεῖς μυριάδας Ἰουδαίων ἀποθανεῖν πρὸς ἀλλήλων καταπατηθέντων, γενέσθαι τε τὴν ἑορτὴν πένθος μὲν ὅλῳ τῷ ἔθνει, θρῆνον δὲ καθ' ἑκάστην οἰκίαν [JOSÈPHE, Bel., II, 227]. Καὶ ταῦτα δὲ κατὰ λέξιν ὁ Ἰώσηπος. [2] Κλαύδιος δὲ Ἀγρίππαν, Ἀγρίππου παῖδα, Ἰουδαίων καθίστησι βασιλέα, Φήλικα τῆς χώρας ἀπάσης Σαμαρείας τε καὶ Γαλιλαίας καὶ προσέτι τῆς ἐπικαλουμένης Περαίας ἐπίτροπον ἐκπέμψας, διοικήσας δὲ αὐτὸς τὴν ἡγεμονίαν ἔτεσιν τρισὶν καὶ δέκα πρὸς μησὶν ὀκτώ, Νέρωνα τῆς ἀρχῆς διάδοχον καταλιπών, τελευτᾷ [cf. JOSÈPHE, Bel., II, 247-248].

Κ'

Κατὰ δὲ Νέρωνα, Φήλικος τῆς Ἰουδαίας ἐπιτροπεύοντος, αὐτοῖς ῥήμασιν αὖθις ὁ Ἰώσηπος τὴν εἰς ἀλλήλους τῶν ἱερέων στάσιν ὧδέ πως ἐν εἰκοστῷ τῆς Ἀρχαιολογίας γράφει [JOSÈPHE, Ant., XX, 180-181]·

CHAPITRE XIX

[malheurs arrivés aux juifs a jérusalem
le jour de paques]

Claude régnait encore lorsqu'au moment de la fête de Pâques, il se produisit à Jérusalem une sédition et un tumulte tellement épouvantable que, seulement des Juifs qui se bousculaient aux portes du temple, trente mille périrent en s'écrasant les uns les autres ; la fête devint un deuil pour la nation et un sujet de larmes pour chaque famille. C'est ce que dit textuellement Josèphe.

[2] Claude établit roi des Juifs Agrippa, fils d'Agrippa, et envoya Félix comme procurateur de tout le pays de Samarie et de Galilée, et en outre du pays appelé Pérée. Pour lui, après treize années et huit mois de règne, laissant Néron comme successeur, il mourut.

CHAPITRE XX

[ce qui arriva a jérusalem sous néron]

Sous le règne de Néron, tandis que Félix gouvernait la Judée, la discorde s'éleva parmi les prêtres : Josèphe le décrit encore en ces termes dans le vingtième livre des *Antiquités*.

« [2] Ἐξάπτεται δὲ καὶ τοῖς ἀρχιερεῦσι στάσις πρὸς τοὺς ἱερεῖς καὶ τοὺς πρώτους τοῦ πλήθους τῶν Ἱεροσολύμων, ἕκαστός τε αὐτῶν στῖφος ἀνθρώπων τῶν θρασυτάτων καὶ νεωτεριστῶν ἑαυτῷ ποιήσας, ἡγεμὼν ἦν, καὶ συρράσσοντες ἐκακολόγουν τε ἀλλήλους καὶ λίθοις ἔβαλλον· ὁ δ' ἐπιπλήξων ἦν οὐδὲ εἷς ἀλλ' ὡς ἐν ἀπροστατήτῳ πόλει ταῦτ' ἐπράσσετο μετ' ἐξουσίας. [3] Τοσαύτη δὲ τοὺς ἀρχιερεῖς κατέλαβεν ἀναίδεια καὶ τόλμα, ὥστε ἐκπέμπειν δούλους ἐτόλμων ἐπὶ τὰς ἅλωνας τοὺς ληψομένους τὰς τοῖς ἱερεῦσιν ὀφειλομένας δεκάτας. Καὶ συνέβαινε τοὺς ἀπορουμένους τῶν ἱερέων ὑπ' ἐνδείας ἀπολλυμένους θεωρεῖν. Οὕτως ἐκράτει τοῦ δικαίου παντὸς ἡ τῶν στασιαζόντων βία ».

[4] Πάλιν δὲ ὁ αὐτὸς συγγραφεὺς κατὰ τοὺς αὐτοὺς χρόνους ἐν Ἱεροσολύμοις ὑποφυῆναι λῃστῶν τι εἶδος ἱστορεῖ [Josèphe, *Bel.*, II, 254-256], οἳ μεθ' ἡμέραν, ὥς φησιν, καὶ ἐν μέσῃ τῇ πόλει ἐφόνευον τοὺς συναντῶντας. [5] Μάλιστα γὰρ ἐν ταῖς ἑορταῖς μιγνυμένους τῷ πλήθει καὶ ταῖς ἐσθήσεσιν ὑποκρύπτοντας μικρὰ ξιφίδια, τούτοις νύττειν τοὺς διαφόρους· ἔπειτα πεσόντων, μέρος γίνεσθαι τῶν ἐπαγανακτούντων αὐτοὺς τοὺς πεφονευκότας· διὸ καὶ παντάπασιν ὑπ' ἀξιοπιστίας ἀνευρέτους γενέσθαι. [6] Πρῶτον μὲν οὖν ὑπ' αὐτῶν Ἰωνάθην τὸν ἀρχιερέα κατασφαγῆναι, μετὰ δ' αὐτὸν καθ' ἡμέραν ἀναιρεῖσθαι πολλούς, καὶ τῶν συμφορῶν τὸν φόβον εἶναι χαλεπώτερον, ἑκάστου καθάπερ ἐν πολέμῳ καθ' ὥραν τὸν θάνατον προσδεχομένου.

« [2] Les grands prêtres entrèrent en lutte contre les prêtres et les premiers citoyens de Jérusalem. Chacun d'eux s'étant fait une garde des hommes les plus hardis et les plus entreprenants marchait à leur tête ; et c'était à chaque rencontre une grêle d'insultes et de pierres. Il n'y avait personne pour s'opposer à ces rixes ; mais, comme dans une ville sans magistrats, elles avaient lieu en toute liberté. [3] Les grands prêtres portaient l'impudence et l'audace jusqu'à oser envoyer leurs serviteurs pour enlever dans les granges les dîmes qui étaient dues aux prêtres. Il arriva même qu'on vit mourir de faim ceux d'entre eux qui étaient pauvres. A ce point l'emportait sur tout droit la violence des séditieux ».

[4] Le même écrivain raconte encore qu'à cette époque une espèce de brigands se forma à Jérusalem, qui en plein jour et en pleine ville, selon son expression, tuaient ceux qu'ils rencontraient. [5] C'était surtout aux jours de fête qu'ils se mêlaient à la foule. Ils tenaient cachées sous leurs habits des épées courtes avec lesquelles ils frappaient les personnes étrangères à leur parti (voy. l'*Appendice*). Aussitôt que celles-ci tombaient, parmi ceux qui s'indignaient, se trouvaient les meurtriers, et grâce à cette apparence honnête ils demeuraient tout à fait introuvables. [6] Sous leurs coups tomba d'abord le grand prêtre Jonathan, et après lui, chaque jour, beaucoup périrent. La peur fut encore plus pénible que le mal ; car chacun, comme dans une guerre, attendait la mort d'un moment à l'autre.

ΚΑ'

Ἑξῆς δὲ τούτοις ἐπιφέρει μεθ' ἕτερα λέγων [JOSÈPHE, *Bel.*, II, 261-263]·

« Μείζονι δὲ τούτων πληγῇ Ἰουδαίους ἐκάκωσεν ὁ Αἰγύπτιος ψευδοπροφήτης. Παραγενόμενος γὰρ εἰς τὴν χώραν ἄνθρωπος γόης καὶ προφήτου πίστιν ἐπιθεὶς ἑαυτῷ, περὶ τρισμυρίους μὲν ἀθροίζει τῶν ἠπατημένων, περιαγαγὼν δ' αὐτοὺς ἐκ τῆς ἐρημίας εἰς τὸ Ἐλαιῶν καλούμενον ὄρος, ἐκεῖθεν οἷός τε ἦν εἰς Ἱεροσόλυμα παρελθεῖν βιάζεσθαι καὶ κρατήσας τῆς τε Ῥωμαϊκῆς φρουρᾶς καὶ τοῦ δήμου τυραννικῶς χρώμενος τοῖς συνεισπεσοῦσιν δορυφόροις. [2] Φθάνει δ' αὐτοῦ τὴν ὁρμὴν Φῆλιξ, ὑπαντιάσας μετὰ τῶν Ῥωμαϊκῶν ὁπλιτῶν, καὶ πᾶς ὁ δῆμος συνεφήψατο τῆς ἀμύνης, ὥστε συμβολῆς γενομένης τὸν μὲν Αἰγύπτιον φυγεῖν μετ' ὀλίγων, διαφθαρῆναι δὲ καὶ ζωγρηθῆναι πλείστους τῶν σὺν αὐτῷ ».

[3] Ταῦτα ἐν τῇ δευτέρᾳ τῶν Ἱστοριῶν ὁ Ἰώσηπος· ἐπιστῆσαι δὲ ἄξιον τοῖς ἐνταῦθα κατὰ τὸν Αἰγύπτιον δεδηλωμένοις καὶ τοῖς ἐν ταῖς Πράξεσι τῶν ἀποστόλων [*Act.*, XXI, 38], ἔνθα κατὰ Φήλικα πρὸς τοῦ ἐν Ἱεροσολύμοις χιλιάρχου εἴρηται τῷ Παύλῳ, ὁπηνίκα κατεστασίαζεν αὐτοῦ τὸ τῶν Ἰουδαίων πλῆθος· « Οὐκ ἄρα σὺ εἶ ὁ Αἰγύπτιος ὁ πρὸ τούτων τῶν ἡμερῶν ἀναστατώσας καὶ ἐξαγαγὼν ἐν τῇ ἐρήμῳ τοὺς τετρακισχιλίους ἄνδρας τῶν σικαρίων; »

Ἀλλὰ τὰ μὲν κατὰ Φήλικα τοιαῦτα·

CHAPITRE XXI

[DE L'ÉGYPTIEN DONT PARLENT LES ACTES DES APÔTRES]

Ensuite, après d'autres choses, Josèphe ajoute :
« L'Égyptien faux prophète fit encore plus de mal aux Juifs. C'était un magicien qui arriva dans le pays et fit croire qu'il était prophète ; il rassembla environ trente mille dupes et les amena du désert sur le mont des Oliviers. De là, il était capable d'aller forcer Jérusalem de réduire la garnison romaine et d'asservir le peuple avec l'aide des gens armés qu'il commandait et pouvait lancer contre la ville (voy. l'*Appendice*). [2] Félix para le coup. Il fit marcher contre lui les soldats romains ; le peuple entier lui prêta main-forte pour cette œuvre de défense. Le combat eut lieu ; l'Égyptien s'enfuit avec peu de gens, la plupart de ses partisans furent tués ou faits prisonniers. »

[3] Ceci est raconté par Josèphe au second livre de son *Histoire*. Il est à propos de rapprocher de ce récit concernant l'Égyptien, ce qui se trouve aux *Actes des apôtres*; on y lit les paroles dites à Paul par le tribun qui était à Jérusalem sous le gouvernement de Félix, lorsque la multitude des Juifs s'était soulevée contre l'apôtre : « N'es-tu pas l'Égyptien qui s'est levé il y a quelque temps et a emmené au désert quatre mille sicaires ?

Voilà ce qui s'est passé sous Félix.

ΚΒ'

Τούτου δὲ Φῆστος ὑπὸ Νέρωνος διάδοχος πέμπεται, καθ' ὃν δικαιολογησάμενος ὁ Παῦλος δέσμιος ἐπὶ Ῥώμης ἄγεται [*Act.*, xxv, 8-12; xxvii, 1] · Ἀρίσταρχος αὐτῷ συνῆν, ὃν καὶ εἰκότως συναιχμάλωτόν που τῶν ἐπιστολῶν ἀποκαλεῖ [*Col.*, iv, 10]. Καὶ Λουκᾶς, ὁ καὶ τὰς πράξεις τῶν ἀποστόλων γραφῇ παραδούς, ἐν τούτοις κατέλυσε τὴν ἱστορίαν, διετίαν ὅλην ἐπὶ τῆς Ῥώμης τὸν Παῦλον ἄνετον διατρῖψαι καὶ τὸν τοῦ θεοῦ λόγον ἀκωλύτως κηρῦξαι ἐπισημηνάμενας [*Act.*, xxviii, 30-31]. [2] Τότε μὲν οὖν ἀπολογησάμενον, αὖθις ἐπὶ τὴν τοῦ κηρύγματος διακονίαν λόγος ἔχει στείλασθαι τὸν ἀπόστολον, δεύτερον δ' ἐπιβάντα τῇ αὐτῇ πόλει τῷ κατ' αὐτὸν τελειωθῆναι μαρτυρίῳ · ἐν ᾧ δεσμοῖς ἐχόμενος, τὴν πρὸς Τιμόθεον δευτέραν ἐπιστολὴν συντάττει, ὁμοῦ σημαίνων τήν τε προτέραν αὐτῷ γενομένην ἀπολογίαν καὶ τὴν παρὰ πόδας τελείωσιν. [3] Δέχου δὴ καὶ τούτων τὰς αὐτοῦ μαρτυρίας [*II Tim.*, iv, 16-17]· « Ἐν τῇ πρώτῃ μου, φησίν, ἀπολογίᾳ οὐδείς μοι παρεγένετο, ἀλλὰ πάντες με ἐγκατέλιπον (μὴ αὐτοῖς λογισθείη), ὁ δὲ κύριός μοι παρέστη καὶ ἐνεδυνάμωσέν με, ἵνα δι' ἐμοῦ τὸ κήρυγμα πληροφορηθῇ καὶ ἀκούσωσι πάντα τὰ ἔθνη, καὶ ἐρρύσθην ἐκ στόματος λέοντος ». [4] Σαφῶς

CHAPITRE XXII

[PAUL ENVOYÉ DE JUDÉE A ROME COMME PRISONNIER, SE LAVE ET EST ABSOUS DE TOUTE ACCUSATION]

Néron envoya un successeur à Félix dans la personne de Festus ; c'est devant ce magistrat que Paul se défendit et c'est par lui qu'il fut dirigé vers Rome comme prisonnier. Aristarque était avec lui ; l'apôtre l'appelle à bon droit son compagnon de captivité, dans un passage de ses épîtres. Luc, celui qui nous a transmis par écrit les Actes des Apôtres, arrête son récit à cette époque : il dit que Paul, arrivé à Rome, y demeura libre pendant deux années entières, et y prêcha sans obstacle la parole de Dieu. [2] Après avoir plaidé sa cause, l'apôtre, dit-on, partit de nouveau pour exercer son ministère évangélique ; puis il revint une seconde fois dans la ville impériale où il termina sa vie par le martyre. C'est alors que, de sa prison, il écrivit à Timothée sa seconde lettre, dans laquelle il fait allusion tout ensemble à sa première défense et à sa fin prochaine. [3] Voici, du reste, son propre témoignage : « Dans ma première défense, dit-il, personne ne m'a assisté et tous m'ont abandonné. Que cette défaillance ne leur soit pas compté. Le Seigneur a été avec moi et m'a fortifié, afin que, par moi, la prédication fût achevée, et que tous les peuples l'entendissent, et j'ai été délivré de la gueule du lion. » [4] Paul établit clairement ainsi, que, la pre-

δὴ παρίστησιν διὰ τούτων ὅτι δὴ τὸ πρότερον, ὡς ἂν τὸ κήρυγμα τὸ δι' αὐτοῦ πληρωθείη, ἐρρύσθη ἐκ στόματος λέοντος, τὸν Νέρωνα ταύτῃ, ὡς ἔοικεν, διὰ τὸ ὠμόθυμον προσειπών. Οὔκουν ἑξῆς προστέθεικεν παραπλήσιόν τι τῷ ῥύσεταί με ἐκ στόματος λέοντος · ἑώρα γὰρ τῷ πνεύματι τὴν ὅσον οὔπω μέλλουσαν αὐτοῦ τελευτήν. [5] Δι' ὅ φησιν [II Tim., IV, 18] ἐπιλέγων τῷ « καὶ ἐρρύσθην ἐκ στόματος λέοντος » τὸ « ῥύσεταί με ὁ κύριος ἀπὸ παντὸς ἔργου πονηροῦ καὶ σώσει εἰς τὴν βασιλείαν αὐτοῦ τὴν ἐπουράνιον », σημαίνων τὸ παραυτίκα μαρτύριον · ὁ καὶ σαφέστερον ἐν τῇ αὐτῇ προλέγει γραφῇ, φάσκων [II Tim., IV, 6] · « Ἐγὼ γὰρ ἤδη σπένδομαι, καὶ ὁ καιρὸς τῆς ἐμῆς ἀναλύσεως ἐφέστηκεν ». [6] Νῦν μὲν οὖν ἐπὶ τῆς δευτέρας ἐπιστολῆς τῶν πρὸς Τιμόθεον τὸν Λουκᾶν μόνον γράφοντι αὐτῷ συνεῖναι δηλοῖ [II Tim., IV, 11, 16], κατὰ δὲ τὴν προτέραν ἀπολογίαν οὐδὲ τοῦτον. Ὅθεν εἰκότως τὰς τῶν ἀποστόλων Πράξεις ἐπ' ἐκεῖνον ὁ Λουκᾶς περιέγραψε τὸν χρόνον, τὴν μέχρις ὅτε τῷ Παύλῳ συνῆν ἱστορίαν ὑφηγησάμενος.

[7] Ταῦτα δ' ἡμῖν εἴρηται παρισταμένοις ὅτι μὴ καθ' ἣν ὁ Λουκᾶς ἀνέγραψεν ἐπὶ τῆς Ῥώμης ἐπιδημίαν τοῦ Παύλου τὸ μαρτύριον αὐτῷ συνεπεράνθη· [8] εἰκός γέ τοι κατὰ μὲν ἀρχὰς ἠπιώτερον τοῦ Νέρωνος διακειμένου, ῥᾷον τὴν ὑπὲρ τοῦ δόγματος τοῦ Παύλου καταδεχθῆναι ἀπολογίαν, προελθόντος δ' εἰς ἀθεμίτους τόλμας, μετὰ τῶν ἄλλων καὶ τὰ κατὰ τῶν ἀποστόλων ἐγχειρηθῆναι.

mière fois, il a été arraché de la gueule du lion pour qu'il pût remplir sa mission d'apôtre : le lion dont il parle est vraisemblablement Néron ; il le désigne sous ce nom à cause de sa cruauté. Un peu plus loin, il ne dit plus rien d'analogue à « il m'arrachera de la gueule du lion », car l'Esprit lui fait voir que sa fin ne tardera guère. [5] C'est pourquoi après ces paroles : « Et je fus arraché de la gueule du lion », il ajoute : « Le Seigneur me délivrera de toute œuvre mauvaise et me sauvera dans son céleste royaume », indiquant ainsi que son martyre était très proche. Dans le même écrit, il l'annonce plus nettement, disant : « J'ai déjà reçu la libation et le moment de ma délivrance est proche ». [6] Il déclare du reste dans cette seconde épître à Timothée que Luc seul est avec lui lorsqu'il écrit, mais il ne parle pas de lui pour sa première défense. C'est vraisemblablement pour ce motif que celui-ci a arrêté à cette époque le récit des *Actes*, ne voulant faire le récit que jusque au temps où il vécut avec Paul.

[7] Je dis ceci pour qu'on ne fixe pas le martyre de l'apôtre au moment où Luc nous le montre séjournant à Rome. [8] Il est du reste à croire qu'au début de son règne, Néron étant d'un naturel plus doux, admit plus facilement la justification que Paul lui présenta de la doctrine ; mais, venu plus tard à des audaces criminelles, il en fit sentir les effets aux apôtres comme du reste à tout le monde.

ΚΓ'

Ἰουδαῖοί γε μὴν τοῦ Παύλου Καίσαρα ἐπικαλεσαμένου ἐπί τε τὴν Ῥωμαίων πόλιν ὑπὸ Φήστου παραπεμφθέντος [*Act.*, xxv, 11-12; xxvii, 1], τῆς ἐλπίδος καθ' ἣν ἐξήρτυον αὐτῷ τὴν ἐπιβουλὴν ἀποπεσόντες [*Act.*, xxiii, 13-15; xxv, 3], ἐπὶ Ἰάκωβον τὸν τοῦ κυρίου τρέπονται ἀδελφόν, ᾧ πρὸς τῶν ἀποστόλων ὁ τῆς ἐπισκοπῆς τῆς ἐν Ἱεροσολύμοις ἐγκεχείριστο θρόνος. Τοιαῦτα δὲ αὐτοῖς καὶ τὰ κατὰ τούτου τολμᾶται. [2] Εἰς μέσον αὐτὸν ἀγαγόντες ἄρνησιν τῆς εἰς τὸν Χριστὸν πίστεως ἐπὶ παντὸς ἐξήτουν τοῦ λαοῦ· τοῦ δὲ παρὰ τὴν ἁπάντων γνώμην ἐλευθέρᾳ φωνῇ καὶ μᾶλλον ἢ προσεδόκησαν ἐπὶ τῆς πληθύος ἁπάσης παρρησιασαμένου καὶ ὁμολογήσαντος υἱὸν εἶναι θεοῦ τὸν σωτῆρα καὶ κύριον ἡμῶν Ἰησοῦν, μηκέθ' οἷοί τε τὴν τοῦ ἀνδρὸς μαρτυρίαν φέρειν τῷ καὶ δικαιότατον αὐτὸν παρὰ τοῖς πᾶσιν δι' ἀκρότητα ἧς μετήει κατὰ τὸν βίον φιλοσοφίας τε καὶ θεοσεβείας πιστεύεσθαι, κτείνουσι, καιρὸν εἰς ἐξουσίαν λαβόντες τὴν ἀναρχίαν, ὅτε δὴ τοῦ Φήστου κατ' αὐτὸ τοῦ καιροῦ ἐπὶ τῆς Ἰουδαίας τελευτήσαντος, ἄναρχα καὶ ἀνεπιτρόπευτα τὰ τῆς αὐτόθι διοικήσεως καθειστήκει.

[3] Τὸν δὲ τῆς τοῦ Ἰακώβου τελευτῆς τρόπον ἤδη μὲν

CHAPITRE XXIII

[COMMENT JACQUES, APPELÉ LE FRÈRE DU SEIGNEUR, FUT MARTYR]

Paul en avait appelé à César, et Festus l'avait envoyé à Rome : ainsi fut trompé l'espoir des Juifs et rendu vaine l'embûche qu'ils avaient dressée contre l'apôtre, Ils tournèrent alors leur fureur contre Jacques, le frère du Seigneur, qui occupait alors le siège épiscopal de Jérusalem qu'il avait reçu des apôtres. Voici ce qu'ils entreprirent contre lui. [2] Ils le firent venir et, devant tout le peuple, lui demandèrent de renoncer à la foi au Christ. A la surprise de tous, il parla devant la multitude avec une liberté entière et une indépendance qui dépassait de beaucoup leur attente ; il confessa que Jésus notre Sauveur et Seigneur était le fils de Dieu. Un pareil témoignage, rendu par un tel homme, leur fut insupportable ; car, auprès de tous, il avait la réputation d'être un juste hors de pair, pour la sagesse et la piété de sa vie. Ils le mirent à mort, profitant pour le faire de l'absence de gouverneur ; car Festus venait justement alors de mourir en Judée. Cet attentat fut donc commis en dehors de toute autorisation et de tout contrôle d'un procurateur.

[3] Les circonstances de la mort de Jacques ont été

πρότερον αἱ παρατεθεῖσαι τοῦ Κλήμεντος φωναὶ δεδηλώκασιν [II, 1, 4], ἀπὸ τοῦ πτερυγίου βεβλῆσθαι ξύλῳ τε τὴν πρὸς θάνατον πεπλῆχθαι αὐτὸν ἱστορηκότος · ἀκριβέστατά γε μὴν τὰ κατ' αὐτὸν ὁ Ἡγήσιππος, ἐπὶ τῆς πρώτης τῶν ἀποστόλων γενόμενος διαδοχῆς, ἐν τῷ πέμπτῳ αὐτοῦ ὑπομνήματι τοῦτον λέγων ἱστορεῖ τὸν τρόπον ·

« [4] Διαδέχεται τὴν ἐκκλησίαν μετὰ τῶν ἀποστόλων ὁ ἀδελφὸς τοῦ κυρίου Ἰάκωβος, ὁ ὀνομασθεὶς ὑπὸ πάντων δίκαιος ἀπὸ τῶν τοῦ κυρίου χρόνων μέχρι καὶ ἡμῶν, ἐπεὶ πολλοὶ Ἰάκωβοι ἐκαλοῦντο. [5] Οὗτος δὲ ἐκ κοιλίας μητρὸς αὐτοῦ ἅγιος ἦν, οἶνον καὶ σίκερα οὐκ ἔπιεν οὐδὲ ἔμψυχον ἔφαγεν [Lévit., x, 9; Nomb., vi, 3; Luc, i, 15], ξυρὸν ἐπὶ τὴν κεφαλὴν αὐτοῦ οὐκ ἀνέβη, ἔλαιον οὐκ ἠλείψατο, καὶ βαλανείῳ οὐκ ἐχρήσατο [Nomb., vi, 5]. [6] Τούτῳ μόνῳ ἐξῆν εἰς τὰ ἅγια εἰσιέναι · οὐδὲ γὰρ ἐρεοῦν ἐφόρει, ἀλλὰ σινδόνας. Καὶ μόνος εἰσήρχετο εἰς τὸν ναὸν ηὑρίσκετό τε κείμενος ἐπὶ τοῖς γόνασιν καὶ αἰτούμενος ὑπὲρ τοῦ λαοῦ ἄφεσιν, ὡς ἀπεσκληκέναι τὰ γόνατα αὐτοῦ δίκην καμήλου, διὰ τὸ ἀεὶ κάμπτειν ἐπὶ γόνυ προσκυνοῦντα τῷ θεῷ καὶ αἰτεῖσθαι ἄφεσιν τῷ λαῷ. [7] Διὰ γέ τοι τὴν ὑπερβολὴν τῆς δικαιοσύνης αὐτοῦ ἐκαλεῖτο ὁ δίκαιος καὶ ὠβλίας, ὅ ἐστιν Ἑλληνιστὶ περιοχὴ τοῦ λαοῦ, καὶ δικαιοσύνη, ὡς οἱ προφῆται [Is., iii, 10] δηλοῦσιν περὶ αὐτοῦ. [8] Τινὲς οὖν τῶν ἑπτὰ αἱρέσεων τῶν ἐν τῷ λαῷ, τῶν προγεγραμμένων μοι (ἐν τοῖς Ὑπομνήμασιν [Hégésippe, cité plus loin, IV, xxii, 7]),

déjà indiquées dans une citation de Clément. Celui-ci raconte qu'il fut précipité du haut du temple et tué à coups de bâton. Hégésippe, qui appartient à la première succession des apôtres, expose avec la plus grande exactitude ce qui concerne Jacques, dans le cinquième livre de ses *Mémoires* (voy. l'*Appendice*). Voici ce qu'il en dit :

« [4] Jacques, le frère du Seigneur, reçut l'administration de l'église avec les apôtres. Depuis les temps du Christ jusqu'à nous, il a été surnommé le juste parce que beaucoup s'appelaient Jacques. [5] Il fut sanctifié dès le sein de sa mère : il ne buvait ni vin ni boisson enivrante, ne mangeait rien qui ait eu vie ; le rasoir n'avait jamais passé sur sa tête ; il ne se faisait jamais oindre et s'abstenait des bains. [6] A lui seul il était permis d'entrer dans le sanctuaire ; car ses habits n'étaient pas de laine, mais de lin. Il entrait seul dans le temple et on l'y trouvait à genoux demandant pardon pour le peuple. La peau de ses genoux était devenue dure comme celle des chameaux, parce qu'il était constamment prosterné adorant Dieu et demandant pardon pour le peuple. [7] Son éminente justice du reste le faisait appeler le Juste et Oblias, c'est-à-dire en grec rempart du peuple et justice, selon que les prophètes le montrent à son sujet. [8] Certains membres des sectes, qui existaient au nombre de sept dans le peuple juif, et dont nous avons parlé plus haut (dans les *Mémoires*), deman-

202 LIVRE DEUXIÈME, XXIII, 9 — XXIII, 13

ἐπυνθάνοντο αὐτοῦ τίς ἡ θύρα τοῦ Ἰησοῦ, καὶ ἔλεγεν τοῦτον εἶναι τὸν σωτῆρα [cf. JEAN, x, 9]. [9] Ἐξ ὧν τινες ἐπίστευσαν ὅτι Ἰησοῦς ἐστιν ὁ Χριστός. Αἱ δὲ αἱρέσεις αἱ προειρημέναι οὐκ ἐπίστευον οὔτε ἀνάστασιν οὔτε ἐρχόμενον ἀποδοῦναι ἑκάστῳ κατὰ τὰ ἔργα αὐτοῦ· ὅσοι δὲ καὶ ἐπίστευσαν, διὰ Ἰάκωβον.

« [10] Πολλῶν οὖν καὶ τῶν ἀρχόντων πιστευόντων, ἦν θόρυβος τῶν Ἰουδαίων καὶ γραμματέων καὶ Φαρισαίων λεγόντων ὅτι κινδυνεύει πᾶς ὁ λαὸς Ἰησοῦν τὸν Χριστὸν προσδοκᾶν. Ἔλεγον οὖν συνελθόντες τῷ Ἰακώβῳ.
« Παρακαλοῦμέν σε, ἐπίσχες τὸν λαόν, ἐπεὶ ἐπλα-
« νήθη εἰς Ἰησοῦν, ὡς αὐτοῦ ὄντος τοῦ Χριστοῦ. Παρα-
« καλοῦμέν σε πεῖσαι πάντας τοὺς ἐλθόντας εἰς τὴν ἡμέραν
« τοῦ πάσχα περὶ Ἰησοῦ· σοὶ γὰρ πάντες πειθόμεθα. Ἡμεῖς
« γὰρ μαρτυροῦμέν σοι καὶ πᾶς ὁ λαὸς ὅτι δίκαιος εἶ καὶ
« ὅτι πρόσωπον οὐ λαμβάνεις [LUC, xx, 21]. [11] Πεῖσον
« οὖν σὺ τὸν ὄχλον περὶ Ἰησοῦ μὴ πλανᾶσθαι· καὶ γὰρ
« πᾶς ὁ λαὸς καὶ πάντες πειθόμεθά σοι. Στῆθι οὖν ἐπὶ τὸ
« πτερύγιον τοῦ ἱεροῦ, ἵνα ἄνωθεν ᾖς ἐπιφανὴς καὶ ᾖ εὐά-
« κουστά σου τὰ ῥήματα παντὶ τῷ λαῷ. » Διὰ γὰρ τὸ πάσχα συνεληλύθασι πᾶσαι αἱ φυλαὶ μετὰ καὶ τῶν ἐθνῶν.

« [12] Ἔστησαν οὖν οἱ προειρημένοι γραμματεῖς καὶ Φαρισαῖοι τὸν Ἰάκωβον ἐπὶ τὸ πτερύγιον τοῦ ναοῦ, καὶ ἔκραξαν αὐτῷ καὶ εἶπαν· « Δίκαιε, ᾧ πάντες πείθεσθαι ὀφείλομεν,
« ἐπεὶ ὁ λαὸς πλανᾶται ὀπίσω Ἰησοῦ τοῦ σταυρωθέντος,
« ἀπάγγειλον ἡμῖν τίς ἡ θύρα τοῦ Ἰησοῦ ». [13] Καὶ

dèrent à Jacques quelle était la porte de Jésus. Il répondit que Jésus était le Sauveur. [9] Quelques-uns d'entre eux se laissèrent convaincre qu'il était le Christ, mais les sectes susdites ne voulurent pas croire qu'il fût ressuscité, ni qu'il dût venir pour rendre à chacun selon ses œuvres (voy. l'*Appendice*) ; en tout cas ceux qui avaient la foi, la tenaient de Jacques.

« [10] Beaucoup donc, et même des chefs, croyaient. Il en résulta un grand émoi parmi les Juifs, les scribes et les pharisiens : « Il y a danger, disaient-ils, que la « masse de la nation ne place son attente en Jésus le « Christ. » Ils allèrent donc trouver Jacques et l'abordèrent en ces termes : « Nous t'en prions, retiens le « peuple ; car il se fourvoie sur Jésus en pensant que « c'est le Christ. Nous t'engageons à parler de Jésus à « tous ceux qui viennent pour le jour de Pâques ; « nous te croyons tous, et nous rendons témoignage « avec tout le peuple que tu es juste et n'as point d'égard « aux personnes. [11] Persuade donc à la multitude « de ne point s'égarer au sujet de Jésus ; car tout le « peuple et nous tous, nous te croyons. Tiens-toi sur « le faîte du temple ; tu seras en vue de tous et tes « paroles seront entendues de tout le peuple. » Car, à cause de la pâque, toutes les tribus et même les gentils se rassemblent.

[12] Les susdits scribes et pharisiens placèrent donc Jacques sur le pinacle du temple et ils lui crièrent ces paroles : « Juste que tous nous devons croire, puisque le « peuple s'abuse à la suite de Jésus le crucifié, dis-nous « quelle est la porte de Jésus. » [13] Il répondit d'une

ἀπεκρίνατο φωνῇ μεγάλῃ· « Τί με ἐπερωτᾶτε περὶ τοῦ
« υἱοῦ τοῦ ἀνθρώπου, καὶ αὐτὸς κάθηται ἐν τῷ οὐρανῷ
« ἐκ δεξιῶν τῆς μεγάλης δυνάμεως, καὶ μέλλει ἔρχεσθαι
« ἐπὶ τῶν νεφελῶν τοῦ οὐρανοῦ [Matth., xxvi, 64 ;
« Marc, xiv, 62] ». [14] Καὶ πολλῶν πληροφορηθέντων
καὶ δοξαζόντων ἐπὶ τῇ μαρτυρίᾳ τοῦ Ἰακώβου καὶ λεγόν-
των· Ὡσαννὰ τῷ υἱῷ Δαυίδ », τότε πάλιν οἱ αὐτοὶ γραμματεῖς καὶ Φαρισαῖοι πρὸς ἀλλήλους ἔλεγον· « Κακῶς
« ἐποιήσαμεν τοιαύτην μαρτυρίαν παρασχόντες τῷ Ἰησοῦ·
« ἀλλὰ ἀναβάντες καταβάλωμεν αὐτόν, ἵνα φοβηθέντες
« μὴ πιστεύσωσιν αὐτῷ ». [15] Καὶ ἔκραξαν λέγοντες·
« Ὢ ὤ, καὶ ὁ δίκαιος ἐπλανήθη », καὶ ἐπλήρωσαν τὴν
γραφὴν τὴν ἐν τῷ Ἡσαΐᾳ γεγραμμένην [Is., iii, 10]·
« Ἄρωμεν τὸν δίκαιον, ὅτι δύσχρηστος ἡμῖν ἐστιν· τοίνυν
« τὰ γενήματα τῶν ἔργων αὐτῶν φάγονται ». Ἀναβάντες
οὖν κατέβαλον τὸν δίκαιον. [16] Καὶ ἔλεγον ἀλλήλοις·
« Λιθάσωμεν Ἰάκωβον τὸν δίκαιον », καὶ ἤρξαντο λιθάζειν
αὐτόν, ἐπεὶ καταβληθεὶς οὐκ ἀπέθανεν· ἀλλὰ στραφεὶς
ἔθηκε τὰ γόνατα λέγων· « Παρακαλῶ, κύριε θεὲ πάτερ,
« ἄφες αὐτοῖς· οὐ γὰρ οἴδασιν τί ποιοῦσιν [Luc, xxiii,
« 34] ». [17] Οὕτως δὲ καταλιθοβολούντων αὐτόν, εἷς τῶν
ἱερέων τῶν υἱῶν Ῥηχὰβ υἱοῦ Ῥαχαβείμ, τῶν μαρτυρουμέ-
νων ὑπὸ Ἰερεμίου τοῦ προφήτου [Jér., xxxv, 2 suiv.],
ἔκραζεν λέγων· « Παύσασθε· τί ποιεῖτε; εὔχεται ὑπὲρ
« ὑμῶν ὁ δίκαιος ». [18] Καὶ λαβών τις ἀπ' αὐτῶν, εἷς τῶν
γναφέων, τὸ ξύλον ἐν ᾧ ἀποπιέζει τὰ ἱμάτια, ἤνεγκεν

voix forte : « Pourquoi m'interrogez-vous sur le Fils
« de l'homme ? Il est assis au ciel, à la « droite de la
« grande puissance et il doit venir sur les nuées du
« ciel ». [14] Un grand nombre entièrement convaincus,
et dociles au témoignage de Jacques, disaient :
« Hosanna au fils de David ! » Alors par contre les
mêmes scribes et pharisiens se dirent les uns aux
autres : « Nous avons mal fait de procurer à Jésus un
« pareil témoignage ; montons, précipitons cet homme ;
« on aura peur et on ne croira plus en lui ». [15] Ils se
mirent à crier : « Oh, oh, même le juste s'est égaré » ;
et ils accomplirent la parole d'Isaïe dans l'Écriture :
« Enlevons le juste parce qu'il nous est insupportable ;
« alors ils mangeront le produit de leurs œuvres ».
Ils montèrent donc et précipitèrent le juste. [16]
Puis, ils se dirent les uns aux autres : « Lapidons
Jacques le juste », et ils commencèrent à le lapi-
der ; car il n'était pas mort de sa chute. Mais celui-ci
se retourna, se mit à genoux et dit : « O Seigneur, Dieu
et Père, je t'en prie, pardonne-leur, ils ne savent ce
qu'ils font. » [17] Cependant ils l'accablaient de pierres ;
et un des prêtres, des fils de Rechab, fils de Recha-
bim, auxquels le prophète Jérémie a rendu témoignage,
s'écriait : « Arrêtez, que faites-vous ? Le juste prie pour
vous. » [18] Alors un foulon qui se trouvait parmi eux
prit le bâton avec lequel il foulait les étoffes et frappa

κατὰ τῆς κεφαλῆς τοῦ δικαίου, καὶ οὕτως ἐμαρτύρησεν. Καὶ ἔθαψαν αὐτὸν ἐπὶ τῷ τόπῳ παρὰ τῷ ναῷ καὶ ἔτι αὐτοῦ ἡ στήλη μένει παρὰ τῷ ναῷ. Μάρτυς οὗτος ἀληθὴς Ἰουδαίοις τε καὶ Ἕλλησιν γεγένηται ὅτι Ἰησοῦς ὁ Χριστός ἐστίν. Καὶ εὐθὺς Οὐεσπασιανὸς πολιορκεῖ αὐτούς ».

[19] Ταῦτα διὰ πλάτους, συνῳδά γέ < τοι > τῷ Κλήμεντι καὶ ὁ Ἡγήσιππος. Οὕτω δὲ ἄρα θαυμάσιός τις ἦν καὶ παρὰ τοῖς ἄλλοις ἅπασιν ἐπὶ δικαιοσύνῃ βεβόητο ὁ Ἰάκωβος, ὡς καὶ τοὺς Ἰουδαίων ἔμφρονας δοξάζειν ταύτην εἶναι τὴν αἰτίαν τῆς παραχρῆμα μετὰ τὸ μαρτύριον αὐτοῦ πολιορκίας τῆς Ἱερουσαλήμ, ἣν δι' οὐδὲν ἕτερον αὐτοῖς συμβῆναι ἢ διὰ τὸ κατ' αὐτοῦ τολμηθὲν ἄγος. [20] Ἀμέλει γέ τοι ὁ Ἰώσηπος οὐκ ἀπώκνησεν καὶ τοῦτ' ἐγγράφως ἐπιμαρτύρασθαι δι' ὧν φησιν λέξεων [voy. l'*Appendice*] ·

« Ταῦτα δὲ συμβέβηκεν Ἰουδαίοις κατ' ἐκδίκησιν Ἰακώβου τοῦ δικαίου, ὃς ἦν ἀδελφὸς Ἰησοῦ τοῦ λεγομένου Χριστοῦ, ἐπειδήπερ δικαιότατον αὐτὸν ὄντα οἱ Ἰουδαῖοι ἀπέκτειναν ».

[21] Ὁ δ' αὐτὸς καὶ τὸν θάνατον αὐτοῦ ἐν εἰκοστῷ τῆς Ἀρχαιολογίας δηλοῖ διὰ τούτων [JOSÈPHE, *Ant.*, XX, 197, 199-203] ·

« Πέμπει δὲ Καῖσαρ Ἀλβῖνον εἰς τὴν Ἰουδαίαν ἔπαρχον, Φήστου τὴν τελευτὴν πυθόμενος. Ὁ δὲ νεώτερος Ἄνανος, ὃν τὴν ἀρχιερωσύνην εἴπαμεν [*Ant.*, XX, 197] παρειληφέναι, θρασὺς ἦν τὸν τρόπον καὶ τολμητὴς διαφε-

le juste à la tête. Ce fut ainsi que Jacques fut martyrisé. On l'ensevelit sur place près du temple, où l'on voit encore aujourd'hui s'élever son monument. Il avait donné aux Juifs et aux Grecs le témoignage véridique que Jésus est le Christ. Et bientôt après, Vespasien les assiégea. »

[19] Voilà ce qu'Hégésippe raconte au long, s'accordant, du reste, avec Clément. Jacques était si admirable et si vanté de tous pour sa justice, que les gens sensés parmi les Juifs pensèrent que son martyre fut la cause du siège qui suivit immédiatement : ils crurent qu'une pareille calamité n'avait d'autre raison que ce sacrilège audacieux. [20] Josèphe n'hésite pas du reste à se ranger à cet avis, et en témoigne en ces termes :

« Ces malheurs, écrit-il, arrivèrent aux Juifs à l'occasion du crime qu'ils commirent contre Jacques le juste : il était frère de Jésus qu'on appelle le Christ, et les Juifs le mirent à mort malgré sa justice éminente. »

[21] Il raconte aussi sa mort au vingtième livre de ses *Antiquités*. Voici ses paroles :

« César, à la nouvelle de la mort de Festus, envoya Albinus en Judée comme gouverneur. Ananos le jeune, que nous avons dit avoir reçu le souverain pontificat, était d'un caractère audacieux et absolument entrepre-

ρόντως, αἵρεσιν δὲ μετῄει τὴν Σαδδουκαίων, οἵπερ εἰσὶ περὶ τὰς κρίσεις ὠμοὶ παρὰ πάντας τοὺς Ἰουδαίους, καθὼς ἤδη δεδηλώκαμεν [*Bel.*, II, 166]. [22] Ἅτε δὴ οὖν τοιοῦτος ὢν ὁ Ἄνανος, νομίσας ἔχειν καιρὸν ἐπιτήδειον διὰ τὸ τεθνάναι μὲν Φῆστον, Ἀλβῖνον δ' ἔτι κατὰ τὴν ὁδὸν ὑπάρχειν, καθίζει συνέδριον κριτῶν, καὶ παραγαγὼν εἰς αὐτὸ τὸν ἀδελφὸν Ἰησοῦ, τοῦ Χριστοῦ λεγομένου, Ἰάκωβος ὄνομα αὐτῷ, καί τινας ἑτέρους, ὡς παρανομησάντων κατηγορίαν ποιησάμενος, παρέδωκεν λευσθησομένους. [23] Ὅσοι δὲ ἐδόκουν ἐπιεικέστατοι τῶν κατὰ τὴν πόλιν εἶναι καὶ τὰ περὶ τοὺς νόμους ἀκριβεῖς, βαρέως ἤνεγκαν ἐπὶ τούτῳ, καὶ πέμπουσι πρὸς τὸν βασιλέα κρύφα, παρακαλοῦντες αὐτὸν ἐπιστεῖλαι τῷ Ἀνάνῳ μηκέτι τοιαῦτα πράσσειν· μηδὲ γὰρ τὸ πρῶτον ὀρθῶς αὐτὸν πεποιηκέναι. Τινὲς δ' αὐτῶν καὶ τὸν Ἀλβῖνον ὑπαντιάζουσιν ἀπὸ τῆς Ἀλεξανδρείας ὁδοιποροῦντα, καὶ διδάσκουσιν ὡς οὐκ ἐξὸν ἦν Ἀνάνῳ χωρὶς αὐτοῦ γνώμης καθίσαι συνέδριον. [24] Ἀλβῖνος δὲ πεισθεὶς τοῖς λεγομένοις, γράφει μετ' ὀργῆς τῷ Ἀνάνῳ, λήψεσθαι παρ' αὐτοῦ δίκας ἀπειλῶν, καὶ ὁ βασιλεὺς Ἀγρίππας διὰ τοῦτο τὴν ἀρχιερωσύνην ἀφελόμενος αὐτοῦ ἄρξαντος μῆνας τρεῖς, Ἰησοῦν τὸν τοῦ Δαμμαίου κατέστησεν ».

Τοιαῦτα καὶ τὰ κατὰ Ἰάκωβον, οὗ ἡ πρώτη τῶν ὀνομαζομένων καθολικῶν ἐπιστολῶν εἶναι λέγεται· [25] ἰστέον δέ, ὡς νοθεύεται μέν, οὐ πολλοὶ γοῦν τῶν παλαιῶν αὐτῆς ἐμνημόνευσαν, ὡς οὐδὲ τῆς λεγομένης Ἰούδα, μιᾶς

nant ; il appartenait à la secte des Sadducéens, dans les jugements la plus cruelle de toutes parmi les Juifs, ainsi que nous l'avons déjà montré. [22] Ananos, avec ces dispositions, vit dans la mort de Festus une occasion favorable ; tandis qu'Albinus était encore en route, il réunit une assemblée de juges, fit comparaître devant eux le frère de Jésus dit le Christ, appelé Jacques, avec quelques autres, accusés comme lui de transgresser la loi, et les condamna à être lapidés. [23] Tous les esprits modérés qui se trouvaient dans la ville, et les stricts observateurs des lois virent cet excès avec peine et ils envoyèrent en secret des messagers au roi pour le prier d'interdire à Ananos une pareille manière d'agir et l'informer qu'il n'avait jusqu'alors rien fait de bon. Quelques-uns d'entre eux allèrent du reste à la rencontre d'Albinus, qui arrivait d'Alexandrie, et lui dirent qu'Ananos n'avait pas le pouvoir de convoquer le tribunal sans son consentement. [24] Le gouverneur crut ce qu'on lui disait. Il écrivit avec colère à Ananos et le menaça de le punir. De son côté, le roi Agrippa lui enleva à cause de cela le souverain pontificat, qu'il exerçait depuis trois mois, et mit à sa place Jésus, fils de Damaeas. »

Voilà ce que l'on raconte de Jacques auquel on attribue la première des épîtres appelées catholiques. [25] Mais il faut savoir qu'elle n'est pas authentique. Peu d'anciens la citent, comme du reste l'épître attribué à Jude, encore une des sept épîtres appelées catholiques. Nous

καὶ αὐτῆς οὔσης τῶν ἑπτὰ λεγομένων καθολικῶν· ὅμως δ' ἴσμεν καὶ ταύτας μετὰ τῶν λοιπῶν ἐν πλείσταις δεδημοσιευμένας ἐκκλησίαις.

ΚΔ'

Νέρωνος δὲ ὄγδοον ἄγοντος τῆς βασιλείας ἔτος, πρῶτος μετὰ Μάρκον τὸν εὐαγγελιστὴν τῆς ἐν Ἀλεξανδρείᾳ παροικίας Ἀννιανὸς τὴν λειτουργίαν διαδέχεται.

ΚΕ'

Κραταιουμένης δ' ἤδη τῷ Νέρωνι τῆς ἀρχῆς, εἰς ἀνοσίους ὀκείλας ἐπιτηδεύσεις, κατ' αὐτῆς ὡπλίζετο τῆς εἰς τὸν τῶν ὅλων θεὸν εὐσεβείας. Γράφειν μὲν οὖν οἶός τις οὗτος γεγένηται τὴν μοχθηρίαν, οὐ τῆς παρούσης γένοιτ' ἂν σχολῆς· [2] πολλῶν γε μὴν τὰ κατ' αὐτὸν ἀκριβεστάταις παραδεδωκότων διηγήσεσιν, πάρεστιν ὅτῳ φίλον, ἐξ αὐτῶν τὴν σκαιότητα τῆς τἀνδρὸς ἐκτόπου καταθεωρῆσαι μανίας, καθ' ἣν οὐ μετὰ λογισμοῦ μυρίων ὅσων ἀπωλείας διεξελθών, ἐπὶ τοσαύτην ἤλασε μιαιφονίαν, ὡς μηδὲ τῶν οἰκειοτάτων τε καὶ φιλτάτων ἐπισχεῖν, μητέρα δὲ ὁμοίως

savons cependant que l'une et l'autre sont lues publiquement avec les autres dans un grand nombre d'églises.

CHAPITRE XXIV

[APRÈS MARC, ANNIANUS FUT ÉTABLI LE PREMIER ÉVÊQUE DE L'ÉGLISE D'ALEXANDRIE]

Néron en était à la huitième année de son règne [61-62], quand Annianus fut le premier qui, après Marc l'évangéliste, obtint le gouvernement de l'église d'Alexandrie.

CHAPITRE XXV

[DE LA PERSÉCUTION DE NÉRON SOUS LEQUEL PIERRE ET PAUL FURENT HONORÉS, A ROME, DU MARTYRE POUR LA RELIGION]

Néron ayant affermi son pouvoir, allait aux entreprises impies et préparait ses armes contre la religion du Dieu de l'univers. Quelle fut la scélératesse de ce prince, ce n'est pas le moment de le dire. [2] Beaucoup ont raconté ce qui le concerne en des récits absolument exacts ; qui voudra connaître la grossière fureur de cet homme étrange peut lire leurs écrits. Sans but politique, il entassait selon sa démence meurtre sur meurtre et en arriva à ce degré de férocité qu'il n'épargna ni ses

καὶ ἀδελφοὺς καὶ γυναῖκα σὺν καὶ ἄλλοις μυρίοις τῷ γένει προσήκουσιν τρόπον ἐχθρῶν καὶ πολεμίων ποικίλαις θανάτων ἰδέαις διαχρήσασθαι. [3] Ἐνέδει δ' ἄρα τοῖς πᾶσι καὶ τοῦτ' ἐπιγραφῆναι αὐτῷ, ὡς ἂν πρῶτος αὐτοκρατόρων τῆς εἰς τὸ θεῖον εὐσεβείας πολέμιος ἀναδειχθείη. [4] Τούτου πάλιν ὁ Ῥωμαῖος Τερτυλλιανὸς ὧδέ πως λέγων μνημονεύει [TERTULLIEN, *Apologie*, v].

« Ἐντύχετε τοῖς ὑπομνήμασιν ὑμῶν, ἐκεῖ εὑρήσετε πρῶτον Νέρωνα τοῦτο τὸ δόγμα, ἡνίκα μάλιστα ἐν Ῥώμῃ, τὴν ἀνατολὴν πᾶσαν ὑποτάξας, ὠμὸς ἦν εἰς πάντας, διώξαντα. Τοιούτῳ τῆς κολάσεως ἡμῶν ἀρχηγῷ καυχώμεθα. Ὁ γὰρ εἰδὼς ἐκεῖνον νοῆσαι δύναται ὡς οὐκ ἄν, εἰ μὴ μέγα τι ἀγαθὸν ἦν, ὑπὸ Νέρωνος κατακριθῆναι. »

[5] Ταύτῃ γοῦν οὗτος, θεομάχος ἐν τοῖς μάλιστα πρῶτος ἀνακηρυχθείς, ἐπὶ τὰς κατὰ τῶν ἀποστόλων ἐπήρθη σφαγάς. Παῦλος δὴ οὖν ἐπ' αὐτῆς Ῥώμης τὴν κεφαλὴν ἀποτμηθῆναι καὶ Πέτρος ὡσαύτως ἀνασκολοπισθῆναι κατ' αὐτὸν ἱστοροῦνται, καὶ πιστοῦταί γε τὴν ἱστορίαν ἡ Πέτρου καὶ Παύλου εἰς δεῦρο κρατήσασα ἐπὶ τῶν αὐτόθι κοιμητηρίων πρόσρησις. [6] Οὐδὲν δὲ ἧττον καὶ ἐκκλησιαστικὸς ἀνήρ, Γάϊος ὄνομα, κατὰ Ζεφυρῖνον Ῥωμαίων γεγονὼς ἐπίσκοπος· ὃς δὴ Πρόκλῳ τῆς κατὰ Φρύγας προϊσταμένῳ γνώμης ἐγγράφως διαλεχθείς, αὐτὰ δὴ ταῦτα περὶ τῶν τόπων, ἔνθα τῶν εἰρημένων ἀποστόλων τὰ ἱερὰ σκηνώματα κατατέθειται, φησίν·

« [7] Ἐγὼ δὲ τὰ τρόπαια τῶν ἀποστόλων ἔχω δεῖξαι.

proches ni ses amis. Il traita sa mère, ses frères, sa femme, et tant d'autres qui lui étaient unis par le sang, comme des ennemis et des rivaux ; il les fit périr dans des supplices variés. [3] Mais à tous ces crimes il faut ajouter qu'il fut le premier empereur qui se déclara l'adversaire de la piété envers Dieu. [4] Le romain Tertullien nous le rappelle à son tour en ces termes :

« Ouvrez vos annales. Vous y verrez que Néron, le premier, persécuta cette croyance au moment où, l'Orient soumis, il exerçait à Rome surtout sa férocité contre tout le monde. Nous nous faisons gloire d'une condamnation dont un tel homme est le promoteur. Quiconque le connaît pourra penser que, si elle n'était un grand bien, une chose n'eût pas été condamnée par Néron. »

[5] Ainsi donc celui qui a l'honneur d'être proclamé le premier ennemi de Dieu se signala par le supplice des apôtres. L'histoire raconte que, sous son règne, Paul fut décapité et Pierre crucifié à Rome, et l'appellation de Pierre et de Paul attribuée jusqu'à ce temps aux cimetières de cette ville confirme ce récit. [6] Ce fait, du reste, nous est encore garanti par Gaïus, homme ecclésiastique, qui vivait sous Zéphyrin, évêque de Rome [199-217]. Dans un écrit où il argumente contre Proclus, le chef de la secte des Cataphrygiens, il parle des lieux où furent déposés les saintes dépouilles des deux apôtres ; il dit :

« [7] Je puis montrer les trophées des apôtres. Va au

Ἐὰν γὰρ θελήσῃς ἀπελθεῖν ἐπὶ τὸν Βασικανὸν ἢ ἐπὶ τὴν ὁδὸν τὴν Ὠστίαν, εὑρήσεις τὰ τρόπαια τῶν ταύτην ἱδρυσαμένων τὴν ἐκκλησίαν ».

[8] Ὡς δὲ κατὰ τὸν αὐτὸν ἄμφω καιρὸν ἐμαρτύρησαν, Κορινθίων ἐπίσκοπος Διονύσιος ἐγγράφως Ῥωμαίοις ὁμιλῶν, ὧδε παρίστησιν·

« Ταῦτα καὶ ὑμεῖς διὰ τῆς τοσαύτης νουθεσίας τὴν ἀπὸ Πέτρου καὶ Παύλου φυτείαν γενηθεῖσαν Ῥωμαίων τε καὶ Κορινθίων συνεκεράσατε. Καὶ γὰρ ἄμφω καὶ εἰς τὴν ἡμετέραν Κόρινθον φυτεύσαντες ἡμᾶς ὁμοίως ἐδίδαξαν, ὁμοίως δὲ καὶ εἰς τὴν Ἰταλίαν ὁμόσε διδάξαντες ἐμαρτύρησαν κατὰ τὸν αὐτὸν καιρόν ».

Καὶ ταῦτα δέ, ὡς ἂν ἔτι μᾶλλον πιστωθείη τὰ τῆς ἱστορίας.

ΚϚ'

Αὖθις δ' ὁ Ἰώσηπος πλεῖστα ὅσα περὶ τῆς τὸ πᾶν Ἰουδαίων ἔθνος καταλαβούσης διελθὼν [JOSÈPHE, *Bel.*, II, 306-308] συμφορᾶς, δηλοῖ κατὰ λέξιν ἐπὶ πλείστοις ἄλλοις μυρίους ὅσους τῶν παρὰ Ἰουδαίοις τετιμημένων μάστιξιν αἰκισθέντας ἐν αὐτῇ τῇ Ἱερουσαλὴμ ἀνασταυρωθῆναι ὑπὸ Φλώρου [JOSÈPHE, *Bel.*, II, 284 ; *Ant.*, XX, 257]· τοῦτον δὲ εἶναι τῆς Ἰουδαίας ἐπίτροπον, ὁπηνίκα τὴν ἀρχὴν ἀναρριπισθῆναι τοῦ πολέμου, ἔτους δωδεκάτου τῆς

Vaticanum ou sur la voie d'Ostie ; tu trouveras les trophées des fondateurs de cette église ».

[8] Denis, évêque des Corinthiens, dans une lettre adressée aux Romains, établit ainsi que Pierre et Paul ont subi tous deux le martyre au même temps :

« Dans un tel avertissement, vous aussi avez uni Rome et Corinthe, ces deux arbres que nous devons à Pierre et à Paul. Car, de même l'un et l'autre ont planté dans notre Corinthe et nous ont instruits ; de même, après avoir enseigné ensemble en Italie, ils ont souffert le martyre au même temps ».

Cela, afin que l'on accorde plus de confiance au sujet de mon récit.

CHAPITRE XXVI

[COMMENT LES JUIFS ACCABLÉS DE MAUX SANS NOMBRE DÉCLARÈRENT ENFIN LA GUERRE AUX ROMAINS]

Josèphe raconte encore les malheurs sans nombre qui fondirent sur tout le peuple juif. Entre beaucoup d'autres choses, il dit en propres termes, qu'un très grand nombre de Juifs distingués eurent à subir la peine déshonorante du fouet et furent mis en croix à Jérusalem même par Florus. Celui-ci était gouverneur de Judée, quand la guerre commença à se rallumer, c'est-à-dire dans la douzième année du règne de Néron

Νέρωνος ἡγεμονίας, συνέβη [JOSÈPHE, II, 284]. [2] Εἶτα δὲ καὶ καθ' ὅλην τὴν Συρίαν ἐπὶ τῇ τῶν Ἰουδαίων ἀποστάσει δεινήν φησι κατειληφέναι ταραχήν, πανταχόσε τῶν ἀπὸ τοῦ ἔθνους πρὸς τῶν κατὰ πόλιν ἐνοίκων ὡς ἂν πολεμίων ἀνηλεῶς πορθουμένων, ὥστε ὁρᾶν τὰς πόλεις μεστὰς ἀτάφων σωμάτων καὶ νεκροὺς ἅμα νηπίοις γέροντας ἐρριμμένους γύναιά τε μηδὲ τῆς ἐπ' αἰδῷ σκέπης μετειληφότα, καὶ πᾶσαν μὲν τὴν ἐπαρχίαν μεστὴν ἀδιηγήτων συμφορῶν, μείζονα δὲ τῶν ἑκάστοτε τολμωμένων τὴν ἐπὶ τοῖς ἀπειλουμένοις ἀνάτασιν [JOSÈPHE, *Bel.*, II, 462, 465].

Ταῦτα κατὰ λέξιν ὁ Ἰώσηπος. Καὶ τὰ μὲν κατὰ Ἰουδαίους ἐν τούτοις ἦν.

[65-66]. [2] L'historien poursuit en disant qu'un désordre épouvantable se produisit dans toute la Syrie après le soulèvement des Juifs : partout ces derniers furent traités sans pitié comme des ennemis par les habitants de chaque cité. Les villes étaient remplies de leurs corps laissés sans sépulture : on voyait, gisant pêle-mêle, des cadavres de vieillards jetés avec ceux des enfants, et des femmes qui n'avaient pas même reçu les vêtements nécessaires à la pudeur. Toute la province était désolée par des calamités indicibles ; mais la violence des menaces dépassait les cruautés de chaque jour.

Voilà ce que dit expressément Josèphe : tel était alors l'état des Juifs.

ΒΙΒΛΟΣ Γ´

Τάδε καὶ ἡ γ´ περιέχει βίβλος τῆς Ἐκκλησιαστικῆς ἱστορίας.

Α´ Ὅποι γῆς ἐκήρυξαν τὸν Χριστὸν οἱ ἀπόστολοι.
Β´ Τίς πρῶτος τῆς Ῥωμαίων ἐκκλησίας προέστη.
Γ´ Περὶ τῶν ἐπιστολῶν τῶν ἀποστόλων.
Δ´ Περὶ τῆς πρώτης τῶν ἀποστόλων διαδοχῆς.
Ε´ Περὶ τῆς μετὰ τὸν Χριστὸν ὑστάτης Ἰουδαίων πολιορκίας.
Ϛ´ Περὶ τοῦ πιέσαντος αὐτοὺς λιμοῦ.
Ζ´ Περὶ τῶν τοῦ Χριστοῦ προρρήσεων.
Η´ Περὶ τῶν πρὸ τοῦ πολέμου σημείων.
Θ´ Περὶ Ἰωσήπου καὶ ὧν κατέλιπεν συγγραμμάτων.
Ι´ Ὅπως τῶν θείων μνημονεύει βιβλίων.
ΙΑ´ Ὡς μετὰ Ἰάκωβον ἡγεῖται Συμεὼν τῆς ἐν Ἱεροσολύμοις ἐκκλησίας.
ΙΒ´ Ὡς Οὐεσπασιανὸς τοὺς ἐκ Δαυὶδ ἀναζητεῖσθαι προστάττει.

LIVRE III

VOICI CE QUE CONTIENT LE TROISIÈME LIVRE
DE L'HISTOIRE ECCLÉSIASTIQUE

I. En quelles contrées de la terre les apôtres prêchèrent le Christ.
II. Qui le premier fut chef de l'église des Romains.
III. Les épîtres des apôtres.
IV. La première succession des apôtres.
V. Le dernier siège des Juifs après le Christ.
VI. La famine qui les accabla.
VII. Les prédictions du Christ.
VIII. Les signes avant la guerre.
IX. Josèphe et les écrits qu'il a laissés.
X. Comment il mentionne les livres saints.
XI. Après Jacques, Siméon gouverne l'église de Jérusalem.
XII. Vespasien ordonne de rechercher les descendants de David.

ΙΓ'   Ὡς δεύτερος Ἀλεξανδρέων ἡγεῖται Ἀβίλιος.
ΙΔ'   Ὡς καὶ Ῥωμαίων δεύτερος Ἀνέγκλητος ἐπισκοπεῖ.
ΙΕ'   Ὡς τρίτος μετ' αὐτὸν Κλήμης.
Ις'   Περὶ τῆς Κλήμεντος ἐπιστολῆς.
ΙΖ'   Περὶ τοῦ κατὰ Δομετιανὸν διωγμοῦ.
ΙΗ'   Περὶ Ἰωάννου τοῦ ἀποστόλου καὶ τῆς Ἀποκαλύψεως.
ΙΘ'   Ὡς Δομετιανὸς τοὺς ἀπὸ γένους Δαυὶδ ἀναιρεῖσθαι προστάττει.
Κ'   Περὶ τῶν πρὸς γένους τοῦ σωτῆρος ἡμῶν.
ΚΑ'   Ὡς τῆς Ἀλεξανδρέων ἐκκλησίας τρίτος ἡγεῖται Κέρδων.
ΚΒ'   Ὡς τῆς Ἀντιοχέων δεύτερος Ἰγνάτιος.
ΚΓ'   Ἱστορία περὶ Ἰωάννου τοῦ ἀποστόλου.
ΚΔ'   Περὶ τῆς τάξεως τῶν εὐαγγελίων.
ΚΕ'   Περὶ τῶν ὁμολογουμένων θείων γραφῶν καὶ τῶν μὴ τοιούτων.
Κς'   Περὶ Μενάνδρου τοῦ γόητος.
ΚΖ'   Περὶ τῆς τῶν Ἐβιωναίων αἱρέσεως.
ΚΗ'   Περὶ Κηρίνθου αἱρεσιάρχου.
ΚΘ'   Περὶ Νικολάου καὶ τῶν ἐξ αὐτοῦ κεκλημένων.
Λ'   Περὶ τῶν ἐν συζυγίαις ἐξετασθέντων ἀποστόλων.
ΛΑ'   Περὶ τῆς Ἰωάννου καὶ Φιλίππου τελευτῆς.
ΛΒ'   Ὅπως Συμεὼν ὁ ἐν Ἱεροσολύμοις ἐπίσκοπος ἐμαρτύρησεν.
ΛΓ'   Ὅπως Τραϊανὸς ζητεῖσθαι Χριστιανοὺς ἐκώλυσεν.

XIII.	Avilius est le second chef de l'église d'Alexandrie.
XIV.	Anaclet est le second évêque des Romains.
XV.	Après lui, Clément est le troisième.
XVI.	L'épître de Clément.
XVII.	La persécution sous Domitien.
XVIII.	Jean l'apôtre et l'*Apocalypse*.
XIX.	Domitien ordonne de tuer les descendants de David.
XX.	Les parents de notre Sauveur.
XXI.	Cerdon est le troisième chef de l'église d'Alexandrie.
XXII.	Le second de l'église d'Antioche est Ignace.
XXIII.	Anecdote concernant l'apôtre Jean.
XXIV.	L'ordre des évangiles.
XXV.	Les divines écritures reconnues par tous et celles qui ne le sont pas.
XXVI.	Ménandre le magicien.
XXVII.	L'hérésie des Ébionites.
XXVIII.	Cérinthe hérésiarque.
XXIX.	Nicolas et ceux auxquels il a donné son nom.
XXX.	Les apôtres qui vécurent dans le mariage.
XXXI.	Mort de Jean et de Philippe.
XXXII.	Comment Siméon évêque de Jérusalem rendit témoignage.
XXXIII.	Comment Trajan défendit de rechercher les chrétiens.

ΛΔ' Ὡς τῆς Ῥωμαίων ἐκκλησίας τέταρτος Εὐάρεστος ἡγεῖται.
ΛΕ' Ὡς τρίτος τῆς ἐν Ἱεροσολύμοις Ἰοῦστος.
ΛϚ' Περὶ Ἰγνατίου καὶ τῶν ἐπιστολῶν αὐτοῦ.
ΛΖ' Περὶ τῶν εἰς ἔτι τότε διαπρεπόντων εὐαγγελιστῶν.
ΛΗ' Περὶ τῆς Κλήμεντος ἐπιστολῆς καὶ τῶν ψευδῶς εἰς αὐτὸν ἀναφερομένων.
ΛΘ' Περὶ τῶν Παπία συγγραμμάτων.

XXXIV. Évariste est le quatrième chef de l'église de Rome.
XXXV. Le troisième de celle de Jérusalem est Juste.
XXXVI. Ignace et ses épîtres.
XXXVII. Les évangélistes qui se distinguaient alors.
XXXVIII. L'épître de Clément et celles qu'on lui attribue faussement.
XXXIX. Les écrits de Papias.

Α´

Τὰ μὲν δὴ κατὰ Ἰουδαίους ἐν τούτοις ἦν· τῶν δὲ ἱερῶν τοῦ σωτῆρος ἡμῶν ἀποστόλων τε καὶ μαθητῶν ἐφ' ἅπασαν κατασπαρέντων τὴν οἰκουμένην, Θωμᾶς μέν, ὡς ἡ παράδοσις περιέχει, τὴν Παρθίαν εἴληχεν, Ἀνδρέας δὲ τὴν Σκυθίαν, Ἰωάννης τὴν Ἀσίαν, πρὸς οὓς καὶ διατρίψας ἐν Ἐφέσῳ τελευτᾷ, [2] Πέτρος δ' ἐν Πόντῳ καὶ Γαλατίᾳ καὶ Βιθυνίᾳ Καππαδοκίᾳ τε καὶ Ἀσίᾳ κεκηρυχέναι τοῖς [ἐκ] διασπορᾶς Ἰουδαίοις ἔοικεν [I Pierre, 1, 1]· ὃς καὶ ἐπὶ τέλει ἐν Ῥώμῃ γενόμενος, ἀνεσκολοπίσθη κατὰ κεφαλῆς, οὕτως αὐτὸς ἀξιώσας παθεῖν. [3] Τί δεῖ περὶ Παύλου λέγειν, ἀπὸ Ἰερουσαλὴμ μέχρι τοῦ Ἰλλυρικοῦ πεπληρωκότος τὸ εὐαγγέλιον τοῦ Χριστοῦ [Rom., xv, 19] καὶ ὕστερον ἐν τῇ Ῥώμῃ ἐπὶ Νέρωνος μεμαρτυρηκότος; Ταῦτα Ὠριγένει κατὰ λέξιν ἐν τρίτῳ τόμῳ τῶν εἰς τὴν Γένεσιν ἐξηγητικῶν εἴρηται.

Β´

Τῆς δὲ Ῥωμαίων ἐκκλησίας μετὰ τὴν Παύλου καὶ Πέτρου μαρτυρίαν πρῶτος κληροῦται τὴν ἐπισκοπὴν Λίνος.

CHAPITRE I

[DANS QUELLES CONTRÉES LES APÔTRES ONT PRÊCHÉ LE CHRIST]

Les affaires des Juifs en étaient là ; les saints apôtres et disciples de notre Sauveur se trouvaient alors dispersés par toute la terre. Thomas selon la tradition reçut en partage le pays des Parthes, André eut la Scythie, Jean, l'Asie où il vécut ; sa mort eut lieu à Éphèse. [2] Pierre paraît avoir prêché dans le Pont, en Galatie, en Bithynie, en Cappadoce et en Asie aux juifs de la dispersion. Venu lui aussi à Rome en dernier lieu, il y fut crucifié la tête en bas, ayant demandé de souffrir ainsi. [3] Que dire de Paul? Depuis Jérusalem jusqu'à l'Illyricum, il acheva la prédication de l'évangile du Christ et fut enfin martyrisé à Rome sous Néron. Voilà ce qui est dit textuellement par Origène, dans son troisième livre de ses *Expositions sur la Genèse*.

CHAPITRE II

[QUI FUT LE PREMIER CHEF DE L'ÉGLISE DES ROMAINS]

Après le martyre de Paul et de Pierre, Lin le premier obtint la charge épiscopale de l'église des Romains.

Μνημονεύει τούτου Τιμοθέῳ γράφων ἀπὸ Ῥώμης ὁ Παῦλος κατὰ τὴν ἐπὶ τέλει τῆς ἐπιστολῆς πρόσρησιν [*II Tim.*, IV, 21].

Γ'

Πέτρου μὲν οὖν ἐπιστολὴ μία, ἡ λεγομένη αὐτοῦ προτέρα, ἀνωμολόγηται, ταύτῃ δὲ καὶ οἱ πάλαι πρεσβύτεροι ὡς ἀναμφιλέκτῳ ἐν τοῖς σφῶν αὐτῶν κατακέχρηνται συγγράμμασιν· τὴν δὲ φερομένην δευτέραν οὐκ ἐνδιάθηκον μὲν εἶναι παρειλήφαμεν, ὅμως δὲ πολλοῖς χρήσιμος φανεῖσα, μετὰ τῶν ἄλλων ἐσπουδάσθη γραφῶν. [2] Τό γε μὴν τῶν ἐπικεχλημένων αὐτοῦ Πράξεων καὶ τὸ κατ' αὐτὸν ὠνομασμένον εὐαγγέλιον τό τε λεγόμενον αὐτοῦ Κήρυγμα καὶ τὴν καλουμένην Ἀποκάλυψιν οὐδ' ὅλως ἐν καθολικοῖς ἴσμεν παραδεδομένα, ὅτι μήτε ἀρχαίων μήτε μὴν καθ' ἡμᾶς τις ἐκκλησιαστικὸς συγγραφεὺς ταῖς ἐξ αὐτῶν συνεχρήσατο μαρτυρίαις.
[3] Προϊούσης δὲ τῆς ἱστορίας προὔργου ποιήσομαι σὺν ταῖς διαδοχαῖς ὑποσημήνασθαι τίνες τῶν κατὰ χρόνους ἐκκλησιαστικῶν συγγραφέων ὁποίαις κέχρηνται τῶν ἀντιλεγομένων, τίνα τε περὶ τῶν ἐνδιαθήκων καὶ ὁμολογουμένων γραφῶν καὶ ὅσα περὶ τῶν μὴ τοιούτων αὐτοῖς εἴρηται. [4] Ἀλλὰ τὰ μὲν ὀνομαζόμενα Πέτρου ὧν μόνην μίαν γνησίαν ἔγνων ἐπιστολὴν καὶ παρὰ τοῖς πάλαι πρεσβυτέροις ὁμολογουμένην, τοσαῦτα.

Paul fait mention de lui, lorsqu'il écrit de Rome à Timothée, dans la salutation à la fin de l'épître.

CHAPITRE III

[LES ÉPÎTRES DES APÔTRES]

Une seule épître de Pierre, celle qu'on appelle la première, est incontestée. Les anciens presbytres s'en sont servis dans leurs écrits comme d'un document indiscuté. Quand à celle qu'on présente comme la seconde, nous avons appris qu'elle n'était pas testamentaire; mais parce qu'elle a paru utile à beaucoup, on l'a traitée avec respect ainsi que les autres écritures. [2] Pour ce qui est des *Actes* qui portent son nom, de l'*Évangile* qu'on lui attribue, de ce qu'on appelle sa *Prédication* et son *Apocalypse*, nous savons qu'ils n'ont absolument pas été transmis parmi les écrits catholiques, et qu'aucun écrivain ecclésiastique ancien ou contemporain ne s'est servi de témoignages puisés en eux.

[3] Dans la suite de cette histoire, je ferai œuvre utile en mentionnant, avec les successions, ceux des écrivains ecclésiastiques qui se sont servis en leur temps des écrits contestés, de quels écrits ils se sont servis, ce qui est dit par eux, soit des écritures testamentaires et reconnues, soit de celles qui ne le sont pas. [4] Mais de celles qui portent le nom de Pierre, dont je ne connais qu'une seule, authentique et admise par les presbytres anciens, voilà tout ce qui est à dire.

[5] Τοῦ δὲ Παύλου πρόδηλοι καὶ σαφεῖς αἱ δεκατέσσαρες· ὅτι γε μὴν τινες ἠθετήκασι τὴν πρὸς Ἑβραίους, πρὸς τῆς Ῥωμαίων ἐκκλησίας ὡς μὴ Παύλου οὖσαν αὐτὴν ἀντιλέγεσθαι φήσαντες, οὐ δίκαιον ἀγνοεῖν· καὶ τὰ περὶ ταύτης δὲ τοῖς πρὸ ἡμῶν εἰρημένα κατὰ καιρὸν παραθήσομαι. Οὐδὲ μὴν τὰς λεγομένας αὐτοῦ Πράξεις ἐν ἀναμφιλέκτοις παρείληφα.

[6] Ἐπεὶ δ' ὁ αὐτὸς ἀπόστολος ἐν ταῖς ἐπὶ τέλει προσρήσεσιν τῆς πρὸς Ῥωμαίους μνήμην πεποίηται μετὰ τῶν ἄλλων καὶ Ἑρμᾶ [*Rom*., xvi, 14], οὗ φασιν ὑπάρχειν τὸ τοῦ Ποιμένος βιβλίον, ἰστέον ὡς καὶ τοῦτο πρὸς μέν τινων ἀντιλέλεκται, δι' οὓς οὐκ ἂν ἐν ὁμολογουμένοις τεθείη, ὑφ' ἑτέρων δὲ ἀναγκαιότατον, οἷς μάλιστα δεῖ στοιχειώσεως εἰσαγωγικῆς, κέκριται· ὅθεν ἤδη καὶ ἐν ἐκκλησίαις ἴσμεν αὐτὸ δεδημοσιευμένον, καὶ τῶν παλαιτάτων δὲ συγγραφέων κεχρημένους τινὰς αὐτῷ κατείληφα.

[7] Ταῦτα εἰς παράστασιν τῶν τε ἀναντιρρήτων καὶ τῶν μὴ παρὰ πᾶσιν ὁμολογουμένων θείων γραμμάτων εἰρήσθω.

[5] Pour les quatorze épîtres de Paul, au contraire, leur cas est clair et évident ; que certains cependant rejettent l'épître aux Hébreux, disant que l'Église de Rome nie qu'elle soit de Paul, il serait injuste de le méconnaître. J'exposerai du reste en son temps ce qu'on en disait avant nous. Quant aux *Actes* qui portent son nom, je ne les ai pas reçus parmi les œuvres incontestées.

[6] Comme le même apôtre dans les salutations de la fin de l'épître aux Romains fait mention, entre autres, d'Hermas, on dit que le petit livre du *Pasteur* est de lui ; il est vrai que quelques-uns aussi le contestent et ne rangent pas cet écrit parmi les authentiques : d'autres pourtant estiment qu'il est très nécessaire à ceux surtout qui ont besoin d'une introduction élémentaire. Du reste, nous savons qu'on le lit publiquement dans des églises, et j'ai constaté que certains des écrivains les plus anciens s'en sont servis.

[7] Voilà exposé ce qui concerne les livres divins incontestés et ceux qui ne sont pas reconnus par tous.

Δ'

Ὅτι μὲν οὖν τοῖς ἐξ ἐθνῶν κηρύσσων ὁ Παῦλος τοὺς ἀπὸ Ἱερουσαλὴμ καὶ κύκλῳ μέχρι τοῦ Ἰλλυρικοῦ [*Rom.*, xv, 19] τῶν ἐκκλησιῶν καταβέβλητο θεμελίους, δῆλον ἐκ τῶν αὐτοῦ γένοιτ' ἂν φωνῶν καὶ ἀφ' ὧν ὁ Λουκᾶς ἐν ταῖς Πράξεσιν ἱστόρησεν· [2] καὶ ἐκ τῶν Πέτρου δὲ λέξεων ἐν ὁπόσαις καὶ οὗτος ἐπαρχίαις τοὺς ἐκ περιτομῆς τὸν Χριστὸν εὐαγγελιζόμενος τὸν τῆς καινῆς διαθήκης παρεδίδου λόγον, σαφὲς ἂν εἴη ἀφ' ἧς εἰρήκαμεν ὁμολογουμένης αὐτοῦ ἐπιστολῆς, ἐν ᾗ τοῖς ἐξ Ἑβραίων οὖσιν ἐν διασπορᾷ Πόντου καὶ Γαλατίας Καππαδοκίας τε καὶ Ἀσίας καὶ Βιθυνίας γράφει [*I* Pierre, i, 1]. [3] Ὅσοι δὲ τούτων καὶ τίνες γνήσιοι ζηλωταὶ γεγονότες τὰς πρὸς αὐτῶν ἱδρυθείσας ἱκανοὶ ποιμαίνειν ἐδοκιμάσθησαν ἐκκλησίας, οὐ ῥᾴδιον εἰπεῖν, μὴ ὅτι γε ὅσους ἄν τις ἐκ τῶν Παύλου φωνῶν ἀναλέξοιτο· [4] τούτου γὰρ οὖν μυρίοι συνεργοὶ καὶ, ὡς αὐτὸς ὠνόμασεν [*Phil.* ii, 25 ; *Philem.*, 2], συστρατιῶται γεγόνασιν, ὧν οἱ πλείους ἀλήστου πρὸς αὐτοῦ μνήμης ἠξίωνται, διηνεκῆ τὴν περὶ αὐτῶν μαρτυρίαν ταῖς ἰδίαις ἐπιστολαῖς ἐγκαταλέξαντος, οὐ μὴν ἀλλὰ καὶ ὁ Λουκᾶς ἐν ταῖς Πράξεσιν τοὺς γνωρίμους αὐτοῦ καταλέγων ἐξ ὀνόματος αὐτῶν μνημονεύει. [5] Τιμόθεός γε μὴν τῆς ἐν

CHAPITRE IV

[LA PREMIÈRE SUCCESSION DES APÔTRES]

Que Paul ait prêché l'évangile aux Gentils dans les pays qui s'étendent de Jérusalem à l'Illyricum, et qu'il y ait jeté les fondements des églises, nous en avons la preuve en ses propres paroles comme aussi en ce que Luc a raconté dans les *Actes*. [2] Les termes dont Pierre s'est servi nous apprennent de même dans quelles provinces il a annoncé lui aussi le Christ à ceux de la circoncision et leur a donné la doctrine du Nouveau Testament ; cela est clairement indiqué dans l'épître que nous avons dit être reconnue comme de lui : il l'adresse à ceux des Hébreux de la dispersion qui se trouvaient dans le Pont, la Galatie, la Cappadoce, l'Asie et la Bithynie. [3] Combien, parmi les véritables disciples de ces apôtres, furent jugés dignes d'exercer dans les églises fondées par eux les fonctions de pasteur, et quels ils furent, il n'est pas facile de le dire, si ce n'est pour ceux dont on recueille les noms dans les écrits de Paul. [4] Les compagnons de labeur de ce dernier furent d'ailleurs très nombreux et ils devinrent ses frères d'armes, comme il les appelle : beaucoup lui doivent un souvenir impérissable dans le témoignage incessant qu'il leur rend dans ses propres épîtres. Du reste, dans les *Actes*, Luc désigne lui aussi par leurs noms

Ἐφέσῳ παροικίας ἱστορεῖται πρῶτος τὴν ἐπισκοπὴν εἰληχέναι [*I Tim*., ι, 3], ὡς καὶ Τίτος τῶν ἐπὶ Κρήτης ἐκκλησιῶν [*Tit*., ι, 5]. [6] Λουκᾶς δὲ τὸ μὲν γένος ὢν τῶν ἀπ' Ἀντιοχείας, τὴν ἐπιστήμην δὲ ἰατρός, τὰ πλεῖστα συγγεγονὼς τῷ Παύλῳ, καὶ τοῖς λοιποῖς δὲ οὐ παρέργως τῶν ἀποστόλων ὡμιληκώς, ἧς ἀπὸ τούτων προσεκτήσατο ψυχῶν θεραπευτικῆς ἐν δυσὶν ἡμῖν ὑποδείγματα θεοπνεύστοις κατέλιπεν βιβλίοις, τῷ τε εὐαγγελίῳ, ὃ καὶ χαράξαι μαρτύρεται καθ' ἃ παρέδοσαν αὐτῷ οἱ ἀπ' ἀρχῆς αὐτόπται καὶ ὑπηρέται γενόμενοι τοῦ λόγου, οἷς καί φησιν ἔτ' ἄνωθεν ἅπασι παρηκολουθηκέναι [Luc, ι, 2-3], καὶ ταῖς τῶν ἀποστόλων Πράξεσιν, ἃς οὐκέτι δι' ἀκοῆς, ὀφθαλμοῖς δὲ παραλαβὼν συνετάξατο. [7] Φασὶν δ' ὡς ἄρα τοῦ κατ' αὐτὸν εὐαγγελίου μνημονεύειν ὁ Παῦλος εἴωθεν, ὁπηνίκα ὡς περὶ ἰδίου τινὸς εὐαγγελίου γράφων ἔλεγεν· « Κατὰ τὸ εὐαγγέλιόν μου » [*Rom*., ιι, 16; *II Tim*., ιι, 8]. [8] Τῶν δὲ λοιπῶν ἀκολούθων τοῦ Παύλου Κρήσκης μὲν ἐπὶ τὰς Γαλλίας στειλάμενος ὑπ' αὐτοῦ μαρτυρεῖται [*II Tim*., ιv, 10], Λίνος δέ, οὗ μέμνηται συνόντος ἐπὶ Ῥώμης αὐτῷ κατὰ τὴν δευτέραν πρὸς Τιμόθεον ἐπιστολήν [*II Tim*., ιv, 21], πρῶτος μετὰ Πέτρον τῆς Ῥωμαίων ἐκκλησίας τὴν ἐπισκοπὴν ἤδη πρότερον κληρωθεὶς δεδήλωται [ch. ιι]· [9] ἀλλὰ καὶ ὁ Κλήμης, τῆς Ῥωμαίων καὶ αὐτὸς ἐκκλησίας τρίτος ἐπίσκοπος καταστάς, Παύλου συνεργὸς καὶ συναθλητὴς γεγονέναι πρὸς αὐτοῦ μαρτυρεῖται [*Philipp*., ιv, 3]. [10] Ἐπὶ τούτοις καὶ τὸν Ἀρεοπαγίτην ἐκεῖνον,

les disciples de Paul. [5] Il est raconté que Timothée obtint le premier le gouvernement de l'Église d'Éphèse, de même que Tite, lui aussi, celui des églises de Crète. [6] Luc, issu d'une famille d'Antioche et médecin de profession, fut le plus longtemps le compagnon de Paul et vécut d'une façon suivie dans la société des autres apôtres. Il nous a laissé la preuve qu'il avait appris d'eux l'art de guérir les âmes, puisqu'il nous a donné deux livres inspirés de Dieu : l'*Évangile*, qu'il assure avoir composé d'après les indications de ceux qui, dès le commencement, ont été les témoins oculaires et les serviteurs de la parole, et qu'il affirme avoir tous fréquentés autrefois : puis les *Actes des Apôtres*, qu'il retrace non pas après les avoir entendu raconter, mais après les avoir vus de ses yeux. [7] On dit que Paul a coutume de parler de l'évangile de Luc, comme d'une œuvre qui lui est propre, lorsqu'il écrit : « selon mon évangile ». [8] En ce qui concerne le reste de ses disciples, Paul atteste que Crescent est allé dans les Gaules (voy. l'*Appendice*). Lin, dont il mentionne la présence à Rome avec lui dans la seconde épître à Timothée, reçut, comme premier successeur de Pierre, le gouvernement de l'église des Romains ainsi que nous l'avons déjà dit auparavant. [9] Mais Clément, lui aussi leur troisième évêque, a été également, au témoignage de Paul, son auxiliaire et le compagnon de ses combats. [10] En outre, l'Aréopagite qui a nom Denis,

Διονύσιος ὄνομα αὐτῷ, ὃν ἐν ταῖς Πράξεσι μετὰ τὴν ἐν
Ἀρείῳ πάγῳ πρὸς Ἀθηναίους Παύλου δημηγορίαν πρῶτον
πιστεῦσαι ἀνέγραψεν ὁ Λουκᾶς [*Act.*, XVII, 34], τῆς ἐν
Ἀθήναις ἐκκλησίας πρῶτον ἐπίσκοπον ἀρχαίων τις ἕτερος
Διονύσιος, τῆς Κορινθίων παροικίας ποιμήν, γεγονέναι
ἱστορεῖ. [11] Ἀλλὰ γὰρ ὁδῷ προβαίνουσιν, ἐπὶ καιροῦ τὰ
τῆς κατὰ χρόνους τῶν ἀποστόλων.διαδοχῆς ἡμῖν εἰρήσεται·
νῦν δ' ἐπὶ τὰ ἑξῆς ἴωμεν τῆς ἱστορίας.

E'

Μετὰ Νέρωνα δέκα πρὸς τρισὶν ἔτεσιν τὴν ἀρχὴν ἐπι-
κρατήσαντα τῶν ἀμφὶ Γάλβαν καὶ Ὄθωνα ἐνιαυτὸν ἐπὶ
μησὶν ἓξ διαγενομένων [cf. Josèphe, *Bel.*, IV, 491],
Οὐεσπασιανός, ταῖς κατὰ Ἰουδαίων παρατάξεσιν λαμπρυ-
νόμενος, βασιλεὺς ἐπ' αὐτῆς ἀναδείκνυται τῆς Ἰουδαίας,
αὐτοκράτωρ πρὸς τῶν αὐτόθι στρατοπέδων ἀναγορευθείς.
Τὴν ἐπὶ Ῥώμης οὖν αὐτίκα στειλάμενος, Τίτῳ τῷ παιδὶ
τὸν κατὰ Ἰουδαίων ἐγχειρίζει πόλεμον [cf. Josèphe,
Bel., IV, 658]. [2] Μετά γε μὴν τὴν τοῦ σωτῆρος ἡμῶν
ἀνάληψιν Ἰουδαίων πρὸς τῷ κατ' αὐτοῦ τολμήματι ἤδη
καὶ κατὰ τῶν ἀποστόλων αὐτοῦ πλείστας ὅσας ἐπιβουλὰς
μεμηχανημένων, πρώτου τε Στεφάνου λίθοις ὑπ' αὐτῶν
ἀνῃρημένου, εἶτα δὲ μετ' αὐτὸν Ἰακώβου, ὃς ἦν Ζεβεδαίου
μὲν παῖς, ἀδελφὸς δὲ Ἰωάννου, τὴν κεφαλὴν ἀποτμηθέν-

celui dont Luc parle dans les *Actes* comme ayant cru le premier après le discours de Paul à l'Aréopage, devint aussi le premier évêque d'Athènes ; ainsi le raconte un autre Denis, un des anciens et pasteur de l'Église de Corinthe. [11] Mais au fur et à mesure que nous avancerons dans notre chemin, nous parlerons en son lieu de ce qui concerne la succession des apôtres suivant les temps. Il faut maintenant poursuivre notre récit.

CHAPITRE V

[DERNIER SIÈGE DES JUIFS APRÈS LE CHRIST]

Néron avait régné treize ans [54-68] ; ses successeurs Galba et Othon, seulement dix-huit mois pour les deux [68-69]. Vespasien devenu célèbre par ses combats contre les Juifs fut proclamé empereur en Judée même, par les armées qui s'y trouvaient. Il se mit aussitôt en route pour Rome, laissant à Titus son fils le soin de continuer la lutte. [2] Après l'ascension de notre Sauveur, les Juifs non contents de l'avoir fait périr, dressèrent aux apôtres des embûches sans nombre ; d'abord, Étienne fut lapidé ; ensuite, Jacques, fils de Zébédée et frère de Jean, décapité ; puis surtout, Jacques, qui avait obtenu le premier après l'ascension de notre Sauveur le siège

τος, ἐπὶ πᾶσί τε Ἰακώβου, τοῦ τὸν αὐτόθι τῆς ἐπισκοπῆς θρόνον πρώτου μετὰ τὴν τοῦ σωτῆρος ἡμῶν ἀνάληψιν κεκληρωμένου, τὸν προδηλωθέντα [II, XXIII] τρόπον μεταλλάξαντος, τῶν τε λοιπῶν ἀποστόλων μυρία εἰς θάνατον ἐπιβεβουλευμένων καὶ τῆς μὲν Ἰουδαίας γῆς ἀπεληλαμένων, ἐπὶ δὲ τῇ τοῦ κηρύγματος διδασκαλίᾳ τὴν εἰς σύμπαντα τὰ ἔθνη στειλαμένων πορείαν σὺν δυνάμει τοῦ Χριστοῦ, φήσαντος αὐτοῖς· « Πορευθέντες μαθητεύσατε πάντα τὰ ἔθνη ἐν τῷ ὀνόματί μου » [MATTH., XXVIII, 19], [3] οὐ μὴν ἀλλὰ καὶ τοῦ λαοῦ τῆς ἐν Ἱεροσολύμοις ἐκκλησίας κατά τινα χρησμὸν τοῖς αὐτόθι δοκίμοις δι' ἀποκαλύψεως ἐκδοθέντα πρὸ τοῦ πολέμου μεταναστῆναι τῆς πόλεως καί τινα τῆς Περαίας πόλιν οἰκεῖν κεκελευσμένου, Πέλλαν αὐτὴν ὀνομάζουσιν, [ἐν ᾗ] τῶν εἰς Χριστὸν πεπιστευκότων ἀπὸ τῆς Ἱερουσαλὴμ μετῳκισμένων, ὡς ἂν παντελῶς ἐπιλελοιπότων ἁγίων ἀνδρῶν αὐτήν τε τὴν Ἰουδαίων βασιλικὴν μητρόπολιν καὶ σύμπασαν τὴν Ἰουδαίαν γῆν, ἡ ἐκ θεοῦ δίκη λοιπὸν αὐτοὺς ἅτε τοσαῦτα εἴς τε τὸν Χριστὸν καὶ τοὺς ἀποστόλους αὐτοῦ παρηνομηκότας μετῄει, τῶν ἀσεβῶν ἄρδην τὴν γενεὰν αὐτὴν ἐκείνην ἐξ ἀνθρώπων ἀφανίζουσα. [4] Ὅσα μὲν οὖν τηνικάδε κατὰ πάντα τόπον ὅλῳ τῷ ἔθνει συνερρύη κακά, ὅπως τε μάλιστα οἱ τῆς Ἰουδαίας οἰκήτορες εἰς ἔσχατα περιηλάθησαν συμφορῶν, ὁπόσαι τε μυριάδες ἡβηδὸν γυναιξὶν ἅμα καὶ παισὶ ξίφει καὶ λιμῷ καὶ μυρίοις ἄλλοις εἴδεσι περιπεπτώκασιν θανάτου, πόλεών τε Ἰουδαϊκῶν ὅσαι τε καὶ οἷαι γεγόνασιν

épiscopal de Jérusalem, fut mis à mort de la manière qui a été racontée. Le reste des apôtres fut aussi l'objet de mille machinations dans le but de les mettre à mort. Chassés de la Judée, ils entreprirent d'aller dans toutes les nations, pour enseigner et prêcher avec la puissance du Christ qui leur avait dit : « Allez enseignez toutes les nations en mon nom. » [3] Le peuple de l'Église de Jérusalem reçut, grâce à une prophétie qui avait été révélée aux hommes notables qui s'y trouvaient, l'avertissement de quitter la ville avant la guerre et d'aller habiter une certaine ville de Pérée que l'on nomme Pella. C'est là que se retirèrent les fidèles du Christ sortis de Jérusalem. Ainsi la métropole des Juifs et tout le pays de la Judée furent entièrement abandonnés par les saints. La justice de Dieu restait au milieu de ceux qui avaient si grandement prévariqué contre le Christ et ses apôtres, pour faire disparaître entièrement du genre humain cette race d'hommes impies. [4] Quels malheurs fondirent alors en tous lieux sur le peuple entier ; comment surtout les habitants de la Judée furent poussés jusqu'au comble de l'infortune ; combien de milliers d'hommes, à la fleur de l'âge, sans compter les femmes et les enfants, périrent, par le glaive, la faim et

πολιορκίαι, ἀλλὰ καὶ ὁπόσα οἱ ἐπ' αὐτὴν Ἱερουσαλὴμ ὡς ἂν ἐπὶ μητρόπολιν ὀχυρωτάτην καταπεφευγότες δεινὰ καὶ πέρα δεινῶν ἑοράκασι, τοῦ τε παντὸς πολέμου τὸν τρόπον καὶ τῶν ἐν τούτῳ γεγενημένων ἐν μέρει ἕκαστα, καὶ ὡς ἐπὶ τέλει τὸ πρὸς τῶν προφητῶν ἀνηγορευμένον βδέλυγμα τῆς ἐρημώσεως [Dan., ix, 27; xii, 11; cf. Matth., xxiv, 15; Marc, xiii, 14] ἐν αὐτῷ κατέστη τῷ πάλαι τοῦ θεοῦ περιβοήτῳ νεῷ, παντελῆ φθορὰν καὶ ἀφανισμὸν ἔσχατον τὸν διὰ πυρὸς ὑπομείναντι, πάρεστιν ὅτῳ φίλον, ἐπ' ἀκριβὲς ἐκ τῆς τῷ Ἰωσήπῳ γραφείσης ἀναλέξασθαι ἱστορίας· [5] ὡς δὲ ὁ αὐτὸς οὗτος τῶν ἀθροισθέντων ἀπὸ τῆς Ἰουδαίας ἁπάσης ἐν ἡμέραις τῆς τοῦ πάσχα ἑορτῆς ὥσπερ ἐν εἱρκτῇ ῥήμασιν αὐτοῖς ἀποκλεισθῆναι εἰς τὰ Ἱεροσόλυμα ἀμφὶ τριακοσίας μυριάδας τὸ πλῆθος ἱστορεῖ [Josèphe, Bel., VI, 425-428], ἀναγκαῖον ὑποσημήνασθαι. [6] Χρῆν δ' οὖν ἐν αἷς ἡμέραις τὸν πάντων σωτῆρα καὶ εὐεργέτην Χριστόν τε τοῦ θεοῦ τὰ κατὰ τὸ πάθος διατέθεινται, ταῖς αὐταῖς ὥσπερ ἐν εἱρκτῇ κατακλεισθέντας τὸν μετελθόντα αὐτοὺς ὄλεθρον πρὸς τῆς θείας δίκης καταδέξασθαι.

ς'

[7] Παρελθὼν δὴ τὰ τῶν ἐν μέρει συμβεβηκότων αὐτοῖς ὅσα διὰ ξίφους καὶ ἄλλῳ τρόπῳ κατ' αὐτῶν ἐγκεχείρηται,

cent autres genres de morts ; combien de villes juives furent assiégées et de quelle façon ; de quelles calamités terribles et plus que terribles furent témoins ceux qui s'étaient réfugiés à Jérusalem, comme dans une métropole fortement défendue ; quel fut le caractère de cette guerre et quelle fut la suite des événements qui s'y succédèrent ; comment, à la fin, l'abomination de la désolation annoncée par les prophètes s'établit dans le temple de Dieu, si illustre autrefois, et qui n'attendait plus que la ruine complète et l'action destructive des flammes : quiconque voudra connaître exactement tout cela pourra le trouver dans l'histoire de Josèphe. [5] Toutefois il est indispensable de transcrire ici les termes mêmes dans lesquels cet écrivain rapporte comment une multitude de trois millions d'hommes qui avait afflué de toute la Judée au temps de la fête de Pâques fut enfermée dans Jérusalem ainsi que dans une prison. [6] Il fallait en effet qu'en ces mêmes jours où ils s'étaient efforcés d'accabler des souffrances de la passion le sauveur et bienfaiteur de tous, le Christ de Dieu, ils fussent rassemblés comme dans une prison pour recevoir la mort que leur destinait la divine justice.

[7] Je ne donnerai pas le détail des maux qui leur arrivèrent ; je laisserai ce qui fut tenté contre eux par

μόνας τὰς διὰ τοῦ λιμοῦ ἀναγκαῖον ἡγοῦμαι συμφορὰς παραθέσθαι, ὡς ἂν ἐκ μέρους ἔχοιεν οἱ τῇδε τῇ γραφῇ ἐντυγχάνοντες εἰδέναι ὅπως αὐτοὺς τῆς εἰς τὸν Χριστὸν τοῦ θεοῦ παρανομίας οὐκ εἰς μακρὸν ἡ ἐκ θεοῦ μετῆλθεν τιμωρία.

[VI, 1] Φέρε δὴ οὖν, τῶν Ἱστοριῶν τὴν πέμπτην τοῦ Ἰωσήπου μετὰ χεῖρας αὖθις ἀναλαβών, τῶν τότε πραχθέντων δίελθε τὴν τραγῳδίαν [JOSÈPHE, *Bel.*, V, 424-438]·

« Τοῖς γε μὴν εὐπόροις, φησί, καὶ τὸ μένειν πρὸς ἀπωλείας ἴσον ἦν· προφάσει γὰρ αὐτομολίας ἀνῃρεῖτό τις διὰ τὴν οὐσίαν. Τῷ λιμῷ δ' ἡ ἀπόνοια τῶν στασιαστῶν συνήκμαζεν, καὶ καθ' ἡμέραν ἀμφότερα προσεξεκάετο τὰ δεινά. [2] Φανερὸς μέν γε οὐδαμοῦ σῖτος ἦν, ἐπεισπηδῶντες δὲ διηρεύνων τὰς οἰκίας, ἔπειθ' εὑρόντες μὲν ὡς ἀρνησαμένους ᾐκίζοντο, μὴ εὑρόντες δὲ ὡς ἐπιμελέστερον κρύψαντας ἐβασάνιζον, τεκμήριον δὲ τοῦ τ' ἔχειν καὶ μή, τὰ σώματα τῶν ἀθλίων· ὧν οἱ μὲν ἔτι συνεστῶτες εὐπορεῖν τροφῆς ἐδόκουν, οἱ τηκόμενοι δὲ ἤδη παρωδεύοντο, καὶ κτείνειν ἄλογον ἐδόκει τοὺς ὑπ' ἐνδείας τεθνηξομένους

le glaive ou autrement. Seulement je crois nécessaire d'exposer les tortures que leur causa la faim : afin que ceux qui liront ce récit puissent savoir en partie comment leur vint le châtiment du ciel qui punit sans tarder le crime commis contre le Christ de Dieu.

CHAPITRE VI

[LA FAMINE QUI LES ACCABLA]

Prenons donc à nouveau le cinquième livre des Histoires de Josèphe et lisons le tragique récit des événements qu'il y raconte :

« Pour les riches, dit-il, rester, c'était la mort : sous prétexte qu'ils voulaient déserter, on les tuait pour s'emparer de leurs biens. Du reste, avec la famine, la fureur des révoltés augmentait, et de jour en jour ces deux fléaux ne faisaient que croître. [2] Comme on ne voyait plus de blé, ils entraient de force dans les maisons pour en chercher. Lorsqu'ils en découvraient, ils maltraitaient cruellement les gens pour avoir nié qu'ils en avaient, et, lorsqu'ils n'en trouvaient pas, pour l'avoir trop bien caché. On jugeait à l'aspect de ces malheureux s'ils en avaient ou non ; s'ils tenaient encore debout, sûrement ils étaient pourvus de provisions ; s'ils étaient exténués, on les laissait tranquilles : il semblait hors de propos de tuer ceux qui allaient

αὐτίκα. [3] Πολλοὶ δὲ λάθρα τὰς κτήσεις ἑνὸς ἀντικατηλλάξαντο μέτρου, πυρῶν μέν, εἰ πλουσιώτεροι τυγχάνοιεν ὄντες, οἱ δὲ πενέστεροι κριθῆς· ἔπειτα καταχλείοντες ἑαυτοὺς εἰς τὰ μυχαίτατα τῶν οἰκιῶν, τινὲς μὲν ὑπ' ἄκρας ἐνδείας ἀνέργαστον τὸν σῖτον ἤσθιον, οἱ δ' ἔπεσσον ὡς ἥ τε ἀνάγκη καὶ τὸ δέος παρῄνει. [4] Καὶ τράπεζα μὲν οὐδαμοῦ παρετίθετο, τοῦ δὲ πυρὸς ὑφέλκοντες ἔτ' ὠμὰ τὰ σιτία διήρπαζον. Ἐλεεινὴ δ' ἦν ἡ τροφὴ καὶ δακρύων ἄξιος ἡ θέα, τῶν μὲν δυνατωτέρων πλεονεκτούντων, τῶν δὲ ἀσθενῶν ὀδυρομένων. [5] Πάντων μὲν δὴ παθῶν ὑπερίσταται λιμός, οὐδὲν δ' οὕτως ἀπόλλυσιν ὡς αἰδώς· τὸ γὰρ ἄλλως ἐντροπῆς ἄξιον ἐν τούτῳ καταφρονεῖται. Γυναῖκες γοῦν ἀνδρῶν καὶ παῖδες πατέρων καί, τὸ οἰκτρότατον, μητέρες νηπίων ἐξήρπαζον ἐξ αὐτῶν τῶν στομάτων τὰς τροφάς, καὶ τῶν φιλτάτων ἐν χερσὶ μαραινομένων οὐκ ἦν φειδὼ τοὺς τοῦ ζῆν ἀφελέσθαι σταλαγμούς. [6] Τοιαῦτα δ' ἐσθίοντες, ὅμως οὐ διελάνθανον, πανταχοῦ δ' ἐφίσταντο οἱ στασιασταὶ καὶ τούτων ταῖς ἁρπαγαῖς. Ὁπότε γὰρ κατίδοιεν ἀποκεκλεισμένην οἰκίαν, σημεῖον ἦν τοῦτο τοὺς ἔνδον προσφέρεσθαι τροφήν, εὐθέως δ' ἐξαράξαντες τὰς θύρας εἰσεπήδων, καὶ μόνον οὐκ ἐκ τῶν φαρύγγων ἀναθλίβοντες τὰς ἀκόλους ἀνέφερον. [7] Ἐτύπτοντο δὲ γέροντες ἀντεχόμενοι τῶν σιτίων, καὶ κόμης ἐσπαράσσοντο γυναῖκες συγκαλύπτουσαι τὰ ἐν χερσίν, οὐδέ τις ἦν οἶκτος πολιᾶς ἢ νηπίων, ἀλλὰ συνεπαίροντες τὰ παιδία τῶν ψωμῶν ἐκκρεμάμενα κατέσειον εἰς ἔδαφος. Τοῖς δὲ φθάσασι τὴν εἰσδρομὴν αὐτῶν

incessamment mourir de faim. [3] Beaucoup échangeaient leur bien en cachette, les riches contre une mesure de froment, les pauvres contre une mesure d'orge. Ensuite, ils s'enfermaient au plus profond de leurs demeures ; les uns étaient dans un tel besoin, qu'ils mangeaient leur blé sans le préparer ; les autres le faisaient cuire quand la faim et la crainte le leur permettait. [4] On ne mettait plus de table ; on retirait du feu les mets encore crus et on les déchirait. La nourriture était misérable : et c'était un spectacle digne de larmes, de voir ceux qui avaient la force, se gorger de nourriture, et les faibles réduits à gémir. [5] La douleur de la faim dépasse toutes les autres et ne détruit rien comme la pudeur : on foule aux pieds ce qu'en d'autres temps on entourerait de respect. Les femmes arrachaient les aliments de la bouche de leurs maris, les enfants de celle de leur pères et, ce qui est plus digne encore de compassion, les mères de celle de leurs enfants. Elles voyaient sécher dans leurs mains ce qu'elles avaient de plus cher et elles ne rougissaient pas de leur enlever le lait qui était le soutien de leur vie. [6] Encore ne pouvait-on prendre une pareille nourriture sans être découvert ; les insurgés étaient partout et la rapine avec eux. Voyaient-ils une maison close ? C'était le signe qu'il y avait des provisions ; ils en brisaient aussitôt les portes, y faisaient irruption, et retiraient presque les morceaux de la bouche pou les emporter. [7] Les vieillards qui refusaient de lâcher les mets qu'ils tenaient, étaient battus ; on arrachait les cheveux aux femmes qui cachaient ce qu'elles tenaient

καὶ προκαταπιοῦσιν τὸ ἁρπαγησόμενον ὡς ἀδικηθέντες ἦσαν ὠμότεροι, [8] δεινὰς δὲ βασάνων ὁδοὺς ἐπενόουν πρὸς ἔρευναν τροφῆς, ὀρόβοις μὲν ἐμφράττοντες τοῖς ἀθλίοις τοὺς τῶν αἰδοίων πόρους, ῥάβδοις δ' ὀξείαις ἀναπείροντες τὰς ἕδρας· τὰ φρικτὰ δὲ καὶ ἀκοαῖς ἔπασχέ τις εἰς ἐξομολόγησιν ἑνὸς ἄρτου καὶ ἵνα μηνύσῃ δράκα μίαν κεκρυμμένων ἀλφίτων. [9] Οἱ βασανισταὶ δ' οὐδ' ἐπείνων (καὶ γὰρ ἧττον ἂν ὠμὸν ἦν τὸ μετὰ ἀνάγκης), γυμνάζοντες δὲ τὴν ἀπόνοιαν καὶ προπαρασκευάζοντες ἑαυτοῖς εἰς τὰς ἑξῆς ἡμέρας ἐφόδια. [10] Τοῖς δ' ἐπὶ τὴν Ῥωμαίων φρουρὰν νύκτωρ ἐξερπύσασιν ἐπὶ λαχάνων συλλογῆς ἀγρίων καὶ πόας ὑπαντῶντες, ὅτ' ἤδη διαπεφευγέναι τοὺς πολεμίους ἐδόκουν, ἀφήρπαζον τὰ κομισθέντα, καὶ πολλάκις ἱκετευόντων καὶ τὸ φρικτότατον ἐπικαλουμένων ὄνομα τοῦ θεοῦ μεταδοῦναί τι μέρος αὐτοῖς ὧν κινδυνεύσαντες ἤνεγκαν, οὐδ' ὁτιοῦν μετέδοσαν, ἀγαπητὸν δ' ἦν τὸ μὴ καὶ προσαπολέσθαι σεσυλημένον ».

[11] Τούτοις μεθ' ἕτερα ἐπιφέρει λέγων [JOSÈPHE, *Bel.*, V, 512-519].

« Ἰουδαίοις δὲ μετὰ τῶν ἐξόδων ἀπεκόπη πᾶσα σωτηρίας

en leurs mains. Il n'y avait de pitié ni pour les cheveux blancs, ni pour les petits. On soulevait les enfants qui se suspendaient aux mets qu'ils mangeaient et on les jetait à terre. Ceux qui voulaient prévenir les voleurs et avaler ce qu'on allait leur ravir étaient regardés comme des malfaiteurs et traités plus cruellement. [8] Les brigands inventèrent des supplices affreux pour arriver à découvrir des vivres ; ils obstruaient avec des vesces le canal de l'urêtre et enfonçaient dans le rectum des bâtons pointus. On endurait ainsi des tourments dont le seul récit fait frémir et qui avaient pour but de faire avouer qu'on possédait un pain ou qu'on savait où l'on trouverait une poignée d'orge. [9] Les bourreaux du reste ne souffraient pas de la faim : leur cruauté aurait paru moins odieuse si elle avait eu pour excuse la nécessité ; mais ils affichaient un orgueil insensé et entassaient des vivres pour les jours à venir. [10] Ils allaient à la rencontre de ceux qui s'étaient glissés la nuit en rampant vers les avant-postes romains pour y recueillir quelques légumes sauvages ou quelques herbes. Quand ces malheureux paraissaient hors de portée des traits ennemis, les brigands leur enlevaient leur butin. Souvent les victimes suppliaient et invoquaient le nom terrible de Dieu, pour recouvrer au moins une partie de ce qu'ils avaient apporté au péril de leur vie ; on ne leur rendait rien, et c'était assez pour eux de n'avoir pas été mis à mort et d'être seulement volés.

[11] Josèphe ajoute un peu plus loin :
« Tout espoir de salut s'évanouit pour les Juifs avec

ἐλπίς, καὶ βαθύνας ἑαυτὸν ὁ λιμὸς κατ' οἴκους καὶ γενεὰς τὸν δῆμον ἐπεβόσκετο, καὶ τὰ μὲν τέγη πεπλήρωτο γυναικῶν καὶ βρεφῶν λελυμένων, οἱ στενωποὶ δὲ γερόντων νεκρῶν, [12] παῖδες δὲ καὶ νεανίαι διοιδοῦντες ὥσπερ εἴδωλα κατὰ τὰς ἀγορὰς ἀνειλοῦντο καὶ κατέπιπτον ὅπῃ τινὰ τὸ πάθος καταλαμβάνοι. Θάπτειν δὲ τοὺς προσήκοντας οὔτε ἴσχυον οἱ κάμνοντες καὶ τὸ διευτονοῦν ὤκνει διά τε τὸ πλῆθος τῶν νεκρῶν καὶ τὸ κατὰ σφᾶς ἄδηλον· πολλοὶ γοῦν τοῖς ὑπ' αὐτῶν θαπτομένοις ἐπαπέθνῃσκον, πολλοὶ δ' ἐπὶ τὰς θήκας, πρὶν ἐπιστῆναι τὸ χρεών, προῆλθον. [13] Οὔτε δὲ θρῆνος ἐν ταῖς συμφοραῖς οὔτε ὀλοφυρμὸς ἦν, ἀλλ' ὁ λιμὸς ἤλεγχε τὰ πάθη, ξηροῖς δὲ τοῖς ὄμμασιν οἱ δυσθανατοῦντες ἐθεώρουν τοὺς φθάσαντας ἀναπαύσασθαι, βαθεῖα δὲ τὴν πόλιν περιεῖχεν σιγὴ καὶ νὺξ θανάτου γέμουσα. Καὶ τούτων οἱ λῃσταὶ χαλεπώτεροι. [14] Τυμβωρυχοῦντες γοῦν τὰς οἰκίας, ἐσύλων τοὺς νεκρούς, καὶ τὰ καλύμματα τῶν σωμάτων περισπῶντες, μετὰ γέλωτος ἐξῄεσαν, τάς τε ἀκμὰς τῶν ξιφῶν ἐδοκίμαζον ἐν τοῖς πτώμασιν, καί τινας τῶν ἐρριμμένων ἔτι ζῶντας διήλαυνον ἐπὶ πείρᾳ τοῦ σιδήρου, τοὺς δ' ἱκετεύοντας χρῆσαι σφίσιν δεξιὰν καὶ ξίφος, τῷ λιμῷ κατέλιπον ὑπερηφανοῦντες, καὶ τῶν ἐκπνεόντων ἕκαστος ἀτενὲς εἰς τὸν ναὸν ἀφεώρα, τοὺς στασιαστὰς ζῶν-

la possibilité de sortir, et l'abîme de la faim se creusant engloutit le peuple par maison et par famille. Les terrasses étaient remplies de femmes qui étaient mortes avec leurs nourrissons; les cadavres des vieillards encombraient les rues. [12] Les enfants et les jeunes gens enflés erraient comme des fantômes sur les places et tombaient là même où le mal les avait saisis. Il était impossible aux malades d'enterrer leurs parents et ceux qui en avaient encore la force refusaient de le faire parce que les morts étaient trop nombreux et que leur sort à eux-mêmes était incertain. Beaucoup en effet suivaient dans la mort ceux qu'ils avaient ensevelis ; beaucoup venaient à leur sépulcre avant l'heure à laquelle ils devaient y entrer. [13] Dans ces calamités, il n'y avait ni larmes ni gémissements; la faim maîtrisait même les passions de l'âme. Ceux qui agonisaient ainsi, voyaient d'un œil sec mourir ceux qui les devançaient. Un morne silence planait sur la ville; elle était pleine de la nuit de la mort. Le fléau des brigands était plus dur que tout le reste. [14] Ces monstres fouillaient les maisons devenues des tombeaux pour y dépouiller les morts; ils arrachaient et emportaient en riant les voiles qui couvraient les cadavres; ils essayaient sur leurs membres la pointe de leurs glaives, et parfois perçaient de malheureux abandonnés qui respiraient encore, pour éprouver leur fer. Parmi ceux-ci, quelques-uns les suppliaient de leur prêter l'aide de leurs mains et de leurs épées; mais ils s'en allaient et les laissaient avec mépris aux tortures de la faim : alors chacun des moribonds tournait fixement ses regards vers le temple, laissant de côté les

τας ἀπολιπών. [15] Οἳ δὲ τὸ μὲν πρῶτον ἐκ τοῦ δημοσίου θησαυροῦ τοὺς νεκροὺς θάπτειν ἐκέλευον, τὴν ὀσμὴν οὐ φέροντες· ἔπειθ' ὡς οὐ διήρκουν, ἀπὸ τῶν τειχῶν ἐρρίπτουν εἰς τὰς φάραγγας. Περιιὼν δὲ ταύτας ὁ Τίτος ὡς ἐθεάσατο πεπλησμένας τῶν νεκρῶν καὶ βαθὺν ἰχῶρα μυδώντων τὸν ὑπορρέοντα τῶν σωμάτων, ἐστέναξέν τε καὶ τὰς χεῖρας ἀνατείνας κατεμαρτύρατο τὸν θεόν, ὡς οὐκ εἴη τὸ ἔργον αὐτοῦ ».

[16] Τούτοις ἐπειπών τινα μεταξὺ ἐπιφέρει λέγων [JOSÈPHE, *Bel.*, V, 566]·

« Οὐκ ἂν ὑποστειλαίμην εἰπεῖν ἅ μοι κελεύει τὸ πάθος· οἶμαι Ῥωμαίων βραδυνάντων ἐπὶ τοὺς ἀλιτηρίους, ἢ καταποθῆναι ἂν ὑπὸ χάσματος ἢ κατακλυσθῆναι τὴν πόλιν ἢ τοὺς τῆς Σοδομηνῆς μεταλαβεῖν κεραυνούς· πολὺ γὰρ τῶν ταῦτα παθόντων ἤνεγκεν γενεὰν ἀθεωτέραν· τῇ γοῦν τούτων ἀπονοίᾳ πᾶς ὁ λαὸς συναπώλετο ».

[17] Καὶ ἐν τῷ ἕκτῳ δὲ βιβλίῳ οὕτως γράφει [JOSÈPHE, *Bel.*, VI, 193-213]·

« Τῶν δ' ὑπὸ τοῦ λιμοῦ φθειρομένων κατὰ τὴν πόλιν ἄπειρον μὲν ἔπιπτε τὸ πλῆθος, ἀδιήγητα δὲ συνέβαινεν τὰ πάθη. Καθ' ἑκάστην γὰρ οἰκίαν, εἴ που τροφῆς παραφανείη σκιά, πόλεμος ἦν, καὶ διὰ χειρῶν ἐχώρουν οἱ φίλτατοι πρὸς ἀλλήλους, ἐξαρπάζοντες τὰ ταλαίπωρα τῆς ψυχῆς ἐφόδια, πίστις δ' ἀπορίας οὐδὲ τοῖς θνήσκουσιν ἦν, [18] ἀλλὰ καὶ τοὺς ἐκπνέοντας οἱ λῃσταὶ διηρεύνων, μή τις ὑπὸ κόλπον ἔχων τροφήν, σκήπτοιτο τὸν θάνατον αὐτῷ.

insurgés vivants. [15] Les séditieux firent d'abord ensevelir les morts aux frais du trésor public pour n'avoir pas à en supporter l'odeur ; mais ensuite ils n'y suffirent plus et l'on fit jeter les cadavres dans les ravins par-dessus les murailles. Titus, en visitant ces derniers, les trouva remplis de corps en putréfaction ; il vit l'humeur empestée qui en coulait avec abondance ; il gémit et, levant les mains, il prit Dieu à témoin que ce n'était point là son œuvre. »

[16] Après avoir parlé d'autre chose, Josèphe poursuit :

« Je n'hésiterai pas à dire ce que m'ordonne la douleur. Si les Romains avaient été impuissants contre ces monstres, je crois que la ville aurait été engloutie par un tremblement de terre, ou submergée dans un déluge, ou anéantie par le feu de Sodome : car elle contenait une race d'hommes beaucoup plus impie que celle qui fut ainsi châtiée. Tout le peuple périt par leur fureur insensée. »

[17] Au sixième livre, l'historien juif écrit encore :
« Le nombre de ceux que torturait la faim et qui moururent fut infini dans la ville, et les maux qui survinrent indicibles. Dans chaque maison, en effet, s'il apparaissait quelque ombre de nourriture, c'était la guerre ; ceux qu'unissait la plus étroite affection en venaient aux mains et s'arrachaient les aliments d'une vie misérable. La mort elle-même n'était pas une preuve suffisante de dénuement. [18] Les voleurs fouillaient même ceux qui exhalaient leur dernier souffle pour voir s'ils ne simu-

Οἱ δ' ὑπ' ἐνδείας κεχηνότες ὥσπερ λυσσῶντες κύνες ἐσφάλλοντο καὶ παρεφέροντο ταῖς τε θύραις ἐνσειόμενοι μεθυόντων τρόπον καὶ ὑπ' ἀμηχανίας τοὺς αὐτοὺς οἴκους εἰσεπήδων δὶς ἢ τρὶς ὥρᾳ μιᾷ. [19] Πάντα δ' ὑπ' ὀδόντας ἦγεν ἡ ἀνάγκη, καὶ τὰ μηδὲ τοῖς ῥυπαρωτάτοις τῶν ἀλόγων ζῴων πρόσφορα συλλέγοντες ἐσθίειν ὑπέφερον. Ζωστήρων γοῦν καὶ ὑποδημάτων τὸ τελευταῖον οὐκ ἀπέσχοντο καὶ τὰ δέρματα τῶν θυρεῶν ἀποδέροντες ἐμασῶντο, τροφὴ δ' ἦν καὶ χόρτου τισὶν παλαιοῦ σπαράγματα· τὰς γὰρ ἴνας ἔνιοι συλλέγοντες, ἐλάχιστον σταθμὸν ἐπώλουν Ἀττικῶν τεσσάρων.

« [20] Καὶ τί δεῖ τὴν ἐπ' ἀψύχοις ἀναίδειαν τοῦ λιμοῦ λέγειν; Εἶμι γὰρ αὐτοῦ δηλώσων ἔργον ὁποῖον μήτε παρ' Ἕλλησιν μήτε παρὰ βαρβάροις ἱστόρηται, φρικτὸν μὲν εἰπεῖν, ἄπιστον δ' ἀκοῦσαι. Καὶ ἔγωγε, μὴ δόξαιμι τερατεύεσθαι τοῖς αὖθις ἀνθρώποις, κἂν παρέλιπον τὴν συμφορὰν ἡδέως, εἰ μὴ τῶν κατ' ἐμαυτὸν εἶχον ἀπείρους μάρτυρας· ἄλλως τε καὶ ψυχρὰν ἂν καταθείμην τῇ πατρίδι χάριν, καθυφέμενος τὸν λόγον ὧν πέπονθε τὰ ἔργα. [21] Γυνὴ τῶν ὑπὲρ Ἰορδάνην κατοικούντων, Μαρία τοὔνομα, πατρὸς Ἐλεαζάρου, κώμης Βαθεζώρ (σημαίνει δὲ τοῦτο οἶκος ὑσσώπου), διὰ γένος καὶ πλοῦτον ἐπίσημος, μετὰ τοῦ λοιποῦ πλήθους εἰς τὰ Ἱεροσόλυμα καταφυγοῦσα συνεπολιορκεῖτο. [22] Ταύτης τὴν μὲν ἄλλην κτῆσιν οἱ τύραννοι διήρπασαν, ὅσην ἐκ τῆς

laient pas la mort afin de cacher des vivres dans leur sein. Les hommes affamés allaient la bouche ouverte comme des chiens enragés, trébuchaient, tombant contre les portes comme des gens ivres et revenant sans en avoir conscience, deux ou trois fois dans la même heure à la même maison. [19] La nécessité les amenait à se mettre sous la dent tout ce qu'ils rencontraient, et ce que les plus vils animaux auraient refusé, ils le ramassaient pour le manger. Ils s'emparaient des baudriers, puis des semelles et mâchaient le cuir des boucliers réduit en lanières. D'autres se nourrissaient de la poussière de vieux foin; car quelques-uns ayant recueilli des fétus, en vendaient une petite quantité au prix de quatre attiques.

« [20] Mais pourquoi rappeler l'impudence des affamés en ce qui concerne des objets inanimés? Je vais raconter un fait inouï chez les Grecs comme chez les barbares, affreux à dire et incroyable à entendre. Qu'on ne pense pas que je veuille duper ceux qui me liront un jour, j'aurais avec plaisir passé sous silence une pareille calamité si elle ne m'eût été attestée par des témoins sans nombre : au reste ce serait faire à ma patrie une pauvre grâce que de dissimuler en mon récit les maux qu'elle a soufferts. [21] Parmi les Juifs qui habitaient au delà du Jourdain, se trouvait une femme appelée Marie, fille d'Éléazar, du bourg de Bathézor, terme qui signifie maison d'hysope. Sa famille et sa condition étaient honorables. Elle s'était réfugiée avec tant d'autres à Jérusalem et se trouvait parmi les assiégés. [22] Les tyrans lui avaient volé tous les biens qu'elle avait rassemblés en Pérée et

Περαίας ἀνασκευασαμένη μετήνεγκεν εἰς τὴν πόλιν, τὰ δὲ λείψανα τῶν κειμηλίων κἂν εἴ τι τροφῆς ἐπινοηθείη, καθ' ἡμέραν εἰσπηδῶντες ἥρπαζον οἱ δορυφόροι. Δεινὴ δὲ τὸ γύναιον ἀγανάκτησις εἰσῄει, καὶ πολλάκις λοιδοροῦσα καὶ καταρωμένη τοὺς ἅρπαγας ἐφ' ἑαυτὴν ἠρέθιζεν. [23] Ὡς δ' οὔτε παροξυνόμενός τις οὔτ' ἐλεῶν αὐτὴν ἀνῄρει καὶ τὸ μὲν εὑρεῖν τι σιτίον ἄλλοις ἐσκοπία, πανταχόθεν δ' ἄπορον ἦν ἤδη καὶ τὸ εὑρεῖν, ὁ λιμὸς δὲ διὰ σπλάγχνων καὶ μυελῶν ἐχώρει καὶ τοῦ λιμοῦ μᾶλλον ἐξέκαιον οἱ θυμοί, σύμβουλον λαβοῦσα τὴν ὀργὴν μετὰ τῆς ἀνάγκης, ἐπὶ τὴν φύσιν ἐχώρει, καὶ τὸ τέκνον, ἦν δ' αὐτῇ παῖς ὑπομάστιος, ἁρπασαμένη· [24] « Βρέφος, εἶπεν, ἄθλιον, ἐν πολέμῳ
« καὶ λιμῷ καὶ στάσει, τίνι σε τηρῶ; Τὰ μὲν παρὰ
« Ῥωμαίοις δουλεία κἂν ζήσωμεν ἐπ' αὐτούς, φθάνει δὲ
« καὶ δουλείαν ὁ λιμός, οἱ στασιασταὶ δὲ ἀμφοτέρων χαλε-
« πώτεροι. Ἴθι, γενοῦ μοι τροφὴ καὶ τοῖς στασιασταῖς
« ἐρινὺς καὶ τῷ βίῳ μῦθος, ὁ μόνος ἐλλείπων ταῖς Ἰου-
« δαίων συμφοραῖς ». [25] Καὶ ταῦθ' ἅμα λέγουσα κτείνει τὸν υἱόν, ἔπειτ' ὀπτήσασα, τὸ μὲν ἥμισυ κατεσθίει, τὸ δὲ λοιπὸν κατακαλύψασα ἐφύλαττεν. Εὐθέως δ' οἱ στασιασταὶ παρῆσαν καὶ τῆς ἀθεμίτου κνίσης σπάσαντες, ἠπείλουν, εἰ μὴ δείξειεν τὸ παρασκευασθέν, ἀποσφάξειν αὐτὴν εὐθέως. Ἡ δὲ καὶ μοῖραν αὐτοῖς εἰποῦσα καλὴν τετηρηκέναι, τὰ

amenés à la ville. Chaque jour, des gens armés faisaient irruption chez elle, dans le soupçon qu'il y eût encore des vivres et lui enlevaient le reste de son avoir Une terrible indignation s'empara de cette femme : à chaque instant, elle injuriait et maudissait les brigands, cherchant à les exciter contre elle. [23] Ni l'irritation ni la pitié ne les porta à lui donner la mort. Alors, fatiguée de chercher pour d'autres des aliments qu'il n'était plus possible de trouver nulle part, sentant ses entrailles et ses moëlles brûlées par la faim, l'âme enflammée plus encore par la vengeance, elle prit conseil de sa colère et de la nécessité, et se révolta contre la nature elle-même. Elle avait un enfant attaché à la mamelle, elle le prit. [24] « Malheureux enfant, dit-elle, pour qui te conserverais-je, « au milieu d'une pareille guerre, dans une telle famine « et une telle révolte? La servitude chez les Romains, « voilà notre sort, si toutefois nous vivons jusqu'à « leur victoire ; mais auparavant, c'est la faim, et les « insurgés plus terribles que l'une et l'autre. Allons, « sois pour moi une nourriture ; pour les séditieux, « une furie vengeresse ; pour l'humanité, un sujet de « légende, le seul qui manque encore aux malheurs « des Juifs. » [25] Tandis qu'elle parlait encore, elle tue son enfant ; puis, elle le fait cuire et en mange la moitié : le surplus, elle le cache et le met en réserve. Aussitôt les factieux arrivent et flairent l'odeur de cette chair impie ; ils menacent cette femme et la somment de leur donner le mets qu'elle a préparé ; sinon, elle va être égorgée sur l'heure. Elle leur répond qu'elle leur en a gardé une belle part et leur découvre les restes de son

λείψανα τοῦ τέκνου διεκάλυψεν. [26] Τοὺς δ' εὐθέως φρίκη καὶ φρενῶν ἔκστασις ᾕρει, καὶ παρὰ τὴν ὄψιν ἐπεπήγεσαν. Ἡ δ'· « Ἐμόν, ἔφη, τοῦτο τὸ τέκνον γνήσιον, καὶ « τὸ ἔργον ἐμόν. Φάγετε, καὶ γὰρ ἐγὼ βέβρωκα· μὴ « γένησθε μήτε μαλακώτεροι γυναικὸς μήτε συμπαθέσ- « τεροι μητρός. Εἰ δ' ὑμεῖς εὐσεβεῖς καὶ τὴν ἐμὴν ἀποσ- « τρέφεσθε θυσίαν, ἐγὼ μὲν ὑμῖν βέβρωκα, καὶ τὸ λοιπὸν « δ' ἐμοὶ μεινάτω ». [27] Μετὰ ταῦθ' οἱ μὲν τρέμοντες ἐξῄεσαν, πρὸς ἓν τοῦτο δειλοὶ καὶ μόλις ταύτης τῆς τροφῆς τῇ μητρὶ παραχωρήσαντες, ἀνεπλήσθη δ' εὐθέως ὅλη τοῦ μύσους ἡ πόλις, καὶ πρὸ ὀμμάτων ἕκαστος τὸ πάθος λαμβάνων ὡς παρ' αὐτῷ τολμηθέν, ἔφριττεν. [28] Σπουδὴ δὲ τῶν λιμωττόντων ἐπὶ τὸν θάνατον ἦν καὶ μακαρισμὸς τῶν φθασάντων πρὶν ἀκοῦσαι καὶ θεάσασθαι κακὰ τηλικαῦτα. »

Ζ'

Τοιαῦτα τῆς Ἰουδαίων εἰς τὸν Χριστὸν τοῦ θεοῦ παρανομίας τε καὶ δυσσεβείας τἀπίχειρα.

[VII, 1] Παραθεῖναι δ' αὐτοῖς ἄξιον καὶ τὴν ἀψευδῆ τοῦ σωτῆρος ἡμῶν πρόρρησιν, δι' ἧς αὐτὰ ταῦτα δηλοῖ ὧδέ πως προφητεύων [Matth., xxiv, 19-21]· « Οὐαὶ δὲ ταῖς ἐν γασ-

enfant. [26] Ils sont aussitôt frappés de stupeur et d'effroi, immobiles devant un pareil spectacle. « C'est mon « fils, leur disait-elle, c'est mon œuvre. Mangez, j'en ai « goûté moi-même. Ne soyez pas plus délicats qu'une « femme ni plus attendris qu'une mère. Si dans votre « piété, vous vous détournez de mon sacrifice, j'en ai « mangé à votre intention : que le reste soit à la « mienne. » [27] Alors ils sortirent en tremblant ; une fois du moins ils eurent peur, et ils laissèrent à regret à cette mère un pareil aliment. La ville entière retentit bientôt du récit de cette atrocité ; chacun croyait avoir cette tragédie devant les yeux, et il en frissonnait comme s'il en avait été lui-même l'auteur. [28] Il y eut alors de la part des affamés comme un entrain vers la mort, et on estimait heureux ceux qui avaient péri avant d'être les témoins de tels malheurs. »

Tel fut le châtiment des Juifs, en punition du crime et de l'impiété qu'ils avaient commis contre le Christ de Dieu.

[CHAPITRE VII

LES PRÉDICTIONS DU CHRIST]

Il est à propos de leur mettre sous les yeux les prédictions si vraies de notre Sauveur où toutes ces calamités étaient annoncées en ces termes : « Malheur aux

τρὶ ἐχούσαις καὶ ταῖς θηλαζούσαις ἐν ἐκείναις ταῖς ἡμέραις· προσεύχεσθε δὲ ἵνα μὴ γένηται ὑμῶν ἡ φυγὴ χειμῶνος μηδὲ σαββάτῳ. Ἔσται γὰρ τότε θλῖψις μεγάλη, οἵα οὐκ ἐγένετο ἀπ' ἀρχῆς κόσμου ἕως τοῦ νῦν, οὐδὲ μὴ γένηται ».

[2] Συναγαγὼν δὲ πάντα τὸν τῶν ἀνῃρημένων ἀριθμὸν ὁ συγγραφεὺς λιμῷ καὶ ξίφει μυριάδας ἑκατὸν καὶ δέκα διαφθαρῆναί φησιν [JOSÈPHE, *Bel.*, VI, 420, 417-418, 420, 435], τοὺς δὲ λοιποὺς στασιώδεις καὶ λῃστρικούς, ὑπ' ἀλλήλων μετὰ τὴν ἅλωσιν ἐνδεικνυμένους, ἀνῃρῆσθαι, τῶν δὲ νέων τοὺς ὑψηλοτάτους καὶ κάλλει σώματος διαφέροντας τετηρῆσθαι θριάμβῳ, τοῦ δὲ λοιποῦ πλήθους τοὺς ὑπὲρ ἑπτακαίδεκα ἔτη δεσμίους εἰς τὰ κατ' Αἴγυπτον ἔργα παραπεμφθῆναι, πλείους δὲ εἰς τὰς ἐπαρχίας διανενεμῆσθαι φθαρησομένους ἐν τοῖς θεάτροις σιδήρῳ καὶ θηρίοις, τοὺς δ' ἐντὸς ἑπτακαίδεκα ἐτῶν αἰχμαλώτους ἀχθέντας διαπεπρᾶσθαι, τούτων δὲ μόνων τὸν ἀριθμὸν εἰς ἐννέα μυριάδας ἀνδρῶν συναχθῆναι. [3] Ταῦτα δὲ τοῦτον ἐπράχθη τὸν τρόπον δευτέρῳ τῆς Οὐεσπασιανοῦ βασιλείας ἔτει ἀκολούθως ταῖς προγνωστικαῖς τοῦ κυρίου καὶ σωτῆρος ἡμῶν Ἰησοῦ Χριστοῦ προρρήσεσιν, θείᾳ δυνάμει ὥσπερ ἤδη παρόντα προεορακότος αὐτὰ ἐπιδακρύσαντός τε καὶ ἀποκλαυσαμένου κατὰ τὴν τῶν ἱερῶν εὐαγγελιστῶν γραφήν, οἳ καὶ αὐτὰς αὐτοῦ παρατέθεινται τὰς λέξεις, τοτὲ μὲν φήσαντος ὡς πρὸς αὐτὴν τὴν Ἱερουσαλήμ· [4] « Εἰ ἔγνως καί γε σὺ ἐν τῇ ἡμέρᾳ ταύτῃ τὰ πρὸς εἰρήνην σου·

femmes enceintes et à celles qui allaitent en ces jours. Priez pour que votre fuite n'ait pas lieu en hiver ou un jour de sabbat. Car il y aura alors une grande affliction, telle qu'il n'y en a pas eu depuis le commencement du monde et telle qu'il n'y en aura plus ensuite. »

[2] L'écrivain, supputant le chiffre total des morts, dit qu'il périt onze cent mille personnes par la faim et le glaive. Les factieux et les brigands qui survécurent, se dénoncèrent mutuellement après la prise de la ville et furent mis à mort. Les jeunes gens les plus grands et les plus distingués par leur beauté furent réservés pour le triomphe. Quant au reste de la multitude, ceux qui avaient plus de dix-sept ans furent, les uns enchaînés et envoyés aux travaux d'Égypte, les autres en plus grand nombre, distribués aux provinces pour mourir dans les amphithéâtres par le fer ou les bêtes. Ceux qui n'avaient pas dix-sept ans furent emmenés prisonniers pour être vendus. Ces derniers à eux seuls étaient à peu près quatre-vingt-dix mille. [3] Ainsi s'accomplirent ces événements dans la seconde année du règne de Vespasien [70 après J.-C.], selon les paroles prophétiques de notre Seigneur et Sauveur Jésus-Christ. Grâce à son pouvoir divin, il les avait contemplés d'avance comme des réalités présentes. Il avait pleuré et sangloté, suivant le texte des saints évangiles, qui nous rapportent ses propres paroles, quand il s'adressait pour ainsi dire à Jérusalem elle-même : [4] « Si du moins, tu connaisssais en ce jour, ce qui peut t'apporter la paix ! Mais maintenant cela est caché à tes yeux ! Des jours viendront sur toi, où tes ennemis t'entoureront de retranchements, t'investiront, te presseront

νῦν δὲ ἐκρύβη ἀπὸ ὀφθαλμῶν σου · ὅτι ἥξουσιν ἡμέραι ἐπὶ σέ, καὶ περιβαλοῦσίν σοι οἱ ἐχθροί σου χάρακα, καὶ περικυκλώσουσίν σε, καὶ συνέξουσίν σε πάντοθεν, καὶ ἐδαφιοῦσίν σε καὶ τὰ τέκνα σου » [Luc, xix, 42-44]. [5] Τοτὲ δὲ ὡς περὶ τοῦ λαοῦ [Luc, xxi, 23-24]· « Ἔσται γὰρ ἀνάγκη μεγάλη ἐπὶ τῆς γῆς, καὶ ὀργὴ τῷ λαῷ τούτῳ · καὶ πεσοῦνται ἐν στόματι μαχαίρας καὶ αἰχμαλωτισθήσονται εἰς πάντα τὰ ἔθνη · καὶ Ἱερουσαλὴμ ἔσται πατουμένη ὑπὸ ἐθνῶν, ἄχρις οὗ πληρωθῶσιν καιροὶ ἐθνῶν ». Καὶ πάλιν [Luc, xxi, 20]· « Ὅταν δὲ ἴδητε κυκλουμένην ὑπὸ στρατοπέδων τὴν Ἱερουσαλήμ, τότε γνῶτε ὅτι ἤγγικεν ἡ ἐρήμωσις αὐτῆς ». [6] Συγκρίνας δέ τις τὰς τοῦ σωτῆρος ἡμῶν λέξεις ταῖς λοιπαῖς τοῦ συγγραφέως ἱστορίαις ταῖς περὶ τοῦ παντὸς πολέμου, πῶς οὐκ ἂν ἀποθαυμάσειεν, θείαν ὡς ἀληθῶς καὶ ὑπερφυῶς παράδοξον τὴν πρόγνωσιν ὁμοῦ καὶ πρόρρησιν τοῦ σωτῆρος ἡμῶν ὁμολογήσας;

[7] Περὶ μὲν οὖν τῶν μετὰ τὸ σωτήριον πάθος καὶ τὰς φωνὰς ἐκείνας ἐν αἷς ἡ τῶν Ἰουδαίων πληθὺς τὸν μὲν λῃστὴν καὶ φονέα τοῦ θανάτου παρῄτηται, τὸν δ᾽ ἀρχηγὸν τῆς ζωῆς ἐξ αὐτῶν ἱκέτευσεν ἀρθῆναι [Luc, xxiii, 18-19; Jean, xviii, 40; Act., iii, 14], τῷ παντὶ συμβεβηκότων ἔθνει, οὐδὲν ἂν δέοι ταῖς ἱστορίαις ἐπιλέγειν, [8] ταῦτα δ᾽ ἂν εἴη δίκαιον ἐπιθεῖναι, ἃ γένοιτ᾽ ἂν παραστατικὰ φιλανθρωπίας τῆς παναγάθου προνοίας, τεσσαράκοντα ἐφ᾽ ὅλοις ἔτεσιν μετὰ τὴν κατὰ τοῦ Χριστοῦ τόλμαν τὸν κατ᾽ αὐτῶν ὄλεθρον ὑπερθεμένης, ἐν ὅσοις τῶν ἀποστόλων καὶ τῶν

de toutes parts et te renverseront à terre toi et tes enfants. » [5] Et maintenant au sujet du peuple : « Il y aura une grande détresse sur la terre et la colère sera sur ce peuple. Ils tomberont dévorés par le glaive, ils seront emmenés en captivité dans toutes les nations. Et Jérusalem sera foulée aux pieds par les Gentils jusqu'à ce que leurs temps soient accomplis. » Et encore : « Lorsque vous verrez Jérusalem assiégée par une armée, sachez que sa désolation est proche ». [6] Si on compare les paroles du Sauveur avec les récits de l'historien où il retrace toute cette guerre, comment ne serait-on pas étonné et n'avouerait-on pas que cette prescience et cette prédiction de l'avenir étaient, chez le Sauveur, véritablement divines et extraordinaires.

[7] Pour ce qui est arrivé à tout le peuple après la passion du Sauveur, après les cris par lesquels la multitude des Juifs demandait la grâce d'un voleur et d'un assassin et suppliait qu'on fît disparaître de son sein l'auteur de la vie, il n'y a rien à ajouter aux histoires. [8] Il est cependant juste de joindre une remarque qui montre bien la miséricorde de la toute bonne Providence. Après le crime audacieux commis contre le Christ, elle attendit quarante années entières pour détruire les coupables : pendant ce laps de temps, le plus grand nombre des apôtres et des disciples, ainsi que Jacques lui-même, le premier évêque de ce pays, appelé le

μαθητῶν πλείους Ἰάκωβός τε αὐτὸς ὁ τῇδε πρῶτος ἐπίσ_
κοπος, τοῦ κυρίου χρηματίζων ἀδελφός, ἔτι τῷ βίῳ περιόν-
τες καὶ ἐπ' αὐτῆς τῆς Ἱεροσολύμων πόλεως τὰς διατριβὰς
ποιούμενοι, ἕρκος ὥσπερ ὀχυρώτατον παρέμενον τῷ τόπῳ,
[9] τῆς θείας ἐπισκοπῆς εἰς ἔτι τότε μακροθυμούσης, εἰ
ἄρα ποτὲ δυνηθεῖεν ἐφ' οἷς ἔδρασαν μετανοήσαντες συγ-
γνώμης καὶ σωτηρίας τυχεῖν, καὶ πρὸς τῇ τοσαύτῃ μακρο-
θυμίᾳ παραδόξους θεοσημείας τῶν μελλόντων αὐτοῖς μὴ
μετανοήσασι συμβήσεσθαι παρασχομένης· ἃ καὶ αὐτὰ
μνήμης ἠξιωμένα πρὸς τοῦ δεδηλωμένου συγγραφέως
οὐδὲν οἷον τοῖς τῇδε προσιοῦσιν τῇ γραφῇ παραθεῖναι.

Η'

Καὶ δὴ λαβὼν ἀνάγνωθι τὰ κατὰ τὴν ἕκτην τῶν Ἱστοριῶν αὐτῷ δεδηλωμένα ἐν τούτοις [JOSÈPHE, Bel., VI,
288-304]·

« Τὸν γοῦν ἄθλιον δῆμον οἱ μὲν ἀπατεῶνες καὶ κατα-
ψευδόμενοι τοῦ θεοῦ τηνικαῦτα παρέπειθον, τοῖς δ' ἐναρ-
γέσι καὶ προσημαίνουσι τὴν μέλλουσαν ἐρημίαν τέρασιν
οὔτε προσεῖχον οὔτ' ἐπίστευον, ἀλλ' ὡς ἐμβεβροντημένοι
καὶ μήτε ὄμματα μήτε ψυχὴν ἔχοντες τῶν τοῦ θεοῦ κηρυγ-
μάτων παρήκουσαν, [2] τοῦτο μὲν ὅθ' ὑπὲρ τὴν πόλιν
ἄστρον ἔστη ῥομφαίᾳ παραπλήσιον καὶ παρατείνας ἐπ'

frère du Seigneur, étaient encore de ce monde et vivaient dans la ville de Jérusalem ; ils étaient pour elle comme un très puissant rempart. [9] La vigilance de Dieu avait été jusqu'alors patiente : peut-être ces gens se repentiraient-ils de ce qu'ils avaient fait et obtiendraient-ils le pardon et le salut. En outre de cette longanimité, le ciel leur envoya des signes extraordinaires de ce qui allait leur arriver, s'ils persévéraient dans leur endurcissement. Ces présages ont été jugés dignes de mémoire par l'historien cité plus haut; le mieux est de les rapporter ici pour ceux qui liront cet ouvrage.

CHAPITRE VIII

[LES SIGNES AVANT LA GUERRE]

Prenez donc le sixième livre des Histoires et lisez ce qu'il y expose en ces termes :

« Les séducteurs égaraient alors ce malheureux peuple et le trompaient au sujet de Dieu, en sorte qu'il ne donnait point d'attention, et ne croyait pas aux présages qui annonçaient si clairement la dévastation future. Ainsi que des gens étourdis par la foudre qui n'ont plus l'usage de leurs yeux ni de leur esprit, les Juifs n'attachaient aucune importance aux avertissements de Dieu. [2] Ce fut d'abord un astre qui parut sur la ville sous la forme d'un glaive et une comète qui resta suspendue pendant

ἐνιαυτὸν κομήτης, τοῦτο δ' ἡνίκα πρὸ τῆς ἀποστάσεως καὶ τοῦ πρὸς τὸν πόλεμον κινήματος, ἀθροιζομένου τοῦ λαοῦ πρὸς τὴν τῶν ἀζύμων ἑορτήν, ὀγδόῃ Ξανθικοῦ μηνὸς κατὰ νυκτὸς ἐνάτην ὥραν, τοσοῦτον φῶς περιέλαμψεν τὸν βωμὸν καὶ τὸν ναόν, ὡς δοκεῖν ἡμέραν εἶναι λαμπράν, καὶ τοῦτο παρέτεινεν ἐφ' ἡμίσειαν ὥραν· ὃ τοῖς μὲν ἀπείροις ἀγαθὸν ἐδόκει εἶναι, τοῖς δὲ ἱερογραμματεῦσι πρὸ τῶν ἀποβεβηκότων εὐθέως ἐκρίθη. [3] Καὶ κατὰ τὴν αὐτὴν ἑορτὴν βοῦς μὲν ἀχθεῖσα ὑπὸ τοῦ ἀρχιερέως πρὸς τὴν θυσίαν ἔτεκεν ἄρνα ἐν τῷ ἱερῷ μέσῳ· [4] ἡ δ' ἀνατολικὴ πύλη τοῦ ἐνδοτέρω χαλκῇ μὲν οὖσα καὶ στιβαρωτάτη, κλειομένη δὲ περὶ δείλην μόλις ὑπ' ἀνθρώπων εἴκοσι, καὶ μοχλοῖς μὲν ἐπερειδομένη σιδηροδέτοις, καταπῆγας δ' ἔχουσα βαθυτάτους, ὤφθη κατὰ νυκτὸς ὥραν ἕκτην αὐτομάτως ἠνοιγμένη. [5] Μετὰ δὲ τὴν ἑορτὴν ἡμέραις οὐ πολλαῖς ὕστερον, μιᾷ καὶ εἰκάδι Ἀρτεμισίου μηνός, φάσμα τι δαιμόνιον ὤφθη μεῖζον πίστεως, τέρας δ' ἂν ἔδοξεν εἶναι τὸ ῥηθησόμενον, εἰ μὴ καὶ παρὰ τοῖς θεασαμένοις ἱστόρητο καὶ τὰ ἐπακολουθήσαντα πάθη τῶν σημείων ἦν ἄξια· πρὸ γὰρ ἡλίου δύσεως ὤφθη μετέωρα περὶ πᾶσαν τὴν χώραν ἅρματα καὶ φάλαγγες ἔνοπλοι διᾴττουσαι τῶν νεφῶν καὶ κυκλούμεναι τὰς πόλεις. [6] Κατὰ δὲ τὴν ἑορτήν, ἣ πεντηκοστὴ καλεῖται, νύκτωρ οἱ ἱερεῖς παρελθόντες εἰς τὸ ἱερόν, ὥσπερ αὐτοῖς ἔθος ἦν, πρὸς τὰς λειτουργίας, πρῶτον μὲν κινήσεως ἔφασαν ἀντιλαμβάνεσθαι καὶ κτύπου, μετὰ δὲ ταῦτα φωνῆς ἀθρόας· « Μεταβαίνομεν ἐντεῦθεν » [cf.

une année. Ensuite, avant la défection et le soulèvement pour la guerre, au moment où le peuple était réuni pour la fête des azymes, le huit du mois Xantique, à la neuvième heure de la nuit, une telle lumière environna l'autel et le temple qu'on crut être en plein jour, et cela dura une demi-heure : les ignorants y virent un bon présage, mais les scribes comprirent tout de suite avant que les choses ne fussent arrivées. [3] Au temps de la même fête, une vache, amenée par le grand prêtre pour le sacrifice, mit bas un agneau au milieu du temple. [4] La porte orientale de l'intérieur du temple était d'airain et si lourde que vingt hommes avaient grand' peine à la fermer le soir ; elle était close par des verrous en fer et munie de targettes très profondes : à la sixième heure de la nuit, on la vit s'ouvrir d'elle-même. [5] Peu de jours après la fête, le vingt et unième du mois Artémisios, on vit le spectre d'un démon plus grand qu'on ne peut croire. Ce que je dois raconter semblerait fabuleux, si le récit n'en était pris de témoins oculaires et si les maux qui suivirent n'avaient été dignes des présages eux-mêmes. Avant le coucher du soleil, on aperçut sur tout le pays des chars aériens et des phalanges armées qui s'élançaient des nuages et entouraient les villes. [6] Lors de la fête appelée Pentecôte, pendant la nuit, les prêtres venus au temple selon leur coutume, pour leur office, déclarèrent avoir entendu d'abord des bruits de pas, un tumulte, puis

Dem. ev., VIII, II, 121 ; *Ecl. proph.*, CLXIV, 2-6].

[7] Τὸ δὲ τούτων φοβερώτερον, Ἰησοῦς γάρ τις ὄνομα, υἱὸς Ἀνανίου, τῶν ἰδιωτῶν, ἄγροικος, πρὸ τεσσάρων ἐτῶν τοῦ πολέμου, τὰ μάλιστα τῆς πόλεως εἰρηνευομένης καὶ εὐθηνούσης, ἐλθὼν ἐπὶ τὴν ἑορτήν, ἐπεὶ σκηνοποιεῖσθαι πάντας ἔθος ἦν τῷ θεῷ, κατὰ τὸ ἱερὸν ἐξαπίνης ἀναβοᾶν ἤρξατο· « Φωνὴ ἀπ' ἀνατολῆς, φωνὴ ἀπὸ δύσεως, φωνὴ « τῶν τεσσάρων ἀνέμων, φωνὴ ἐπὶ Ἱεροσόλυμα καὶ τὸν « ναόν, φωνὴ ἐπὶ νυμφίους καὶ νύμφας, φωνὴ ἐπὶ πάντα « τὸν λαόν ». Τοῦτο μεθ' ἡμέραν καὶ νύκτωρ κατὰ πάντας τοὺς στενωποὺς περιήει κεκραγώς. [8] Τῶν δ' ἐπισήμων τινὲς δημοτῶν ἀγανακτήσαντες πρὸς τὸ κακόφημον, συλλαμβάνουσι τὸν ἄνθρωπον καὶ πολλαῖς αἰκίζονται πληγαῖς· ὁ δ' οὔθ' ὑπὲρ ἑαυτοῦ φθεγξάμενος οὔτε ἰδίᾳ, πρὸς τοὺς παρόντας ἃς καὶ πρότερον φωνὰς βοῶν διετέλει. [9] Νομίσαντες δ' οἱ ἄρχοντες, ὅπερ ἦν, δαιμονιώτερον εἶναι τὸ κίνημα τἀνδρός, ἀνάγουσιν αὐτὸν ἐπὶ τὸν παρὰ Ῥωμαίοις ἔπαρχον· ἔνθα μάστιξιν μέχρις ὀστέων ξαινόμενος οὔθ' ἱκέτευσεν οὔτ' ἐδάκρυσεν, ἀλλ' ὡς ἐνῆν μάλιστα τὴν φωνὴν ὀλοφυρτικῶς παρεγκλίνων, πρὸς ἑκάστην ἀπεκρίνατο πληγήν· « Αἲ αἲ Ἱεροσολύμοις ».

[10] Ἕτερον δ' ἔτι τούτου παραδοξότερον ὁ αὐτὸς ἱστορεῖ [JOSÈPHE, *Bel.*, VI, 312-313], χρησμόν τινα φάσκων ἐν ἱεροῖς γράμμασιν εὑρῆσθαι περιέχοντα ὡς κατὰ τὸν καιρὸν ἐκεῖνον ἀπὸ τῆς χώρας τις αὐτῶν ἄρξει τῆς οἰκουμένης, ὃν αὐτὸς μὲν ἐπὶ Οὐεσπασιανὸν πεπληρῶσθαι

des voix nombreuses qui disaient : « Sortons d'ici. » [7] Mais voici qui est encore plus effrayant : Un homme appelé Jésus, fils d'Ananie, homme simple, un paysan, quatre ans avant la guerre, alors que la ville était en pleine paix et prospérité, vint à la fête où tous ont coutume de dresser des tentes en l'honneur de Dieu. Tout à coup il se mit à crier à travers le temple : « Voix de
« l'orient, voix du couchant, voix des quatre vents, voix
« sur Jérusalem et sur le temple, voix sur les fiancés
« et les fiancées, voix sur tout le peuple. » Jour et nuit, il parcourait toutes les rues de la ville et poussait ce cri. [8] Quelques-uns des principaux du peuple indignés de ces paroles de mauvais augure le saisirent et l'accablèrent de coups ; mais lui continuait à pousser la même clameur devant eux, et cela, non pas de lui-même, ni de son propre mouvement. [9] Les chefs pensaient que cette excitation était plutôt l'œuvre d'un esprit, comme elle l'était. Ils conduisirent le malheureux auprès du gouverneur romain (voy. l'*Appendice*) : là, on le déchira à coups de fouets jusqu'aux os ; il ne laissait échapper ni prière ni larme ; mais en cet état, sa voix plaintive fléchissait seulement de plus en plus avec ses forces, et à chaque coup, il redisait : « Mal-
« heur à Jérusalem. »

[10] Josèphe rapporte encore une autre prédiction plus surprenante qu'il assure avoir trouvée dans les saintes Écritures, et annonçant qu'en ce temps quelqu'un sorti de leur pays commanderait à la terre. Il

ἐξείληφεν· [11] ἀλλ' οὐχ ἁπάσης γε οὗτος <ἀλλ'> ἢ μόνης ἦρξεν τῆς ὑπὸ Ῥωμαίους· δικαιότερον δ' ἂν ἐπὶ τὸν Χριστὸν ἀναφθείη, πρὸς ὃν εἴρητο ὑπὸ τοῦ πατρὸς [*Ps.*, II, 8]· « Αἴτησαι παρ' ἐμοῦ, καὶ δώσω σοι ἔθνη τὴν κληρονομίαν σου, καὶ τὴν κατάσχεσίν σου τὰ πέρατα τῆς γῆς », οὗ δὴ κατ' αὐτὸ δὴ ἐκεῖνο τοῦ καιροῦ εἰς πᾶσαν τὴν γῆν ἐξῆλθεν ὁ φθόγγος τῶν ἱερῶν ἀποστόλων καὶ εἰς τὰ πέρατα τῆς οἰκουμένης τὰ ῥήματα αὐτῶν [*Ps.*, XVIII, 5].

Θ'

Ἐπὶ τούτοις ἅπασιν ἄξιον μηδ' αὐτὸν τὸν Ἰώσηπον, τοσαῦτα τῇ μετὰ χεῖρας συμβεβλημένον ἱστορίᾳ, ὁπόθεν τε καὶ ἀφ' οἵου γένους ὡρμᾶτο, ἀγνοεῖν. Δηλοῖ δὲ πάλιν αὐτὸς καὶ τοῦτο, λέγων ὧδε [JOSÈPHE, *Bel.*, I, 3]·

« Ἰώσηπος Ματθίου παῖς, ἐξ Ἱεροσολύμων ἱερεύς, αὐτός τε Ῥωμαίους πολεμήσας τὰ πρῶτα καὶ τοῖς ὕστερον παρατυχὼν ἐξ ἀνάγκης ».

[2] Μάλιστα δὲ τῶν κατ' ἐκεῖνο καιροῦ Ἰουδαίων οὐ παρὰ μόνοις τοῖς ὁμοεθνέσιν, ἀλλὰ καὶ παρὰ Ῥωμαίοις γέγονεν ἀνὴρ ἐπιδοξότατος, ὡς αὐτὸν μὲν ἀναθέσει ἀνδριάντος ἐπὶ τῆς Ῥωμαίων τιμηθῆναι πόλεως, τοὺς δὲ σπουδασθέντας αὐτῷ λόγους βιβλιοθήκης ἀξιωθῆναι. [3] Οὗτος δὴ πᾶσαν τὴν Ἰουδαϊκὴν ἀρχαιολογίαν ἐν ὅλοις

croit qu'elle a été accomplie en Vespasien ; [11] mais ce prince ne domina pas sur la terre entière, il régna seulement sur les contrées soumises aux Romains. Il serait plus juste d'appliquer cette parole au Christ, à qui son Père a dit : « Demande-moi et je te donnerai les nations pour héritage et pour ton bien les extrémités de la terre. » Or à cette époque même, la voix des saints apôtres était allée dans l'univers entier et leur parole avait atteint les limites du monde.

CHAPITRE IX

[JOSÈPHE ET LES ÉCRITS QU'IL A LAISSÉS]

Après tout ceci, il est bon de ne pas laisser ignorer ce qu'était Josèphe lui-même, puisqu'il nous a tant aidé dans le récit des événements qui nous occupent. D'où vient-il ? quelle est sa race ? Il nous l'apprend lui-même en ces termes :

« Josèphe, fils de Matthias, prêtre de Jérusalem, fit d'abord la guerre aux Romains, puis se rapprocha d'eux par nécessité. »

[2] Il fut de beaucoup le plus célèbre des Juifs de son temps, non seulement auprès de ses compatriotes, mais aux yeux même des Romains, si bien qu'à Rome, on l'honora d'une statue et que ses livres furent jugés dignes des bibliothèques. [3] Il expose toute l'antiquité juive

εἴκοσι κατατέθειται συγγράμμασιν, τὴν δ' ἱστορίαν τοῦ κατ' αὐτὸν Ῥωμαϊκοῦ πολέμου ἐν ἑπτά, ἃ καὶ οὐ μόνον τῇ Ἑλλήνων, ἀλλὰ καὶ τῇ πατρίῳ φωνῇ παραδοῦναι αὐτὸς ἑαυτῷ μαρτυρεῖ [JOSÈPHE, *Bel.*, I, 3], ἄξιός γε ὢν διὰ τὰ λοιπὰ πιστεύεσθαι · [4] καὶ ἕτερα δ' αὐτοῦ φέρεται σπουδῆς ἄξια δύο, τὰ Περὶ τῆς Ἰουδαίων ἀρχαιότητος, ἐν οἷς καὶ ἀντιρρήσεις πρὸς Ἀπίωνα τὸν γραμματικόν, κατὰ Ἰουδαίων τηνικάδε συντάξαντα λόγον, πεποίηται καὶ πρὸς ἄλλους, οἳ διαβάλλειν καὶ αὐτοὶ τὰ πάτρια τοῦ Ἰουδαίων ἔθνους ἐπειράθησαν. [5] Τούτων ἐν τῷ προτέρῳ τὸν ἀριθμὸν τῆς λεγομένης παλαιᾶς τῶν ἐνδιαθήκων γραφῶν τίθησι, τίνα τὰ παρ' Ἑβραίοις ἀναντίρρητα, ὡς ἂν ἐξ ἀρχαίας παραδόσεως αὐτοῖς ῥήμασι διὰ τούτων διδάσκων [JOSÈPHE, *C. Apion*, I, 38-42] ·

Ι΄

« Οὐ μυριάδες οὖν βιβλίων εἰσὶ παρ' ἡμῖν ἀσυμφώνων καὶ μαχομένων, δύο δὲ μόνα πρὸς τοῖς εἴκοσι βιβλία, τοῦ παντὸς ἔχοντα χρόνου τὴν ἀναγραφήν, τὰ δικαίως θεῖα πεπιστευμένα. [2] Καὶ τούτων πέντε μέν ἐστιν Μωυσέως, ἃ τούς τε νόμους περιέχει καὶ τὴν τῆς ἀνθρωπογονίας παράδοσιν μέχρι τῆς αὐτοῦ τελευτῆς· οὗτος ὁ χρόνος ἀπολείπει τρισχιλίων ὀλίγον ἐτῶν · [3] ἀπὸ δὲ τῆς Μωυσέως τελευ-

dans un ouvrage de vingt livres et il raconte en sept livres l'histoire de la guerre des Romains en son temps. Il affirme avoir rédigé ce dernier écrit, non seulement en grec, mais encore dans sa langue maternelle; il est digne d'être cru. [4] On montre encore de lui deux livres qui méritent d'être étudiés, *Sur l'antiquité des Juifs* : c'est une réponse au grammairien Apion qui écrivait alors contre eux, ainsi qu'à d'autres gens qui prenaient à tâche de calomnier les origines de la race juive. [5] Dans le premier de ces livres, il établit le nombre des écrits qui forment le testament appelé ancien et montre ceux qui étaient incontestés chez les Hébreux. Voici ce qu'il en dit en propres termes, comme d'après une tradition antique.

CHAPITRE X

[COMMENT IL MENTIONNE LES LIVRES SAINTS]

« On ne trouve pas chez nous une foule de livres en désaccord et en opposition les uns avec les autres ; nous en avons seulement vingt-deux. Ils nous présentent le récit de tous les âges écoulés et à bon droit nous les croyons divins. [2] De ces livres, cinq sont de Moïse. Ils embrassent les lois et la tradition de l'humanité depuis son origine jusqu'à la mort de cet écrivain, c'est-à-dire un peu moins de trois mille ans. [3] De la mort de Moïse à celle d'Artaxerxès,

τῆς μέχρι.τῆς Ἀρταξέρξου τοῦ μετὰ Ξέρξην Περσῶν βασιλέως οἱ μετὰ Μωυσῆν προφῆται τὰ κατ' αὐτοὺς πραχθέντα συνέγραψαν ἐν τρισὶν καὶ δέκα βιβλίοις· αἱ δὲ λοιπαὶ τέσσαρες ὕμνους εἰς τὸν θεὸν καὶ τοῖς ἀνθρώποις ὑποθήκας τοῦ βίου περιέχουσιν. [4] Ἀπὸ δὲ Ἀρταξέρξου μέχρι τοῦ καθ' ἡμᾶς χρόνου γέγραπται μὲν ἕκαστα, πίστεως δ' οὐχ ὁμοίας ἠξίωται τοῖς πρὸ αὐτῶν διὰ τὸ μὴ γενέσθαι τὴν τῶν προφητῶν ἀκριβῆ διαδοχήν. [5] Δῆλον δ' ἐστὶν ἔργῳ πῶς ἡμεῖς πρόσιμεν τοῖς ἰδίοις γράμμασιν· τοσούτου γὰρ αἰῶνος ἤδη παρῳχηκότος οὔτε προσθεῖναί τις οὔτε ἀφελεῖν ἀπ' αὐτῶν οὔτε μεταθεῖναι τετόλμηκεν, πᾶσι δὲ σύμφυτόν ἐστιν εὐθὺς ἐκ πρώτης γενέσεως Ἰουδαίοις τὸ νομίζειν αὐτὰ θεοῦ δόγματα καὶ τούτοις ἐπιμένειν καὶ ὑπὲρ αὐτῶν, εἰ δέοι, θνῄσκειν ἡδέως ».

[6] Καὶ ταῦτα δὲ τοῦ συγγραφέως χρησίμως ὧδε παρατεθείσθω, πεπόνηται δὲ καὶ ἄλλο οὐκ ἀγεννὲς σπούδασμα τῷ ἀνδρί, Περὶ αὐτοκράτορος λογισμοῦ, ὅ τινες Μακκαβαϊκὸν ἐπέγραψαν τῷ τοὺς ἀγῶνας τῶν ἐν τοῖς οὕτω καλουμένοις Μακκαβαϊκοῖς συγγράμμασιν ὑπὲρ τῆς εἰς τὸ θεῖον εὐσεβείας ἀνδρισαμένων Ἑβραίων περιέχειν, [7] καὶ πρὸς τῷ τέλει δὲ τῆς εἰκοστῆς Ἀρχαιολογίας [JOSÈPHE, *Ant.*, XX, 268] ἐπισημαίνεται ὁ αὐτὸς ὡς ἂν προῃρημένος ἐν τέτταρσιν συγγράψαι βιβλίοις κατὰ τὰς πατρίους δόξας τῶν Ἰουδαίων περὶ θεοῦ καὶ τῆς οὐσίας αὐτοῦ καὶ περὶ τῶν νόμων, διὰ τί κατ' αὐτοὺς τὰ μὲν ἔξεστι πράττειν, τὰ δὲ κεκώλυται, καὶ ἄλλα δὲ αὐτῷ σπουδασ-

roi des Perses après Xerxès, les prophètes qui vinrent après Moïse écrivirent ce qui arriva, de leur temps en treize livres. Les quatre livres qui restent renferment des hymnes à Dieu et des principes de conduite pour les hommes. [4] Depuis Artaxerxès jusqu'à nous, l'histoire de chaque époque a été écrite ; mais les ouvrages qui la contenaient n'ont pas été jugés dignes de la créance dont jouissent les livres antérieurs, car la succession des prophètes est moins exacte. [5] La preuve évidente de notre vénération pour nos écrits est dans ce fait, que personne, après tant de siècles, n'a osé ni ajouter, ni retrancher, ni changer le moindre détail. Chaque Juif, dès sa première enfance, croit qu'ils contiennent les pensées mêmes de Dieu, qu'il faut s'y tenir, et, au besoin, mourir volontiers pour eux. »

[6] Il n'était pas inutile de citer ces paroles de Josèphe. Cet écrivain a encore composé un ouvrage qui n'est pas indigne de lui, *Sur la toute puissance de la raison*. Certains l'ont intitulé *Macchabaïcon*, parce qu'il renferme les combats des Hébreux qui ont lutté d'une façon virile pour la piété envers la Divinité, ainsi que le racontent les livres des Macchabées (voy. l'*Appendice*). [7] Vers la fin du vingtième livre des *Antiquités*, le même auteur nous dit encore son intention d'écrire quatre livres concernant les croyances traditionnelles des Juifs sur Dieu et son essence, sur les lois, sur le motif pour lequel elles permettent cer-

θῆναι ὁ αὐτὸς ἐν τοῖς ἰδίοις αὐτοῦ μνημονεύει λόγοις [JOSÈPHE, *Ant.*, I, 25, 29 ; III, 94, 143 ; IV, 198 ; *Bel.*, V, 237, 247 ; *Ant.*, XX, 267].

[8] Πρὸς τούτοις εὔλογον καταλέξαι καὶ ἃς ἐπ' αὐτοῦ τῆς Ἀρχαιολογίας τοῦ τέλους φωνὰς παρατέθειται, εἰς πίστωσιν τῆς τῶν ἐξ αὐτοῦ παραληφθέντων ἡμῖν μαρτυρίας. Διαβάλλων δῆτα Ἰοῦστον Τιβεριέα, ὁμοίως αὐτῷ τὰ κατὰ τοὺς αὐτοὺς ἱστορῆσαι χρόνους πεπειραμένον, ὡς μὴ τἀληθῆ συγγεγραφότα, πολλάς τε ἄλλας εὐθύνας ἐπαγαγὼν τῷ ἀνδρί, ταῦτα αὐτοῖς ῥήμασιν ἐπιλέγει [JOSÈPHE, *De vita sua*, 361-364]·

[9] « Οὐ μὴν ἐγώ σοι τὸν αὐτὸν τρόπον περὶ τῆς ἐμαυτοῦ γραφῆς ἔδεισα, ἀλλ' αὐτοῖς ἐπέδωκα τοῖς αὐτοκράτορσι τὰ βιβλία, μόνον οὐ τῶν ἔργων ἤδη βλεπομένων· συνῄδειν γὰρ ἐμαυτῷ τετηρηκότι τὴν τῆς ἀληθείας παράδοσιν, ἐφ' ᾗ μαρτυρίας τεύξεσθαι προσδοκήσας οὐ διήμαρτον. [10] Καὶ ἄλλοις δὲ πολλοῖς ἐπέδωκα τὴν ἱστορίαν, ὧν ἔνιοι καὶ παρατετεύχεσαν τῷ πολέμῳ, καθάπερ βασιλεὺς Ἀγρίππας καί τινες αὐτοῦ τῶν συγγενῶν. [11] Ὁ μὲν γὰρ αὐτοκράτωρ Τίτος οὕτως ἐκ μόνων αὐτῶν ἐβουλήθη τὴν γνῶσιν τοῖς ἀνθρώποις παραδοῦναι τῶν πράξεων, ὥστε χαράξας τῇ αὐτοῦ χειρὶ τὰ βιβλία δημοσιῶσαι προσέταξεν, ὁ δὲ βασιλεὺς Ἀγρίππας ξϛ' ἔγραψεν ἐπιστολάς, τῇ τῆς ἀληθείας παραδόσει μαρτυρῶν ».

Ἀρ' ὧν καὶ δύο παρατίθησιν. Ἀλλὰ τὰ μὲν κατὰ τοῦτον ταύτῃ πῃ δεδηλώσθω.

taines choses et en défendent d'autres : il rappelle aussi qu'il a encore étudié d'autres questions dans des traités spéciaux.

[8] Nous croyons en outre à propos d'enregistrer aussi les paroles qui servent d'épilogue à ses *Antiquités*, pour confirmer le témoignage que nous lui avons emprunté. Il y accuse de mensonge et de bien d'autres méfaits, Juste de Tibériade, qui avait essayé de peindre aussi la même époque que lui et il ajoute textuellement :

[9] « Je ne crains pas un semblable traitement pour mes écrits : j'ai remis mes livres aux empereurs eux-mêmes, alors qu'on voyait presque encore les faits que j'y raconte. Certain de ma vigilance à dire la vérité, j'ai attendu leurs suffrages et je n'ai pas été déçu. [10] J'ai présenté mon récit à bien d'autres dont quelques-uns avaient pris part à la guerre, comme le roi Agrippa et certains de ses parents. [11] L'empereur Titus a jugé que la mémoire de ces faits ne devait être transmise aux hommes que par ces seuls récits et il a signé de sa main un décret ordonnant de publier officiellement mes livres. Le roi Agrippa d'autre part a adressé soixante-deux lettres où il atteste que j'ai dit la vérité. »

Josèphe en cite deux ; mais en voilà assez sur lui. Continuons notre récit.

IA´

Ἴωμεν δ' ἐπὶ τὰ ἑξῆς.

[XI, 1] Μετὰ τὴν Ἰακώβου μαρτυρίαν καὶ τὴν αὐτίκα γενομένην ἅλωσιν τῆς Ἱερουσαλὴμ λόγος κατέχει τῶν ἀποστόλων καὶ τῶν τοῦ κυρίου μαθητῶν τοὺς εἰς ἔτι τῷ βίῳ λειπομένους ἐπὶ ταὐτὸν πανταχόθεν συνελθεῖν ἅμα τοῖς πρὸς γένους κατὰ σάρκα τοῦ κυρίου (πλείους γὰρ καὶ τούτων περιῆσαν εἰς ἔτι τότε τῷ βίῳ), βουλήν τε ὁμοῦ τοὺς πάντας περὶ τοῦ τίνα χρὴ τῆς Ἰακώβου διαδοχῆς ἐπικρῖναι ἄξιον ποιήσασθαι, καὶ δὴ ἀπὸ μιᾶς γνώμης τοὺς πάντας Συμεῶνα τὸν τοῦ Κλωπᾶ, οὗ καὶ ἡ τοῦ εὐαγγελίου μνημονεύει γραφή [Luc, xxiv, 18; Jean, xix, 25], τοῦ τῆς αὐτόθι παροικίας θρόνου ἄξιον εἶναι δοκιμάσαι ἀνεψιόν, ὥς γέ φασι, γεγονότα τοῦ σωτῆρος (τὸν γὰρ οὖν Κλωπᾶν ἀδελφὸν τοῦ Ἰωσὴφ ὑπάρχειν Ἡγήσιππος ἱστορεῖ)·

IB´

Καὶ ἐπὶ τούτοις Οὐεσπασιανὸν μετὰ τὴν τῶν Ἱεροσολύμων ἅλωσιν πάντας τοὺς ἀπὸ γένους Δαυίδ, ὡς μὴ περιλειφθείη τις παρὰ Ἰουδαίοις τῶν ἀπὸ τῆς βασιλικῆς φυλῆς, ἀναζη-

[CHAPITRE XI

APRÈS JACQUES, SIMÉON GOUVERNE
L'ÉGLISE DE JÉRUSALEM]

Apres le martyre de Jacques et la destruction de Jérusalem qui arriva en ce temps, on raconte que ceux des apôtres et des disciples du Seigneur qui étaient encore en ce monde vinrent de partout et se réunirent en un même lieu avec les parents du Sauveur selon la chair (dont la plupart existaient à cette époque). Ils tinrent conseil tous ensemble pour examiner qui serait jugé digne de la succession de Jacques, et ils décidèrent à l'unanimité que Siméon, fils de ce Clopas dont parle l'Évangile, était capable d'occuper le siège de cette église : il était, dit-on, cousin du Sauveur : Hégésippe raconte en effet que Clopas était le frère de Joseph.

CHAPITRE XII

[VESPASIEN ORDONNE DE RECHERCHER
LES DESCENDANTS DE DAVID]

On rapporte en outre qu'après la prise de Jérusalem, Vespasien fit rechercher tous les descendants de David, afin qu'il ne restât plus chez les Juifs, per-

τεῖσθαι προστάξαι, μέγιστόν τε Ἰουδαίοις αὖθις ἐκ ταύτης διωγμὸν ἐπαρτηθῆναι τῆς αἰτίας.

ΙΓ΄

[*Voyez l'Appendice.*]

ΙΔ΄

[XIII] Ἐπὶ δέκα δὲ τὸν Οὐεσπασιανὸν ἔτεσιν βασιλεύσαντα αὐτοκράτωρ Τίτος ὁ παῖς διαδέχεται· οὗ κατὰ δεύτερον ἔτος τῆς βασιλείας Λίνος ἐπίσκοπος, τῆς Ῥωμαίων ἐκκλησίας δυσκαίδεκα τὴν λειτουργίαν ἐνιαυτοῖς κατασχών, Ἀνεγκλήτῳ ταύτην παραδίδωσιν. Τίτον δὲ Δομετιανὸς ἀδελφὸς διαδέχεται, δύο ἔτεσι καὶ μησὶ τοῖς ἴσοις βασιλεύσαντα.

[XIV] Τετάρτῳ μὲν οὖν ἔτει Δομετιανοῦ, τῆς κατ᾽ Ἀλεξάνδρειαν παροικίας ὁ πρῶτος Ἀννιανὸς δύο πρὸς τοῖς εἴκοσι ἀποπλήσας ἔτη, τελευτᾷ, διαδέχεται δ᾽ αὐτὸν δεύτερος Ἀβίλιος.

sonne qui fût de race royale. Ce leur fut un nouveau sujet de très grande persécution.

[CHAPITRE XIII

ANACLET EST LE SECOND ÉVÊQUE DES ROMAINS]

Vespasien ayant régné dix ans, l'empereur Titus, son fils, lui succède : la seconde année de son règne [80-81], Lin, depuis douze ans évêque de l'église des Romains, laisse sa charge à Anaclet. Titus a pour successeur son frère Domitien après deux ans et autant de mois de règne [13 septembre 81].

[CHAPITRE XIV

AVILIUS EST LE SECOND CHEF DE L'ÉGLISE D'ALEXANDRIE]

La quatrième année de Domitien [84-85], Annianus, premier évêque d'Alexandrie, après avoir administré cette église pendant vingt-deux ans entiers, meurt, et son successeur est Avilius, second évêque.

IE'

Δωδεκάτῳ δὲ ἔτει τῆς αὐτῆς ἡγεμονίας, τῆς Ῥωμαίων ἐκκλησίας Ἀνέγκλητον ἔτεσιν ἐπισκοπεύσαντα δεκαδύο διαδέχεται Κλήμης, ὃν συνεργὸν ἑαυτοῦ γενέσθαι Φιλιππησίοις ἐπιστέλλων ὁ ἀπόστολος διδάσκει, λέγων [*Philipp.*, IV, 3]· « Μετὰ καὶ Κλήμεντος καὶ τῶν λοιπῶν συνεργῶν μου, ὧν τὰ ὀνόματα ἐν βίβλῳ ζωῆς ».

Ις'

Τούτου δὴ οὖν ὁμολογουμένη μία ἐπιστολὴ φέρεται, μεγάλη τε καὶ θαυμασία, ἣν ὡς ἀπὸ τῆς Ῥωμαίων ἐκκλησίας τῇ Κορινθίων διετυπώσατο, στάσεως τηνικάδε κατὰ τὴν Κόρινθον γενομένης. Ταύτην δὲ καὶ ἐν πλείσταις ἐκκλησίαις ἐπὶ τοῦ κοινοῦ δεδημοσιευμένην πάλαι τε καὶ καθ' ἡμᾶς αὐτοὺς ἔγνωμεν. Καὶ ὅτι γε κατὰ τὸν δηλούμενον τὰ τῆς Κορινθίων κεκίνητο στάσεως, ἀξιόχρεως μάρτυς ὁ Ἡγήσιππος.

CHAPITRE XV

[APRÈS LUI, CLÉMENT EST LE TROISIÈME]

La douzième année du même règne [92-93], Anaclet, ayant été évêque de l'église des Romains douze ans, a pour successeur Clément, que l'apôtre, dans sa lettre aux Philippiens, désigne comme le compagnon de son labeur par ces mots : « Avec Clément et mes autres collaborateurs, dont les noms sont au livre de vie. »

CHAPITRE XVI

[L'ÉPÎTRE DE CLÉMENT].

Il existe de celui-ci, acceptée comme authentique, une épître longue et admirable. Elle a été écrite au nom de l'Église de Rome à celle de Corinthe à propos d'une dissension qui s'était alors élevée à Corinthe. En beaucoup d'églises, depuis longtemps et de nos jours encore, on la lit publiquement dans les réunions communes. Qu'un différend, à cette époque, ait troublé l'église de Corinthe, nous en avons pour garant digne de foi Hégésippe.

IZ'.

Πολλήν γε μὴν εἰς πολλοὺς ἐπιδειξάμενος ὁ Δομετιανὸς ὠμότητα οὐκ ὀλίγον τε τῶν ἐπὶ Ῥώμης εὐπατριδῶν τε καὶ ἐπισήμων ἀνδρῶν πλῆθος οὐ μετ' εὐλόγου κρίσεως κτείνας μυρίους τε ἄλλους ἐπιφανεῖς ἄνδρας ταῖς ὑπὲρ τὴν ἐνορίαν ζημιώσας φυγαῖς καὶ ταῖς τῶν οὐσιῶν ἀποβολαῖς ἀναιτίως, τελευτῶν τῆς Νέρωγος θεοεχθρίας τε καὶ θεομαχίας διάδοχον ἑαυτὸν κατεστήσατο. Δεύτερος δῆτα τὸν καθ' ἡμῶν ἀνεκίνει διωγμόν, καίπερ τοῦ πατρὸς αὐτῷ Οὐεσπασιανοῦ μηδὲν καθ' ἡμῶν ἄτοπον ἐπινοήσαντος.

IH'

Ἐν τούτῳ κατέχει λόγος τὸν ἀπόστολον ἅμα καὶ εὐαγγελιστὴν Ἰωάννην ἔτι τῷ βίῳ ἐνδιατρίβοντα, τῆς εἰς τὸν θεῖον λόγον ἕνεκεν μαρτυρίας Πάτμον οἰκεῖν καταδικασθῆναι τὴν νῆσον. [2] Γράφων γέ τοι ὁ Εἰρηναῖος περὶ τῆς ψήφου τῆς κατὰ τὸν ἀντίχριστον προσηγορίας φερομένης ἐν τῇ Ἰωάννου λεγομένῃ Ἀποκαλύψει [*Apoc.*, XIII, 18], αὐταῖς συλλαβαῖς ἐν πέμπτῳ τῶν πρὸς τὰς αἱρέσεις ταῦτα περὶ τοῦ Ἰωάννου φησίν [IRÉNÉE, V, xxx, 3 (cf. plus loin, V, VIII, 6)]

CHAPITRE XVII

[LA PERSÉCUTION DE DOMITIEN].

Domitien montra une grande cruauté envers beaucoup de gens ; il fit tuer à Rome sans jugement régulier une foule de nobles et de personnages considérables ; d'autres citoyens illustres en très grand nombre furent aussi condamnés injustement à l'exil hors des limites de l'empire et à la confiscation des biens. Il finit par se montrer le successeur de Néron dans sa haine et sa lutte contre Dieu. Il souleva contre nous la seconde persécution, quoique Vespasien son père n'ait jamais eu de mauvais dessein à notre endroit.

CHAPITRE XVIII

[JEAN L'APÔTRE ET L'APOCALYPSE].

On raconte qu'à cette époque l'apôtre et évangéliste Jean vivait encore ; à cause du témoignage qu'il avait rendu au Verbe de Dieu, il avait été condamné, par jugement, à habiter l'île de Patmos. [2] Irénée, à propos du nombre produit par l'addition des lettres qui forment le nom de l'Antéchrist d'après l'*Apocalypse* attribuée à Jean, dit en propres termes ceci de Jean, dans le cinquième livre des *Hérésies* :

[3] « Εἰ δὲ ἔδει ἀναφανδὸν ἐν τῷ νῦν καιρῷ κηρύττεσθαι τοὔνομα αὐτοῦ, δι' ἐκείνου ἂν ἐρρέθη τοῦ καὶ τὴν ἀποκάλυψιν ἑορακότος. Οὐδὲ γὰρ πρὸ πολλοῦ χρόνου ἑωράθη, ἀλλὰ σχεδὸν ἐπὶ τῆς ἡμετέρας γενεᾶς, πρὸς τῷ τέλει τῆς Δομετιανοῦ ἀρχῆς ».

[4] Εἰς τοσοῦτον δὲ ἄρα κατὰ τοὺς δηλουμένους ἡ τῆς ἡμετέρας πίστεως διέλαμπεν διδασκαλία, ὡς καὶ τοὺς ἄποθεν τοῦ καθ' ἡμᾶς λόγου συγγραφεῖς μὴ ἀποκνῆσαι ταῖς αὐτῶν ἱστορίαις τόν τε διωγμὸν καὶ τὰ ἐν αὐτῷ μαρτύρια παραδοῦναι, οἵ γε καὶ τὸν καιρὸν ἐπ' ἀκριβὲς ἐπεσημήναντο, ἐν ἔτει πεντεκαιδεκάτῳ Δομετιανοῦ μετὰ πλείστων ἑτέρων καὶ Φλαυίαν Δομέτιλλαν ἱστορήσαντες, ἐξ ἀδελφῆς γεγονυῖαν Φλαυίου Κλήμεντος, ἑνὸς τῶν τηνικάδε ἐπὶ Ῥώμης ὑπάτων, τῆς εἰς Χριστὸν μαρτυρίας ἕνεκεν εἰς νῆσον Ποντίαν κατὰ τιμωρίαν δεδόσθαι.

ΙΘ'

Τοῦ δ' αὐτοῦ Δομετιανοῦ τοὺς ἀπὸ γένους Δαυῒδ ἀναιρεῖσθαι προστάξαντος, παλαιὸς κατέχει λόγος τῶν αἱρετικῶν τινας κατηγορῆσαι τῶν ἀπογόνων Ἰούδα (τοῦτον δ' εἶναι ἀδελφὸν κατὰ σάρκα τοῦ σωτῆρος) ὡς ἀπὸ γένους τυγχανόντων Δαυῒδ καὶ ὡς αὐτοῦ συγγένειαν τοῦ Χριστοῦ φερόντων. Ταῦτα δὲ δηλοῖ κατὰ λέξιν ὧδέ πως λέγων ὁ Ἡγήσιππος·

[3] « S'il eût fallu proclamer ouvertement à notre époque le nom de l'Antéchrist, celui qui a vu la révélation l'aurait fait. Car il la contempla il n'y a pas longtemps et presque dans notre génération, vers la fin du règne de Domitien. »

[4] L'enseignement de notre foi brillait à cette époque d'un tel éclat que les écrivains étrangers à notre croyance n'hésitent pas à rapporter dans leurs histoires la persécution et les martyres qu'elle provoqua. Ils en fixent la date avec exactitude ; ils racontent que dans la quinzième année de Domitien, avec beaucoup d'autres, Flavia Domitilla elle-même, fille d'une sœur de Flavius Clémens, alors un des consuls de Rome [95], fut reléguée dans l'île Pontia en punition de ce qu'elle avait rendu témoignage au Christ.

CHAPITRE XIX

[DOMITIEN ORDONNE DE TUER LES DESCENDANTS DE DAVID].

Le même Domitien ordonna de détruire tous les Juifs qui étaient de la race de David : une ancienne tradition raconte que des hérétiques dénoncèrent les descendants de Jude, qui était, selon la chair, frère du Sauveur, comme appartenant à la race de David et parents du Christ lui-même. C'est ce que montre Hégésippe quand il s'exprime en ces termes :

Κ'

« Ἔτι δὲ περιῆσαν οἱ ἀπὸ γένους τοῦ κυρίου υἱωνοὶ Ἰούδα τοῦ κατὰ σάρκα λεγομένου αὐτοῦ ἀδελφοῦ [Ματτη., xiii, 55 ; Μαrc, vi, 3]· οὓς ἐδηλατόρευσαν ὡς ἐκ γένους ὄντας Δαυίδ. Τούτους ὁ ἠουοκᾶτος ἤγαγεν πρὸς Δομετιανὸν Καίσαρα. Ἐφοβεῖτο γὰρ τὴν παρουσίαν τοῦ Χριστοῦ ὡς καὶ Ἡρῴδης. [2] Καὶ ἐπηρώτησεν αὐτοὺς εἰ ἐκ Δαυίδ εἰσιν, καὶ ὡμολόγησαν. Τότε ἠρώτησεν αὐτοὺς πόσας κτήσεις ἔχουσιν ἢ πόσων χρημάτων κυριεύουσιν. Οἱ δὲ εἶπαν ἀμφοτέροις ἐννακισχίλια δηνάρια ὑπάρχειν αὐτοῖς μόνα, ἑκάστῳ αὐτῶν ἀνήκοντος τοῦ ἡμίσεος, καὶ ταῦτα οὐκ ἐν ἀργυρίοις ἔφασκον ἔχειν, ἀλλ' ἐν διατιμήσει γῆς πλέθρων λθ' μόνων, ἐξ ὧν καὶ τοὺς φόρους ἀναφέρειν καὶ αὐτοὺς αὐτουργοῦντας διατρέφεσθαι ».

[3] Εἶτα δὲ καὶ τὰς χεῖρας τὰς ἑαυτῶν ἐπιδεικνύναι, μαρτύριον τῆς αὐτουργίας τὴν τοῦ σώματος σκληρίαν καὶ τοὺς ἀπὸ τῆς συνεχοῦς ἐργασίας ἐναποτυπωθέντας ἐπὶ τῶν ἰδίων χειρῶν τύλους παριστάντας. [4] Ἐρωτηθέντας δὲ περὶ τοῦ Χριστοῦ καὶ τῆς βασιλείας αὐτοῦ ὁποία τις εἴη καὶ ποῖ καὶ πότε φανησομένη, λόγον δοῦναι ὡς οὐ κοσμικὴ μὲν οὐδ' ἐπίγειος, ἐπουράνιος δὲ καὶ ἀγγελικὴ τυγχάνοι, ἐπὶ συντελείᾳ τοῦ αἰῶνος γενησομένη, ὁπηνίκα ἐλθὼν ἐν δόξῃ

CHAPITRE XX

[LES PARENTS DE NOTRE SAUVEUR]

« Il y avait encore de la race du Sauveur les petits-fils de Jude qui lui-même était appelé son frère selon la chair : on les dénonça comme descendants de David. L'*evocatus* les amena à Domitien ; celui-ci craignait la venue du Christ, comme Hérode. [2] L'empereur leur demanda s'ils étaient de la race de David ; ils l'avouèrent ; il s'enquit alors de leurs biens et de leur fortune : ils dirent qu'ils ne possédaient ensemble l'un et l'autre que neuf mille deniers, dont chacun avait la moitié ; ils ajoutèrent qu'ils n'avaient pas cette somme en numéraire, mais qu'elle était l'évaluation d'une terre de trente-neuf plèthres, pour laquelle ils payaient l'impôt et qu'ils cultivaient pour vivre.

[3] Puis ils montrèrent leurs mains et, comme preuve qu'ils travaillaient eux-mêmes, ils alléguèrent la rudesse de leurs membres, et les durillons incrustés dans leurs propres mains, indice certain d'un labeur continu. [4] Interrogés sur le Christ et son royaume, sur la nature de sa royauté, sur le lieu et l'époque de son apparition, ils firent cette réponse, que le règne du Christ n'était ni du monde ni de la terre, mais céleste et angé-

κρινεῖ ζῶντας καὶ νεκροὺς καὶ ἀποδώσει ἑκάστῳ κατὰ τὰ ἐπιτηδεύματα αὐτοῦ [cf. Matth., xvi, 27 ; *Act.*, x, 42; *Rom.* ii, 6; *II Tim.*, iv, 1]· [5] ἐφ' οἷς μηδὲν αὐτῶν κατεγνωκότα τὸν Δομετιανόν, ἀλλὰ καὶ ὡς εὐτελῶν καταφρονήσαντα, ἐλευθέρους μὲν αὐτοὺς ἀνεῖναι, καταπαῦσαι δὲ διὰ προστάγματος τὸν κατὰ τῆς ἐκκλησίας διωγμόν. [6] Τοὺς δὲ ἀπολυθέντας ἡγήσασθαι τῶν ἐκκλησιῶν, ὡς ἂν δὴ μάρτυρας ὁμοῦ καὶ ἀπὸ γένους ὄντας τοῦ κυρίου, γενομένης τε εἰρήνης, μέχρι Τραϊανοῦ παραμεῖναι αὐτοὺς τῷ βίῳ.

[7] Ταῦτα μὲν ὁ Ἡγήσιππος· οὐ μὴν ἀλλὰ καὶ ὁ Τερτυλλιανὸς τοῦ Δομετιανοῦ τοιαύτην πεποίηται μνήμην [Tertullien, *Apol.*, v]·

« Πεπειράκει ποτὲ καὶ Δομετιανὸς ταὐτὸ ποιεῖν ἐκείνῳ, μέρος ὢν τῆς Νέρωνος ὠμότητος. Ἀλλ᾽, οἶμαι, ἅτε ἔχων τι συνέσεως, τάχιστα ἐπαύσατο, ἀνακαλεσάμενος καὶ οὓς ἐξηλάκει ».

[8] Μετὰ δὲ τὸν Δομετιανὸν πεντεκαίδεκα ἔτεσιν κρατήσαντα Νερούα τὴν ἀρχὴν διαδεξαμένου, καθαιρεθῆναι μὲν τὰς Δομετιανοῦ τιμάς, ἐπανελθεῖν δ' ἐπὶ τὰ οἰκεῖα μετὰ τοῦ καὶ τὰς οὐσίας ἀπολαβεῖν τοὺς ἀδίκως ἐξεληλαμένους ἡ Ῥωμαίων σύγκλητος βουλὴ ψηφίζεται. Ἱστοροῦσιν οἱ γραφῇ τὰ κατὰ τοὺς χρόνους παραδόντες. [9] Τότε δὴ οὖν καὶ τὸν ἀπόστολον Ἰωάννην ἀπὸ τῆς κατὰ τὴν νῆσον φυγῆς τὴν ἐπὶ τῆς Ἐφέσου διατριβὴν ἀπειληφέναι ὁ τῶν παρ' ἡμῖν ἀρχαίων παραδίδωσι λόγος.

lique, qu'il se réaliserait à la fin des temps, quand le Christ venant dans sa gloire jugerait les vivants et les morts et rendrait à chacun selon ses œuvres. [5] Domitien ne vit rien là qui fût contre eux ; il les dédaigna comme des gens simples, les renvoya libres et un édit fit cesser la persécution contre l'Église. [6] Une fois délivrés, ils dirigèrent les églises, à la fois comme martyrs et parents du Seigneur, et vécurent après a paix jusqu'au temps de Trajan.

[7] Tel est le récit d'Hégésippe. Du reste, celui de Tertullien nous raconte la même chose sur Domitien :
« Domitien essaya un jour de faire la même chose que celui-ci ; il était la monnaie de Néron pour la cruauté ; mais comme il avait, je pense, quelque intelligence, il s'arrêta bien vite et rappela même ceux qu'il avait bannis. »

[8] Après Domitien qui régna quinze ans, Nerva obtint l'empire [96] ; les honneurs de Domitien furent abolis, le sénat des Romains vota une loi qui permit à ceux qui étaient injustement exilés de revenir chez eux et même de recouvrer leurs biens ; c'est ce que racontent les historiens qui ont écrit les événements de cette époque. [9] Alors l'apôtre Jean put donc, lui aussi, quitter l'île où il était relégué, pour s'établir à Éphèse ; c'est ce que rapporte une tradition de nos anciens.

ΚΑ'

Μικρῷ δὲ πλέον ἐνιαυτοῦ βασιλεύσαντα Νερούαν διαδέχεται Τραϊανός· οὗ δὴ πρῶτον ἔτος ἦν ἐν ᾧ τῆς κατ' Ἀλεξάνδρειαν παροικίας Ἀβίλιον δέκα πρὸς τρισὶν ἔτεσιν ἡγησάμενον διαδέχεται Κέρδων· τρίτος οὗτος τῶν αὐτόθι μετὰ τὸν πρῶτον Ἀννιανὸν προέστη. Ἐν τούτῳ δὲ Ῥωμαίων εἰς ἔτι Κλήμης ἡγεῖτο, τρίτον καὶ αὐτὸς ἐπέχων τῶν τῇδε μετὰ Παῦλόν τε καὶ Πέτρον ἐπισκοπευσάντων βαθμόν· Λίνος δὲ ὁ πρῶτος ἦν καὶ μετ' αὐτὸν Ἀνέγκλητος.

ΚΒ'

Ἀλλὰ καὶ τῶν ἐπ' Ἀντιοχείας Εὐοδίου πρώτου καταστάντος δεύτερος ἐν τοῖς δηλουμένοις Ἰγνάτιος ἐγνωρίζετο. Συμεὼν ὁμοίως δεύτερος μετὰ τὸν τοῦ σωτῆρος ἡμῶν ἀδελφὸν τῆς ἐν Ἱεροσολύμοις ἐκκλησίας κατὰ τούτους τὴν λειτουργίαν εἶχεν.

CHAPITRE XXI

[CERDON EST LE TROISIÈME CHEF DE L'ÉGLISE D'ALEXANDRIE]

Nerva ayant régné un peu plus d'un an, Trajan lui succède : dans la première année de ce prince [98], Avilius ayant gouverné l'église d'Alexandrie pendant treize ans, fut remplacé par Cerdon. Celui-ci était le troisième des évêques de ce pays ; Annianus avait été le premier. En ce temps, Clément était encore chef de l'église des Romains et lui aussi venait au troisième rang après Paul et Pierre ; Lin avait été le premier évêque et Anaclet le second.

CHAPITRE XXII

[LE SECOND CHEF DE L'ÉGLISE D'ANTIOCHE EST IGNACE]

Mais à Antioche, après Evodius qui en fut le premier évêque, en ce temps-là, Ignace en a été le second (voy. l'*Appendice*). Siméon fut pareillement le second qui, après le frère de notre Sauveur, eut à cette époque la charge de l'église de Jérusalem.

ΚΓ'

Ἐπὶ τούτοις κατὰ τὴν Ἀσίαν ἔτι τῷ βίῳ περιλειπόμενος αὐτὸς ἐκεῖνος ὃν ἠγάπα ὁ Ἰησοῦς, ἀπόστολος ὁμοῦ καὶ εὐαγγελιστὴς Ἰωάννης τὰς αὐτόθι διεῖπεν ἐκκλησίας, ἀπὸ τῆς κατὰ τὴν νῆσον μετὰ τὴν Δομετιανοῦ τελευτὴν ἐπανελθὼν φυγῆς. [2] Ὅτι δὲ εἰς τούτους τῷ βίῳ περιῆν, ἀπόχρη διὰ δύο πιστώσασθαι τὸν λόγον μαρτύρων, πιστοὶ δ' ἂν εἶεν οὗτοι, τῆς ἐκκλησιαστικῆς πρεσβεύσαντες ὀρθοδοξίας, εἰ δὴ τοιοῦτοι Εἰρηναῖος καὶ Κλήμης ὁ Ἀλεξανδρεύς· [3] ὧν ὁ μὲν πρότερος ἐν δευτέρῳ τῶν πρὸς τὰς αἱρέσεις ὧδέ πως γράφει κατὰ λέξιν [IRÉNÉE, II, XXII, 5]·

« Καὶ πάντες οἱ πρεσβύτεροι μαρτυροῦσιν οἱ κατὰ τὴν Ἀσίαν Ἰωάννῃ τῷ τοῦ κυρίου μαθητῇ συμβεβληκότες παραδεδωκέναι τὸν Ἰωάννην. Παρέμεινεν γὰρ αὐτοῖς μέχρι τῶν Τραϊανοῦ χρόνων ».

[4] Καὶ ἐν τρίτῳ δὲ τῆς αὐτῆς ὑποθέσεως ταὐτὸ τοῦτο δηλοῖ διὰ τούτων [IRÉNÉE, III, III, 4]·

« Ἀλλὰ καὶ ἡ ἐν Ἐφέσῳ ἐκκλησία ὑπὸ Παύλου μὲν τεθεμελιωμένη, Ἰωάννου δὲ παραμείναντος αὐτοῖς μέχρι τῶν Τραϊανοῦ χρόνων, μάρτυς ἀληθής ἐστιν τῆς τῶν ἀποστόλων παραδόσεως ».

[5] Ὁ δὲ Κλήμης ὁμοῦ τὸν χρόνον ἐπισημηνάμενος, καὶ ἱστορίαν ἀναγκαιοτάτην οἷς τὰ καλὰ καὶ ἐπωφελῆ φίλον

CHAPITRE XXIII

[ANECDOTE CONCERNANT L'APÔTRE JEAN]

En ce temps en Asie, survivait encore Jean, celui que Jésus aimait, qui fut à la fois apôtre et évangéliste. Il gouvernait les églises de ce pays après être revenu, à la mort de Domitien, de l'île où il avait été exilé. [2] Que jusqu'à cette époque, il fut encore de ce monde, deux témoins suffisent à le prouver, et ils sont dignes de foi, ayant enseigné l'orthodoxie ecclésiastique ; l'un est Irénée, l'autre Clément d'Alexandrie. [3] Le premier, au second livre de son ouvrage *Contre les hérésies*, écrit ainsi en propres termes :

« Tous les presbytres qui se sont rencontrés en Asie avec Jean le disciple du Seigneur, témoignent qu'il leur a transmis cela : il demeura en effet parmi eux jusqu'aux temps de Trajan. »

[4] Au troisième livre du même traité, Irénée expose encore la même chose en ces termes :

« Mais l'Église d'Éphèse, fondée par Paul et où demeura Jean jusqu'à l'époque de Trajan, est aussi un témoin véritable de la tradition des apôtres. »

[5] Clément nous indique également cette date et il raconte une histoire fort utile à entendre pour ceux

ἀκούειν προστίθησιν ἐν ᾧ « Τίς ὁ σωζόμενος πλούσιος » ἐπέγραψεν αὐτοῦ συγγράμματι· λαβὼν δὲ ἀνάγνωθι ὧδέ πως ἔχουσαν καὶ αὐτοῦ τὴν γραφήν [*Quis dives*, XLII]·

[6] « Ἄκουσον μῦθον οὐ μῦθον ἀλλὰ ὄντα λόγον περὶ Ἰωάννου τοῦ ἀποστόλου παραδεδομένον καὶ μνήμῃ πεφυλαγμένον.

« Ἐπειδὴ γὰρ τοῦ τυράννου τελευτήσαντος ἀπὸ τῆς Πάτμου τῆς νήσου μετῆλθεν ἐπὶ τὴν Ἔφεσον, ἀπῄει παρακαλούμενος καὶ ἐπὶ τὰ πλησιόχωρα τῶν ἐθνῶν, ὅπου μὲν ἐπισκόπους καταστήσων, ὅπου δὲ ὅλας ἐκκλησίας ἁρμόσων, ὅπου δὲ κλῆρον ἕνα γέ τινα κληρώσων τῶν ὑπὸ τοῦ πνεύματος σημαινομένων. [7] Ἐλθὼν οὖν καὶ ἐπί τινα τῶν οὐ μακρὰν πόλεων, ἧς καὶ τοὔνομα λέγουσιν ἔνιοι, καὶ τἄλλα ἀναπαύσας τοὺς ἀδελφούς, ἐπὶ πᾶσι τῷ καθεστῶτι προσβλέψας ἐπισκόπῳ, νεανίσκον ἱκανὸν τῷ σώματι καὶ τὴν ὄψιν ἀστεῖον καὶ θερμὸν τὴν ψυχὴν ἰδών, « Τοῦτον, ἔφη, σοὶ « παρακατατίθεμαι μετὰ πάσης σπουδῆς ἐπὶ τῆς ἐκκλησίας « καὶ τοῦ Χριστοῦ μάρτυρος ». Τοῦ δὲ δεχομένου καὶ πάνθ᾽ ὑπισχνουμένου, καὶ πάλιν τὰ αὐτὰ διελέγετο καὶ διεμαρτύρετο. [8] Εἶτα ὁ μὲν ἀπῆρεν ἐπὶ τὴν Ἔφεσον, ὁ δὲ πρεσβύτερος ἀναλαβὼν οἴκαδε τὸν παραδοθέντα νεανίσκον ἔτρεφεν, συνεῖχεν, ἔθαλπεν, τὸ τελευταῖον ἐφώτισεν. Καὶ μετὰ τοῦτο ὑφῆκεν τῆς πλείονος ἐπιμελείας καὶ παραφυλακῆς, ὡς τὸ τέλειον αὐτῷ φυλακτήριον ἐπιστήσας, τὴν σφραγῖδα κυρίου.

« [9] Τῷ δὲ ἀνέσεως πρὸ ὥρας λαβομένῳ προσφθείρονταί τινες ἥλικες ἀργοὶ καὶ ἀπερρωγότες, ἐθάδες κακῶν, καὶ

qui se plaisent aux choses belles et profitables. Elle est dans son traité intitulé : *Quel riche est sauvé*. Prenez-la et lisez-la, telle qu'elle est dans son texte :

« [6] Écoute une fable, qui n'est pas une fable, mais un récit transmis par la tradition et gardé par le souvenir, au sujet de Jean l'apôtre.

« Après la mort du tyran, l'apôtre quitta l'île de Patmos pour Éphèse et il alla appelé par les pays voisins des Gentils, tantôt y établir des évêques, tantôt y organiser des églises complètement, tantôt choisir comme clerc chacun de ceux qui étaient signalés par l'Esprit. [7] Il vint donc à l'une de ces villes qui étaient proches, dont quelques-uns même citent le nom. Il y consola d'abord les frères. A la fin, il se tourna vers l'évêque qui était établi là et apercevant un jeune homme dont le maintien était distingué, le visage gracieux et l'âme ardente : « Je te confie celui-là de tout cœur, « dit-il, l'Église et le Christ en sont témoins ». L'évêque le reçut et promit tout : l'apôtre répéta encore ses mêmes recommandations et ses adjurations. [8] Puis il partit pour Éphèse. Le presbytre prit chez lui le jeune homme qui lui avait été confié, l'éleva, le protégea, l'entoura d'affection et enfin l'éclaira. Après cela, il se relâcha de son soin extrême et de sa vigilance lorsqu'il l'eut muni du sceau du Seigneur ainsi que d'une protection définitive.

« [9] Le jeune homme en possession d'une liberté prématurée fut gâté par des compagnons d'âge oisifs,

πρῶτον μὲν δι' ἑστιάσεων πολυτελῶν αὐτὸν ἐπάγονται, εἶτά που καὶ νύκτωρ ἐπὶ λωποδυσίαν ἐξιόντες συνεπάγονται, εἶτά τι καὶ μεῖζον συμπράττειν ἠξίουν· [10] ὁ δὲ κατ' ὀλίγον προσειθίζετο, καὶ διὰ μέγεθος φύσεως ἐκστὰς ὥσπερ ἄστομος καὶ εὔρωστος ἵππος ὀρθῆς ὁδοῦ καὶ τὸν χαλινὸν ἐνδακών, μειζόνως κατὰ τῶν βαράθρων ἐφέρετο, [11] ἀπογνοὺς δὲ τελέως τὴν ἐν θεῷ σωτηρίαν, οὐδὲν ἔτι μικρὸν διενοεῖτο, ἀλλὰ μέγα τι πράξας, ἐπειδήπερ ἅπαξ ἀπολώλει, ἴσα τοῖς ἄλλοις παθεῖν ἠξίου. Αὐτοὺς δὴ τούτους ἀναλαβὼν καὶ λῃστήριον συγκροτήσας, ἕτοιμος λῄσταρχος ἦν, βιαιότατος μιαιφονώτατος χαλεπώτατος.

« [12] Χρόνος ἐν μέσῳ, καί τινος ἐπιπεσούσης χρείας ἀνακαλοῦσι τὸν Ἰωάννην. Ὁ δὲ ἐπεὶ τὰ ἄλλα ὧν χάριν ἧκεν κατεστήσατο, « Ἄγε δή, ἔφη, ὦ ἐπίσκοπε, τὴν παρα-
« θήκην ἀπόδος ἡμῖν, ἣν ἐγώ τε καὶ ὁ Χριστός σοι παρα-
« κατεθέμεθα ἐπὶ τῆς ἐκκλησίας, ἧς προκαθέζῃ, μάρ-
« τυρος ». [13] Ὁ δὲ τὸ μὲν πρῶτον ἐξεπλάγη, χρήματα οἰόμενος, ἅπερ οὐκ ἔλαβεν, συκοφαντεῖσθαι, καὶ οὔτε πιστεύειν εἶχεν ὑπὲρ ὧν οὐκ εἶχεν, οὔτε ἀπιστεῖν Ἰωάννῃ· ὡς δέ
« τὸν νεανίσκον, εἶπεν, ἀπαιτῶ καὶ τὴν ψυχὴν τοῦ ἀδελ-
« φοῦ », στενάξας κάτωθεν ὁ πρεσβύτης καί τι καὶ ἐπιδακρύσας, « ἐκεῖνος, ἔφη, τέθνηκεν. — Πῶς καὶ τίνα
« θάνατον ; — Θεῷ τέθνηκεν, εἶπεν, ἀπέβη γὰρ πονηρὸς
« καὶ ἐξώλης καί, τὸ κεφάλαιον, λῃστής, καὶ νῦν ἀντὶ τῆς
« ἐκκλησίας τὸ ὄρος κατείληφεν μεθ' ὁμοίου στρατιωτικοῦ ».

dissolus et habitués au mal. D'abord, ils le conduisirent dans de splendides festins ; puis sortant aussi la nuit pour voler les vêtements, ils l'emmenèrent ; plus tard, on le jugea propre à coopérer à quelque chose de plus grand. [10] Il s'y habitua peu à peu, et, sous l'impulsion de sa nature ardente, semblable à un coursier indompté et vigoureux qui ronge son frein, il sortit du droit chemin et s'élança vivement dans les précipices. [11] Lorsqu'il eut enfin renoncé au salut de Dieu, il ne s'arrêta plus aux projets médiocres, mais il tenta quelque chose d'important et, puisqu'il était perdu sans retour, il résolut de ressembler aux autres. Il les rassembla donc et forma avec eux une société de brigands. Il en devint le digne chef ; car il était le plus violent, le plus sanguinaire et le plus dur.

« [12] Sur ces entrefaites et en raison d'un besoin survenu, on appela Jean : il vint et traita les affaires pour lesquelles on l'avait mandé. Puis il dit : « Allons, « évêque, rends-nous le dépôt que le Christ et moi « t'avons confié en présence de l'église à laquelle tu « présides ». [13] Celui-ci fut d'abord stupéfait, pensant à une somme d'argent qu'il n'avait pas reçue et pour laquelle on l'aurait dénoncé : il ne pouvait croire à un dépôt qu'il n'avait pas, ni mettre en doute la parole de Jean : « Je te demande, reprit celui-ci, le jeune « homme et l'âme de ce frère. » Le vieillard gémit profondément et pleura. « Il est mort, dit-il. — « Comment et de quelle mort ? — Mort à Dieu ; car il « est parti, et est devenu méchant et perdu, en un « mot, c'est un voleur ; et maintenant il tient la « montagne qui est là en face de l'église avec une troupe

XXIII, 14 — XXIII, 19

. . . . ἐπῆξα ὁ ἀπόστολος καὶ μετὰ
. . . . τὴν κεφαλήν· « Καλόν γε,
. . . . χῆς κατέλιπον. Ἀλλ' ἵππος
. . . . γενέσθω μοί τις τῆς ὁδοῦ ».
. . . . ἀπὸ τῆς ἐκκλησίας. [15]
. . . . τῆς προφυλακῆς τῶν λῃστῶν
. . . . πραιτούμενος, ἀλλὰ βοῶν·
. . . . ἔχοντα ὑμῶν ἀγάγετέ με »·
. . . . ἀνέμενεν. ὡς δὲ προσιόντα
. . . . αἰδεσθεὶς ἐτράπετο. Ὁ δὲ
. . . . τῆς ἡλικίας τῆς ἑαυτοῦ,
. . . . τέκνον, τὸν ἑαυτοῦ πατέρα,
. . . . με. τέκνον, μὴ φοβοῦ·
. . . . Χριστῷ λόγον δώσω ὑπὲρ
. . . . ἑκὼν ὑπομενῶ, ὡς ὁ κύριος
. . . . ψυχὴν ἀντιδώσω τὴν ἐμήν.
. . . . ἐπέστειλεν ».

. . . . κάτω βλέπων, εἶτα
. . . . πικρῶς· προσελθόντα
. . . . τὰς οἰμωγαῖς ὡς
. . . . ἐκ δευτέρου, μόνην
. . . . ἐπομνύμενος
. . . . ἡττᾶται, δεόμενος,
. . . . τῆς μετανοίας κεχα-
. . . . ἐκκλησίαν ἐπανήγαγεν, καὶ

« d’hommes armés semblables à lui. » [14] L’apôtre déchire son vêtement, et avec un long sanglot se frappe la tête : « J’ai laissé, dit-il, un bon gardien de l’âme « de mon frère ! Mais qu’on m’amène aussitôt un che- « val et que quelqu’un me serve de guide pour le che- « min ». Et il sortit de l’église comme il était. [15] Arrivé à l’endroit, il fut pris par l’avant-poste des brigands : il ne chercha pas à fuir, ne demanda rien, mais il s’écria : « C’est pour cela même que je suis « venu ; conduisez-moi à votre chef ». [16] Celui-ci précisément attendait en armes ; mais dès qu’il reconnut Jean, il rougit et prit la fuite. L’apôtre, oubliant son âge, le poursuivait de toutes ses forces et lui criait : [17] « Pourquoi me fuis-tu, ô mon « fils, moi ton père, un homme désarmé, un vieillard ? « Aie pitié de moi, ô enfant ; ne crains pas, tu as encore « des espérances de vie. Je donnerai pour toi ma « parole au Christ ; s’il le fallait, je mourrais volontiers « pour toi comme le Sauveur l’a fait pour nous. Je « donnerai ma vie à la place de la tienne. Arrête-toi ; « aie confiance, c’est le Christ qui m’envoie ».

« [18] Le jeune homme obéit et s’arrête. Il baisse la tête, puis jette ses armes, enfin se met à trembler en versant des larmes amères. Il entoure de ses bras le vieillard qui s’avançait, lui demande pardon, comme il peut, par ses gémissements et il est baptisé une seconde fois, dans ses larmes. Cependant il tenait encore sa main droite cachée. [19] L’apôtre se porte caution, l’assure par serment qu’il a trouvé pour lui miséricorde auprès du Sauveur ; il prie, il tombe à genoux, il baise la main droite elle-même du jeune

δαψιλέσι μὲν εὐχαῖς ἐξαιτούμενος, συνεχέσι δὲ νηστείαις συναγωνιζόμενος, ποικίλαις δὲ σειρῆσι λόγων κατεπάδων αὐτοῦ τὴν γνώμην, οὐ πρότερον ἀπῆλθεν, ὥς φασιν, πρὶν αὐτὸν ἐπιστῆσαι τῇ ἐκκλησίᾳ, διδοὺς μέγα παράδειγμα μετανοίας ἀληθινῆς καὶ μέγα γνώρισμα παλιγγενεσίας, τρόπαιον ἀναστάσεως βλεπομένης. »

[XXIV, 1] Ταῦτα τοῦ Κλήμεντος, ἱστορίας ὁμοῦ καὶ ὠφελείας τῆς τῶν ἐντευξομένων ἕνεκεν, ἐνταῦθά μοι κείσθω.

ΚΔ'

Φέρε δέ, καὶ τοῦδε τοῦ ἀποστόλου τὰς ἀναντιρρήτους ἐπισημηνώμεθα γραφάς. [2] Καὶ δὴ τὸ κατ' αὐτὸν εὐαγγέλιον ταῖς ὑπὸ τὸν οὐρανὸν διεγνωσμένον ἐκκλησίαις, πρῶτον ἀνωμολογήσθω· ὅτι γε μὴν εὐλόγως πρὸς τῶν ἀρχαίων ἐν τετάρτῃ μοίρᾳ τῶν ἄλλων τριῶν κατείλεκται, ταύτῃ ἂν γένοιτο δῆλον. [3] Οἱ θεσπέσιοι καὶ ὡς ἀληθῶς θεοπρεπεῖς, φημὶ δὲ τοῦ Χριστοῦ τοὺς ἀποστόλους, τὸν βίον ἄκρως κεκαθαρμένοι καὶ ἀρετῇ πάσῃ τὰς ψυχὰς κεκοσμημένοι, τὴν δὲ γλῶτταν ἰδιωτεύοντες [*Act.*, ιν, 13; *II Cor.*, xι, 6], τῇ γε μὴν πρὸς τοῦ σωτῆρος αὐτοῖς δεδωρημένῃ θείᾳ καὶ παραδοξοποιῷ δυνάμει θαρσοῦντες, τὸ μὲν ἐν πειθοῖ

homme pour montrer qu'elle est purifiée par la pénitence. Jean le conduit ensuite à l'église, intercède pour lui dans de longues prières, offre avec lui des jeûnes prolongés et enchante son esprit par le charme varié de ses discours. On dit qu'il ne le quitta pas avant de l'avoir fixé définitivement dans l'Église, offrant un grand exemple de véritable repentir et une éclatante preuve de renaissance, un trophée de résurrection visible. »

[CHAPITRE XXIV

L'ORDRE DES ÉVANGILES]

J'ai placé ici ce passage de Clément à la fois pour l'information et pour l'utilité de ceux qui le rencontreront.

Maintenant indiquons les écrits incontestés de l'apôtre Jean. [2] On doit d'abord recevoir comme authentique son évangile ; il est reconnu tel par toutes les églises qui sont sous le ciel. C'est à bon droit que les anciens l'ont placé au quatrième rang après les trois autres ; en voici le motif. [3] Les hommes inspirés et vraiment dignes de Dieu, je dis les apôtres du Christ, purifiaient leur vie avec un soin extrême, ornant leur âme de toute vertu. Mais ils connaissaient peu la langue ; la puissance divine qu'ils tenaient du Sauveur et qui opérait des merveilles était leur assurance. Exposer les enseignements du maître avec l'habileté insinuante et l'art des discours leur était

καὶ τέχνῃ λόγων τὰ τοῦ διδασκάλου μαθήματα πρεσβεύειν οὔτε ᾔδεσαν οὔτε ἐνεχείρουν· τῇ δὲ τοῦ θείου πνεύματος τοῦ συνεργοῦντος αὐτοῖς ἀποδείξει καὶ τῇ δι' αὐτῶν συντελουμένῃ θαυματουργῷ τοῦ Χριστοῦ δυνάμει μόνῃ χρώμενοι [*I Cor.*, II, 4], τῆς τῶν οὐρανῶν βασιλείας τὴν γνῶσιν ἐπὶ, πᾶσαν κατήγγελλον τὴν οἰκουμένην, σπουδῆς τῆς περὶ τὸ λογογραφεῖν μικρὰν ποιούμενοι φροντίδα. [4] Καὶ τοῦτ' ἔπραττον ἅτε μείζονι καὶ ὑπὲρ ἄνθρωπον ἐξυπηρετούμενοι διακονίᾳ. Ὁ γοῦν Παῦλος πάντων ἐν παρασκευῇ λόγων δυνατώτατος νοήμασίν τε ἱκανώτατος γεγονώς, οὐ πλέον τῶν βραχυτάτων ἐπιστολῶν γραφῇ παραδέδωκεν, καίτοι μυρία γε καὶ ἀπόρρητα λέγειν ἔχων, ἅτε τῶν μέχρις οὐρανοῦ τρίτου θεωρημάτων ἐπιψαύσας ἐπ' αὐτόν τε τὸν θεοπρεπῆ παράδεισον ἀναρπασθεὶς καὶ τῶν ἐκεῖσε ῥημάτων ἀρρήτων ἀξιωθεὶς ἐπακοῦσαι [*II Cor.*, XII, 2-4]. [5] Οὐκ ἄπειροι μὲν οὖν ὑπῆρχον τῶν αὐτῶν καὶ οἱ λοιποὶ τοῦ σωτῆρος ἡμῶν φοιτηταί, δώδεκα μὲν ἀπόστολοι, ἑβδομήκοντα δὲ μαθηταί, ἄλλοι τε ἐπὶ τούτοις μυρίοι· ὅμως δ' οὖν ἐξ ἁπάντων τῶν τοῦ κυρίου διατριβῶν ὑπομνήματα Ματθαῖος ἡμῖν καὶ Ἰωάννης μόνοι καταλελοίπασιν· οὓς καὶ ἐπάναγκες ἐπὶ τὴν γραφὴν ἐλθεῖν κατέχει λόγος.

[6] Ματθαῖός τε γὰρ πρότερον Ἑβραίοις κηρύξας, ὡς ἤμελλεν καὶ ἐφ' ἑτέρους ἰέναι, πατρίῳ γλώττῃ γραφῇ παραδοὺς τὸ κατ' αὐτὸν εὐαγγέλιον, τὸ λεῖπον τῇ αὐτοῦ παρουσίᾳ τούτοις, ἀφ' ὧν ἐστέλλετο, διὰ τῆς γραφῆς ἀπεπλήρου· [7] ἤδη δὲ Μάρκου καὶ Λουκᾶ τῶν κατ' αὐτοὺς

inconnu et ils ne l'entreprenaient pas. Ils se contentaient de la manifestation de l'Esprit Saint qui les assistait et de la seule puissance du Christ qui agissait avec eux et faisait des miracles. Ils annonçaient à l'univers entier la connaissance du royaume des cieux sans le moindre souci d'écrire des ouvrages. [4] Ils faisaient cela pour accomplir un ministère sublime et au-dessus de l'homme. Paul, le plus puissant d'ailleurs dans l'art de tout discours et le plus habile dans les pensées, ne confia rien autre à l'écriture que de fort courtes épîtres. Il avait pourtant, à dire des choses très nombreuses et mystérieuses, puisqu'il avait touché aux merveilles qui sont jusqu'au troisième ciel et, ravi au paradis même de Dieu, il avait été jugé digne d'entendre là des paroles ineffables. [5] Ils n'étaient pas aussi sans éprouver les mêmes choses, les disciples de notre Sauveur, les douze apôtres, les soixante-dix disciples, et bien d'autres avec ceux-ci. Cependant d'eux tous, Matthieu et Jean, seuls, nous ont laissé des mémoires des entretiens du Seigneur; encore ils n'en vinrent à les composer que poussés, dit-on, par la nécessité.

[6] Matthieu prêcha d'abord aux Hébreux. Comme il dut ensuite aller en d'autres pays, il leur donna son évangile dans sa langue maternelle; il suppléait à sa présence, auprès de ceux qu'il quittait, par un écrit. [7] Tandis que déjà Marc et Luc avaient fait paraître leurs

εὐαγγελίων τὴν ἔκδοσιν πεποιημένων [voy. l'*Appendice*], Ἰωάννην φασὶ τὸν πάντα χρόνον ἀγράφῳ κεχρημένον κηρύγματι, τέλος καὶ ἐπὶ τὴν γραφὴν ἐλθεῖν τοιᾶσδε χάριν αἰτίας. Τῶν προαναγραφέντων τριῶν εἰς πάντας ἤδη καὶ εἰς αὐτὸν διαδεδομένων, ἀποδέξασθαι μέν φασιν, ἀλήθειαν αὐτοῖς ἐπιμαρτυρήσαντα, μόνην δὲ ἄρα λείπεσθαι τῇ γραφῇ τὴν περὶ τῶν ἐν πρώτοις καὶ κατ' ἀρχὴν τοῦ κηρύγματος ὑπὸ τοῦ Χριστοῦ πεπραγμένων διήγησιν. [8] Καὶ ἀληθής γε ὁ λόγος. Τοὺς τρεῖς γοῦν εὐαγγελιστὰς συνιδεῖν πάρεστιν μόνα τὰ μετὰ τὴν ἐν τῷ δεσμωτηρίῳ Ἰωάννου τοῦ βαπτιστοῦ κάθειρξιν ἐφ' ἕνα ἐνιαυτὸν πεπραγμένα τῷ σωτῆρι συγγεγραφότας αὐτό τε τοῦτ' ἐπισημηναμένους κατ' ἀρχὰς τῆς αὐτῶν ἱστορίας· [9] μετὰ γοῦν τὴν τεσσαρακονταήμερον νηστείαν καὶ τὸν ἐπὶ ταύτῃ πειρασμὸν τὸν χρόνον τῆς ἰδίας γραφῆς ὁ μὲν Ματθαῖος δηλοῖ λέγων [Matth., iv, 12]· « Ἀκούσας δὲ ὅτι Ἰωάννης παρεδόθη, ἀνεχώρησεν » ἀπὸ τῆς Ἰουδαίας « εἰς τὴν Γαλιλαίαν »· [10] ὁ δὲ Μάρκος ὡσαύτως [Marc, i, 14]· « μετὰ δὲ τὸ παραδοθῆναι, φησίν, Ἰωάννην ἦλθεν Ἰησοῦς εἰς τὴν Γαλιλαίαν »· καὶ ὁ Λουκᾶς δὲ πρὶν ἄρξασθαι τῶν τοῦ Ἰησοῦ πράξεων, παραπλησίως ἐπιτηρεῖ, φάσκων [Luc, iii, 19-20] ὡς ἄρα προσθεὶς Ἡρῴδης οἷς διεπράξατο πονηροῖς· « Κατέκλεισε τὸν Ἰωάννην ἐν φυλακῇ ». [11] Παρακληθέντα δὴ οὖν τούτων ἕνεκά φασι τὸν ἀπόστολον Ἰωάννην τὸν ὑπὸ τῶν προτέρων εὐαγγελιστῶν παρασιωπηθέντα χρόνον καὶ τὰ κατὰ τοῦτον πεπραγμένα τῷ σωτῆρι (ταῦτα δ' ἦν τὰ πρὸ

évangiles, Jean, dit-on, n'avait constamment prêché que de vive voix. Enfin, il en vint à écrire; voici pour quel motif. On raconte que l'apôtre reçut les trois évangiles composés précédemment ; tous les avaient déjà et il les accepta, leur rendant le témoignage qu'ils contenaient la vérité. Seulement il manquait à leur récit l'exposé de ce qu'avait fait le Christ tout d'abord au commencement de sa prédication.[8] Et cette parole est vraie. On peut voir en effet que ces trois évangélistes ont raconté seulement les faits postérieurs à l'emprisonnement de Jean-Baptiste et accomplis par le Sauveur dans l'espace d'une année. Ils le disent du reste au début de leur narration. [9] Le jeûne de quarante jours et la tentation qui eut lieu à ce propos marquent le temps indiqué par Matthieu. Il dit : « Ayant appris que Jean avait été livré, il laissa la Judée et revint en Galilée ». [10] Marc débute de même : « Après que Jean eut été livré, Jésus vint en Galilée ». Quant à Luc, avant de commencer le récit des actions de Jésus, il fait à peu près la même remarque en disant qu'Hérode ajouta aux méfaits qu'il avait commis, celui de « mettre Jean en prison ». [11] L'apôtre Jean fut, dit-on, prié, pour ce motif, de donner dans son évangile la période passée sous silence par les précédents évangélistes et les faits accomplis par le Sauveur en ce temps,

τῆς τοῦ βαπτιστοῦ καθείρξεως) τῷ κατ' αὐτὸν εὐαγγελίῳ παραδοῦναι, αὐτό τε τοῦτ' ἐπισημήνασθαι, τοτὲ μὲν φήσαντα [JEAN, II, 11]· « Ταύτην ἀρχὴν ἐποίησεν τῶν παραδόξων ὁ Ἰησοῦς », τοτὲ δὲ μνημονεύσαντα τοῦ βαπτιστοῦ μεταξὺ τῶν Ἰησοῦ πράξεων ὡς ἔτι τότε βαπτίζοντος ἐν Αἰνὼν ἐγγὺς τοῦ Σαλείμ, σαφῶς τε τοῦτο δηλοῦν ἐν τῷ λέγειν· « Οὔπω γὰρ ἦν Ἰωάννης βεβλημένος εἰς φυλακήν » [JEAN, III, 23-24]. [12] Οὐκοῦν ὁ μὲν Ἰωάννης τῇ τοῦ κατ' αὐτὸν εὐαγγελίου γραφῇ τὰ μηδέπω τοῦ βαπτιστοῦ εἰς φυλακὴν βεβλημένου πρὸς τοῦ Χριστοῦ πραχθέντα παραδίδωσιν, οἱ δὲ λοιποὶ τρεῖς εὐαγγελισταὶ τὰ μετὰ τὴν εἰς τὸ δεσμωτήριον κάθειρξιν τοῦ βαπτιστοῦ μνημονεύουσιν· [13] οἷς καὶ ἐπιστήσαντι οὐκέτ' ἂν δόξαι διαφωνεῖν ἀλλήλοις τὰ εὐαγγέλια, τῷ τὸ μὲν κατὰ Ἰωάννην τὰ πρῶτα τῶν τοῦ Χριστοῦ πράξεων περιέχειν, τὰ δὲ λοιπὰ τὴν ἐπὶ τέλει τοῦ χρόνου αὐτῷ γεγενημένην ἱστορίαν· εἰκότως δ' οὖν τὴν μὲν τῆς σαρκὸς τοῦ σωτῆρος ἡμῶν γενεαλογίαν ἅτε Ματθαίῳ καὶ Λουκᾷ προγραφεῖσαν ἀποσιωπῆσαι τὸν Ἰωάννην, τῆς δὲ θεολογίας ἀπάρξασθαι ὡς ἂν αὐτῷ πρὸς τοῦ θείου πνεύματος οἷα κρείττονι παραπεφυλαγμένης.

[14] Ταῦτα μὲν οὖν ἡμῖν περὶ τῆς τοῦ κατὰ Ἰωάννην εὐαγγελίου γραφῆς εἰρήσθω, καὶ τῆς κατὰ Μάρκον δὲ ἡ γενομένη αἰτία ἐν τοῖς πρόσθεν ἡμῖν δεδήλωται [II, xv]· [15] ὁ δὲ Λουκᾶς ἀρχόμενος [LUC, I, 1-4] καὶ αὐτὸς τοῦ κατ' αὐτὸν συγγράμματος τὴν αἰτίαν προύθηκεν δι' ἣν πεποίηται τὴν σύνταξιν, δηλῶν ὡς ἄρα πολλῶν καὶ ἄλλων προ-

c'est-à-dire ce qui s'était produit avant l'incarcération du baptiste. Il indique cela même, soit quand il dit : « Tel fut le début des miracles que fit Jésus », soit quand il fait mention de Jean, au milieu de l'histoire de Jésus, comme baptisant encore en ce moment à Enon, près de Salem. Il le montre clairement aussi par ces paroles : « Car Jean n'était pas encore jeté en prison ». [12] Ainsi donc l'apôtre Jean dans son évangile rapporte ce que fit le Christ quand le baptiste n'était pas encore incarcéré ; les trois autres évangélistes au contraire racontent ce qui suivit son emprisonnement. [13] Quiconque remarque ces choses, ne peut plus penser que les évangélistes soient en désaccord les uns avec les autres. Car l'évangile de Jean comprend l'histoire des premières œuvres du Christ, les autres évangélistes nous donnent le récit de ce qu'il a fait à la fin de sa vie. Vraisemblablement Jean a passé sous silence la génération de notre Sauveur selon la chair, parce qu'elle avait été écrite auparavant par Matthieu et Luc ; il a commencé par sa divinité. Cet honneur lui avait, pour ainsi dire, été réservé par l'Esprit divin comme au plus digne.

[14] Voilà ce que nous avions à dire sur la composition de l'évangile de Jean ; le motif qui a poussé Marc à écrire a été expliqué plus haut. [15] Luc, au début de son récit, expose lui-même ce qui l'a déterminé à entreprendre son œuvre. Il nous déclare que beaucoup d'autres se sont mêlés de raconter inconsidérément des

πετέστερον ἐπιτετηδευκότων διήγησιν ποιήσασθαι ὧν αὐτὸς πεπληροφόρητο λόγων. Ἀναγκαίως ἀπαλλάττων ἡμᾶς τῆς περὶ τοὺς ἄλλους ἀμφηρίστου ὑπολήψεως, τὸν ἀσφαλῆ λόγον ὧν αὐτὸς ἱκανῶς τὴν ἀλήθειαν κατειλήφει ἐκ τῆς ἅμα Παύλῳ συνουσίας τε καὶ διατριβῆς καὶ τῆς τῶν λοιπῶν ἀποστόλων ὁμιλίας ὠφελημένος, διὰ τοῦ ἰδίου παρέδωκεν εὐαγγελίου. [16] Καὶ ταῦτα μὲν ἡμεῖς περὶ τούτων· οἰκειότερον δὲ κατὰ καιρὸν διὰ τῆς τῶν ἀρχαίων παραθέσεως τὰ καὶ τοῖς ἄλλοις περὶ αὐτῶν εἰρημένα πειρασόμεθα δηλῶσαι.

[17] Τῶν δὲ Ἰωάννου γραμμάτων πρὸς τῷ εὐαγγελίῳ καὶ ἡ προτέρα τῶν ἐπιστολῶν παρά τε τοῖς νῦν καὶ τοῖς ἔτ' ἀρχαίοις ἀναμφίλεκτος ὡμολόγηται, ἀντιλέγονται δὲ αἱ λοιπαὶ δύο. [18] Τῆς δ' Ἀποκαλύψεως εἰς ἑκάτερον ἔτι νῦν παρὰ τοῖς πολλοῖς περιέλκεται ἡ δόξα· ὁμοίως γε μὴν ἐκ τῆς τῶν ἀρχαίων μαρτυρίας ἐν οἰκείῳ καιρῷ τὴν ἐπίκρισιν δέξεται καὶ αὐτή [cf. VII, xxv].

ΚΕ'

Εὔλογον δ' ἐνταῦθα γενομένους ἀνακεφαλαιώσασθαι τὰς δηλωθείσας τῆς καινῆς διαθήκης γραφάς. Καὶ δὴ τακτέον ἐν πρώτοις τὴν ἁγίαν τῶν εὐαγγελίων τετρακτύν, οἷς ἕπεται ἡ τῶν Πράξεων τῶν ἀποστόλων γραφή· [2] μετὰ δὲ ταύτην τὰς Παύλου καταλεκτέον ἐπιστολάς, αἷς ἑξῆς

choses qu'il a examinées à fond. Aussi bien, juge-t-il nécessaire de nous débarrasser des conjectures douteuses qu'ils enseignent, et de nous donner, en son évangile, le récit fidèle des événements dont il a acquis une connaissance certaine, dans la compagnie et la fréquentation de Paul, ainsi que dans les entretiens qu'il a eus avec les autres apôtres. [16] Voilà ce que nous avons à dire sur ce sujet : nous serons plus à l'aise à l'occasion en citant le témoignage des anciens pour essayer de montrer ce qui a été dit par les autres au sujet de ces évangiles.

[17] Pour ce qui est des écrits de Jean, en dehors de l'Évangile, la première de ses épîtres est aussi reconnue par nos contemporains et par les anciens comme hors de toute contestation ; les deux autres sont discutées. [18] L'autorité de l'*Apocalypse* est mise en doute par beaucoup encore aujourd'hui. Mais cette question sera résolue également en son lieu à l'aide du témoignage des anciens.

CHAPITRE XXV

[LES ÉCRITURES RECONNUES PAR TOUS
ET CELLES QUI NE LE SONT PAS]

Au point où nous en sommes, il semble à propos de capituler dans une liste les écrits du Nouveau Testament dont nous avons déjà parlé. Nous mettrons au premier rang la sainte tétrade des *Évangiles* que suit le livre des *Actes des apôtres*. [2] Il faut y joindre les épîtres de Paul; puis, la première attribuée à Jean, et

τὴν φερομένην Ἰωάννου προτέραν καὶ ὁμοίως τὴν Πέτρου κυρωτέον ἐπιστολήν· ἐπὶ τούτοις τακτέον, εἴ γε φανείη, τὴν Ἀποκάλυψιν Ἰωάννου, περὶ ἧς τὰ δόξαντα κατὰ καιρὸν ἐκθησόμεθα.

[3] Καὶ ταῦτα μὲν ἐν ὁμολογουμένοις· τῶν δ' ἀντιλεγομένων, γνωρίμων δ' οὖν ὅμως τοῖς πολλοῖς, ἡ λεγομένη Ἰακώβου φέρεται καὶ ἡ Ἰούδα ἥ τε Πέτρου δευτέρα ἐπιστολὴ καὶ ἡ ὀνομαζομένη δευτέρα καὶ τρίτη Ἰωάννου, εἴτε τοῦ εὐαγγελιστοῦ τυγχάνουσαι εἴτε καὶ ἑτέρου ὁμωνύμου ἐκείνῳ.

[4] Ἐν τοῖς νόθοις κατατετάχθω καὶ τῶν Παύλου Πράξεων ἡ γραφὴ ὅ τε λεγόμενος Ποιμὴν καὶ ἡ Ἀποκάλυψις Πέτρου καὶ πρὸς τούτοις ἡ φερομένη Βαρναβᾶ ἐπιστολὴ καὶ τῶν ἀποστόλων αἱ λεγόμεναι Διδαχαὶ ἔτι τε, ὡς ἔφην, ἡ Ἰωάννου Ἀποκάλυψις, εἰ φανείη· ἥν τινες, ὡς ἔφην, ἀθετοῦσιν, ἕτεροι δὲ ἐγκρίνουσιν τοῖς ὁμολογουμένοις. [5] Ἤδη δ' ἐν τούτοις τινὲς καὶ τὸ καθ' Ἑβραίους εὐαγγέλιον κατέλεξαν, ᾧ μάλιστα Ἑβραίων οἱ τὸν Χριστὸν παραδεξάμενοι χαίρουσιν.

Ταῦτα δὲ πάντα τῶν ἀντιλεγομένων ἂν εἴη, [6] ἀναγκαίως δὲ καὶ τούτων ὅμως τὸν κατάλογον πεποιήμεθα, διακρίνοντες τάς τε κατὰ τὴν ἐκκλησιαστικὴν παράδοσιν ἀληθεῖς καὶ ἀπλάστους καὶ ἀνωμολογημένας γραφὰς καὶ τὰς ἄλλως παρὰ ταύτας, οὐκ ἐνδιαθήκους μὲν ἀλλὰ καὶ ἀντιλεγομένας, ὅμως δὲ παρὰ πλείστοις τῶν ἐκκλησιαστικῶν γινωσκομένας, ἵν' εἰδέναι ἔχοιμεν αὐτάς τε ταύτας καὶ τὰς ὀνόματι τῶν

aussi la première de Pierre. On ajoutera, si on le juge bon, l'*Apocalypse* de Jean au sujet de laquelle nous exposerons en son temps les diverses opinions.

[3] Voilà les livres reçus de tous. Ceux qui sont contestés, quoiqu'un grand nombre les admettent, sont : l'épître dite de Jacques, celle de Jude, la seconde de Pierre, celles qu'on appelle la seconde et la troisième de Jean, qu'elle soit de l'évangéliste ou d'un homonyme.

[4] On doit ranger entre les apocryphes : les *Actes de Paul*, le livre qu'on nomme *le Pasteur*, l'*Apocalypse* de Pierre, l'épître attribuée à Barnabé, ce qu'on intitule les *Enseignements des apôtres* et, si l'on veut, ainsi que je l'ai dit plus haut, l'*Apocalypse* de Jean que les uns, comme je l'ai indiqué, rejettent comme supposée et que les autres, maintiennent au nombre des œuvres reconnues. [5] Certains font encore entrer dans cette catégorie l'*Évangile aux Hébreux*, dont les Juifs qui ont reçu le Christ aiment surtout à se servir.

Tous ces livres peuvent être classés parmi ceux qui qui sont discutés. [6] Nous avons cru nécessaire d'établir le catalogue de ceux-là aussi et de séparer les écrits que la tradition ecclésiastique a jugés vrais, authentiques et reconnus, d'avec ceux d'une autre condition, qui ne sont pas testamentaires et se trouvent contestés, bien que la plupart des écrivains ecclésiastiques les connaissent. Ainsi, nous pourrons discerner ces ouvrages et les distinguer de ceux que les héré-

ἀποστόλων πρὸς τῶν αἱρετικῶν προφερομένας ἤτοι ὡς Πέτρου καὶ Θωμᾶ καὶ Ματθία ἢ καί τινων παρὰ τούτους ἄλλων εὐαγγέλια περιεχούσας ἢ ὡς Ἀνδρέου καὶ Ἰωάννου καὶ τῶν ἄλλων ἀποστόλων πράξεις· ὧν οὐδὲν οὐδαμῶς ἐν συγγράμματι τῶν κατὰ τὰς διαδοχὰς ἐκκλησιαστικῶν τις ἀνὴρ εἰς μνήμην ἀγαγεῖν ἠξίωσεν, [7] πόρρω δέ που καὶ ὁ τῆς φράσεως παρὰ τὸ ἦθος τὸ ἀποστολικὸν ἐναλλάττει χαρακτήρ, ἥ τε γνώμη καὶ ἡ τῶν ἐν αὐτοῖς φερομένων προαίρεσις πλεῖστον ὅσον τῆς ἀληθοῦς ὀρθοδοξίας ἀπᾴδουσα, ὅτι δὴ αἱρετικῶν ἀνδρῶν ἀναπλάσματα τυγχάνει, σαφῶς παρίστησιν· ὅθεν οὐδ' ἐν νόθοις αὐτὰ κατατακτέον, ἀλλ' ὡς ἄτοπα πάντῃ καὶ δυσσεβῆ παραιτητέον.

ΚϚ'

Ἴωμεν δὴ λοιπὸν καὶ ἐπὶ τὴν ἑξῆς ἱστορίαν.

[XXVI, 1] Σίμωνα τὸν μάγον Μένανδρος διαδεξάμενος, ὅπλον δεύτερον οὐ χεῖρον τοῦ προτέρου τῆς διαβολικῆς ἐνεργείας ἀποδείκνυται τὸν τρόπον. Ἦν καὶ οὗτος Σαμαρεύς, εἰς ἄκρον δὲ γοητείας οὐκ ἔλαττον τοῦ διδασκάλου προελθών, μείζοσιν ἐπιδαψιλεύεται τερατολογίαις, ἑαυτὸν μὲν ὡς ἄρα

tiques présentent sous le nom des apôtres, tels que les *Évangiles* de Pierre, de Thomas, de Matthias et d'autres encore, ou tels que les *Actes* d'André, de Jean et du reste des apôtres, dont aucun écrivain de la tradition ecclésiastique n'a jamais jugé utile d'invoquer le témoignage. [7] Le style du reste s'éloigne de la manière apostolique, tandis que la pensée et l'enseignement qu'ils contiennent sont tout à fait en désaccord avec la véritable orthodoxie. C'est là une preuve manifeste qu'ils sont des élucubrations d'hérétiques. Il ne faut donc pas même les ranger parmi les apocryphes ; mais les rejeter comme absolument absurdes et impies.

Maintenant reprenons la suite de notre récit.

[CHAPITRE XXVI

MÉNANDRE LE MAGICIEN]

Ménandre succéda à Simon le mage. Cet autre instrument de la puissance diabolique ne se montra pas inférieur au premier. Lui aussi était Samaritain ; aussi bien que son maître, il atteignit les sommets de la science magique et il le dépassa même dans ses pro-

[illegible paragraphs]

δ. Ἵν' ὁ ἆρα καθ' αὑτῆς ἐνεργείας διὰ τοιῶνδε ῥημάτων Χριστιανῶν προσηγορίαν ὑποδυομένων τὸ μέγα τῆς θεοσεβείας μυστήριον ἐπὶ μαγείᾳ σπουδάσαι διαβαλεῖν, οὐ μόνον δὲ δι' ὧν τὰ περὶ ψυχῆς ἀθανασίας καὶ νεκρῶν ἀναστάσεως, ἐστηλιτευκὼς δόγματα. Ἀλλ' οὗτοι μὲν τούτους ἀπατῶν ἐπιγραψάμενοι τῆς ἀληθοῦς ἀποπεπτώκασιν ὁδοῦ...

diges. Il se disait le sauveur envoyé d'en haut dès les siècles invisibles pour le salut des hommes. [2] Il enseignait qu'on ne pouvait dépasser les anges créateurs du monde, à moins d'être initié par lui à l'exercice de la magie et d'avoir reçu le baptême qu'il conférait. Ceux qui en avaient été jugés dignes, participaient en ce monde à une immutabilité éternelle ; ils ne mouraient pas, ils demeuraient ici-bas sans vieillir jamais et devenaient immortels. On peut facilement, du reste, lire tout cela dans Irénée. [3] Justin, traitant de Simon, parle aussi de Ménandre au même endroit et ajoute ceci à son sujet (voy. l'*Appendice*).

« Un certain Ménandre, Samaritain, lui aussi, du bourg de Caparattée, devint disciple de Simon. Aiguillonné comme lui par les démons, il alla à Antioche où nous savons qu'il séduisit beaucoup de gens par l'exercice de la magie. Il leur persuadait que ceux qui le suivaient ne mourraient pas : encore aujourd'hui, il y a des gens qui le disent d'après lui. »

[4] L'activité du démon se servait de tels imposteurs couverts du nom des chrétiens, dans le but de détruire par la magie le grand mystère de la religion et de mettre en pièces les dogmes de l'Église sur l'immortalité de l'âme et la résurrection des morts. Mais ceux qui souscrivirent à de tels sauveurs furent déchus de la véritable espérance.

ΚΖ'

Ἄλλους δ' ὁ πονηρὸς δαίμων, τῆς περὶ τὸν Χριστὸν τοῦ θεοῦ διαθέσεως ἀδυνατῶν ἐκσεῖσαι, θατεραλήπτους εὑρὼν ἐσφετερίζετο· Ἐβιωναίους τούτους οἰκείως ἐπεφήμιζον οἱ πρῶτοι, πτωχῶς καὶ ταπεινῶς τὰ περὶ τοῦ Χριστοῦ δοξάζοντας. [2] Λιτὸν μὲν γὰρ αὐτὸν καὶ κοινὸν ἡγοῦντο, κατὰ προκοπὴν ἤθους αὐτὸ μόνον ἄνθρωπον δεδικαιωμένον ἐξ ἀνδρός τε κοινωνίας καὶ τῆς Μαρίας γεγεννημένον· δεῖν δὲ πάντως αὐτοῖς τῆς νομικῆς θρησκείας, ὡς μὴ ἂν διὰ μόνης τῆς εἰς τὸν Χριστὸν πίστεως καὶ τοῦ κατ' αὐτὴν βίου σωθησομένοις.

[3] Ἄλλοι δὲ παρὰ τούτους τῆς αὐτῆς ὄντες προσηγορίας, τὴν μὲν τῶν εἰρημένων ἔκτοπον διεδίδρασκον ἀτοπίαν, ἐκ παρθένου καὶ ἁγίου πνεύματος μὴ ἀρνούμενοι γεγονέναι τὸν κύριον, οὐ μὴν ἔθ' ὁμοίως καὶ οὗτοι προϋπάρχειν αὐτὸν θεὸν λόγον ὄντα καὶ σοφίαν ὁμολογοῦντες, τῇ τῶν προτέρων περιετρέποντο δυσσεβείᾳ, μάλιστα ὅτε καὶ τὴν σωματικὴν περὶ τὸν νόμον λατρείαν ὁμοίως ἐκείνοις περιέπειν ἐσπούδαζον. [4] Οὗτοι δὲ τοῦ μὲν ἀποστόλου πάμπαν τὰς ἐπιστολὰς ἀρνητέας ἡγοῦντο εἶναι δεῖν, ἀποστάτην ἀποκαλοῦντες αὐτὸν τοῦ νόμου, εὐαγγελίῳ δὲ μόνῳ τῷ καθ' Ἑβραίους λεγομένῳ χρώμενοι, τῶν λοιπῶν σμικρὸν ἐποιοῦντο λόγον· [5] καὶ τὸ μὲν σάββατον καὶ τὴν

CHAPITRE XXVII

[L'HÉRÉSIE DES ÉBIONITES]

Le démon malfaisant, ne réussissant pas à en détacher d'autres de l'amour du Christ de Dieu, s'empara d'eux par un côté où il les trouva accessibles. Ces nouveaux hérétiques furent à bon droit appelés, dès l'origine, Ébionites, parce qu'ils avaient sur le Christ des pensées pauvres et humbles. [2] Celui-ci leur apparaissait dans leurs conceptions comme un être simple et vulgaire ; devenu juste par le progrès de sa vertu, il n'était qu'un mortel qui devait sa naissance à l'union de Marie et d'un homme. L'observance de la loi mosaïque leur était tout à fait nécessaire, parce qu'ils ne devaient pas être sauvés par la seule foi au Christ, non plus que par une vie conforme à cette foi.

[3] Il y en avait cependant d'autres qui portaient le même nom et qui se gardaient de la sottise de ceux-ci. Ils ne niaient pas que le Seigneur fût né d'une vierge et du Saint-Esprit ; mais, comme eux, ils n'admettaient pas sa préexistence, quoiqu'il fût le Verbe divin et la Sagesse, et ils revenaient ainsi à l'impiété des premiers. Leur ressemblance avec les autres est surtout dans le zèle charnel qu'ils mettaient à accomplir les prescriptions de la loi. [4] Ils pensaient que les épîtres de l'apôtre doivent être rejetées complètement, et ils l'appelaient un apostat de la loi. Ils ne se servaient que de l'*Évangile aux Hébreux* et faisaient peu de cas des autres. [5] Ils gardaient le sabbat et le

ἄλλην Ἰουδαϊκὴν ἀγωγὴν ὁμοίως ἐκείνοις παρεφύλαττον, ταῖς δ' αὖ κυριακαῖς ἡμέραις ἡμῖν τὰ παραπλήσια εἰς μνήμην τῆς σωτηρίου ἀναστάσεως ἐπετέλουν· [6] ὅθεν παρὰ τὴν τοιαύτην ἐγχείρησιν τῆς τοιᾶσδε λελόγχασι προσηγορίας τοῦ Ἐβιωναίων ὀνόματος τὴν τῆς διανοίας πτωχείαν αὐτῶν ὑποφαίνοντος· ταύτῃ γὰρ ἐπίκλην ὁ πτωχὸς παρ' Ἑβραίοις ὀνομάζεται.

ΚΗ'

Κατὰ τοὺς δηλουμένους χρόνους ἑτέρας αἱρέσεως ἀρχηγὸν γενέσθαι Κήρινθον παρειλήφαμεν· Γάϊος, οὗ φωνὰς ἤδη πρότερον παρατέθειμαι [II, xxv, 6], ἐν τῇ φερομένῃ αὐτοῦ ζητήσει ταῦτα περὶ αὐτοῦ γράφει·

[2] « Ἀλλὰ καὶ Κήρινθος ὁ δι' ἀποκαλύψεων ὡς ὑπὸ ἀποστόλου μεγάλου γεγραμμένων τερατολογίας ἡμῖν ὡς δι' ἀγγέλων [cf. Apoc., I, 2; XXII, 8] αὐτῷ δεδειγμένας ψευδόμενος ἐπεισάγει, λέγων μετὰ τὴν ἀνάστασιν ἐπίγειον εἶναι τὸ βασίλειον τοῦ Χριστοῦ καὶ πάλιν ἐπιθυμίαις καὶ ἡδοναῖς ἐν Ἰερουσαλὴμ τὴν σάρκα πολιτευομένην δουλεύειν. Καὶ ἐχθρὸς ὑπάρχων ταῖς γραφαῖς τοῦ θεοῦ, ἀριθμὸν χιλιονταετίας ἐν γάμῳ ἑορτῆς, θέλων πλανᾶν, λέγει γίνεσθαι ».

[3] Καὶ Διονύσιος δέ, ὁ τῆς κατὰ Ἀλεξάνδρειαν παροικίας καθ' ἡμᾶς τὴν ἐπισκοπὴν εἰληχώς, ἐν δευτέρῳ

reste des habitudes judaïques, ainsi que les autres Ébionites ; cependant ils célébraient les dimanches à peu près comme nous, en mémoire de la résurrection du Sauveur. [6] Une telle conception leur a valu le nom d'Ébionites, qui convient assez pour exprimer la pauvreté de leur intelligence, puisque c'est par ce terme que les Hébreux désignent les mendiants (voy. l'*Appendice*).

CHAPITRE XXVIII

[L'HÉRÉSIARQUE CÉRINTHE]

Nous avons appris qu'à cette époque surgit le chef d'une autre hérésie, c'était Cérinthe. Gaïus, dont nous avons déjà rapporté plus haut les paroles, écrit ceci à son sujet dans sa *Recherche* :

« [2] Mais Cérinthe au moyen de révélations comme celles qu'écrivit un grand apôtre, nous présente d'une façon mensongère des récits de choses merveilleuses qui lui auraient été montrées par les anges ; il dit qu'après la résurrection, le règne du Christ sera terrestre, que la chair revivra de nouveau à Jérusalem et servira les passions et les voluptés. C'est un ennemi des Écritures divines et comme il veut tromper les hommes, il dit qu'il y aura mille ans de fêtes nuptiales (voy. l'*Appendice*). »

[3] Denys, qui de notre temps a obtenu le siège de l'église d'Alexandrie, dans le second livre de ses *Pro-*

τῶν Ἐπαγγελιῶν περὶ τῆς Ἰωάννου Ἀποκαλύψεως εἰπών τινα ὡς ἐκ τῆς ἀνέκαθεν παραδόσεως, τοῦ αὐτοῦ μέμνηται ἀνδρὸς τούτοις τοῖς ῥήμασιν [cf. VII, xxv, 2-3]·

« [4] Κήρινθον δέ, τὸν καὶ τὴν ἀπ' ἐκείνου κληθεῖσαν Κηρινθιανὴν αἵρεσιν συστησάμενον, ἀξιόπιστον ἐπιφημίσαι θελήσαντα τῷ ἑαυτοῦ πλάσματι ὄνομα. Τοῦτο γὰρ εἶναι τῆς διδασκαλίας αὐτοῦ τὸ δόγμα, ἐπίγειον ἔσεσθαι τὴν τοῦ Χριστοῦ βασιλείαν, [5] καὶ ὧν αὐτὸς ὠρέγετο, φιλοσώματος ὢν καὶ πάνυ σαρκικός, ἐν τούτοις ὀνειροπολεῖν ἔσεσθαι, γαστρὸς καὶ τῶν ὑπὸ γαστέρα πλησμοναῖς, τοῦτ' ἐστὶ σιτίοις καὶ πότοις καὶ γάμοις καὶ δι' ὧν εὐφημότερον ταῦτα ᾠήθη ποριεῖσθαι, ἑορταῖς καὶ θυσίαις καὶ ἱερείων σφαγαῖς ».

[6] Ταῦτα Διονύσιος · ὁ δὲ Εἰρηναῖος ἀπορρητοτέρας δή τινας τοῦ αὐτοῦ ψευδοδοξίας ἐν πρώτῳ συγγράμματι τῶν πρὸς τὰς αἱρέσεις προθείς [Irénée, I, xxvi, 1], ἐν τῷ τρίτῳ [III, iii, 4 ; cf. plus loin, IV, xiv, 6] καὶ ἱστορίαν οὐκ ἀξίαν λήθης τῇ γραφῇ παραδέδωκεν, ὡς ἐκ παραδόσεως Πολυκάρπου φάσκων Ἰωάννην τὸν ἀπόστολον εἰσελθεῖν ποτε ἐν βαλανείῳ ὥστε λούσασθαι, γνόντα δὲ ἔνδον ὄντα τὸν Κήρινθον, ἀποπηδῆσαί τε τοῦ τόπου καὶ ἐκφυγεῖν θύραζε, μηδ' ὑπομείναντα τὴν αὐτὴν αὐτῷ ὑποδῦναι στέγην, ταὐτὸ δὲ τοῦτο καὶ τοῖς σὺν αὐτῷ παρκινέσαι, φήσαντα· « Φύγωμεν, μὴ καὶ τὸ βαλανεῖον συμπέσῃ, ἔνδον ὄντος Κηρίνθου τοῦ τῆς ἀληθείας ἐχθροῦ ».

messes, lorsqu'il parle de l'*Apocalypse* de Jean, raconte certains faits comme venant de la tradition ancienne, et fait mention du même Cérinthe en ces termes :

« [4] Cérinthe, l'auteur de l'hérésie qu'on appelle cérinthienne, voulut mettre son œuvre sous un nom digne de lui attirer du crédit. Voici en effet le principe de son enseignement : le règne du Christ sera terrestre. [5] Il consistera, d'après le rêve de Cérinthe, dans les choses que lui-même désirait, étant ami des sens et tout charnel, dans les satisfactions du ventre et de ce qui est au-dessous du ventre, c'est-à-dire dans le boire, le manger et le plaisir charnel, et aussi dans des choses par lesquelles il pensait donner à ces satisfactions un aspect plus honorable, dans des fêtes, des sacrifices et des immolations de victimes. »

[6] Voilà ce qu'écrit Denys. Irénée, nous rapporte certaines erreurs plus secrètes du même Cérinthe dans son premier livre sur les *Hérésies*. Dans le troisième, il raconte une anecdote digne d'être citée qu'il tient de Polycarpe. L'apôtre Jean était entré un jour dans des bains pour s'y laver. Il apprit que Cérinthe y était; il s'en alla précipitamment et gagna la porte, ne supportant pas d'être sous le même toit que lui, et il dit ceci aux compagnons qui étaient avec lui : « Fuyons, de peur que les bains ne s'écroulent ; Cérinthe s'y trouve, l'ennemi de la vérité. »

ΚΘ'

Ἐπὶ τούτων δῆτα καὶ ἡ λεγομένη τῶν Νικολαϊτῶν αἵρεσις ἐπὶ σμικρότατον συνέστη χρόνον, ἧς δὴ καὶ ἡ τοῦ Ἰωάννου Ἀποκάλυψις [II, 6, 15] μνημονεύει· οὗτοι Νικόλαον ἕνα τῶν ἀμφὶ τὸν Στέφανον διακόνων πρὸς τῶν ἀποστόλων ἐπὶ τῇ τῶν ἐνδεῶν θεραπείᾳ προκεχειρισμένων [Act., vi, 5] ηὔχουν. Ὅ γε μὴν Ἀλεξανδρεὺς Κλήμης ἐν τρίτῳ Στρωματεῖ [III, xxv-xxvi] ταῦτα περὶ αὐτοῦ κατὰ λέξιν ἱστορεῖ·

« [2] Ὡραίαν, φασί, γυναῖκα ἔχων οὗτος, μετὰ τὴν ἀνάληψιν τὴν τοῦ σωτῆρος πρὸς τῶν ἀποστόλων ὀνειδισθεὶς ζηλοτυπίαν, εἰς μέσον ἀγαγὼν τὴν γυναῖκα· γῆμαι τῷ βουλομένῳ ἐπέτρεψεν. Ἀκόλουθον γὰρ εἶναί φασι τὴν πρᾶξιν ταύτην ἐκείνῃ τῇ φωνῇ τῇ ὅτι [cf. CLEM., *Strom.*, II, cxviii]· « Παραχρᾶσθαι τῇ σαρκὶ δεῖ », καὶ δὴ κατακολουθήσαντες τῷ γεγενημένῳ τῷ τε εἰρημένῳ ἁπλῶς καὶ ἀβασανίστως, ἀνέδην ἐκπορνεύουσιν οἱ τὴν αἵρεσιν αὐτοῦ μετιόντες. [3] Πυνθάνομαι δ' ἐγὼ τὸν Νικόλαον μηδεμιᾷ ἑτέρᾳ παρ' ἣν ἔγημε κεχρῆσθαι γυναικί, τῶν τε ἐκείνου τέκνων τὰς μὲν θηλείας καταγηρᾶσαι παρθένους, ἄφθορον δὲ διαμεῖναι τὸν υἱόν· ὧν οὕτως ἐχόντων ἀποβολὴ πάθους ἦν ἡ εἰς μέσον τῶν ἀποστόλων τῆς ζηλοτυπουμένης ἐκκύκλησις γυναικός, καὶ ἡ ἐγκράτεια τῶν περισπου-

CHAPITRE XXIX

[NICOLAS ET CEUX AUXQUELS IL A DONNÉ SON NOM]

• En ce temps-là, naquit aussi l'hérésie dite des Nicolaïtes, qui dura très peu et dont il est question dans l'*Apocalypse* de Jean. Ses adeptes prétendent que Nicolas était un des diacres, compagnons d'Étienne, choisis par les apôtres pour le service des pauvres. Voici, du moins, ce que raconte de lui en propres termes Clément d'Alexandrie au troisième livre de ses *Stromates* :

« [2] Il avait, dit-on, une femme dans l'éclat de sa jeunesse. Après l'ascension du Sauveur, les apôtres lui reprochèrent d'en être jaloux : alors Nicolas l'amena et l'abandonna à qui la voudrait épouser. On dit que cette conduite était en effet conforme à la maxime qu'il faut faire peu de cas de la chair. Ceux qui adoptent son hérésie suivent, simplement, sans examen, cet exemple et ce principe, et ils se laissent aller à une honteuse prostitution. [3] Pour moi, je crois que jamais Nicolas n'eut d'autre femme que celle qu'il avait épousée ; quant à ses enfants, ses filles vécurent vierges et son fils garda la chasteté. Les choses étant ainsi, cet abandon en présence des apôtres de sa femme, qui était un objet de jalousie, fut un renoncement à la passion, et cette continence en ce qui regarde les joies les plus

δάστων ἡδονῶν τὸ παραχρᾶσθαι τῇ σαρκὶ ἐδίδασκεν. Οὐ γάρ, οἶμαι, ἐβούλετο κατὰ τὴν τοῦ σωτῆρος ἐντολὴν [Matth., vi, 24; Luc, xvi, 13] « δυσὶ κυρίοις δου- « λεύειν », ἡδονῇ καὶ κυρίῳ. [4] Λέγουσι δ' οὖν καὶ τὸν Ματθίαν οὕτω διδάξαι, σαρκὶ μὲν μάχεσθαι καὶ παρα- χρᾶσθαι μηδὲν αὐτῇ πρὸς ἡδονὴν ἐνδιδόντα, ψυχὴν δὲ αὔξειν διὰ πίστεως καὶ γνώσεως ».

Ταῦτα μὲν οὖν περὶ τῶν κατὰ τοὺς δηλουμένους χρό- νους παραβραβεῦσαι τὴν ἀλήθειαν ἐγκεχειρηκότων, λόγου γε μὴν θᾶττον εἰς τὸ παντελὲς ἀπεσβηκότων εἰρήσθω·

Λ'

Ὁ μέντοι Κλήμης, οὗ τὰς φωνὰς ἀρτίως ἀνέγνωμεν, τοῖς προειρημένοις ἑξῆς διὰ τοὺς ἀθετοῦντας τὸν γάμον τοὺς τῶν ἀποστόλων ἐξετασθέντας ἐν συζυγίαις καταλέγει, φάσκων [Strom., III, lii-liii]·

« Ἢ καὶ τοὺς ἀποστόλους ἀποδοκιμάσουσιν; Πέτρος μὲν γὰρ καὶ Φίλιππος ἐπαιδοποιήσαντο, Φίλιππος δὲ καὶ τὰς θυγατέρας ἀνδράσιν ἐξέδωκεν, καὶ ὅ γε Παῦλος οὐκ ὀκνεῖ ἔν τινι ἐπιστολῇ [Phil., iv, 3] τὴν αὑτοῦ προσαγο- ρεῦσαι σύζυγον, ἣν οὐ περιεκόμιζεν διὰ τὸ τῆς ὑπηρεσίας εὐσταλές [I Cor., ix, 5, 12]. »

[2] Ἐπεὶ δὲ τούτων ἐμνήσθημεν, οὐ λυπεῖ καὶ ἄλλην ἀξιοδιήγητον ἱστορίαν τοῦ αὐτοῦ παραθέσθαι. Ἦν ἐν τῷ

recherchées enseigna à faire peu de cas de la chair. Car il ne me semble pas qu'il voulut, selon la défense du Christ, « servir deux maîtres », le plaisir et le Seigneur. [4] On prétend aussi que Matthias enseignait ainsi à combattre la chair, à en faire peu de cas, et à ne rien lui accorder qui puisse la flatter, mais à grandir plutôt son âme par la foi et la science. »

Voilà ce qui concerne ceux qui ont essayé, en ces temps-là, de fausser la vérité. Ils ont complètement disparu, plus vite qu'on ne peut le dire.

CHAPITRE XXX

[LES APÔTRES QUI VÉCURENT DANS LE MARIAGE]

Cependant Clément, dont nous venons de citer les paroles, donne immédiatement après, au sujet de ceux qui condamnent les noces, les noms des apôtres qui vécurent dans le mariage, et il dit :

« Est-ce qu'ils réprouveront même les apôtres ? car Pierre et Philippe eurent des enfants; celui-ci même maria ses filles et Paul n'hésite pas dans une épître à saluer sa femme ; il ne l'a pas emmenée avec lui pour ne pas être gêné dans son ministère. »

[2] Puisque nous rappelons ces choses, il ne sera pas sans intérêt de rapporter du même écrivain une anec-

ἑβδόμῳ Στρωματεῖ [LXIII-LXIV] τοῦτον ἱστορῶν ἀνέγραψεν τὸν τρόπον·

« Φασὶ γοῦν τὸν μακάριον Πέτρον θεασάμενον τὴν ἑαυτοῦ γυναῖκα ἀπαγομένην τὴν ἐπὶ θανάτῳ, ἡσθῆναι μὲν τῆς κλήσεως χάριν καὶ τῆς εἰς οἶκον ἀνακομιδῆς, ἐπιφωνῆσαι δὲ εὖ μάλα προτρεπτικῶς καὶ παρακλητικῶς, ἐξ ὀνόματος προσειπόντα· « Μέμνησο, ὦ αὕτη, τοῦ κυρίου ». Τοιοῦτος ἦν ὁ τῶν μακαρίων γάμος καὶ ἡ τῶν φιλτάτων τελεία διάθεσις ».

Καὶ ταῦτα δ', οἰκεῖα ὄντα τῇ μετὰ χεῖρας ὑποθέσει, ἐνταῦθά μοι κατὰ καιρὸν κείσθω.

ΛΑ'

Παύλου μὲν οὖν καὶ Πέτρου τῆς τελευτῆς ὅ τε χρόνος καὶ ὁ τρόπος καὶ πρὸς ἔτι τῆς μετὰ τὴν ἀπαλλαγὴν τοῦ βίου τῶν σκηνωμάτων αὐτῶν καταθέσεως ὁ χῶρος ἤδη πρότερον ἡμῖν δεδήλωται [II, xxv, 5]· [2] τοῦ δὲ Ἰωάννου τὰ μὲν τοῦ χρόνου ἤδη πως εἴρηται [III, xxiii], τὸ δέ γε τοῦ σκηνώματος αὐτοῦ χωρίον ἐξ ἐπιστολῆς Πολυκράτους (τῆς δ' ἐν Ἐφέσῳ παροικίας ἐπίσκοπος οὗτος ἦν) ἐπιδείκνυται, ἣν Οὐίκτορι Ῥωμαίων ἐπισκόπῳ γράφων, ὁμοῦ τε αὐτοῦ καὶ Φιλίππου μνημονεύει τοῦ ἀποστόλου τῶν τε τούτου θυγατέρων ὧδέ πως [cf. V, xxiv, 2-3]·

dote digne d'être contée. Il l'expose ainsi, au septième livre des *Stromates* :

« On dit que le bienheureux Pierre voyant conduire sa femme au supplice, se réjouit de sa vocation et de son retour dans la demeure ; il l'encourageait et la consolait de toutes ses forces, l'appelant par son nom : « O toi, lui disait-il, souviens-toi du Seigneur. » Voilà ce qu'étaient les mariages des saints et les sentiments exquis de ceux qui s'aimaient tant (voy. l'*Appendice*). »

Ce récit était assorti à mon dessein présent ; voilà pourquoi je l'ai placé ici.

CHAPITRE XXXI

[MORT DE JEAN ET DE PHILIPPE]

Nous avons jusqu'ici indiqué le temps et le genre de la mort de Paul et de Pierre, comme aussi le lieu où leurs corps ont été déposés, après leur trépas. [2] Nous avons dit aussi l'époque de la mort de Jean. Quant à l'endroit de sa sépulture, il est indiqué dans la lettre que Polycrate (celui-ci était évêque de l'église d'Éphèse) écrivit à Victor, évêque des Romains. Il y est également question de Philippe et de ses filles en ces termes :

« [3] Καὶ γὰρ κατὰ τὴν Ἀσίαν μεγάλα στοιχεῖα κεκοίμηται· ἅτινα ἀναστήσεται τῇ ἐσχάτῃ ἡμέρᾳ τῆς παρουσίας τοῦ κυρίου, ἐν ᾗ ἔρχεται μετὰ δόξης ἐξ οὐρανοῦ καὶ ἀναζητήσει πάντας τοὺς ἁγίους, Φίλιππον τῶν δώδεκα ἀποστόλων, ὃς κεκοίμηται ἐν Ἱεραπόλει καὶ δύο θυγατέρες αὐτοῦ γεγηρακυῖαι παρθένοι καὶ ἡ ἑτέρα αὐτοῦ θυγάτηρ ἐν ἁγίῳ πνεύματι πολιτευσαμένη ἐν Ἐφέσῳ ἀναπαύεται· ἔτι δὲ καὶ Ἰωάννης, ὁ ἐπὶ τὸ στῆθος τοῦ κυρίου ἀναπεσών [JEAN, XIII, 25; XXI, 20], ὃς ἐγενήθη ἱερεὺς τὸ πέταλον πεφορεκὼς [Exode, XXVIII, 32-34; Lev., VIII, 9] καὶ μάρτυς καὶ διδάσκαλος, οὗτος ἐν Ἐφέσῳ κεκοίμηται ».

Ταῦτα καὶ περὶ τῆς τῶνδε τελευτῆς· [4] καὶ ἐν τῷ Γαΐου δέ, οὗ μικρῷ πρόσθεν ἐμνήσθημεν [III, XXVIII, 1], διαλόγῳ Πρόκλος, πρὸς ὃν ἐποιεῖτο τὴν ζήτησιν, περὶ τῆς Φιλίππου καὶ τῶν θυγατέρων αὐτοῦ τελευτῆς, συνᾴδων τοῖς ἐκτεθεῖσιν, οὕτω φησίν·

« Μετὰ τοῦτον προφήτιδες τέσσαρες αἱ Φιλίππου γεγένηνται ἐν Ἱεραπόλει τῇ κατὰ τὴν Ἀσίαν· ὁ τάφος αὐτῶν ἐστιν ἐκεῖ καὶ ὁ τοῦ πατρὸς αὐτῶν ».

Ταῦτα μὲν οὗτος· [5] ὁ δὲ Λουκᾶς ἐν ταῖς Πράξεσιν τῶν ἀποστόλων τῶν Φιλίππου θυγατέρων ἐν Καισαρείᾳ τῆς Ἰουδαίας ἅμα τῷ πατρὶ τότε διατριβουσῶν προφητικοῦ τε χαρίσματος ἠξιωμένων μνημονεύει, κατὰ λέξιν ὧδέ πως λέγων [Act., XXI, 8-9]· « Ἤλθομεν εἰς Καισάρειαν, καὶ εἰσελθόντες εἰς τὸν οἶκον Φιλίππου τοῦ εὐαγ-

« [3] De grands astres, dit-il, se sont couchés en Asie, qui se lèveront au dernier jour, lors de la venue du Sauveur, quand il viendra du ciel avec gloire pour chercher tous les saints, Philippe, l'un des douze apôtres, qui repose à Hiérapolis, ainsi que deux de ses filles, qui ont vieilli dans la virginité, et, l'autre qui, après avoir vécu dans le Saint-Esprit, a été ensevelie à Éphèse : Jean lui aussi, l'apôtre qui a dormi sur la poitrine du Sauveur, qui, prêtre, a porté la lame d'or, a été martyr et docteur et a son tombeau à Éphèse. »

Voilà ce qui concerne la mort de ces personnages [4] Dans le dialogue de Gaïus dont nous avons parlé un peu plus haut, Proclus, contre qui la discussion est dirigée, est également de notre avis pour ce que nous venons de rapporter de la mort de Philippe et de ses filles. Il parle ainsi :

« Après celui-ci, il y eut à Hiérapolis en Asie quatre prophétesses, les filles de Philippe ; leur tombeau est là, ainsi que celui de leur père. »

Voilà ce qu'il dit. [5] Luc, d'autre part, dans les *Actes des apôtres*, nous rappelle que les filles de Philippe vivaient alors à Césarée de Judée avec leur père et qu'elles avaient le don de prophétie. Il dit en propres termes : « Nous sommes venus à Césarée et nous sommes entrés dans la maison de Philippe l'évan-

γελιστοῦ, ὄντος ἐκ τῶν ἑπτά, ἐμείναμεν παρ' αὐτῷ. Τούτῳ δὲ ἦσαν παρθένοι θυγατέρες τέσσαρες προφητεύουσαι ».

[6] Τὰ μὲν οὖν εἰς ἡμετέραν ἐλθόντα γνῶσιν περί τε τῶν ἀποστόλων καὶ τῶν ἀποστολικῶν χρόνων ὧν τε καταλελοίπασιν ἡμῖν ἱερῶν γραμμάτων καὶ τῶν ἀντιλεγομένων μέν, ὅμως δ' ἐν πλείσταις ἐκκλησίαις παρὰ πολλοῖς δεδημοσιευμένων, τῶν τε παντελῶς νόθων καὶ τῆς ἀποστολικῆς ὀρθοδοξίας ἀλλοτρίων ἐν τούτοις διειληφότες, ἐπὶ τὴν τῶν ἑξῆς προίωμεν ἱστορίαν.

ΛΒ'

Μετὰ Νέρωνα καὶ Δομετιανὸν κατὰ τοῦτον οὗ νῦν τοὺς χρόνους ἐξετάζομεν, μερικῶς καὶ κατὰ πόλεις ἐξ ἐπαναστάσεως δήμων τὸν καθ' ἡμῶν κατέχει λόγος ἀνακινηθῆναι διωγμόν· ἐν ᾧ Συμεῶνα τὸν τοῦ Κλωπᾶ, ὃν δεύτερον καταστῆναι τῆς ἐν Ἱεροσολύμοις ἐκκλησίας ἐπίσκοπον ἐδηλώσαμεν, μαρτυρίῳ τὸν βίον ἀναλῦσαι παρειλήφαμεν. [2] Καὶ τούτου μάρτυς αὐτὸς ἐκεῖνος, οὗ διαφόροις ἤδη πρότερον ἐχρησάμεθα φωναῖς, Ἡγήσιππος· ὃς δὴ περὶ τινων αἱρετικῶν ἱστορῶν, ἐπιφέρει δηλῶν ὡς ἄρα ὑπὸ τούτων κατὰ τόνδε τὸν χρόνον ὑπομείνας κατηγορίαν, πολυτρόπως ὁ δηλούμενος ὡς ἂν Χριστιανὸς ἐπὶ πλείσταις αἰκισθεὶς ἡμέραις αὐτόν τε τὸν δικαστὴν καὶ τοὺς ἀμφ'

géliste, qui était un des sept. Nous sommes restés chez lui. Il avait quatre filles vierges qui prophétisaient. »

[6] Ce qui est venu à notre connaissance concernant les apôtres, leurs temps et les saints écrits qu'ils nous ont laissés, ceux qui sont contestés, quoique beaucoup les lisent publiquement dans un grand nombre d'églises, ceux qui sont tout à fait apocryphes et étrangers à l'orthodoxie apostolique, voilà ce que nous avons exposé en ce qui précède. Il faut maintenant continuer notre récit.

CHAPITRE XXXII

[COMMENT SIMÉON, ÉVÊQUE DE JÉRUSALEM, RENDIT TÉMOIGNAGE]

Après Néron et Domitien, sous le prince dont nous examinons actuellement l'époque, on raconte que, partiellement et dans certaines villes, le soulèvement des populations excita contre nous une persécution. C'est alors que Siméon, fils de Clopas, dont nous avons dit qu'il était le second évêque de Jérusalem, couronna sa vie par le martyre, comme nous l'avons appris. [2] Ce fait nous est garanti par le témoignage d'Hégésippe, auquel nous avons déjà emprunté maintes citations. Parlant de divers hérétiques, il ajoute qu'à cette époque Siméon eut alors à subir une accusation venant d'eux ; on le tourmenta pendant plusieurs jours parce qu'il était chrétien ; il étonna absolument le juge

αὐτὸν εἰς τὰ μέγιστα καταπλήξας, τῷ τοῦ κυρίου πάθει παραπλήσιον τέλος ἀπηνέγκατο· [3] οὐδὲν δὲ οἷον καὶ τοῦ συγγραφέως ἐπακοῦσαι, αὐτὰ δὴ ταῦτα κατὰ λέξιν ὧδέ πως ἱστοροῦντος·

« Ἀπὸ τούτων δηλαδὴ τῶν αἱρετικῶν κατηγοροῦσί τινες Σίμωνος τοῦ Κλωπᾶ ὡς ὄντος ἀπὸ Δαυὶδ καὶ Χριστιανοῦ, καὶ οὕτως μαρτυρεῖ ἐτῶν ὢν ρκ΄ ἐπὶ Τραϊανοῦ Καίσαρος καὶ ὑπατικοῦ Ἀττικοῦ ».

[4] Φησὶν δὲ ὁ αὐτὸς ὡς ἄρα καὶ τοὺς κατηγόρους αὐτοῦ, ζητουμένων τότε τῶν ἀπὸ τῆς βασιλικῆς Ἰουδαίων φυλῆς, ὡς ἂν ἐξ αὐτῶν ὄντας ἁλῶναι συνέβη. Λογισμῷ δ' ἂν καὶ τὸν Συμεῶνα τῶν αὐτοπτῶν καὶ αὐτηκόων εἴποι ἄν τις γεγονέναι τοῦ κυρίου, τεκμηρίῳ τῷ μήκει τοῦ χρόνου τῆς αὐτοῦ ζωῆς χρώμενος καὶ τῷ μνημονεύειν τὴν τῶν εὐαγγελίων γραφὴν [JEAN, XIX, 25] Μαρίας τῆς τοῦ Κλωπᾶ, οὗ γεγονέναι αὐτὸν καὶ πρότερον ὁ λόγος ἐδήλωσεν [III, XI]. [5] Ὁ δ' αὐτὸς συγγραφεὺς καὶ ἑτέρους ἀπογόνους ἑνὸς τῶν φερομένων ἀδελφῶν τοῦ σωτῆρος, ᾧ ὄνομα Ἰούδας, φησὶν εἰς τὴν αὐτὴν ἐπιβιῶναι βασιλείαν μετὰ τὴν ἤδη πρότερον ἱστορηθεῖσαν [III, XX, 1] αὐτῶν ὑπὲρ τῆς εἰς τὸν Χριστὸν πίστεως ἐπὶ Δομετιανοῦ μαρτυρίαν, γράφει δὲ οὕτως·

« [6] Ἔρχονται οὖν καὶ προηγοῦνται πάσης ἐκκλησίας ὡς μάρτυρες καὶ ἀπὸ γένους τοῦ κυρίου, καὶ γενομένης εἰρήνης βαθείας ἐν πάσῃ ἐκκλησίᾳ, μένουσι μέχρι Τραϊανοῦ Καίσαρος, μέχρις οὗ ὁ ἐκ θείου τοῦ κυρίου, ὁ

MARTYRE DE SIMÉON 331

et ceux qui l'entouraient ; enfin, il souffrit le supplice qu'avait enduré le Sauveur. [3] Mais rien ne vaut comme d'entendre l'écrivain dans les termes dont il s'est servi et que voici :

« C'est évidemment quelques-uns de ces hérétiques qui accusèrent Siméon, fils de Clopas d'être descendant de David et chrétien ; il subit ainsi le martyre à cent vingt ans sous le règne de Trajan et le consulaire Atticus. »

[4] Le même auteur dit encore qu'il arriva à ses accusateurs dans la recherche qu'on fit des rejetons de la race royale des Juifs, d'être mis à mort comme appartenant à cette tribu. Siméon, on peut l'inférer à bon droit, est lui aussi un des témoins qui ont vu et entendu le Seigneur ; on en a la preuve dans sa longévité et dans le souvenir que l'Évangile consacre à Marie, femme de Clopas, qui fut sa mère comme nous l'avons dit plus haut. [5] Le même auteur nous apprend encore que d'autres descendants de Jude, l'un de ceux qu'on disait frères du Seigneur, vécurent jusqu'au temps du même règne de Trajan, après avoir, sous Domitien, rendu témoignage à la foi chrétienne ainsi que nous l'avons déjà noté. Voici ce que nous raconte cet écrivain :

« [6] Ils vont donc servant de guides à chaque église en qualité de martyrs et de parents du Seigneur. Grâce à la paix profonde dont l'église entière jouissait alors, ils vivent jusqu'à Trajan. Sous le règne de ce prince, Siméon, dont il a été question plus haut, fils de Clopas, l'oncle du Seigneur, dénoncé par des hérétiques,

προειρημένος Σίμων υἱὸς Κλωπᾶ, συκοφαντηθεὶς ὑπὸ τῶν αἱρέσεων ὡσαύτως κατηγορήθη καὶ αὐτὸς ἐπὶ τῷ αὐτῷ λόγῳ ἐπὶ Ἀττικοῦ τοῦ ὑπατικοῦ. Καὶ ἐπὶ πολλαῖς ἡμέραις αἰκιζόμενος ἐμαρτύρησεν, ὡς πάντας ὑπερθαυμάζειν καὶ τὸν ὑπατικὸν πῶς ρκ΄ τυγχάνων ἐτῶν ὑπέμεινεν, καὶ ἐκελεύσθη σταυρωθῆναι ».

[7] Ἐπὶ τούτοις δ αὐτὸς ἀνὴρ διηγούμενος τὰ κατὰ τοὺς δηλουμένους, ἐπιλέγει ὡς ἄρα μέχρι τῶν τότε χρόνων παρθένος καθαρὰ καὶ ἀδιάφθορος ἔμεινεν ἡ ἐκκλησία, ἐν ἀδήλῳ που σκότει ὡς εἰ φωλευόντων εἰς ἔτι τότε τῶν, εἰ καί τινες ὑπῆρχον, παραφθείρειν ἐπιχειρούντων τὸν ὑγιῆ κανόνα τοῦ σωτηρίου κηρύγματος · [8] ὡς δ' ὁ ἱερὸς τῶν ἀποστόλων χορὸς διάφορον εἰλήφει τοῦ βίου τέλος παρεληλύθει τε ἡ γενεὰ ἐκείνη τῶν αὐταῖς ἀκοαῖς τῆς ἐνθέου σοφίας ἐπακοῦσαι κατηξιωμένων, τηνικαῦτα τῆς ἀθέου πλάνης ἀρχὴν ἐλάμβανεν ἡ σύστασις διὰ τῆς τῶν ἑτεροδιδασκάλων ἀπάτης, οἳ καὶ ἅτε μηδενὸς ἔτι τῶν ἀποστόλων λειπομένου, γυμνῇ λοιπὸν ἤδη κεφαλῇ τῷ τῆς ἀληθείας κηρύγματι τὴν ψευδώνυμον γνῶσιν ἀντικηρύττειν [*I Tim.*, vi, 20] ἐπεχείρουν.

ΛΓ΄

Τοσοῦτός γε μὴν ἐν πλείοσι τόποις ὁ καθ' ἡμῶν ἐπετάθη τότε διωγμός, ὡς Πλίνιον Σεκοῦνδον, ἐπισημότατον ἡγεμόνων, ἐπὶ τῷ πλήθει τῶν μαρτύρων κινηθέντα, βασι-

fut lui aussi jugé comme eux sous le consulaire Atticus, pour le même motif. Ses tortures durèrent de longs jours et il rendit témoignage de sa foi de façon à étonner tout le monde et le consulaire lui-même, qui était surpris de voir une telle patience à un vieillard de cent vingt ans. Il fut condamné à être crucifié. »

[7] Après cela le même Hégésippe poursuivant le récit des temps dont nous parlons, ajoute que jusqu'à cette époque l'église demeura semblable à une vierge pure et sans souillure : c'était dans l'ombre ténébreuse et comme dans une tanière que travaillaient alors, quand il s'en trouvait, ceux qui essayaient d'altérer la règle intacte de la prédication du Sauveur. [8] Mais lorsque le chœur sacré des apôtres eut succombé à divers genres de mort et qu'eut disparu la génération de ceux qui avaient été jugés dignes d'entendre de leurs oreilles la Sagesse divine, alors l'erreur impie reçut un commencement d'organisation par la tromperie de ceux qui enseignaient une autre doctrine. Ceux-ci, voyant qu'il ne restait plus aucun apôtre, jetèrent le masque et se mirent à opposer une science qui porte un nom mensonger à la prédication de la vérité.

CHAPITRE XXXIII

[COMMENT TRAJAN DÉFENDIT DE RECHERCHER LES CHRÉTIENS]

La persécution sévissait cependant en beaucoup d'endroits contre nous et avec une si grande vigueur que Pline le Jeune, très illustre parmi les gouverneurs, étonné

λεῖ κοινώσασθαι [PLINE, Epit., X, XCVI] περὶ τοῦ πλήθους τῶν ὑπὲρ τῆς πίστεως ἀναιρουμένων, ἅμα δ' ἐν ταὐτῷ μηνῦσαι μηδὲν ἀνόσιον μηδὲ παρὰ τοὺς νόμους πράττειν αὐτοὺς κατειληφέναι, πλὴν τό γε ἅμα τῇ ἕῳ διεγειρομένους τὸν Χριστὸν θεοῦ δίκην ὑμνεῖν, τὸ δὲ μοιχεύειν καὶ φονεύειν καὶ τὰ συγγενῆ τούτοις ἀθέμιτα πλημμελήματα καὶ αὐτοὺς ἀπαγορεύειν πάντα τε πράττειν ἀκολούθως τοῖς νόμοις· [2] πρὸς ἃ τὸν Τραϊανὸν δόγμα τοιόνδε τεθεικέναι, τὸ Χριστιανῶν φῦλον μὴ ἐκζητεῖσθαι μέν, ἐμπεσὸν δὲ κολάζεσθαι· δι' οὗ ποσῶς μὲν τοῦ διωγμοῦ σβεσθῆναι τὴν ἀπειλὴν σφοδρότατα ἐγκειμένην, οὐ χεῖρόν γε μὴν τοῖς κακουργεῖν περὶ ἡμᾶς ἐθέλουσιν λείπεσθαι προφάσεις, ἔσθ' ὅπη μὲν τῶν δήμων, ἔσθ' ὅπη δὲ καὶ τῶν κατὰ χώρας ἀρχόντων τὰς καθ' ἡμῶν συσκευαζομένων ἐπιβουλάς, ὡς καὶ ἄνευ προφανῶν διωγμῶν μερικοῦς κατ' ἐπαρχίαν ἐξάπτεσθαι πλείους τε τῶν πιστῶν διαφόροις ἐναγωνίζεσθαι μαρτυρίοις. [3] Εἴληπται δ' ἡ ἱστορία ἐξ ἧς ἀνώτερον δεδηλώκαμεν [II, II, 4] τοῦ Τερτυλλιανοῦ Ῥωμαϊκῆς ἀπολογίας, ἧς ἡ ἑρμηνεία τοῦτον ἔχει τὸν τρόπον [TERTULLIEN, Apol., II]·

« Καίτοι εὑρήκαμεν καὶ τὴν εἰς ἡμᾶς ἐπιζήτησιν κεκωλυμένην. Πλίνιος γὰρ Σεκοῦνδος ἡγούμενος ἐπαρχίου κατακρίνας Χριστιανούς τινας καὶ τῆς ἀξίας ἐκβαλών, ταραχθεὶς τῷ πλήθει, διὸ ἠγνόει τί αὐτῷ λοιπὸν εἴη πρακτέον, Τραϊανῷ τῷ βασιλεῖ ἀνεκοινώσατο λέγων ἔξω τοῦ μὴ βούλεσθαι αὐτοὺς εἰδωλολατρεῖν οὐδὲν ἀνόσιον ἐν

de la multitude des martyrs, écrivit à l'empereur. Il lui dit le nombre de ceux qui étaient mis à mort pour la foi ; il l'informa en même temps qu'il n'avait rien surpris en eux qui fût criminel ou contraire aux lois. Ils se levaient avec l'aurore pour chanter des hymnes au Christ, comme à un Dieu ; mais l'adultère, le meurtre et autres crimes de ce genre étaient repoussés par eux ; leur conduite était entièrement conforme aux lois. [2] Comme réponse, Trajan établit un décret portant qu'il ne fallait pas rechercher la tribu des chrétiens, mais la punir quand on la trouvait. C'est ainsi, en quelque sorte, que la menace de la persécution, qui était si forte, s'éteignit. Il restait cependant encore bien des prétextes et non des moindres à ceux qui nous voulaient du mal. Soit qu'elles fussent causées par les populations, soit qu'elles fussent l'œuvre des fonctionnaires locaux qui nous dressaient des embûches, les persécutions partielles se rallumèrent dans les provinces, malgré l'absence de poursuites officielles ; et beaucoup de fidèles endurèrent des martyres variés. [3] Ceci est emprunté à l'*Apologie* latine de Tertullien, dont nous avons parlé plus haut. Voici la traduction du passage en question :

« Cependant nous avons trouvé qu'on a défendu de nous rechercher. Pline le Jeune, gouverneur d'une province, après avoir condamné quelques chrétiens et leur avoir retiré leurs dignités, troublé à la vue de leur nombre, ne sut plus que faire. Il écrivit à l'empereur Trajan qu'en dehors du refus d'adorer les idoles, il

αὐτοῖς εὑρηκέναι· ἐμήνυεν δὲ καὶ τοῦτο, ἀνίστασθαι ἕωθεν τοὺς Χριστιανοὺς καὶ τὸν Χριστὸν θεοῦ δίκην ὑμνεῖν καὶ πρὸς τὸ τὴν ἐπιστήμην αὐτῶν διαφυλάσσειν κωλύεσθαι φονεύειν, μοιχεύειν, πλεονεκτεῖν, ἀποστερεῖν καὶ τὰ τούτοις ὅμοια. Πρὸς ταῦτα ἀντέγραψεν Τραϊανὸς τὸ τῶν Χριστιανῶν φῦλον μὴ ἐκζητεῖσθαι μέν, ἐμπεσὸν δὲ κολάζεσθαι. »

Καὶ ταῦτα μὲν ἐν τούτοις ἦν.

ΛΔ'

Τῶν δ' ἐπὶ Ῥώμης ἐπισκόπων ἔτει τρίτῳ τῆς τοῦ προειρημένου βασιλέως ἀρχῆς Κλήμης Εὐαρέστῳ παραδοὺς τὴν λειτουργίαν ἀναλύει τὸν βίον, τὰ πάντα προστὰς ἔτεσιν ἐννέα τῆς τοῦ θείου λόγου διδασκαλίας.

ΛΕ'

Ἀλλὰ καὶ τοῦ Συμεῶνος τὸν δηλωθέντα τελειωθέντος τρόπον, τῆς ἐν Ἱεροσολύμοις ἐπισκοπῆς τὸν θρόνον Ἰουδαῖός τις ὄνομα Ἰοῦστος, μυρίων ὅσων ἐκ περιτομῆς εἰς τὸν Χριστὸν τηνικαῦτα πεπιστευκότων εἷς καὶ αὐτὸς ὤν, διαδέχεται.

ne voyait rien de criminel en eux. Il ajoutait que les chrétiens se levaient dès l'aurore, célébraient dans leurs chants le Christ comme un Dieu, que leur enseignement leur défendait de tuer, de commettre l'adultère, de se permettre l'injustice, le vol et autres choses semblables. Trajan répondit qu'il ne fallait pas rechercher la tribu des chrétiens, mais la punir si on la rencontrait. » Et telle était de fait la ligne de conduite suivie.

CHAPITRE XXXIV

[ÉVARISTE EST LE QUATRIÈME CHEF DE L'ÉGLISE DES ROMAINS]

Pour ce qui est des évêques de Rome, la troisième année du règne de l'empereur désigné plus haut [100], Clément, termina sa vie, laissant sa charge à Évariste. Il avait en tout présidé neuf ans à l'enseignement de la parole divine.

CHAPITRE XXXV

[LE TROISIÈME ÉVÊQUE DE JÉRUSALEM EST JUSTE]

Cependant, Siméon mort, lui aussi, de la façon que nous avons dite, un Juif, du nom de Juste, reçut le siège de l'église de Jérusalem. Ceux de la circoncision qui croyaient au Christ étaient alors très nombreux ; il était l'un d'entre eux.

ΛϚʹ

Διέπρεπέν γε μὴν κατὰ τούτους ἐπὶ τῆς Ἀσίας τῶν ἀποστόλων ὁμιλητὴς Πολύκαρπος, τῆς κατὰ Σμύρναν ἐκκλησίας πρὸς τῶν αὐτοπτῶν καὶ ὑπηρετῶν τοῦ κυρίου τὴν ἐπισκοπὴν ἐγκεχειρισμένος · [2] καθ' ὃν ἐγνωρίζετο Παπίας, τῆς ἐν Ἱεραπόλει παροικίας καὶ αὐτὸς ἐπίσκοπος, ὅ τε παρὰ πλείστοις εἰς ἔτι νῦν διαβόητος Ἰγνάτιος, τῆς κατὰ Ἀντιόχειαν Πέτρου διαδοχῆς δεύτερος τὴν ἐπισκοπὴν κεκληρωμένος. [3] Λόγος δ' ἔχει τοῦτον ἀπὸ Συρίας ἐπὶ τὴν Ῥωμαίων πόλιν ἀναπεμφθέντα, θηρίων γενέσθαι βορὰν τῆς εἰς Χριστὸν μαρτυρίας ἕνεκεν · [4] Καὶ δὴ τὴν δι' Ἀσίας ἀνακομιδὴν μετ' ἐπιμελεστάτης φρουρῶν φυλακῆς ποιούμενος, τὰς κατὰ πόλιν αἷς ἐπεδήμει, παροικίας ταῖς διὰ λόγων ὁμιλίαις τε καὶ προτροπαῖς ἐπιρρωννύς, ἐν πρώτοις μάλιστα προφυλάττεσθαι τὰς αἱρέσεις ἄρτι τότε πρῶτον ἐπιπολαζούσας παρῄνει προύτρεπέν τε ἀπρὶξ ἔχεσθαι τῆς τῶν ἀποστόλων παραδόσεως, ἣν ὑπὲρ ἀσφαλείας καὶ ἐγγράφως ἤδη μαρτυρόμενος διατυποῦσθαι ἀναγκαῖον ἡγεῖτο. [5] Οὕτω δῆτα ἐν Σμύρνῃ γενόμενος, ἔνθα ὁ Πολύκαρπος ἦν, μίαν μὲν τῇ κατὰ τὴν Ἔφεσον ἐπιστολὴν ἐκκλησίᾳ γράφει [*Eph.*, XXI ; I, II, VI], ποιμένος αὐτῆς μνημονεύων Ὀνησίμου, ἑτέραν δὲ τῇ ἐν Μαγνησίᾳ τῇ πρὸς Μαιάνδρῳ [*Magn.*, II, XV], ἔνθα πάλιν

CHAPITRE XXXVI

[IGNACE ET SES ÉPÎTRES]

A cette époque, florissait en Asie Polycarpe, compagnon des apôtres. Il avait été établi évêque de l'Église de Smyrne par ceux qui avaient vu et servi le Sauveur. [2] En ce temps, Papias, lui aussi évêque d'Hiérapolis, était en réputation, ainsi qu'Ignace, maintenant encore si connu. Celui-ci avait obtenu au second rang la succession de Pierre dans l'église d'Antioche. [3] On raconte qu'il fut envoyé de Syrie à Rome pour être exposé aux bêtes à cause de son témoignage en faveur du Christ. [4] Il fit ce voyage à travers l'Asie, sous la plus étroite surveillance de ses gardes. Dans les villes où il passait, il affermissait les églises par ses entretiens et ses exhortations. Il les engageait avant tout à se prémunir contre les hérésies, qui justement alors commençaient à abonder; il les pressait de tenir fermement à la tradition des apôtres et, pour plus de sécurité, il jugea nécessaire de la fixer par écrit : il était déjà martyr. [5] Se trouvant ainsi à Smyrne où était Polycarpe, il adressa une lettre à l'église d'Éphèse où il fait mention d'Onésime, son pasteur. Il en envoya une autre à l'Église de

ἐπισκόπου Δαμᾶ μνήμην πεποίηται, καὶ τῇ ἐν Τράλλεσι δὲ ἄλλην, ἧς ἄρχοντα τότε ὄντα Πολύβιον ἱστορεῖ [*Trall.*, I, XII]. [6] Πρὸς ταύταις καὶ τῇ Ῥωμαίων ἐκκλησίᾳ γράφει, ᾗ καὶ παράκλησιν προτείνει ὡς μὴ παραιτησάμενοι τοῦ μαρτυρίου τῆς ποθουμένης αὐτὸν ἀποστερήσαιεν ἐλπίδος· ἐξ ὧν καὶ βραχύτατα εἰς ἐπίδειξιν τῶν εἰρημένων παραθέσθαι ἄξιον. Γράφει δὴ οὖν κατὰ λέξιν [*Rom.*, v]·

« [7] Ἀπὸ Συρίας μέχρι Ῥώμης θηριομαχῶ διὰ γῆς καὶ θαλάσσης, νυκτὸς καὶ ἡμέρας, ἐνδεδεμένος δέκα λεοπάρδοις, ὅ ἐστιν στρατιωτικὸν τάγμα, οἳ καὶ εὐεργετούμενοι χείρονες γίνονται, ἐν δὲ τοῖς ἀδικήμασιν αὐτῶν μᾶλλον μαθητεύομαι· ἀλλ' οὐ παρὰ τοῦτο δεδικαίωμαι [*I Cor.*, IV, 4]. [8] Ὀναίμην τῶν θηρίων τῶν ἐμοὶ ἑτοίμων, ἃ καὶ εὔχομαι σύντομά μοι εὑρεθῆναι· ἃ καὶ κολακεύσω συντόμως με καταφαγεῖν, οὐχ ὥσπερ τινῶν δειλαινόμενα οὐχ ἥψαντο, κἂν αὐτὰ δὲ ἄκοντα μὴ θέλῃ, ἐγὼ προσβιάσομαι. [9] Συγγνώμην μοι ἔχετε· τί μοι συμφέρει, ἐγὼ γινώσκω, νῦν ἄρχομαι μαθητὴς εἶναι. Μηδέν με ζηλώσαι τῶν ὁρατῶν καὶ ἀοράτων, ἵνα Ἰησοῦ Χριστοῦ ἐπιτύχω· πῦρ καὶ σταυρὸς θηρίων τε συστάσεις, σκορπισμοὶ ὀστέων, συγκοπαὶ μελῶν, ἀλεσμοὶ ὅλου τοῦ σώματος, κολάσεις τοῦ διαβόλου εἰς ἐμὲ ἐρχέσθωσαν, μόνον ἵνα Ἰησοῦ Χριστοῦ ἐπιτύχω. »

[10] Καὶ ταῦτα μὲν ἀπὸ τῆς δηλωθείσης πόλεως ταῖς καταλεχθείσαις ἐκκλησίαις διετυπώσατο· ἤδη δ' ἐπέκεινα τῆς Σμύρνης γενόμενος, ἀπὸ Τρωάδος τοῖς τε ἐν Φιλαδελ-

Magnésie sur le Méandre, où il parle également de l'évêque Damos; une autre à celle de Tralles, dont il dit que Polybe était alors évêque. [6] Il écrivit en outre à l'église de Rome pour conjurer instamment qu'on ne fît pas de démarches en vue de le priver du martyre qui était son désir et son espérance. Il est bon de citer quelques courts passages de ces épîtres pour confirmer ce que nous avançons.

Voici donc ce qu'il dit en propres termes :

« [7] Depuis la Syrie jusqu'à Rome, j'ai à lutter avec les bêtes sur terre et sur mer, la nuit et le jour : je suis attaché à dix léopards, qui sont les soldats de mon escorte. Quand je leur fais du bien, ils deviennent pires : à leurs injustices, je deviens de plus en plus disciple, mais je n'en suis pas pour cela justifié. [8] Du moins que je puisse jouir des bêtes qui me sont préparées : je prie afin de les trouver le plus tôt possible. Je les caresserai afin qu'elles me dévorent rapidement, et qu'elles ne me fassent comme à certains, qu'elles ont eu peur de toucher ; si elles s'y refusent, je les y forcerai. [9] Pardonnez-moi ; mais je sais ce qu'il me faut, et voici que je commence à être un disciple. Que les choses visibles ou invisibles n'occupent plus mon désir, afin que j'obtienne Jésus-Christ. Feu, croix, attaque des bêtes, rupture des os, séparation des membres, broiement de tout le corps, supplices du diable, que tout cela vienne sur moi, pourvu seulement que j'obtienne Jésus-Christ. »

[10] Voilà ce qu'il adressait de la ville dont nous avons parlé aux églises que nous avons énumérées. Étant déjà loin de Smyrne, il écrivit de nouveau de

φία αὖθις διὰ γραφῆς ὁμιλεῖ [*Philad.*, XI] καὶ τῇ Σμυρναίων ἐκκλησίᾳ [*Smyrn.*, XII] ἰδίως τε τῷ ταύτης προηγουμένῳ Πολυκάρπῳ [*Polyc.*, VIII]· ὃν οἷα δὴ ἀποστολικὸν ἄνδρα εὖ μάλα γνωρίζων, τὴν κατ᾽ Ἀντιόχειαν αὐτῷ ποίμνην οἷα γνήσιος καὶ ἀγαθὸς ποιμὴν παρατίθεται [*Polyc.*, VII], τὴν περὶ αὐτῆς φροντίδα διὰ σπουδῆς ἔχειν αὐτὸν ἀξιῶν. [11] Ὁ δ᾽ αὐτός Σμυρναίοις γράφων, οὐκ οἶδ᾽ ὁπόθεν ῥητοῖς συγκέχρηται, τοιαῦτά τινα περὶ τοῦ Χριστοῦ διεξιών [*Smyrn.*, III]·

« Ἐγὼ δὲ καὶ μετὰ τὴν ἀνάστασιν ἐν σαρκὶ αὐτὸν οἶδα καὶ πιστεύω ὄντα. Καὶ ὅτε πρὸς τοὺς περὶ Πέτρον ἐλήλυθεν, ἔφη αὐτοῖς · « Λάβετε, ψηλαφήσατέ με καὶ ἴδετε « ὅτι οὐκ εἰμὶ δαιμόνιον ἀσώματον ». Καὶ εὐθὺς αὐτοῦ ἥψαντο καὶ ἐπίστευσαν ».

[12] Οἶδεν δὲ αὐτοῦ τὸ μαρτύριον καὶ ὁ Εἰρηναῖος, καὶ τῶν ἐπιστολῶν αὐτοῦ μνημονεύει, λέγων οὕτως [IRÉN., V, XXVIII, 4].

« Ὡς εἶπέν τις τῶν ἡμετέρων, διὰ τὴν πρὸς θεὸν μαρτυρίαν κατακριθεὶς πρὸς θηρία, ὅτι [IGN., *Rom.*, IV]· « Σῖτός εἰμι θεοῦ καὶ δι᾽ ὀδόντων θηρίων ἀλήθομαι, ἵνα « καθαρὸς ἄρτος εὑρεθῶ ».

[13] Καὶ ὁ Πολύκαρπος δὲ τούτων αὐτῶν μέμνηται ἐν τῇ φερομένῃ αὐτοῦ πρὸς Φιλιππησίους ἐπιστολῇ, φάσκων αὐτοῖς ῥήμασιν [POLYCARPE, *Philipp.*, IX]·

« Παρακαλῶ οὖν πάντας ὑμᾶς πειθαρχεῖν καὶ ἀσκεῖν πᾶσαν ὑπομονήν, ἣν εἴδετε κατ᾽ ὀφθαλμοὺς οὐ μόνον ἐν τοῖς μακα-

Troade aux chrétiens de Philadelphie, ainsi qu'à l'église de Smyrne et en particulier à Polycarpe, son évêque. Il le savait tout à fait homme apostolique, et il lui confiait, comme à un vrai et bon pasteur, son troupeau d'Antioche, dans la pensée qu'il en aurait un soin diligent. [11] S'adressant aux Smyrniens, il se sert de paroles empruntées je ne sais où, en disant ce qui suit du Christ :

« Je sais et je crois qu'après sa résurrection il existe dans sa chair. Et lorsqu'il vint auprès des compagnons de Pierre, il leur dit : « Prenez, touchez-moi, et voyez « que je ne suis pas un esprit qui n'a point de corps. » Ils le touchèrent aussitôt et ils crurent. »

[12] Irénée connut lui aussi le martyre d'Ignace et il parle de ses lettres en ces termes :

« Comme dit un des nôtres, condamné aux bêtes pour le témoignage rendu à Dieu : « Je suis le froment de « Dieu et je serai moulu par la dent des bêtes, afin « de devenir un pain sans tache ».

[13] Polycarpe aussi mentionne les mêmes choses dans la lettre aux Philippiens qu'on a de lui. Il dit en propres termes :

« Je vous exhorte tous à obéir et à vous exercer à cette indéfectible patience que vous avez pu contempler de

ρίοις Ἰγνατίῳ καὶ Ῥούφῳ καὶ Ζωσίμῳ, ἀλλὰ καὶ ἐν ἄλλοις τοῖς ἐξ ὑμῶν καὶ ἐν αὐτῷ Παύλῳ καὶ τοῖς λοιποῖς ἀποστόλοις, πεπεισμένους ὅτι οὗτοι πάντες οὐκ εἰς κενὸν ἔδραμον [*Phil.*, II, 16], ἀλλ' ἐν πίστει καὶ δικαιοσύνῃ, καὶ ὅτι εἰς τὸν ὀφειλόμενον αὐτοῖς τόπον εἰσὶν παρὰ κυρίῳ, ᾧ καὶ συνέπαθον [I Clem., v]. Οὐ γὰρ τὸν νῦν ἠγάπησαν αἰῶνα [*II Tim.*, IV, 9], ἀλλὰ τὸν ὑπὲρ ἡμῶν ἀποθανόντα καὶ δι' ἡμᾶς ὑπὸ τοῦ θεοῦ ἀναστάντα ».

Καὶ ἑξῆς ἐπιφέρει [Polyc., *Philipp.*, 13]·

« [14] Ἐγράψατέ μοι καὶ ὑμεῖς καὶ Ἰγνάτιος, ἵν' ἐάν τις ἀπέρχηται εἰς Συρίαν, καὶ τὰ παρ' ὑμῶν ἀποκομίσῃ γράμματα· ὅπερ ποιήσω, ἐὰν λάβω καιρὸν εὔθετον, εἴτε ἐγώ εἴτε ὃν πέμπω πρεσβεύσοντα καὶ περὶ ὑμῶν. [15] Τὰς ἐπιστολὰς Ἰγνατίου τὰς πεμφθείσας ἡμῖν ὑπ' αὐτοῦ καὶ ἄλλας ὅσας εἴχομεν παρ' ἡμῖν, ἐπέμψαμεν ὑμῖν, καθὼς ἐνετείλασθε· αἵτινες ὑποτεταγμέναι εἰσὶν τῇ ἐπιστολῇ ταύτῃ· ἐξ ὧν μεγάλα ὠφεληθῆναι δυνήσεσθε. Περιέχουσι γὰρ πίστιν καὶ ὑπομονὴν καὶ πᾶσαν οἰκοδομὴν τὴν εἰς τὸν κύριον ἡμῶν ἀνήκουσαν ».

Καὶ τὰ μὲν περὶ τὸν Ἰγνάτιον τοιαῦτα· διαδέχεται δὲ μετ' αὐτὸν τὴν Ἀντιοχείας ἐπισκοπὴν Ἥρως.

vos yeux, non seulement dans les bienheureux Ignace, Rufus et Zosime, mais encore en d'autres qui sont des vôtres, et en Paul lui-même et dans le reste des apôtres. Soyez convaincus que tous ceux-là n'ont pas couru en vain, mais dans la foi et la justice, et qu'ils sont à la place qui leur revenait de droit auprès du Seigneur, pour lequel ils ont souffert. Car ils n'ont pas aimé ce siècle, mais celui qui est mort pour nous, et que Dieu a ressuscité à cause de nous. »

[14] Et il ajoute ensuite :
« Vous aussi m'avez écrit, ainsi qu'Ignace, afin que si quelqu'un va en Syrie, il porte vos lettres. J'en aurai soin, si l'occasion favorable se présente, soit que j'y aille moi-même ou que j'envoie quelqu'un qui sera votre messager. [15] Quant aux épîtres qu'Ignace nous avait adressées et toutes celles que nous avions chez nous, nous vous les avons envoyées, comme vous l'avez demandé ; elles sont avec cette lettre. Vous pourrez en recueillir un grand profit ; vous y trouverez foi, patience et toute édification qui se rapporte à notre Seigneur. »

Voilà ce que j'avais à dire d'Ignace, Héros lui succéda comme évêque d'Antioche.

ΛΖ'

Τῶν δὲ κατὰ τούτους διαλαμψάντων καὶ Κοδρᾶτος ἦν, τὸν ἅμα αἶς Φιλίππου θυγατράσιν προφητικῷ χαρίσματι λόγος ἔχει διαπρέψαι, καὶ ἄλλοι δ' ἐπὶ τούτοις πλείους ἐγνωρίζοντο κατὰ τούσδε, τὴν πρώτην τάξιν τῆς τῶν ἀποστόλων ἐπέχοντες διαδοχῆς · οἳ καί, ἅτε τηλικῶνδε ὄντες θεοπρεπεῖς μαθηταί, τοὺς κατὰ πάντα τόπον τῶν ἐκκλησιῶν προκαταβληθέντας ὑπὸ τῶν ἀποστόλων θεμελίους ἐπῳκοδόμουν [*I Cor.*, III, 10], αὔξοντες εἰς πλέον τὸ κήρυγμα καὶ τὰ σωτήρια σπέρματα τῆς τῶν οὐρανῶν βασιλείας ἀνὰ πᾶσαν εἰς πλάτος ἐπισπείροντες τὴν οἰκουμένην. [2] Καὶ γὰρ δὴ πλεῖστοι τῶν τότε μαθητῶν σφοδροτέρῳ φιλοσοφίας ἔρωτι πρὸς τοῦ θείου λόγου τὴν ψυχὴν πληττόμενοι, τὴν σωτήριον πρότερον ἀπεπλήρουν παρακέλευσιν [MATTH., x, 9; MARC, VI, 8; LUC, IX, 3], ἐνδεέσιν νέμοντες τὰς οὐσίας, εἶτα δὲ ἀποδημίας στελλόμενοι ἔργον ἐπετέλουν εὐαγγελιστῶν, τοῖς ἔτι πάμπαν ἀνηκόοις τοῦ τῆς πίστεως λόγου κηρύττειν φιλοτιμούμενοι καὶ τὴν τῶν θείων εὐαγγελίων παραδιδόναι γραφήν [*Rom.*, xv, 20-21]. [3] Οὗτοι δὲ θεμελίους τῆς πίστεως ἐπὶ ξένοις τισὶ τόποις αὐτὸ μόνον καταβαλλόμενοι [*Eph.*, II, 19-20] ποιμένας τε καθιστάντες ἑτέρους τούτοις τε αὐτοῖς ἐγχειρίζοντες τὴν τῶν ἀρτίως εἰσαχθέντων γεωργίαν,

CHAPITRE XXXVII

[LES ÉVANGÉLISTES QUI SE DISTINGUAIENT ALORS]

Parmi ceux qui florissaient en ce temps était Quadratus. On dit qu'il fut honoré ainsi que les filles de Philippe du don de prophétie. Beaucoup d'autres aussi furent alors célèbres : ils avaient le premier rang dans la succession des apôtres. Disciples merveilleux de tels maîtres, ils bâtissaient sur les fondements des églises, que ceux-ci avaient établis en chaque pays ; ils développaient et étendaient la prédication de l'évangile et ils répandaient au loin par toute la terre les germes sauveurs du royaume des cieux. [2] Beaucoup en effet des disciples d'alors sentaient leur âme touchée par le Verbe divin, d'un violent amour pour la philosophie. Ils commençaient par accomplir le conseil du Sauveur. Ils distribuaient leurs biens aux pauvres. Puis, ils quittaient leur patrie et allaient remplir la mission d'évangélistes. A ceux qui n'avaient encore rien entendu de l'enseignement de la foi, ils allaient à l'envi prêcher et transmettre le livre des divins évangiles. [3] Ils se contentaient de jeter les bases de la foi chez les peuples étrangers, y établissaient des pasteurs et leur abandonnaient le soin de ceux qu'ils venaient d'amener à croire. Ensuite, ils par-

ἑτέρας αὐτοὶ πάλιν χώρας τε καὶ ἔθνη, μετῄεσαν σὺν τῇ ἐκ θεοῦ χάριτι καὶ συνεργίᾳ, ἐπεὶ καὶ τοῦ θείου πνεύματος εἰς ἔτι τότε δι' αὐτῶν πλεῖσται παράδοξοι δυνάμεις ἐνήργουν, ὥστε ἀπὸ πρώτης ἀκροάσεως ἀθρόως αὔτανδρα πλήθη προθύμως τὴν εἰς τὸν τῶν ὅλων δημιουργὸν εὐσέβειαν ἐν ταῖς αὐτῶν ψυχαῖς καταδέχεσθαι. [4] Ἀδυνάτου δ' ὄντος ἡμῖν ἅπαντας ἐξ ὀνόματος ἀπαριθμεῖσθαι ὅσοι ποτὲ κατὰ τὴν πρώτην τῶν ἀποστόλων διαδοχὴν ἐν ταῖς κατὰ τὴν οἰκουμένην ἐκκλησίαις γεγόνασιν ποιμένες ἢ καὶ εὐαγγελισταί, τούτων εἰκότως ἐξ ὀνόματος γραφῇ μόνων τὴν μνήμην κατατεθείμεθα, ὧν ἔτι καὶ νῦν εἰς ἡμᾶς δι' ὑπομνημάτων τῆς ἀποστολικῆς διδασκαλίας ἡ παράδοσις φέρεται.

ΛΗ'

Ὥσπερ οὖν ἀμέλει τοῦ Ἰγνατίου ἐν αἷς κατελέξαμεν ἐπιστολαῖς, καὶ τοῦ Κλήμεντος ἐν τῇ ἀνωμολογημένῃ παρὰ πᾶσιν, ἣν ἐκ προσώπου τῆς Ῥωμαίων ἐκκλησίας τῇ Κορινθίων διετυπώσατο· ἐν ᾗ τῆς πρὸς Ἑβραίους πολλὰ νοήματα παραθείς, ἤδη δὲ καὶ αὐτολεξεὶ ῥητοῖς τισιν ἐξ αὐτῆς χρησάμενος [I CLEM., XVII (= *Hebr.*, XI, 37); XXI (= *Hebr.*, IV, 12); XXVII (= *Hebr.*, X, 23); XXXVI (= *Hebr.*, II, 17-18; IV, 14-15; VIII, 3; I, 3-4, 7, 5, 13)], σαφέστατα παρίστησιν ὅτι μὴ νέον ὑπάρ-

taient vers d'autres contrées et d'autres nations avec la grâce et le secours de Dieu ; car les nombreuses et merveilleuses puissances de l'Esprit divin agissaient en eux encore en ce temps. Aussi dès la première nouvelle, les foules se groupaient et recevaient avec empressement dans l'âme la religion du créateur de l'univers. [4] Il nous est impossible d'énumérer et de citer par leur nom tous ceux qui, lors de la première succession des apôtres, devinrent les pasteurs ou les évangélistes des diverses églises du monde. Nous ne pouvons guère mentionner et transcrire ici que les noms de ceux qui ont transmis jusqu'à nous dans leurs mémoires la tradition de l'enseignement apostolique.

CHAPITRE XXXVIII

[L'ÉPÎTRE DE CLÉMENT
ET CELLES QUI LUI SONT FAUSSEMENT ATTRIBUÉES]

Tels sont, par exemple, Ignace, dans les lettres que nous avons énumérées, et encore Clément, dans celle dont l'authenticité est reconnue de tous et qu'il a rédigée pour l'Église de Corinthe au nom de celle de Rome. L'auteur y fait beaucoup d'emprunts à l'*Épître aux Hébreux*, soit pour les pensées, soit même pour certaines expressions qu'il rapporte textuellement ; il y montre avec évidence que ce dernier

χει τὸ σύγγραμμα, [2] ὅθεν δὴ καὶ εἰκότως ἔδοξεν αὐτὸ τοῖς λοιποῖς ἐγκαταλεχθῆναι γράμμασι τοῦ ἀποστόλου. Ἑβραίοις γὰρ διὰ τῆς πατρίου γλώττης ἐγγράφως ὡμιληκότος τοῦ Παύλου, οἱ μὲν τὸν εὐαγγελιστὴν Λουκᾶς, οἱ δὲ τὸν Κλήμεντα τοῦτον αὐτὸν ἑρμηνεῦσαι λέγουσι τὴν γραφήν [cf. VI, xiv. 2; xxv, 14]. [3] Ὃ καὶ μᾶλλον ἂν εἴη ἀληθὲς τῷ τὸν ὅμοιον τῆς φράσεως χαρακτῆρα τήν τε τοῦ Κλήμεντος ἐπιστολὴν καὶ τὴν πρὸς Ἑβραίους ἀποσώζειν καὶ τῷ μὴ πόρρω τὰ ἐν ἑκατέροις τοῖς συγγράμμασι νοήματα καθεστάναι. [4] Ἰστέον δ' ὡς καὶ δευτέρα τις εἶναι λέγεται τοῦ Κλήμεντος ἐπιστολή, οὐ μὴν ἔθ' ὁμοίως τῇ προτέρᾳ καὶ ταύτην γνώριμον ἐπιστάμεθα, ὅτι μηδὲ τοὺς ἀρχαίους αὐτῇ κεχρημένους ἴσμεν. [5] Ἤδη δὲ καὶ ἕτερα πολυεπῆ καὶ μακρὰ συγγράμματα ὡς τοῦ αὐτοῦ χθὲς καὶ πρῴην τινὲς προήγαγον, Πέτρου δὴ καὶ Ἀπίωνος διαλόγους περιέχοντα· ὧν οὐδ' ὅλως μνήμη τις παρὰ τοῖς παλαιοῖς φέρεται, οὐδὲ γὰρ καθαρὸν τῆς ἀποστολικῆς ὀρθοδοξίας ἀποσώζει τὸν χαρακτῆρα. Ἡ μὲν οὖν τοῦ Κλήμεντος ὁμολογουμένη γραφὴ πρόδηλος, εἴρηται δὲ καὶ τὰ Ἰγνατίου καὶ Πολυκάρπου·

écrit n'était pas nouveau. [2] C'est donc à bon droit qu'il a été rangé parmi les autres œuvres de l'apôtre. Paul, dit-on, s'était adressé aux Hébreux dans leur langue maternelle. Sa lettre fut traduite par l'évangéliste Luc, selon les uns, et, selon les autres, par Clément. [3] Des deux hypothèses celle-ci semblerait plutôt être la vraie. D'une part, l'épître de Clément et l'épître aux Hébreux conservent la même allure de style; et, d'autre part, les pensées dans les deux écrits ont une parenté qui n'est pas éloignée. [4] Il ne faut pas ignorer qu'on attribue encore une seconde épître à Clément ; mais nous savons qu'elle n'a pas été aussi connue que la première, puisque nous ne voyons pas que les anciens s'en soient servis. [5] D'autres écrits verbeux et longs ont été tout récemment présentés sous son nom. Ils contiennent des discours de Pierre et d'Apion, dont on ne trouve absolument nulle mention chez les anciens. Ils n'ont du reste pas la vraie marque de l'orthodoxie apostolique. Voilà clairement ce qui concerne l'œuvre de Clément qui est reconnue comme authentique; il a été parlé également des écrits d'Ignace et de Polycarpe.

ΛΘ'

Τοῦ δὲ Παπία συγγράμματα πέντε τὸν ἀριθμὸν φέρεται, ἃ καὶ ἐπιγέγραπται Λογίων κυριακῶν ἐξηγήσεως. Τούτων καὶ Εἰρηναῖος ὡς μόνων αὐτῷ γραφέντων μνημονεύει, ὧδέ πως λέγων [*Her.*, V, xxxiii, 4] ·

« Ταῦτα δὲ καὶ Παπίας ὁ Ἰωάννου μὲν ἀκουστής, Πολυκάρπου δὲ ἑταῖρος γεγονώς, ἀρχαῖος ἀνήρ, ἐγγράφως ἐπιμαρτυρεῖ ἐν τῇ τετάρτῃ τῶν ἑαυτοῦ βιβλίων. Ἔστιν γὰρ αὐτῷ πέντε βιβλία συντεταγμένα ».

Καὶ ὁ μὲν Εἰρηναῖος ταῦτα · [2] αὐτός γε μὴν ὁ Παπίας κατὰ τὸ προοίμιον τῶν αὐτοῦ λόγων ἀκροατὴν μὲν καὶ αὐτόπτην οὐδαμῶς ἑαυτὸν γενέσθαι τῶν ἱερῶν ἀποστόλων ἐμφαίνει, παρειληφέναι δὲ τὰ τῆς πίστεως παρὰ τῶν ἐκείνοις γνωρίμων διδάσκει δι' ὧν φησιν λέξεων ·

« [3] Οὐκ ὀκνήσω δέ σοι καὶ ὅσα ποτὲ παρὰ τῶν πρεσβυτέρων καλῶς ἔμαθον καὶ καλῶς ἐμνημόνευσα, συγκατατάξαι ταῖς ἑρμηνείαις, διαβεβαιούμενος ὑπὲρ αὐτῶν ἀλήθειαν. Οὐ γὰρ τοῖς τὰ πολλὰ λέγουσιν ἔχαιρον ὥσπερ οἱ πολλοί, ἀλλὰ τοῖς τἀληθῆ διδάσκουσιν, οὐδὲ τοῖς τὰς ἀλλοτρίας ἐντολὰς μνημονεύουσιν, ἀλλὰ τοῖς τὰς παρὰ τοῦ κυρίου τῇ πίστει δεδομένας καὶ ἀπ' αὐτῆς παραγινομένας τῆς ἀληθείας. [4] Εἰ δέ που καὶ παρηκολουθηκώς τις τοῖς

CHAPITRE XXXIX

[LES ÉCRITS DE PAPIAS]

On montre de Papias cinq livres qui ont pour titre : *Explication des sentences du Seigneur*. Irénée en fait mention comme des seuls qu'il ait écrits :

« Papias, dit-il, disciple de Jean, familier de Polycarpe, homme antique, l'atteste par écrit dans son quatrième livre ; car il en a composé cinq. »

Telles sont les paroles d'Irénée. [2] Cependant Papias, dans la préface de son ouvrage, ne paraît nullement avoir entendu ni vu les saints apôtres ; mais il apprend qu'il a reçu les leçons de la foi de ceux qui les avaient connus, et voici les termes dont il se sert :

« [3] Pour toi, je n'hésiterai pas à ajouter ce que j'ai appris des presbytres et dont j'ai fort bien conservé le souvenir, pour confirmer la vérité de mes explications. Car ce n'était pas auprès des beaux parleurs que je me plaisais, comme le font la plupart, mais auprès de ceux qui enseignaient le vrai ; je n'aimais pas ceux qui rapportaient des préceptes étrangers, mais ceux qui transmettaient les commandements imposés par le Seigneur à notre foi et nés de la vérité elle-même. [4] Quand quelque part, je rencontrais

πρεσβυτέροις ἔλθοι, τοὺς τῶν πρεσβυτέρων ἀνέκρινον λόγους, τί Ἀνδρέας ἢ τί Πέτρος εἶπεν ἢ τί Φίλιππος ἢ τί Θωμᾶς ἢ Ἰάκωβος ἢ τί Ἰωάννης ἢ Ματθαῖος ἤ τις ἕτερος τῶν τοῦ κυρίου μαθητῶν ἅ τε Ἀριστίων καὶ ὁ πρεσβύτερος Ἰωάννης, τοῦ κυρίου μαθηταί, λέγουσιν. Οὐ γὰρ τὰ ἐκ τῶν βιβλίων τοσοῦτόν με ὠφελεῖν ὑπελάμβανον ὅσον τὰ παρὰ ζώσης φωνῆς καὶ μενούσης ».

[5] Ἔνθα καὶ ἐπιστῆσαι ἄξιον δὶς καθαριθμοῦντι αὐτῷ τὸ Ἰωάννου ὄνομα, ὧν τὸν μὲν πρότερον Πέτρῳ καὶ Ἰακώβῳ καὶ Ματθαίῳ καὶ τοῖς λοιποῖς ἀποστόλοις συγκαταλέγει, σαφῶς δηλῶν τὸν εὐαγγελιστήν, τὸν δ' ἕτερον Ἰωάννην, διαστείλας τὸν λόγον, ἑτέροις παρὰ τὸν τῶν ἀποστόλων ἀριθμὸν κατατάσσει, προτάξας αὐτοῦ τὸν Ἀριστίωνα, σαφῶς τε αὐτὸν πρεσβύτερον ὀνομάζει· [6] ὡς καὶ διὰ τούτων ἀποδείκνυσθαι τὴν ἱστορίαν ἀληθῆ τῶν δύο κατὰ τὴν Ἀσίαν ὁμωνυμίᾳ κεχρῆσθαι εἰρηκότων δύο τε ἐν Ἐφέσῳ γενέσθαι μνήματα καὶ ἑκάτερον Ἰωάννου ἔτι νῦν λέγεσθαι [cf. VII, xxv, 16]· οἷς καὶ ἀναγκαῖον προσέχειν τὸν νοῦν, εἰκὸς γὰρ τὸν δεύτερον, εἰ μή τις ἐθέλοι τὸν πρῶτον, τὴν ἐπ' ὀνόματος φερομένην Ἰωάννου ἀποκάλυψιν ἑορακέναι.

[7] Καὶ ὁ νῦν δὲ ἡμῖν δηλούμενος Παπίας τοὺς μὲν τῶν ἀποστόλων λόγους παρὰ τῶν αὐτοῖς παρηκολουθηκότων ὁμολογεῖ παρειληφέναι, Ἀριστίωνος δὲ καὶ τοῦ πρεσβυτέρου Ἰωάννου αὐτήκοον ἑαυτόν φησι γενέσθαι· ὀνομαστὶ γοῦν πολλάκις αὐτῶν μνημονεύσας ἐν τοῖς αὐτοῦ συγγράμ-

ceux qui avaient été dans la compagnie des presbytres, je cherchais à savoir les propos des presbytres ; ce qu'avait dit André ou Pierre ou Philippe ou Thomas ou Jacques ou Jean ou Matthieu ou quelqu'autre des disciples du Seigneur; ce que disaient Aristion et Jean le presbytre, disciples du Seigneur. Je ne croyais pas que ce qu'il y a dans les livres me fût aussi profitable que d'entendre les choses exprimées par une parole demeurée vivante. »

[5] Il est bon de remarquer que Papias mentionna deux personnages appelés Jean. Il place le premier avec Pierre, Jacques, Matthieu et le reste des Apôtres ; c'est clairement l'évangéliste qu'il indique. Il introduit ensuite une distinction dans son énumération et range le second Jean parmi d'autres qui sont en dehors du nombre des Apôtres ; il le place après Aristion et le désigne positivement sous le nom de presbytre. [6] Ainsi se trouverait confirmée l'assertion de ceux qui affirment qu'il y aurait eu deux hommes de ce nom en Asie et qu'il existe aussi à Éphèse deux tombeaux portant encore maintenant le nom de Jean. Il est indispensable de faire attention à ceci ; car, si l'on refuse de l'admettre du premier, il serait vraisemblable que ce soit le second qui ait contemplé la révélation attribuée à Jean.

[7] Papias, dont il est question actuellement, reconnaît donc avoir reçu la doctrine des apôtres par ceux qui les ont fréquentés. D'autre part, il dit avoir été l'auditeur direct d'Aristion et de Jean le presbytre : il cite en effet souvent leurs noms dans ses écrits et il y

μασιν τίθησιν αὐτῶν παραδόσεις. [8] Καὶ ταῦτα δ' ἡμῖν οὐκ εἰς τὸ ἄχρηστον εἰρήσθω· ἄξιον δὲ ταῖς ἀποδοθείσαις τοῦ Παπία φωναῖς προσάψαι λέξεις ἑτέρας αὐτοῦ, δι' ὧν παράδοξά τινα ἱστορεῖ καὶ ἄλλα ὡς ἂν ἐκ παραδόσεως εἰς αὐτὸν ἐλθόντα. [9] Τὸ μὲν οὖν κατὰ τὴν Ἱεράπολιν Φίλιππον τὸν ἀπόστολον ἅμα ταῖς θυγατράσιν διατρῖψαι διὰ τῶν πρόσθεν δεδήλωται [III, xxxi, 3; 4]· ὡς δὲ κατὰ τοὺς αὐτοὺς ὁ Παπίας γενόμενος, διήγησιν παρειληφέναι θαυμασίαν ὑπὸ τῶν τοῦ Φιλίππου θυγατέρων μνημονεύει, τὰ νῦν σημειωτέον· νεκροῦ γὰρ ἀνάστασιν κατ' αὐτὸν γεγονυῖαν ἱστορεῖ καὶ αὖ πάλιν ἕτερον παράδοξον περὶ Ἰοῦστον τὸν ἐπικληθέντα Βαρσαβᾶν γεγονός, ὡς δηλητήριον φάρμακον ἐμπιόντος καὶ μηδὲν ἀηδὲς διὰ τὴν τοῦ κυρίου χάριν ὑπομείναντος. [10] Τοῦτον δὲ τὸν Ἰοῦστον μετὰ τὴν τοῦ σωτῆρος ἀνάληψιν τοὺς ἱεροὺς ἀποστόλους μετὰ Ματθία στῆσαί τε καὶ ἐπεύξασθαι ἀντὶ τοῦ προδότου Ἰούδα ἐπὶ τὸν κλῆρον τῆς ἀναπληρώσεως τοῦ αὐτῶν ἀριθμοῦ ἡ τῶν Πράξεων ὧδέ πως ἱστορεῖ γραφή [Act., i, 23-24]· « Καὶ ἔστησαν δύο, Ἰωσὴφ τὸν καλούμενον Βαρσαβᾶν, ὃς ἐπεκλήθη Ἰοῦστος, καὶ Ματθίαν· καὶ προσευξάμενοι εἶπαν ».

[11] Καὶ ἄλλα δὲ ὁ αὐτὸς ὡς ἐκ παραδόσεως ἀγράφου εἰς αὐτὸν ἥκοντα παρατέθειται ξένας τέ τινας παραβολὰς τοῦ σωτῆρος καὶ διδασκαλίας αὐτοῦ καί τινα ἄλλα μυθικώτερα· [12] ἐν οἷς καὶ χιλιάδα τινά φησιν ἐτῶν ἔσεσθαι μετὰ ἐκ νεκρῶν ἀνάστασιν, σωματικῶς τῆς Χριστοῦ βασι-

rapporte ce qu'ils ont transmis. [8] Il n'était pas hors de propos de rapporter ceci, non plus qu'à ses dires exposés plus haut, d'en ajouter d'autres encore dans lesquels l'auteur nous apprend certaines choses miraculeuses qui lui seraient venues de la tradition. [9] Il a déjà été établi antérieurement que l'apôtre Philippe et ses filles avaient séjourné à Hiérapolis. Il faut maintenant indiquer comment Papias, qui vivait en ces mêmes temps, nous dit avoir entendu d'elles une histoire merveilleuse. Il raconte la résurrection d'un mort, arrivée à cette époque-là ; puis, un autre miracle concernant Juste surnommé Barsabas, qui but un poison mortel et par la grâce du Seigneur n'en éprouva aucun mal. [10] Ce Juste est celui qu'après l'ascension du sauveur, les saints Apôtres avaient présenté avec Matthias, après avoir prié, pour que le sort désignât lequel des deux devait, à la place de Judas, compléter leur nombre. Le livre des *Actes* relate ainsi le fait : « Ils présentèrent deux hommes, Joseph appelé Barsabas, surnommé Juste, et Matthias, et ils prièrent en ces termes... »

[11] Le même Papias ajoute d'autres éléments qui lui seraient venus, dit-il, par une tradition orale, telles que certaines paraboles étranges et certains enseignements du sauveur ainsi que d'autres récits tout à fait fabuleux. [12] Il dit, notamment, qu'il y aura mille ans après la résurrection des morts, que le règne du Christ sera matériel et aura lieu sur la terre. Je pense que cette

λείας ἐπὶ ταυτησὶ τῆς γῆς ὑποστησομένης · ἃ καὶ ἡγοῦμαι τὰς ἀποστολικὰς παρεκδεξάμενον διηγήσεις ὑπολαβεῖν, τὰ ἐκ ὑποδείγμασι πρὸς αὐτῶν μυστικῶς εἰρημένα μὴ συνεορακότα. [13] Σφόδρα γάρ τοι σμικρὸς ὢν τὸν νοῦν, ὡς ἂν ἐκ τῶν αὐτοῦ λόγων τεκμηράμενον εἰπεῖν, φαίνεται, πλὴν καὶ τοῖς μετ' αὐτὸν πλείστοις ὅσοις τῶν ἐκκλησιαστικῶν τῆς ὁμοίας αὐτῷ δόξης παραίτιος γέγονεν τὴν ἀρχαιότητα τἀνδρὸς προβεβλημένοις, ὥσπερ οὖν Εἰρηναίῳ καὶ εἴ τις ἄλλος τὰ ὅμοια φρονῶν ἀναπέφηνεν. [14] Καὶ ἄλλας δὲ τῇ ἰδίᾳ γραφῇ παραδίδωσιν Ἀριστίωνος τοῦ πρόσθεν δεδηλωμένου [plus haut. 4 et 7] τῶν τοῦ κυρίου λόγων διηγήσεις καὶ τοῦ πρεσβυτέρου Ἰωάννου παραδόσεις · ἐφ' ἃς τοὺς φιλομαθεῖς ἀναπέμψαντες, ἀναγκαίως νῦν προσθήσομεν ταῖς προεκτεθείσαις αὐτοῦ φωναῖς παράδοσιν ἣν περὶ Μάρκου τοῦ τὸ εὐαγγέλιον γεγραφότος ἐκτέθειται διὰ τούτων [cf. II, xv, 2] ·

« [15] Καὶ τοῦθ' ὁ πρεσβύτερος ἔλεγεν · Μάρκος μὲν
« ἑρμηνευτὴς Πέτρου γενόμενος, ὅσα ἐμνημόνευσεν, ἀκρι-
« βῶς ἔγραψεν, οὐ μέντοι τάξει τὰ ὑπὸ τοῦ κυρίου ἢ λεχ-
« θέντα ἢ πραχθέντα. Οὔτε γὰρ ἤκουσεν τοῦ κυρίου οὔτε
« παρηκολούθησεν αὐτῷ, ὕστερον δέ, ὡς ἔφην, Πέτρῳ.
« Ὃς πρὸς τὰς χρείας ἐποιεῖτο τὰς διδασκαλίας, ἀλλ' οὐχ
« ὥσπερ σύνταξιν τῶν κυριακῶν ποιούμενος λογίων, ὥστε
« οὐδὲν ἥμαρτεν Μάρκος οὕτως ἔνια γράψας ὡς ἀπεμνη-
« μόνευσεν. Ἑνὸς γὰρ ἐποιήσατο πρόνοιαν, τοῦ μηδὲν
« ὧν ἤκουσεν παραλιπεῖν ἢ ψεύσασθαί τι ἐν αὐτοῖς ».

conception vient de ce qu'il a mal compris les récits des apôtres et n'a pas vu qu'ils se servaient de figures et s'exprimaient dans un langage symbolique. [13] Il paraît avoir été du reste d'un esprit fort médiocre, comme on peut le conjecturer d'après ses écrits. Cependant il fut cause qu'un très grand nombre d'auteurs ecclésiastiques après lui adoptèrent le même avis que lui ; son antiquité leur était une garantie. C'est ainsi qu'Irénée et quelques autres ont embrassé son sentiment. [14] Dans son ouvrage, il nous donne encore d'autres récits d'Aristion dont nous avons parlé plus haut, sur les discours du Seigneur, ainsi que des traditions de Jean le presbytre auxquelles nous renvoyons les lecteurs désireux de s'instruire. Pour le moment, il est utile que nous ajoutions à tout ce que nous avons rapporté de lui la tradition qu'il nous transmet au sujet de Marc qui a écrit l'évangile, voici en quels termes.

« [15] Et le presbytre disait ceci : « Marc, étant
« l'interprète de Pierre, écrivit exactement, mais sans
« ordre, tout ce qu'il se rappelait des paroles ou des
« actions du Christ ; car il n'a ni entendu ni accompagné
« le Sauveur. Plus tard, ainsi que je l'ai rappelé, il a
« suivi Pierre. Or celui-ci donnait son enseignement
« selon les besoins et sans nul souci d'établir une liai-
« son entre les sentences du Seigneur. Marc ne se
« trompe donc pas en écrivant selon qu'il se sou-
« vient ; il n'a eu qu'un souci, ne rien laisser de ce qu'il
« avait entendu et ne rien dire de mensonger. »

Ταῦτα μὲν οὖν ἱστόρηται τῷ Παπίᾳ περὶ τοῦ Μάρκου· [16] περὶ δὲ τοῦ Ματθαίου ταῦτ' εἴρηται·

« Ματθαῖος μὲν οὖν Ἑβραΐδι διαλέκτῳ τὰ λόγια συνετάξατο, ἡρμήνευσεν δ' αὐτὰ ὡς ἦν δυνατὸς ἕκαστος ».

[17] Κέχρηται δ' ὁ αὐτὸς μαρτυρίαις ἀπὸ τῆς Ἰωάννου προτέρας ἐπιστολῆς καὶ ἀπὸ τῆς Πέτρου ὁμοίως, ἐκτέθειται δὲ καὶ ἄλλην ἱστορίαν περὶ γυναικὸς ἐπὶ πολλαῖς ἁμαρτίαις διαβληθείσης ἐπὶ τοῦ κυρίου, ἣν τὸ καθ' Ἑβραίους εὐαγγέλιον περιέχει. Καὶ ταῦτα δ' ἡμῖν ἀναγκαίως πρὸς τοῖς ἐκτεθεῖσιν ἐπιτετηρήσθω.

Voilà ce que Papias raconte de Marc. [16] Il dit d'autre part ceci de Matthieu :

« Matthieu réunit les sentences (de Jésus) en langue hébraïque et chacun les traduisit comme il put. »

[17] Papias se sert de témoignages tirés de la première épître de Jean et de la première de Pierre. Il raconte encore une autre histoire, au sujet de la femme accusée de beaucoup de péchés devant le Sauveur que renferme l'*Évangile aux Hébreux*. Cela, ajouté à ce que nous avons exposé, n'a pas été marqué sans utilité.

ΒΙΒΛΟΣ Δ´

Τάδε καὶ ἡ τετάρτη περιέχει βίβλος τῆς Ἐκκλησιαστικῆς ἱστορίας·

Α´ Τίνες ἐπὶ τῆς Τραϊανοῦ βασιλείας Ῥωμαίων γεγόνασι καὶ Ἀλεξανδρέων ἐπίσκοποι.
Β´ Ὁποῖα Ἰουδαῖοι κατ' αὐτὸν πεπόνθασιν.
Γ´ Οἱ κατὰ Ἀδριανὸν ὑπὲρ τῆς πίστεως ἀπολογησάμενοι.
Δ´ Οἱ κατ' αὐτὸν Ῥωμαίων καὶ Ἀλεξανδρέων ἐπίσκοποι.
Ε´ Οἱ ἀνέκαθεν ἀπὸ τοῦ σωτῆρος καὶ ἐπὶ τοὺς δηλουμένους Ἱεροσολύμων ἐπίσκοποι.
Ϛ´ Ἡ κατὰ Ἀδριανὸν ὑστάτη Ἰουδαίων πολιορκία.
Ζ´ Τίνες κατ' ἐκεῖνο καιροῦ γεγόνασιν ψευδωνύμου γνώσεως ἀρχηγοί.
Η´ Τίνες ἐκκλησιαστικοὶ συγγραφεῖς.
Θ´ Ἐπιστολὴ Ἀδριανοῦ ὑπὲρ τοῦ μὴ δεῖν ἀκρίτως ἡμᾶς ἐλαύνειν.

LIVRE IV

VOICI CE QUI EST CONTENU DANS LE QUATRIÈME LIVRE
DE L'HISTOIRE ECCLÉSIASTIQUE

I. Quels furent, sous le règne de Trajan, les évêques des Romains et des Alexandrins.

II. Ce que les Juifs eurent à souffrir sous lui.

III. Les apologistes de la foi sous Hadrien.

IV. Les évêques des Romains et des Alexandrins sous cet empereur.

V. Les évéques de Jérusalem depuis le Sauveur jusqu'à cette époque.

VI. Le dernier siège des Juifs sous Hadrien.

VII. Quels furent, en ce temps, les premiers auteurs d'une science qui porte un nom mensonger.

VIII. Quels furent les écrivains ecclésiastiques.

IX. Lettre d'Hadrien défendant de nous frapper sans jugement.

Ι' Τίνες ἐπὶ τῆς Ἀντωνίνου βασιλείας ἐπίσκοποι Ῥωμαίων καὶ Ἀλεξανδρέων γεγόνασιν.

ΙΑ' Περὶ τῶν κατ' αὐτοὺς αἱρεσιαρχῶν.

ΙΒ' Περὶ τῆς Ἰουστίνου πρὸς Ἀντωνῖνον ἀπολογίας.

ΙΓ' Ἀντωνίνου πρὸς τὸ κοινὸν τῆς Ἀσίας ἐπιστολὴ περὶ τοῦ καθ' ἡμᾶς λόγου.

ΙΔ' Τὰ περὶ Πολυκάρπου τοῦ τῶν ἀποστόλων γνωρίμου μνημονευόμενα.

ΙΕ' Ὅπως κατὰ Οὐῆρον ὁ Πολύκαρπος ἅμ' ἑτέροις ἐμαρτύρησεν ἐπὶ τῆς Σμυρναίων πόλεως.

ΙϚ' Ὅπως Ἰουστῖνος ὁ φιλόσοφος τὸν Χριστοῦ λόγον ἐπὶ τῆς Ῥωμαίων πόλεως πρεσβεύων ἐμαρτύρησεν.

ΙΖ' Περὶ ὧν Ἰουστῖνος ἐν ἰδίῳ συγγράμματι μνημονεύει μαρτύρων.

ΙΗ' Τίνες εἰς ἡμᾶς ἦλθον τῶν Ἰουστίνου λόγων.

ΙΘ' Τίνες ἐπὶ τῆς Οὐήρου βασιλείας τῆς Ῥωμαίων κα Ἀλεξανδρέων ἐκκλησίας προέστησαν.

Κ' Τίνες οἱ τῆς Ἀντιοχέων.

ΚΑ' Περὶ τῶν κατὰ τούτους διαλαμψάντων ἐκκλησιαστικῶν συγγραφέων.

ΚΒ' Περὶ Ἡγησίππου καὶ ὧν αὐτὸς μνημονεύει.

ΚΓ' Περὶ Διονυσίου Κορινθίων ἐπισκόπου καὶ ὧν ἔγραψεν ἐπιστολῶν.

ΚΔ' Περὶ Θεοφίλου Ἀντιοχέων ἐπισκόπου.

ΚΕ' Περὶ Φιλίππου καὶ Μοδέστου.

X.	Quels furent, sous le règne d'Antonin, les évêques des Romains et des Alexandrins.
XI.	Des hérésiarques de ce temps.
XII.	De l'apologie de Justin à Antonin.
XIII.	Lettre d'Antonin au conseil d'Asie sur notre doctrine.
XIV.	Ce qu'on sait de Polycarpe disciple des apôtres.
XV.	Comment sous Vérus Polycarpe subit le martyre, ainsi que d'autres, dans la ville de Smyrne.
XVI.	Comment Justin le philosophe, prêchant la parole du Christ dans la ville de Rome, fut martyr.
XVII.	Des martyrs que mentionne Justin dans son ouvrage.
XVIII.	Quels écrits de Justin sont venus jusqu'à nous.
XIX.	Quels sont ceux qui, sous le règne de Vérus, ont gouverné l'Église des Romains et celle des Alexandrins.
XX.	Quels, l'Église d'Antioche.
XXI.	Les écrivains ecclésiastiques célèbres à cette époque.
XXII.	Hégésippe et ceux dont il parle.
XXIII.	Denys, évêque de Corinthe, et les lettres qu'il a écrites.
XXIV.	Théophile, évêque d'Antioche.
XXV.	Philippe et Modeste.

Κϛ' Περὶ Μελίτωνος καὶ ὧν αὐτὸς ἐμνημόνευσεν.

ΚΖ' Περὶ Ἀπολιναρίου.

ΚΗ' Περὶ Μουσανοῦ.

ΚΘ' Περὶ τῆς κατὰ Τατιανὸν αἱρέσεως.

Λ' Περὶ Βαρδησάνου τοῦ Σύρου καὶ τῶν φερομένων αὐτοῦ λόγων.

XXVI.	Méliton et ceux dont il fait mention.
XXVII.	Apollinaire.
XXVIII.	Musanus.
XXIX.	L'hérésie de Tatien.
XXX.	Bardesane le Syrien et les écrits qu'on montre de lui.

ΒΙΒΛΟΣ Δ'

Α'

Ἀμφὶ δὲ τὸ δωδέκατον ἔτος τῆς Τραϊανοῦ βασιλείας ὁ μικρῷ πρόσθεν ἡμῖν τῆς ἐν Ἀλεξανδρείᾳ παροικίας δηλωθεὶς [III, XXI] ἐπίσκοπος τὴν ζωὴν μεταλλάττει, τέταρτος δ' ἀπὸ τῶν ἀποστόλων τὴν τῶν αὐτόθι λειτουργίαν κληροῦται Πρῖμος. Ἐν τούτῳ καὶ Ἀλέξανδρος ἐπὶ Ῥώμης, ὄγδοον ἔτος ἀποπλήσαντος Εὐαρέστου, πέμπτην ἀπὸ Πέτρου καὶ Παύλου κατάγων διαδοχήν, τὴν ἐπισκοπὴν ὑπολαμβάνει.

Β'

Καὶ τὰ μὲν τῆς τοῦ σωτῆρος ἡμῶν διδασκαλίας τε κα ἐκκλησίας ὁσημέραι ἀνθοῦντα ἐπὶ μεῖζον ἐχώρει προκοπῆς, τὰ δὲ τῆς Ἰουδαίων συμφορᾶς κακοῖς ἐπαλλήλοις ἤκμαζεν. Ἤδη γοῦν τοῦ αὐτοκράτορος εἰς ἐνιαυτὸν ὀκτωκαιδέκατον

LIVRE IV

CHAPITRE PREMIER

[QUELS FURENT, SOUS LE RÈGNE DE TRAJAN,
LES ÉVÊQUES DES ROMAINS ET DES ALEXANDRINS]

Vers la douzième année de Trajan [109], mourut l'évêque d'Alexandrie dont nous avons parlé un peu plus haut; Primus lui succéda dans sa charge; il était le quatrième depuis les apôtres. A cette époque, Evareste, après avoir occupé huit années entières le siège de Rome, le laissa à Alexandre qui eut le cinquième rang depuis Pierre et Paul.

CHAPITRE II

[CE QUE LES JUIFS EURENT A SOUFFRIR
SOUS CET EMPEREUR]

L'enseignement de notre Sauveur et l'Église florissaient et progressaient de jour en jour, tandis que la situation malheureuse des Juifs allait de mal en pis. Déjà vers la dix-huitième année du règne de Trajan [115],

ἐλαύνοντος, αὖθις Ἰουδαίων κίνησις ἐπαναστᾶσα πάμπολυ πλῆθος αὐτῶν διαφθείρει. [2] Ἔν τε γὰρ Ἀλεξανδρείᾳ καὶ τῇ λοιπῇ Αἰγύπτῳ καὶ προσέτι κατὰ Κυρήνην, ὥσπερ ὑπὸ πνεύματος δεινοῦ τινος καὶ στασιώδους ἀναρριπισθέντες, ὥρμηντο πρὸς τοὺς συνοίκους Ἕλληνας στασιάζειν, αὐξήσαντές τε εἰς μέγα τὴν στάσιν, τῷ ἐπιόντι ἐνιαυτῷ πόλεμον οὐ σμικρὸν συνῆψαν, ἡγουμένου τηνικαῦτα Λούπου τῆς ἁπάσης Αἰγύπτου. [3] Καὶ δὴ ἐν τῇ πρώτῃ συμβολῇ ἐπικρατῆσαι αὐτοὺς συνέβη τῶν Ἑλλήνων · οἳ καὶ καταφυγόντες εἰς τὴν Ἀλεξάνδρειαν τοὺς ἐν τῇ πόλει Ἰουδαίους ἐζώγρησάν τε καὶ ἀπέκτειναν, τῆς δὲ παρὰ τούτων συμμαχίας ἀποτυχόντες οἱ κατὰ Κυρήνην τὴν χώραν τῆς Αἰγύπτου λεηλατοῦντες καὶ τοὺς ἐν αὐτῇ νομοὺς φθείροντες διετέλουν, ἡγουμένου αὐτῶν Λουκούα · ἐφ' οὓς ὁ αὐτοκράτωρ ἔπεμψεν Μάρκιον Τούρβωνα σὺν δυνάμει πεζῇ τε καὶ ναυτικῇ, ἔτι δὲ καὶ ἱππικῇ. [4] Ὁ δὲ πολλαῖς μάχαις οὐκ ὀλίγῳ τε χρόνῳ τὸν πρὸς αὐτοὺς διαπονήσας πόλεμον, πολλὰς μυριάδας Ἰουδαίων, οὐ μόνον τῶν ἀπὸ Κυρήνης, ἀλλὰ καὶ τῶν ἀπ' Αἰγύπτου συναιρομένων Λουκούᾳ τῷ βασιλεῖ αὐτῶν, ἀναιρεῖ.

[5] Ὁ δὲ αὐτοκράτωρ ὑποπτεύσας καὶ τοὺς ἐν Μεσοποταμίᾳ Ἰουδαίους ἐπιθήσεσθαι τοῖς αὐτόθι, Λουσίῳ Κυήτῳ προσέταξεν ἐκκαθᾶραι τῆς ἐπαρχίας αὐτούς · ὃς καὶ παραταξάμενος, πάμπολυ πλῆθος τῶν αὐτόθι φονεύει, ἐφ' ᾧ κατορθώματι Ἰουδαίας ἡγεμὼν ὑπὸ τοῦ αὐτοκράτορος ἀνεδείχθη. Ταῦτα καὶ Ἑλλήνων οἱ τὰ κατὰ τοὺς

une nouvelle sédition en fit de nouveau périr un nombre très considérable. [2] A Alexandrie et dans toutle reste de l'Égypte, ainsi qu'à Cyrène, ils furent emportés par un violent esprit de révolte et ils se soulevèrent contre les Grecs qui vivaient avec eux. La rébellion devint grande, et l'année suivante une guerre affreuse s'alluma. Lupus était alors gouverneur de toute l'Égypte. [3] Il arriva que les Juifs au premier engagement eurent l'avantage sur les Grecs ; mais ceux-ci s'enfuirent à Alexandrie, se mirent à donner la chasse aux Israélites et les tuèrent. Les Juifs de Cyrène ainsi privés du secours qu'ils en avaient espéré, se mirent à piller le pays d'Égypte et à dévaster les nomes qui s'y trouvent. Ils avaient pour chef Lucua. L'empereur envoya contre eux Marcius Turbo avec de l'infanterie, des vaisseaux et de la cavalerie. [4] Ce général leur livra de nombreux combats dans une guerre pénible qui dura longtemps ; il tua un nombre très grand, non seulement des Juifs de Cyrène, mais encore de ceux d'Égypte qui s'étaient portés au secours de leur chef Lucua.

[5] Trajan soupçonna les Juifs de Mésopotamie de vouloir pareillement attaquer les habitants de ce pays, aussi donna-t-il l'ordre à Lusius Quietus d'en purger la province. Celui-ci dirigea donc une expédition contre eux et en fit grand massacre. A la suite de ce succès, il fut nommé par l'empereur gouverneur de Judée. Les écrivains grecs qui ont raconté les événements de cette

αύτους χρόνους γραφῇ παραδόντες αύτοῖς ἱστόρησαν ῥήμασιν.

Γ'

Τραϊανοῦ δὲ ἐφ' ὅλοις ἔτεσιν εἴκοσι τὴν ἀρχὴν μησὶν ἐξ δέουσιν κρατήσαντος, Αἴλιος Ἁδριανὸς διαδέχεται τὴν ἡγεμονίαν. Τούτῳ Κοδρᾶτος λόγον προσφωνήσας ἀναδίδωσιν, ἀπολογίαν συντάξας ὑπὲρ τῆς καθ' ἡμᾶς θεοσεβείας, ὅτι δή τινες πονηροὶ ἄνδρες τοὺς ἡμετέρους ἐνοχλεῖν ἐπειρῶντο · εἰς ἔτι δὲ φέρεται παρὰ πλείστοις τῶν ἀδελφῶν, ἀτὰρ καὶ παρ' ἡμῖν τὸ σύγγραμμα · ἐξ οὗ κατιδεῖν ἔστιν λαμπρὰ τεκμήρια τῆς τε τοῦ ἀνδρὸς διανοίας καὶ τῆς ἀποστολικῆς ὀρθοτομίας. [2] Ὁ δ' αὐτὸς τὴν καθ' ἑαυτὸν ἀρχαιότητα παραφαίνει δι' ὧν ἱστορεῖ ταῦτα ἰδίαις φωναῖς ·

« Τοῦ δὲ σωτῆρος ἡμῶν τὰ ἔργα ἀεὶ παρῆν (ἀληθῆ γὰρ ἦν), οἱ θεραπευθέντες, οἱ ἀναστάντες ἐκ νεκρῶν, οἳ οὐκ ὤφθησαν μόνον θεραπευόμενοι καὶ ἀνιστάμενοι, ἀλλὰ καὶ ἀεὶ παρόντες, οὐδὲ ἐπιδημοῦντος μόνον τοῦ σωτῆρος, ἀλλὰ καὶ ἀπαλλαγέντος ἦσαν ἐπὶ χρόνον ἱκανόν, ὥστε καὶ εἰς τοὺς ἡμετέρους χρόνους τινὲς αὐτῶν ἀφίκοντο ».

[3] Τοιοῦτος μὲν οὗτος · καὶ Ἀριστείδης δέ, πιστὸς ἀνὴρ τῆς καθ' ἡμᾶς ὁρμώμενος εὐσεβείας, τῷ Κοδράτῳ παραπλησίως ὑπὲρ τῆς πίστεως ἀπολογίαν ἐπιφωνήσας Ἀδριανῷ καταλέλοιπεν · σώζεται δέ γε εἰς δεῦρο παρὰ πλείστοις καὶ ἡ τούτου γραφή.

époque nous rapportent également ceux-là dans les termes qu'on vient de lire.

CHAPITRE III

[LES APOLOGISTES DE LA FOI SOUS HADRIEN]

Trajan, après avoir régné vingt ans moins six mois eut pour successeur à l'empire Ælius Hadrianus. [août 117]. Quadratus dédia à ce dernier un discours qu'il lui fit remettre et où il présentait l'apologie de notre religion, parce qu'alors des hommes malfaisants essayaient de tracasser les nôtres. On trouve encore maintenant ce livre chez beaucoup de frères et nous l'avons, nous aussi. On y peut voir des preuves éclatantes de l'esprit de son auteur comme aussi de son exactitude apostolique. [2] Cet écrit porte en lui la preuve de son antiquité dans le récit qu'il présente en ces termes :

« Les œuvres de notre Sauveur, parce qu'elles étaient vraies, ont été longtemps présentes. Ceux qu'il a guéris, ceux qu'il a ressuscités des morts n'ont pas été vus seulement au moment où ils étaient délivrés de leurs maux ou rappelés à la vie ; ils ont continué à exister pendant la vie du Christ et ont survécu à sa mort pendant d'assez longues années, si bien que quelques-uns sont même venus jusqu'à nos jours. »

[3] Voilà ce qui concerne Quadratus. Aristide lui aussi, un des fidèles disciples de notre religion, a laissé, comme ce dernier, une apologie de la foi, dédiée à Hadrien. Son écrit est également conservé jusqu'ici chez beaucoup.

Δ'

Ἔτει δὲ τρίτῳ τῆς αὐτῆς ἡγεμονίας Ἀλέξανδρος Ῥωμαίων ἐπίσκοπος τελευτᾷ, δέκατον τῆς οἰκονομίας ἀποπλήσας ἔτος· Ξύστος ἦν τούτῳ διάδοχος. Καὶ τῆς Ἀλεξανδρέων δὲ παροικίας ἀμφὶ τὸν αὐτὸν χρόνον Πρῖμον μεταλλάξαντα δωδεκάτῳ τῆς προστασίας ἔτει διαδέχεται Ἰοῦστος.

Ε'

Τῶν γε μὴν ἐν Ἱεροσολύμοις ἐπισκόπων τοὺς χρόνους γραφῇ σωζομένους οὐδαμῶς εὑρών (κομιδῇ γὰρ οὖν βραχυβίους αὐτοὺς λόγος κατέχει γενέσθαι), [2] τοσοῦτον ἐξ ἐγγράφων παρείληφα, ὡς μέχρι τῆς κατὰ Ἀδριανὸν Ἰουδαίων πολιορκίας πεντεκαίδεκα τὸν ἀριθμὸν αὐτόθι γεγόνασιν ἐπισκόπων διαδοχαί, οὓς πάντας Ἑβραίους φασὶν ὄντας ἀνέκαθεν, τὴν γνῶσιν τοῦ Χριστοῦ γνησίως καταδέξασθαι, ὥστ' ἤδη πρὸς τῶν τὰ τοιάδε ἐπικρίνειν δυνατῶν καὶ τῆς τῶν ἐπισκόπων λειτουργίας ἀξίους δοκιμασθῆναι· συνεστάναι γὰρ αὐτοῖς τότε τὴν πᾶσαν ἐκκλησίαν ἐξ Ἑβραίων πιστῶν ἀπὸ τῶν ἀποστόλων καὶ εἰς τὴν τότε

CHAPITRE IV
[LES ÉVÊQUES DES ROMAINS ET DES ALEXANDRINS SOUS CET EMPEREUR]

La troisième année du même règne [119-120], Alexandre, évêque de Rome, mourut après avoir achevé la dixième année de son administration ; Xystus fut son successeur. Dans l'Église d'Alexandrie, à la même époque, Juste remplaça Primus dans la douzième année de sa présidence.

CHAPITRE V
[LES ÉVÊQUES DE JÉRUSALEM DEPUIS LE SAUVEUR JUSQU'A CETTE ÉPOQUE]

Quant aux évêques de Jérusalem, je n'ai trouvé conservées nulle part les dates qui les concernent ; on raconte seulement qu'ils ont siégé très peu de temps. [2] J'ai lu toutefois que, jusqu'au siège des Juifs sous Hadrien, il y avait eu là quinze successions d'évêques. On dit qu'ils étaient tous hébreux de vieille roche et qu'ils avaient reçu d'une âme sincère la connaissance du Christ. Aussi, dès ce temps-là, des gens compétents pour se prononcer en pareille question déclarèrent qu'ils étaient dignes de la charge épiscopale. D'ailleurs, l'Église de Jérusalem était alors composée uniquement d'Hébreux fidèles. Il en fut ainsi depuis les apôtres, jusqu'au siège que subirent les Juifs révoltés

διαρκεσάντων πολιορκίαν, καθ' ἣν Ἰουδαῖοι Ῥωμαίων αὖθις ἀποστάντες, οὐ μικροῖς πολέμοις ἥλωσαν.

[3] Διαλελοιπότων δ' οὖν τηνικαῦτα τῶν ἐκ περιτομῆς ἐπισκόπων, τοὺς ἀπὸ πρώτου νῦν ἀναγκαῖον ἂν εἴη καταλέξαι. Πρῶτος τοιγαροῦν Ἰάκωβος ὁ τοῦ κυρίου λεγόμενος ἀδελφὸς ἦν· μεθ' ὃν δεύτερος Συμεών· τρίτος Ἰοῦστος· Ζακχαῖος τέταρτος· πέμπτος Τωβίας· ἕκτος Βενιαμίν· Ἰωάννης ἕβδομος· ὄγδοος Ματθίας· ἔνατος Φίλιππος· δέκατος Σενέκας· ἑνδέκατος Ἰοῦστος· Λευὶς δωδέκατος· Ἐφρῆς τρισκαιδέκατος· τεσσαρεσκαιδέκατος Ἰωσήφ· ἐπὶ πᾶσι πεντεκαιδέκατος Ἰούδας. [4] Τοσοῦτοι καὶ οἱ ἐπὶ τῆς Ἱεροσολύμων πόλεως ἐπίσκοποι ἀπὸ τῶν ἀποστόλων εἰς τὸν δηλούμενον διαγενόμενοι χρόνον, οἱ πάντες ἐκ περιτομῆς.

[5] Ἤδη δὲ δωδέκατον ἐχούσης ἔτος τῆς ἡγεμονίας, Ξύστον δεκαέτη χρόνον ἀποπλήσαντα ἐπὶ τῆς Ῥωμαίων ἐπισκοπῆς ἕβδομος ἀπὸ τῶν ἀποστόλων διαδέχεται Τελεσφόρος· ἐνιαυτοῦ δὲ μεταξὺ καὶ μηνῶν διαγενομένου, τῆς Ἀλεξανδρέων παροικίας τὴν προστασίαν Εὐμένης ἕκτῳ κλήρῳ διαδέχεται, τοῦ πρὸ αὐτοῦ ἔτεσιν ἕνδεκα διαρχέσαντος.

de nouveau contre Rome et où ils furent détruits en de terribles combats.

[3] Comme les évêques de la circoncision prennent fin à cette époque, il est peut-être nécessaire d'en donner ici la liste depuis le premier. Le premier fut donc Jacques, le frère du Seigneur ; le second après lui, Siméon ; le troisième, Juste ; Zacchée, le quatrième ; le cinquième, Tobie ; le sixième, Benjamin ; Jean, le septième ; le huitième, Matthias ; le neuvième, Philippe, le dixième, Sénèque ; le onzième, Juste ; Lévi, le douzième ; Ephrem, le treizième ; le quatorzième, Josèphe ; enfin le quinzième, Judas. [4] Tels furent les évêques de la ville de Jérusalem depuis les apôtres jusque au temps dont il est question présentement ; ils appartenaient tous à la circoncision.

[5] Le règne [d'Hadrien] en était alors à la douzième année [128-129], Xystus avait accompli la dixième de son épiscopat à Rome et Télesphore lui succédait ; il était le septième depuis les apôtres. Un an et quelques mois plus tard, Eumène obtint la première dignité dans l'Église d'Alexandrie ; il venait ainsi au sixième rang de succession ; son prédécesseur avait duré onze ans.

ς'.

Καὶ δῆτα τῆς Ἰουδαίων ἀποστασίας αὖθις εἰς μέγα καὶ πολὺ προελθούσης, Ῥοῦφος ἐπάρχων τῆς Ἰουδαίας, στρατιωτικῆς αὐτῷ συμμαχίας ὑπὸ βασιλέως πεμφθείσης, ταῖς ἀπονοίαις αὐτῶν ἀφειδῶς χρώμενος ἐπεξῄει, μυριάδας ἀθρόως ἀνδρῶν ὁμοῦ καὶ παίδων καὶ γυναικῶν διαφθείρων πολέμου τε νόμῳ τὰς χώρας αὐτῶν ἐξανδραποδιζόμενος.

[2] Ἐστρατήγει δὲ τότε Ἰουδαίων Βαρχωχεβας ὄνομα, ὃ δὴ ἀστέρα δηλοῖ, τὰ μὲν ἄλλα φονικὸς καὶ ληστρικός τις ἀνήρ, ἐπὶ δὲ τῇ προσηγορίᾳ, οἷα ἐπ' ἀνδραπόδων, ὡς δὴ ἐξ οὐρανοῦ φωστὴρ αὐτοῖς κατεληλυθὼς κακουμένοις τε ἐπιλάμψαι τερατευόμενος.

[3] Ἀκμάσαντος δὲ τοῦ πολέμου ἔτους ὀκτωκαιδεκάτου τῆς ἡγεμονίας κατὰ Βηθθηρα (πολίχνη τις ἦν ὀχυρωτάτη, τῶν Ἱεροσολύμων οὐ σφόδρα πόρρω διεστῶσα) τῆς τε ἔξωθεν πολιορκίας χρονίου γενομένης λιμῷ τε καὶ δίψει τῶν νεωτεροποιῶν εἰς ἔσχατον ὀλέθρου περιελαθέντων καὶ τοῦ τῆς ἀπονοίας αὐτοῖς αἰτίου τὴν ἀξίαν ἐκτίσαντος δίκην, τὸ πᾶν ἔθνος ἐξ ἐκείνου καὶ τῆς περὶ τὰ Ἱεροσόλυμα γῆς πάμπαν ἐπιβαίνειν εἴργεται νόμου δόγματι καὶ διατάξεσιν Ἀδριανοῦ, ὡς ἂν μηδ' ἐξ ἀπόπτου θεωροῖεν τὸ πατρῷον ἔδαφος, ἐγκελευσαμένου· Ἀρίστων ὁ Πελλαῖος ἱστορεῖ.

CHAPITRE VI

[LE DERNIER SIÈGE DES JUIFS SOUS HADRIEN]

La révolte des Juifs prenait donc à nouveau de plus vastes proportions. Rufus, gouverneur de Judée, après avoir reçu des renforts de l'empereur, profita sans pitié des folies de ces réfractaires et marcha contre eux. Il leur tua des masses serrées d'hommes, de femmes et d'enfants; puis, selon les lois de la guerre, les déposséda de leur pays.

[2] Le chef des Juifs s'appelait Barchochébas, nom qui signifie étoile. Il n'était du reste qu'un voleur et un assassin ; mais par son nom, il imposait à ces hommes serviles, et se donnait pour un astre qui leur était venu du ciel et qui devait les éclairer dans leurs malheurs.

[3] La guerre était dans toute son intensité, la dix-huitième année du règne [134-135], et elle était concentrée autour de Bether, petite ville très forte, à peu de distance de Jérusalem. Le siège dura longtemps; la faim et la soif réduisirent les révoltés aux dernières extrémités de la misère. L'auteur de cette folie en subit le juste châtiment et, depuis ce temps, tout le peuple reçut, par une loi et des prescriptions d'Hadrien, la défense absolue d'approcher du pays qui entoure Jérusalem : si bien qu'il était interdit aux Juifs de regarder même de loin le sol de leur patrie. C'est ce que raconte Ariston de Pella.

[4] Οὕτω δὴ τῆς πόλεως εἰς ἐρημίαν τοῦ Ἰουδαίων ἔθνους παντελῆ τε φθορὰν τῶν πάλαι οἰκητόρων ἐλθούσης ἐξ ἀλλοφύλου τε γένους συνοικισθείσης, ἡ μετέπειτα συστᾶσα Ῥωμαϊκὴ πόλις τὴν ἐπωνυμίαν ἀμείψασα, εἰς τὴν τοῦ κρατοῦντος Αἰλίου Ἀδριανοῦ τιμὴν Αἰλία προσαγορεύεται. Καὶ δὴ τῆς αὐτόθι ἐκκλησίας ἐξ ἐθνῶν συγκροτηθείσης, πρῶτος μετὰ τοὺς ἐκ περιτομῆς ἐπισκόπους τὴν τῶν ἐκεῖσε λειτουργίαν ἐγχειρίζεται Μάρκος.

Ζ'

Ἤδη δὲ λαμπροτάτων δίκην φωστήρων τῶν ἀνὰ τὴν οἰκουμένην ἀποστιλβουσῶν ἐκκλησιῶν ἀκμαζούσης τε εἰς ἅπαν τὸ τῶν ἀνθρώπων γένος τῆς εἰς τὸν σωτῆρα καὶ κύριον ἡμῶν Ἰησοῦν Χριστὸν πίστεως, ὁ μισόκαλος δαίμων οἷα τῆς ἀληθείας ἐχθρὸς καὶ τῆς τῶν ἀνθρώπων σωτηρίας ἀεὶ τυγχάνων πολεμιώτατος, πάσας στρέφων κατὰ τῆς ἐκκλησίας μηχανάς, πάλαι μὲν τοῖς ἔξωθεν διωγμοῖς κατ' αὐτῆς ὡπλίζετο, [2] τότε γε μὴν τούτων ἀποκεκλεισμένος, πονηροῖς καὶ γόησιν ἀνδράσιν ὥσπερ τισὶν ὀλεθρίοις ψυχῶν ὀργάνοις διακόνοις τε ἀπωλείας χρώμενος, ἑτέραις κατεστρατήγει μεθόδοις, πάντα πόρον ἐπινοῶν, ὡς ἂν ὑποδύντες γόητες καὶ ἀπατηλοὶ τὴν αὐτὴν τοῦ δόγματος ἡμῖν προσηγορίαν, ὁμοῦ μὲν τῶν πιστῶν τοὺς πρὸς αὐτῶν ἁλισκομέ-

[4] Ainsi Jérusalem n'avait plus de Juifs dans ses murs et elle en était venue à perdre complètement ses anciens habitants : elle ne renfermait plus que des étrangers. La ville romaine qui lui fut substituée changea de nom, et, en l'honneur de l'empereur Aelius Hadrianus, elle fut appelée Aelia. L'Église qui s'y trouvait n'était également plus composée que de Gentils. Le premier qui en devint évêque, après ceux de la circoncision, fut Marc.

CHAPITRE VII

[QUELS FURENT A CETTE ÉPOQUE LES PREMIERS AUTEURS D'UNE SCIENCE QUI PORTE UN NOM MENSONGER]

Déjà, comme des astres étincelants, les Églises brillaient dans l'univers, et sur le genre humain entier s'épanouissait la foi en notre Sauveur et maître, Jésus-Christ. De son côté, le démon jaloux de tout bien, ennemi de la vérité, adversaire permanent et irréductible du salut des hommes, se mit à ourdir toutes ses machinations contre l'Église. Il l'avait attaquée autrefois par les persécutions du dehors ; [2] maintenant cette voie lui étant fermée, il recourut à des hommes pervers et à des magiciens, comme à de pernicieux instruments pour la ruine des âmes et à des serviteurs de perdition ; et il usa ainsi d'une autre tactique. Il ne négligea rien. Ses magiciens et ses imposteurs usurpaient le nom de notre croyance, et, à la fois, ils attiraient ainsi à eux les

νους εἰς βυθὸν ἀπωλείας ἄγοιεν, ὁμοῦ δὲ τοὺς τῆς πίστεως ἀγνῶτας δι' ὧν αὐτοὶ δρῶντες ἐπιχειροῖεν, ἀποτρέποιντο τῆς ἐπὶ τὸν σωτήριον λόγον παρόδου.

[3] Ἀπὸ γοῦν τοῦ Μενάνδρου, ὃν διάδοχον τοῦ Σίμωνος ἤδη πρότερον παραδεδώκαμεν [III, xxvi, 1], ἀμφίστομος ὥσπερ καὶ δικέφαλος ὀφιώδης τις προελθοῦσα δύναμις δυεῖν αἱρέσεων διαφόρων ἀρχηγοὺς κατεστήσατο, Σατορνῖνόν τε Ἀντιοχέα τὸ γένος καὶ Βασιλείδην Ἀλεξανδρέα· ὧν ὁ μὲν κατὰ Συρίαν, ὁ δὲ κατ' Αἴγυπτον συνεστήσαντο θεομισῶν αἱρέσεων διδασκαλεῖα. [4] Τὰ μὲν οὖν πλεῖστα τὸν Σατορνῖνον τὰ αὐτὰ τῷ Μενάνδρῳ ψευδολογῆσαι ὁ Εἰρηναῖος δηλοῖ [*Hér.*, I, xxiv, 1-3], προσχήματι δὲ ἀπορρητοτέρων τὸν Βασιλείδην εἰς τὸ ἄπειρον τεῖναι τὰς ἐπινοίας, δυσσεβοῦς αἱρέσεως ἑαυτῷ τερατώδεις ἀναπλάσαντα μυθοποιίας.

[5] Πλείστων οὖν ἐκκλησιαστικῶν ἀνδρῶν κατ' ἐκεῖνο καιροῦ τῆς ἀληθείας ὑπεραγωνιζομένων λογικώτερόν τε τῆς ἀποστολικῆς καὶ ἐκκλησιαστικῆς δόξης ὑπερμαχούντων, ἤδη τινὲς καὶ διὰ συγγραμμάτων τοῖς μετέπειτα προφυλακτικὰς αὐτῶν δὴ τούτων τῶν δηλωθεισῶν αἱρέσεων παρεῖχον ἐφόδους· [6] ὧν εἰς ἡμᾶς κατῆλθεν ἐν τοῖς τότε γνωριμωτάτου συγγραφέως Ἀγρίππα Κάστορος ἱκανώτατος κατὰ Βασιλείδου ἔλεγχος, τὴν δεινότητα τῆς τἀνδρὸς ἀποκαλύπτων γοητείας. [7] Ἐκφαίνων δ' οὖν αὐτοῦ τὰ ἀπόρρητα, φησὶν αὐτὸν εἰς μὲν τὸ εὐαγγέλιον τέσσαρα πρὸς τοῖς εἴκοσι συντάξαι βιβλία, προφήτας δὲ ἑαυτῷ ὀνομάσαι Βαρχαββᾶν καὶ Βαρχὼφ καὶ ἄλλους ἀνυπάρκτους

fidèles qu'ils précipitaient ensuite dans l'abîme de la damnation, tandis qu'ils agissaient par leurs actions sur ceux qui ignoraient notre foi, et les détournaient du chemin qui conduit à la parole du salut.

[3] De Ménandre, que nous avons dit plus haut être le successeur de Simon, sort une puissance, comme un monstrueux serpent à deux gueules et à deux têtes, les chefs des deux hérésies différentes, Saturnin, originaire d'Antioche, et Basilide d'Alexandrie. Ils établirent, l'un en Syrie et l'autre en Égypte, des écoles d'hérésies haïes de Dieu. [4] Irénée nous apprend que Saturnin répétait la plupart des mensonges de Ménandre et que Basilide, sous prétexte de profonds mystères, débitait sans fin ses inventions et s'égarait lui-même dans les fictions monstrueuses d'une hérésie impie.

[5] Un grand nombre de membres de l'Église défendirent la vérité en cette circonstance et luttèrent avec beaucoup d'éloquence pour le triomphe de la croyance des apôtres et de l'Église. Plusieurs voulurent même, dès cette époque, fournir dans leurs écrits, à ceux qui devaient venir après eux des méthodes préventives contre ces hérésies que nous avons citées. [6] De ces œuvres, une est venue jusqu'à nous : due à un écrivain alors de très grand renom, Agrippa Castor, elle eut une réfutation parfaite de Basilide, et la malice de ce sorcier y est mise à jour. [7] Il révèle ses artifices secrets et dit que cet homme avait composé vingt-quatre livres sur l'Évangile ; il inventait des prophètes qu'il appelait Barcabbas et Barcoph, et d'autres encore

τινας έαυτῷ συστησάμενον, βαρβάρους τε αύτοῖς εις
κατάπληξιν τῶν τὰ τοιαῦτα τεθηπότων έπιφημίσαι προσηγορίας, διδάσκειν τε άδιαφορεῖν είδωλοθύτων άπογευομέ-
νους και έξομνυμένους άπαραφυλάκτως την πίστιν κατά
τους τῶν διωγμῶν καιρούς, Πυθαγορικῶς τε τοῖς προσιοῦσιν αύτῷ πενταέτη σιωπήν παρακελεύεσθαι· [8] και έτερα
δε τούτοις παραπλήσια άμφι τοῦ Βασιλείδου καταλέξας ὁ
είρημένος ούκ άγεννῶς τῆς δηλωθείσης αίρέσεως εις
προϋπτον έφώρασε την πλάνην.

[9] Γράφει δε και Ειρηναῖος [*Hér.*, I, xxv, 1 suiv.]
συγχρονίσαι τούτοις Καρποκράτην, έτέρας αίρέσεως τῆς
τῶν Γνωστικῶν έπικληθείσης πατέρα· οἵ και τοῦ Σίμωνος
ούχ ὡς έκεῖνος κρύβδην, άλλ' ἤδη και εις φανερόν τάς
μαγείας παραδιδόναι ήξίουν, ὡς έπι μεγάλοις δή, μόνον
ούχι και σεμνυνόμενοι τοῖς κατά περιεργίαν προς αύτῶν
έπιτελουμένοις φίλτροις όνειροπομποῖς τε και παρέδροις
τισι δαίμοσιν και άλλαις όμοιοτρόποις τισιν άγωγαῖς· τούτοις τε άκολούθως πάντα δρᾶν χρῆναι διδάσκειν τα
αίσχρουργότατα τους μέλλοντας εις το τέλειον τῆς κατ'
αύτους μυσταγωγίας ή και μᾶλλον μυσαροποιίας έλεύσεσ-
θαι, ὡς μή ἄν άλλως έκφευξομένους τους κοσμικούς, ὡς
ἄν έκεῖνοι φαῖεν, άρχοντας, μή ούχι πᾶσιν τα δι' άρρητο-
ποιίας άπονείμαντας χρέα.

[10] Τούτοις δῆτα συνέβαινεν διακόνοις χρώμενον τον
έπιχαιρεσίκακον δαίμονα τους μεν προς αύτῶν άπατωμένους
οίκτρῶς οὕτως εις άπώλειαν άνδραποδίζεσθαι, τοῖς δ' άπίσ-

qui n'ont jamais existé, auxquels il donnait des noms barbares pour frapper ceux qui se laissaient prendre à de pareils procédés. Il enseignait qu'il était indifférent de manger de la viande immolée aux idoles et qu'on pouvait sans y regarder parjurer sa foi dans les temps de persécution. Comme Pythagore, il imposait à ses disciples un silence de cinq ans. [8] Le même écrivain rapporte encore d'autres choses analogues à celles-ci concernant Basilide et il montre ainsi admirablement l'erreur flagrante de ladite hérésie.

[9] Irénée écrit aussi que Carpocrate vivait en même temps que ceux-ci. Il était le père d'une autre hérésie, celle qui porte le nom des Gnostiques. Ces derniers s'adonnaient également à la magie de Simon, non plus en secret comme celui-ci, mais bien publiquement, comme s'il se fût agi de quelque chose de grand. Ils étaient presque pleins de vénération pour les philtres qu'ils composaient avec un soin extrême, pour certains démons qui envoient les songes, pour ceux qui sont familiers et pour cent autres merveilles de ce genre. Comme conséquence de cela, à ceux qui devaient aller jusqu'au bout dans leurs mystères ou plutôt dans leur infamie, ils enseignaient qu'il fallait se permettre tout ce qu'il y a de plus honteux ; il n'y avait pas d'autres moyens d'échapper aux princes du monde, comme ils disaient, que de leur accorder à tous satisfaction par une conduite infâme.

[10] Il arriva que le démon, qui se réjouit du mal, se servît de ces auxiliaires, soit pour asservir et perdre ensuite ceux qu'ils avaient misérablement trompés, soit pour fournir aux nations infidèles, dans les écarts de ceux-ci

τοις ἔθνεσιν πολλὴν παρέχειν κατὰ τοῦ θείου λόγου δυσφημίας περιουσίαν, τῆς ἐξ αὐτῶν φήμης εἰς τὴν τοῦ παντὸς Χριστιανῶν ἔθνους διαβολὴν καταχεομένης. [11] Ταύτῃ δ' οὖν ἐπὶ πλεῖστον συνέβαινεν τὴν περὶ ἡμῶν παρὰ τοῖς τότε ἀπίστοις ὑπόνοιαν δυσσεβῆ καὶ ἀτοπωτάτην διαδίδοσθαι, ὡς δὴ ἀθεμίτοις πρὸς μητέρας καὶ ἀδελφὰς μίξεσιν ἀνοσίαις τε τροφαῖς χρωμένων. [12] Οὐκ εἰς μακρόν γε μὴν αὐτῷ ταῦτα προυχώρει, τῆς ἀληθείας αὐτῆς ἑαυτὴν συνιστώσης ἐπὶ μέγα τε φῶς κατὰ τὸν προϊόντα χρόνον διαλαμπούσης. [13] Ἔσβεστο μὲν γὰρ αὐτίκα πρὸς αὐτῆς ἐνεργείας ἀπελεγχόμενα τὰ τῶν ἐχθρῶν ἐπιτεχνήματα, ἄλλων ἐπ' ἄλλαις αἱρέσεων καινοτομουμένων, ὑπορρεουσῶν ἀεὶ τῶν προτέρων καὶ εἰς πολυτρόπους καὶ πολυμόρφους ἰδέας ἄλλοτε ἄλλως φθειρομένων· προῄει δ' εἰς αὔξην καὶ μέγεθος, ἀεὶ κατὰ τὰ αὐτὰ καὶ ὡσαύτως ἔχουσα, ἡ τῆς καθόλου καὶ μόνης ἀληθοῦς ἐκκλησίας λαμπρότης, τὸ σεμνὸν καὶ εἰλικρινὲς καὶ ἐλευθέριον τό τε σῶφρον καὶ καθαρὸν τῆς ἐνθέου πολιτείας τε καὶ φιλοσοφίας εἰς ἅπαν γένος Ἑλλήνων τε καὶ βαρβάρων ἀποστίλβουσα. [14] Συναπέσβη δ' οὖν ἅμα τῷ χρόνῳ καὶ ἡ κατὰ παντὸς τοῦ δόγματος διαβολή, ἔμενεν δὲ ἄρα μόνη παρὰ πᾶσι κρατοῦσα καὶ ἀνομολογουμένη τὰ μάλιστα διαπρέπειν ἐπὶ σεμνότητι καὶ σωφροσύνῃ θείοις τε καὶ φιλοσόφοις δόγμασιν ἡ καθ' ἡμᾶς διδασκαλία, ὡς μηδένα τῶν εἰς νῦν αἰσχρὰν ἐπιφέρειν τολμᾶν κατὰ τῆς πίστεως ἡμῶν δυσφημίαν μηδέ τινα τοιαύτην διαβολὴν οἵαις πάλαι πρότερον φίλον ἦν χρῆσθαι τοῖς καθ' ἡμῶν ἐπισυνισταμένοις.

un ample prétexte de dénigrement contre la parole divine : leur renommée se répandait en effet au détriment de tout le peuple chrétien. [11] C'est ainsi, en grande partie, qu'est née cette légende impie et absurde, qui circulait à notre sujet parmi les incroyants d'alors, et dans laquelle on racontait que nous commettions des incestes monstrueux avec nos mères ou nos sœurs et que nous nous livrions à d'abominables festins. [12] Tout cela du reste ne servit pas longtemps au démon ; la vérité se leva bientôt et en vint, avec le temps, à briller d'une vive lumière. [13] Les machinations des ennemis disparurent aussitôt, confondues par leur propre activité. Les hérésies s'entassaient les unes sur les autres; les premières s'évanouissaient successivement et se perdaient, de diverses manières, en des sectes multiples et des formes variées. Au contraire, toujours semblable à lui-même, l'éclat de l'Église catholique et seule véritable croissait et se développait ; ce qu'il y a de vénérable, de loyal, de libre, de sage, de pur dans son gouvernement divin et sa philosophie, rayonnait sur la race entière des Grecs et des barbares. [14] Avec le temps, s'éteignit donc la calomnie qui s'était exercée contre toute notre croyance. Notre enseignement demeura seul victorieux auprès de tous et on reconnut qu'il l'emportait hautement par la gravité et la prudence, ainsi que par ses doctrines divines et philosophiques. Aussi bien, maintenant personne n'ose plus insulter notre foi par une appellation méprisante ni par la calomnie, comme celle dont usaient avec plaisir auparavant, ceux qui s'étaient autrefois conjurés contre nous.

Η'

[15] Ὅμως δ' οὖν κατὰ τοὺς δηλουμένους αὖθις παρῆγεν εἰς μέσον ἡ ἀλήθεια πλείους ἑαυτῆς ὑπερμάχους, οὐ δι' ἀγράφων αὐτὸ μόνον ἐλέγχων, ἀλλὰ καὶ δι' ἐγγράφων ἀποδείξεων κατὰ τῶν ἀθέων αἱρέσεων στρατευομένους.

[VIII, 1] Ἐν τούτοις ἐγνωρίζετο Ἡγήσιππος, οὗ πλείσταις ἤδη πρότερον κεχρήμεθα φωναῖς, ὡς ἂν ἐκ τῆς αὐτοῦ παραδόσεως τινὰ τῶν κατὰ τοὺς ἀποστόλους παραθέμενοι. [2] Ἐν πέντε δ' οὖν συγγράμμασιν οὗτος τὴν ἀπλανῆ παράδοσιν τοῦ ἀποστολικοῦ κηρύγματος ἁπλουστάτῃ συντάξει γραφῆς ὑπομνηματισάμενος, καθ' ὃν ἐγνωρίζετο σημαίνει χρόνον, περὶ τῶν ἀρχῆθεν ἱδρυσάντων τὰ εἴδωλα οὕτω πως γράφων·

« Οἷς κενοτάφια καὶ ναοὺς ἐποίησαν ὡς μέχρι νῦν· ὧν ἐστιν καὶ Ἀντίνοος, δοῦλος Ἀδριανοῦ Καίσαρος, οὗ καὶ ἀγὼν ἄγεται Ἀντινόειος, ὁ ἐφ' ἡμῶν γενόμενος. Καὶ γὰρ πόλιν ἔκτισεν ἐπώνυμον Ἀντινόου καὶ προφήτας. »

[15] Du reste, à l'époque dont nous parlons, la vérité se suscita encore à elle-même des défenseurs nombreux, qui combattirent les hérésies athées, non seulement en des discussions orales, mais encore en des dissertations écrites.

[CHAPITRE VIII

QUELS FURENT LES ÉCRIVAINS ECCLÉSIASTIQUES]

En ces temps, florissait Hégésippe ; nous avons déjà recouru à de nombreuses citations de lui, pour établir, sur son autorité, divers faits du temps des apôtres. [2] Après avoir raconté en cinq livres, d'une exposition fort simple, la tradition infaillible de la prédication apostolique, il indique clairement l'époque où il vécut, et il écrit ceci de ceux qui les premiers érigèrent des statues d'idoles :

« On leur élevait des cénotaphes et des temples, comme on fait encore aujourd'hui. L'un d'eux fut Antinoüs, esclave d'Hadrien César, à la gloire de qui l'on célèbre les jeux antinoiens et qui vivait de nos jours (voy. l'*Appendice*). L'empereur bâtit en effet une ville qui porte son nom et lui donna des prophètes. »

[3] Κατ' αὐτὸν δὲ καὶ Ἰουστῖνος, γνήσιος τῆς ἀληθοῦς φιλοσοφίας ἐραστής, ἔτι τοῖς παρ' Ἕλλησιν ἀσκούμενος ἐνδιέτριβεν λόγοις· σημαίνει δὲ καὶ αὐτὸς τουτονὶ τὸν χρόνον ἐν τῇ πρὸς Ἀντωνῖνον ἀπολογίᾳ ὧδε γράφων [Apol., I, xxix, 4]·

« Οὐκ ἄτοπον δὲ ἐπιμνησθῆναι ἐν τούτοις ἡγούμεθα καὶ Ἀντινόου τοῦ νῦν γενομένου, ὃν καὶ ἅπαντες ὡς θεὸν διὰ φόβον σέβειν ὥρμηντο, ἐπιστάμενοι τίς τε ἦν καὶ πόθεν ὑπῆρχεν ».

[4] Ὁ δ' αὐτὸς καὶ τοῦ τότε κατὰ Ἰουδαίων πολέμου μνημονεύων ταῦτα παρατίθεται [Justin, Apol., I, xxxi, 6]·

« Καὶ γὰρ ἐν τῷ νῦν γενομένῳ Ἰουδαϊκῷ πολέμῳ Βαρχωχεβας, ὁ τῆς Ἰουδαίων ἀποστάσεως ἀρχηγέτης, Χριστιανοὺς μόνους εἰς τιμωρίας δεινάς, εἰ μὴ ἀρνοῖντο Ἰησοῦν τὸν Χριστὸν καὶ βλασφημοῖεν, ἐκέλευεν ἄγεσθαι ».

[5] Ἐν ταὐτῷ δὲ καὶ τὴν ἀπὸ τῆς Ἑλληνικῆς φιλοσοφίας ἐπὶ τὴν θεοσέβειαν μεταβολὴν αὐτοῦ, ὅτι μὴ ἀλόγως, μετὰ κρίσεως δὲ αὐτῷ γεγόνει, δηλῶν, ταῦτα γράφει [Justin, Apol., II, xii, 1]·

« Καὶ γὰρ αὐτὸς ἐγώ, τοῖς Πλάτωνος χαίρων διδάγμασι, διαβαλλομένους ἀκούων Χριστιανούς, ὁρῶν δὲ καὶ ἀφόβους πρὸς θάνατον καὶ πάντα τὰ νομιζόμενα φοβερά, ἐνενόουν ἀδύνατον εἶναι ἐκ κακίᾳ καὶ φιληδονίᾳ ὑπάρχειν αὐτούς· τίς γὰρ φιλήδονος ἢ ἀκρατὴς καὶ ἀνθρωπείων σαρκῶν βορὰν ἡγούμενος ἀγαθόν, δύναιτ' ἂν θάνατον ἀσπάζεσθαι, ὅπως τῶν ἑαυτοῦ στερηθείη ἐπιθυμιῶν, ἀλλ'

[3] Au même temps, Justin, sincère ami de la vraie philosophie, s'exerçait encore aux écrits des Grecs. Il indique lui aussi cette époque dans l'apologie à Antonin en ces termes :

« Il ne nous paraît pas hors de propos de rappeler encore ici Antinoüs qui vivait de notre temps tout récemment : tous, par crainte, s'empressaient de l'honorer comme un Dieu, quoiqu'ils sussent fort bien qui il était et d'où il était sorti. »

[4] A propos de la campagne d'alors contre les Juifs, le même ajoute :

« Dans la guerre juive actuelle, Barchochébas, le chef de la révolte, faisait conduire les seuls chrétiens à de terribles supplices s'ils ne reniaient et ne blasphémaient Jésus-Christ. »

[5] Dans le même ouvrage, il expose sa conversion de la philosophie grecque à la religion de Dieu ; il montre qu'il n'a pas fait cela sans réflexion, mais après examen ; voici ce qu'il en écrit :

« Je me plaisais aux enseignements de Platon, et j'entendais dire que les chrétiens étaient attaqués; cependant je les voyais sans crainte devant la mort et tout ce qu'on estime être redoutable, et j'en concluais qu'il était impossible qu'ils vécussent dans le mal et l'amour du plaisir. Celui qui aime les délices, qui n'est pas tempérant, qui se plaît à se nourrir de chair humaine, pourrait-il accueillir avec empressement une mort qui doit lui ravir ce qu'il chérit ? ne s'efforcerait-il pas au contraire de prolonger par tous les moyens,

ούκ έκ παντός ζην άεί την ενθάδε βιοτήν και λανθάνειν τους άρχοντας έπειρατο, ούχ ότι εαυτόν κατήγγελλεν φονευθησόμενον; »

Θ'

Έτι δ' ό αυτός ιστορεί δεξάμενον τον Άδριανόν παρά Σερεννίου Γρανιανού, λαμπροτάτου ηγουμένου, γράμματα ύπέρ Χριστιανών περιέχοντα ώς ού δίκαιον είη έπι μηδενι έγκλήματι βοαΐς δήμου χαριζομένους άκρίτως κτείνειν αύτούς, άντιγράψαι Μινουκίω Φουνδανώ, άνθυπάτω της Ασίας, προστάττοντα μηδένα κρίνειν άνευ εγκλήματος και εύλόγου κατηγορίας· [7] και της επιστολής δέ άντίγραφον παρατέθειται, την Ρωμαϊκήν φωνήν, ώς είχεν, διαφυλάξας, προλέγει δ' αυτής ταύτα [JUSTIN, *Apol.*, I, LXVIII, 3].

« Και εξ επιστολής δέ του μεγίστου και έπιφανεστάτου Καίσαρος Αδριανού του πατρός υμών έχοντες απαιτεϊν υμάς, καθά ήξιώσαμεν, κελεύσαι τάς κρίσεις γίνεσθαι, τούτο ούχ ώς ύπό Αδριανού κελευσθέν μάλλον ήξιώσαμεν, άλλ' έκ του έπίστασθαι δικαίαν αξιούν την προσφώνησιν. Υπετάξαμεν δέ και της επιστολής Αδριανού τό άντίγραφον, ίνα και τούτο αληθεύειν ημάς γνωρίζητε, και έστιν τόδε ».

[8] Τούτοις ό μέν δηλωθείς άνήρ αυτήν παρατέθειται

l'existence d'ici-bas, et de se soustraire aux magistrats plutôt que d'aller s'accuser lui-même pour être mis à mort ? »

[6] Le même écrivain raconte encore qu'Hadrien reçut du clarissime gouverneur Serenius Granianus une lettre au sujet des chrétiens, disant qu'il n'était pas juste qu'en dehors de toute inculpation, on mît à mort les chrétiens sans jugement, pour plaire à la foule qui vociférait contre eux. Le prince répondit à Minucius Fundanus, proconsul d'Asie, et lui interdit de ne juger personne sans qu'il y ait une plainte et une accusation en règle. [7] Justin donne la copie du rescrit, gardant le texte latin tel qu'il est ; il le fait précéder de ceci :

« Et d'après une lettre du très grand, très illustre César Hadrien, votre père, nous aurions pu vous demander d'enjoindre que, selon notre réclamation, il y eût des procédures. Cependant la raison de notre requête est moins ce qu'a ordonné Hadrien que la conviction de la légitimité de notre réclamation. Nous y joignons la copie de la lettre d'Hadrien afin que vous sachiez que nous disons vrai : en voici les termes. »

[8] Et l'écrivain susdit donne le texte latin (voy.

τὴν Ῥωμαϊκὴν ἀντιγραφήν, ἡμεῖς δ' ἐπὶ τὸ Ἑλληνικὸν κατὰ δύναμιν αὐτὴν μετειλήφαμεν, ἔχουσαν ὧδε [*ib.*]·

[IX, 1] « Μινουκίῳ Φουνδανῷ.

« Ἐπιστολὴν ἐδεξάμην γραφεῖσάν μοι ἀπὸ Σερεννίου Γρανιανοῦ, λαμπροτάτου ἀνδρός, ὅντινα σὺ διεδέξω. Οὐ δοκεῖ μοι οὖν τὸ πρᾶγμα ἀζήτητον καταλιπεῖν, ἵνα μήτε οἱ ἄνθρωποι ταράττωνται καὶ τοῖς συκοφάνταις χορηγία κακουργίας παρασχεθῇ. [2] Εἰ οὖν σαφῶς εἰς ταύτην τὴν ἀξίωσιν οἱ ἐπαρχιῶται δύνανται διισχυρίζεσθαι κατὰ τῶν Χριστιανῶν, ὡς καὶ πρὸ βήματος ἀποκρίνασθαι, ἐπὶ τοῦτο μόνον τραπῶσιν, ἀλλ' οὐκ ἀξιώσεσιν οὐδὲ μόναις βοαῖς. Πολλῷ γὰρ μᾶλλον προσῆκεν, εἴ τις κατηγορεῖν βούλοιτο, τοῦτό σε διαγινώσκειν. [3] Εἴ τις οὖν κατηγορεῖ καὶ δείκνυσίν τι παρὰ τοὺς νόμους πράττοντας, οὕτως ὅριζε κατὰ τὴν δύναμιν τοῦ ἁμαρτήματος· ὡς μὰ τὸν Ἡρακλέα εἴ τις συκοφαντίας χάριν τοῦτο προτείνοι, διαλάμβανε ὑπὲρ τῆς δεινότητος καὶ φρόντιζε ὅπως ἂν ἐκδικήσειας ».

Καὶ τὰ μὲν τῆς Ἀδριανοῦ ἀντιγραφῆς τοιαῦτα·

l'*Appendice*) ; nous l'avons, selon notre pouvoir, traduit en grec ainsi qu'il suit :

[CHAPITRE IX

LETTRE D'HADRIEN DÉFENDANT DE NOUS FRAPPER
SANS JUGEMENT]

« A Minucius Fundanus.

« J'ai reçu une lettre que m'a écrite le clarissime Serenius Granianus dont tu es le successeur. L'affaire qu'il me proposait m'a semblé mériter examen, de peur que les hommes ne soient inquiétés, et les dénonciateurs, favorisés dans leur mauvaise besogne. [2] Si donc les habitants de la province peuvent ouvertement soutenir leur requête contre les chrétiens, de façon à ce que la chose soit plaidée devant le tribunal, qu'ils se servent de ce seul moyen et non pas d'acclamations ni de simples cris. Il est, en effet, préférable de beaucoup, si quelqu'un veut porter une accusation, que tu en connaisses toi-même. [3] Cela étant, si quelqu'un les accuse et montre qu'ils ont fait quelque chose contre les lois, statue selon la gravité de la faute. Mais, par Hercule, si quelqu'un allègue cela par délation, retiens cette mauvaise action et aie soin qu'elle soit punie. »

Tel est le rescrit d'Hadrien.

Ι'

Τούτου δὲ τὸ χρεὼν μετὰ πρῶτον καὶ εἰκοστὸν ἔτος ἐκτίσαντος, Ἀντωνῖνος ὁ κληθεὶς Εὐσεβὴς τὴν Ῥωμαίων ἀρχὴν διαδέχεται. Τούτου δὲ ἐν ἔτει πρώτῳ Τελεσφόρου τὸν βίον ἐνδεκάτῳ τῆς λειτουργίας ἐνιαυτῷ μεταλλάξαντος, Ὑγῖνος τὸν κλῆρον τῆς Ῥωμαίων ἐπισκοπῆς παραλαμβάνει.

ΙΑ'

Ἱστορεῖ γε μὴν ὁ Εἰρηναῖος τὸν Τελεσφόρον μαρτυρίῳ τὴν τελευτὴν διαπρέψαι [IRÉNÉE, III, III, 3; cf. plus loin, V, VI, 4], δηλῶν ἐν ταὐτῷ κατὰ τὸν δηλούμενον Ῥωμαίων ἐπίσκοπον Ὑγῖνον Οὐαλεντῖνον ἰδίας αἱρέσεως εἰσηγητὴν καὶ Κέρδωνα τῆς κατὰ Μαρκίωνα πλάνης ἀρχηγὸν ἐπὶ τῆς Ῥώμης ἄμφω γνωρίζεσθαι, γράφει δὲ οὕτως [IRÉNÉE, III, IV, 3]·

CHAPITRE X

[QUELS FURENT SOUS LE RÈGNE D'ANTONIN
LES ÉVÊQUES DES ROMAINS ET DES ALEXANDRINS]

Ce prince subit sa destinée après vingt et un ans de règne [10 juillet 138]. Antonin le Pieux lui succéda à l'empire. La première année de son gouvernement, arriva la mort de Télesphore, dans la onzième année de sa charge. Hygin fut choisi pour l'épiscopat des Romains.

Irénée raconte que Télesphore illustra sa mort par le martyre ; au même endroit, il nous montre que, sous Hygin, l'évêque des Romains, dont nous venons de parler, Valentin, auteur de la secte qui porte son propre nom, et Cerdon, chef de celle de l'erreur de Marcion, florissaient tous deux à Rome. Voici ce qu'il en écrit :

[XI, 1]. « Οὐαλεντῖνος μὲν γὰρ ἦλθεν εἰς Ῥώμην ἐπὶ Ὑγίνου, ἤκμασεν δὲ ἐπὶ Πίου, καὶ παρέμεινεν ἕως Ἀνικήτου· Κέρδων δ' ὁ πρὸ Μαρκίωνος καὶ αὐτὸς ἐπὶ Ὑγίνου, ὃς ἦν ἔνατος ἐπίσκοπος, εἰς τὴν ἐκκλησίαν ἐλθὼν καὶ ἐξομολογούμενος, οὕτως διετέλεσεν, ποτὲ μὲν λαθροδιδασκαλῶν, ποτὲ δὲ πάλιν ἐξομολογούμενος, ποτὲ δὲ ἐλεγχόμενος ἐφ' οἷς ἐδίδασκεν κακῶς, καὶ ἀφιστάμενος τῆς τῶν ἀδελφῶν συνοδίας ».

[2] Ταῦτα δέ φησιν ἐν τρίτῳ τῶν πρὸς τὰς αἱρέσεις· ἔν γε μὴν τῷ πρώτῳ αὖθις περὶ τοῦ Κέρδωνος ταῦτα διέξεισιν [I, xxvii, 1-2]·

« Κέρδων δέ τις ἀπὸ τῶν περὶ τὸν Σίμωνα τὰς ἀφορμὰς λαβὼν καὶ ἐπιδημήσας ἐν τῇ Ῥώμῃ ἐπὶ Ὑγίνου ἔνατον κλῆρον τῆς ἐπισκοπικῆς διαδοχῆς ἀπὸ τῶν ἀποστόλων ἔχοντος, ἐδίδαξεν τὸν ὑπὸ τοῦ νόμου καὶ προφητῶν κεκηρυγμένον θεὸν μὴ εἶναι πατέρα τοῦ κυρίου ἡμῶν Ἰησοῦ Χριστοῦ· τὸν μὲν γὰρ γνωρίζεσθαι, τὸν δὲ ἀγνῶτα εἶναι, καὶ τὸν μὲν δίκαιον, τὸν δὲ ἀγαθὸν ὑπάρχειν. Διαδεξάμενος δὲ αὐτὸν Μαρκίων ὁ Ποντικὸς ηὔξησεν τὸ διδασκαλεῖον, ἀπηρυθριασμένως βλασφημῶν ».

[3] Ὁ δ' αὐτὸς Εἰρηναῖος [I, ι-ιχ] τὸν ἄπειρον βυθὸν

[CHAPITRE XI

LES HÉRÉSIARQUES DE CES TEMPS]

« Valentin vint en effet à Rome sous Hygin, y fut dans tout son éclat sous Pie et y demeura jusqu'à Anicet. Cerdon, le prédécesseur de Marcion, vécut lui aussi sous Hygin, qui était le neuvième évêque [de Rome]. Il entra dans l'Église, et confessa son erreur ; mais il y persévéra, tantôt enseignant sa doctrine en secret, tantôt la désavouant de nouveau, tantôt convaincu de donner des enseignements mauvais, et il se retira de l'assemblée des frères. »

[2] Irénée nous donne ces détails au troisième livre de son ouvrage contre les hérésies. Du reste au premier, il avait déjà dit ceci de Cerdon :

« Un certain Cerdon, qui se rattache par ses origines aux sectateurs de Simon, résidait à Rome sous Hygin, le neuvième héritier de la succession épiscopale depuis les apôtres. Il enseignait que le Dieu annoncé par la loi et les prophètes n'était pas le Père de notre Seigneur Jésus-Christ. Celui-ci est connu, l'autre ne l'est pas ; l'un est juste, l'autre est bon. Son successeur, Marcion, originaire du Pont, développa son enseignement et blasphéma sans pudeur. »

[3] Le même Irénée explique abondamment l'abîme sans

τῆς Οὐαλεντίνου πολυπλανοῦς ὕλης εὐτονώτατα διαπλώσας, ἑρπετοῦ δίκην φωλεύοντος ἀπόκρυφον οὖσαν αὐτοῦ καὶ λεληθυῖαν ἀπογυμνοῖ τὴν κακίαν· [4] πρὸς τούτοις καὶ ἄλλον τινά, Μάρκος αὐτῷ ὄνομα, κατ' αὐτοὺς γενέσθαι λέγει μαγικῆς κυβείας ἐμπειρότατον [I, XIII, 1], γράφει δὲ καὶ τὰς ἀτελέστους αὐτῶν τελετὰς μυσεράς τε μυσταγωγίας ἐκφαίνων αὐτοῖς δὴ τούτοις τοῖς γράμμασιν [I, XXI, 3]·

« [5] Οἱ μὲν γὰρ αὐτῶν νυμφῶνα κατασκευάζουσιν καὶ μυσταγωγίαν ἐπιτελοῦσιν μετ' ἐπιρρήσεών τινων τοῖς τελουμένοις καὶ πνευματικὸν γάμον φάσκουσιν εἶναι τὸ ὑπ' αὐτῶν γινόμενον κατὰ τὴν ὁμοιότητα τῶν ἄνω συζυγιῶν· οἱ δὲ ἄγουσιν ἐφ' ὕδωρ καὶ βαπτίζοντες οὕτως ἐπιλέγουσιν· « Εἰς « ὄνομα ἀγνώστου πατρὸς τῶν ὅλων, εἰς ἀλήθειαν μητέρα « τῶν πάντων, εἰς τὸν κατελθόντα εἰς τὸν Ἰησοῦν »· ἄλλοι δὲ Ἑβραϊκὰ ὀνόματα ἐπιλέγουσιν πρὸς τὸ μᾶλλον καταπλήξασθαι τοὺς τελουμένους ».

[6] Ἀλλὰ γὰρ μετὰ τέταρτον τῆς ἐπισκοπῆς ἔτος Ὑγίνου τελευτήσαντος, Πίος ἐπὶ Ῥώμης ἐγχειρίζεται τὴν λειτουργίαν· κατά γε μὴν τὴν Ἀλεξάνδρειαν Μάρκος ἀναδείκνυται ποιμὴν Εὐμένους ἔτη τὰ πάντα δέκα πρὸς τρισὶν ἐκπλήσαντος, τοῦ τε Μάρκου ἐπὶ δέκα ἔτη τῆς λειτουργίας ἀναπαυσαμένου, Κελαδίων τῆς Ἀλεξανδρέων ἐκκλησίας τὴν λειτουργίαν παραλαμβάνει. [7] Καὶ κατὰ τὴν Ῥωμαίων δὲ πόλιν πεντεκαιδεκάτῳ τῆς ἐπισκοπῆς ἐνιαυτῷ Πίου μεταλλάξαντος, Ἀνίκητος τῶν ἐκεῖσε προΐσταται· καθ' ὃν Ἡγήσιππος ἱστορεῖ [voy. plus loin, IV,

fond de matière que Valentin a enveloppée d'erreurs ; puis, il dévoile sa malice cachée et sournoise semblable à celle d'un reptile qui se blottit dans un trou. [4] Il apprend en outre qu'un autre, du nom de Marc, était la même époque très habile en jongleries magiques il décrit même en ces termes leurs mystères grossiers et leurs initiations abominables :

« [5] Les uns préparent un lit nuptial et accomplissent un rite secret en prononçant je ne sais quelles paroles sur ceux qu'ils initient. Ils disent que ce qu'ils font là sont des noces pneumatiques, à l'image des noces d'en haut. Les autres conduisent les initiés vers l'eau et les y plongent en disant : « Au nom du Père « inconnu de toutes choses, dans la Vérité mère de tout « et dans celui qui est descendu en Jésus. » D'autres enfin prononcent des mots hébreux pour frapper davantage ceux qu'ils initient. »

[6] Mais après quatre ans d'épiscopat, Hygin mourut, et à Rome, Pie prit en main l'administration de l'église. D'autre part, à Alexandrie, après les treize années entières du gouvernement d'Eumène, Marc fut désigné comme pasteur, et, après dix ans, il laissa la charge de l'Église d'Alexandrie à Céladion. [7] Dans la ville de Rome, lorsque Pie fut mort après un épiscopat de quinze années, Anicet y devint chef de l'Église. C'est sous lui qu'Hégésippe nous raconte qu'il fut à

XXII, 3] ἑαυτὸν ἐπιδημῆσαι τῇ Ῥώμῃ παραμεῖναί τε αὐτόθι μέχρι τῆς ἐπισκοπῆς Ἐλευθέρου.

[8] Μάλιστα δ' ἤκμαζεν ἐπὶ τῶνδε Ἰουστῖνος, ἐν φιλοσόφου σχήματι πρεσβεύων τὸν θεῖον λόγον καὶ τοῖς ὑπὲρ τῆς πίστεως ἐναγωνιζόμενος συγγράμμασιν· ὃς δὴ καὶ γράψας κατὰ Μαρκίωνος σύγγραμμα, μνημονεύει ὡς καθ' ὃν συνέταττε καιρὸν γνωριζομένου τῷ βίῳ τἀνδρός, φησὶν δὲ οὕτως [JUSTIN, *Apol.*, I, XXVI, 5]·

« [9] Μαρκίωνα δέ τινα Ποντικόν, ὃς καὶ νῦν ἔτι ἐστὶν διδάσκων τοὺς πειθομένους ἄλλον τινὰ νομίζειν μείζονα τοῦ δημιουργοῦ θεόν· ὃς καὶ κατὰ πᾶν γένος ἀνθρώπων διὰ τῆς τῶν δαιμόνων συλλήψεως πολλοὺς πέπεικε βλάσφημα λέγειν καὶ ἀρνεῖσθαι τὸν ποιητὴν τοῦδε τοῦ παντὸς πατέρα εἶναι τοῦ Χριστοῦ, ἄλλον δέ τινα ὡς ὄντα μείζονα παρὰ τοῦτον ὁμολογεῖν πεποιηκέναι. Καὶ πάντες οἱ ἀπὸ τούτων ὡρμημένοι, ὡς ἔφαμεν, Χριστιανοὶ καλοῦνται, ὃν τρόπον καὶ οὐ κοινῶν ὄντων δογμάτων τοῖς φιλοσόφοις τὸ ἐπικαλούμενον ὄνομα τῆς φιλοσοφίας κοινόν ἐστιν ».

[10] Τούτοις ἐπιφέρει λέγων [*ib.*]·

« Ἔστιν δὲ ἡμῖν καὶ σύνταγμα κατὰ πασῶν τῶν γεγενημένων αἱρέσεων, ᾧ εἰ βούλεσθε ἐντυχεῖν, δώσομεν ».

Rome et qu'il y demeura jusqu'à l'épiscopat d'Eleuthère.

[8] C'est à cette époque surtout que brillait Justin. Il prêchait la parole divine sous l'habit de philosophe et il défendait la foi dans ses écrits. L'un de ceux-ci est dirigé contre Marcion qui vivait encore, nous dit-il, au moment où il écrivait. Voici ses paroles (voy. l'*Appendice*) :

« [9] Un certain Marcion, originaire du Pont, enseigne encore actuellement à ceux qui l'écoutent, qu'il faut admettre un Dieu plus grand que le Créateur. Grâce à l'aide des démons, il a amené partout beaucoup d'hommes à blasphémer, à nier que l'auteur de cet univers soit le Père du Christ et à reconnaître qu'en dehors de lui, il existe un autre être plus grand. Ainsi que nous l'avons dit, tous les sectateurs de ces hommes sont appelés chrétiens à la manière des philosophes auxquels, bien que leurs doctrines soient différentes, le nom de la philosophie est commun. »

[10] Il ajoute ceci :
« Nous avons composé un livre contre toutes les hérésies qui existent ; si vous voulez le lire, nous vous le donnerons. »

IB'

[11] Ὁ δ' αὐτὸς οὗτος Ἰουστῖνος καὶ πρὸς Ἕλληνας ἱκανώτατα πονήσας, καὶ ἑτέρους λόγους ὑπὲρ τῆς ἡμετέρας πίστεως ἀπολογίαν ἔχοντας βασιλεῖ Ἀντωνίνῳ τῷ δὴ ἐπικληθέντι Εὐσεβεῖ καὶ τῇ Ῥωμαίων συγκλήτῳ βουλῇ προσφωνεῖ· καὶ γὰρ ἐπὶ τῆς Ῥώμης τὰς διατριβὰς ἐποιεῖτο. Ἐμφαίνει δ' ἑαυτὸν ὅστις καὶ πόθεν ἦν, διὰ τῆς ἀπολογίας ἐν τούτοις [*Apol.*, I, 1]·

[XII] « Αὐτοκράτορι Τίτῳ Αἰλίῳ Ἀδριανῷ Ἀντωνίνῳ Εὐσεβεῖ Καίσαρι Σεβαστῷ καὶ Οὐηρισσίμῳ υἱῷ φιλοσόφῳ καὶ Λουκίῳ φιλοσόφου Καίσαρος φύσει υἱῷ καὶ Εὐσεβοῦς εἰσποιητῷ, ἐραστῇ παιδείας, ἱερᾷ τε συγκλήτῳ καὶ παντὶ δήμῳ Ῥωμαίων ὑπὲρ τῶν ἐκ παντὸς γένους ἀνθρώπων ἀδίκως μισουμένων καὶ ἐπηρεαζομένων Ἰουστῖνος Πρίσκου τοῦ Βακχείου τῶν ἀπὸ Φλαυίας Νέας πόλεως τῆς Συρίας Παλαιστίνης, εἷς αὐτῶν, τὴν προσφώνησιν καὶ ἔντευξιν πεποίημαι ».

[11] Ce même Justin, en outre de travaux excellents destinés aux Grecs, rédigea encore d'autres ouvrages contenant l'apologie de notre foi. Il les adressa à l'empereur Antonin surnommé le Pieux et au Sénat romain ; car il vivait alors à Rome. Il déclare qui il est et d'où il vient, en ces termes tirés de l'*Apologie*.

[CHAPITRE XII

L'APOLOGIE DE JUSTIN A ANTONIN]

« A l'empereur Titus Aelius Hadrianus Antoninus Pius, César Auguste et à Verissimus, son fils, Philosophe, et à Lucius, par la nature fils de César Philosophe et de Pius par l'adoption, ami de la science, au Sacré Sénat et à tout le Peuple des Romains : pour les hommes de toute race qui sont injustement haïs et calomniés, moi, l'un d'eux, Justin, fils de Priscus, fils de Bacchius, né à Flavia Neapolis de la Syrie Palestinienne, j'adresse et présente cette requête. »

ΙΓ'

Ἐντευχθεὶς δὲ καὶ ὑφ' ἑτέρων ὁ αὐτὸς βασιλεὺς ἐπὶ τῆς Ἀσίας ἀδελφῶν παντοίαις ὕβρεσιν πρὸς τῶν ἐπιχωρίων δήμων καταπονουμένων, τοιαύτης ἠξίωσεν τὸ κοινὸν τῆς Ἀσίας διατάξεως·

« [XIII, 1] Αὐτοκράτωρ Καῖσαρ Μάρκος Αὐρήλιος Ἀντωνῖνος Σεβαστός, Ἀρμένιος, ἀρχιερεὺς μέγιστος, δημαρχικῆς ἐξουσίας τὸ πέμπτον καὶ τὸ δέκατον, ὕπατος τὸ τρίτον, τῷ κοινῷ τῆς Ἀσίας χαίρειν. [2] Ἐγὼ μὲν οἶδ' ὅτι καὶ τοῖς θεοῖς ἐπιμελές ἐστι μὴ λανθάνειν τοὺς τοιούτους· πολὺ γὰρ μᾶλλον ἐκεῖνοι κολάσαιεν ἂν τοὺς μὴ βουλομένους αὐτοῖς προσκυνεῖν ἢ ὑμεῖς. [3] Οὓς εἰς ταραχὴν ἐμβάλλετε, βεβαιοῦντες τὴν γνώμην αὐτῶν ἥνπερ ἔχουσιν, ὡς ἀθέων κατηγοροῦντες· εἴη δ' ἂν κἀκείνοις αἱρετὸν τῷ δοκεῖν κατηγορουμένοις τεθνάναι μᾶλλον ἢ ζῆν ὑπὲρ τοῦ οἰκείου θεοῦ· ὅθεν καὶ νικῶσι, προϊέμενοι τὰς ἑαυτῶν ψυχὰς ἤπερ πειθόμενοι οἷς ἀξιοῦτε πράττειν αὐτούς. [4] Περὶ δὲ τῶν σεισμῶν τῶν γεγονότων καὶ γινομένων, οὐκ ἄτοπον ὑμᾶς ὑπομνῆσαι ἀθυμοῦντας μὲν ὅταν περ ὦσιν, παραβάλ-

Le même empereur, sollicité par d'autres frères d'Asie qui étaient en butte à toutes sortes de violences de la part des populations de cette province, jugea à propos d'adresser ce rescrit à l'assemblée d'Asie.

[CHAPITRE XIII

LETTRE D'ANTONIN A L'ASSEMBLÉE D'ASIE
SUR NOTRE DOCTRINE]

« L'empereur César Marc Aurèle Antonin Auguste, Arméniaque, souverain pontife, tribun pour la quinzième fois et consul pour la troisième [7 mars-9 décembre 161], à l'assemblée d'Asie, salut. [2] Je sais que c'est aussi aux dieux de veiller à ce que de tels hommes n'échappent pas au châtiment ; car ce serait à eux, bien plutôt qu'à vous-mêmes, de punir ceux qui ne veulent pas les adorer. [3] Vous jetez ces gens dans le trouble, et vous les ancrez dans la croyance qui est la leur, en les accusant d'athéisme. Mais quand ils sont inculpés, ils estiment préférable de se montrer en mourant pour leur Dieu que de vivre. C'est de là qu'ils tirent leur victoire, sacrifiant leur vie plutôt que de consentir à ce que vous leur demandez de faire. [4] Quant aux tremblements de terre passés ou présents, il n'est pas hors de propos de vous rappeler, à vous qui perdez si facilement courage quand ils se produisent, que vous feriez bien

λοντας δὲ τὰ ἡμέτερα πρὸς τὰ ἐκείνων. [5] Οἱ μὲν οὖν εὐπαρρησιαστότεροι γίνονται πρὸς τὸν θεόν, ὑμεῖς δὲ παρὰ πάντα τὸν χρόνον καθ' ὃν ἀγνοεῖν δοκεῖτε, τῶν τε θεῶν τῶν ἄλλων ἀμελεῖτε καὶ τῆς θρησκείας τῆς περὶ τὸν ἀθάνατον· ὃν δὴ τοὺς Χριστιανοὺς θρησκεύοντας ἐλαύνετε καὶ διώκετε ἕως θανάτου. [6] Ὑπὲρ δὲ τῶν τοιούτων ἤδη καὶ πολλοὶ τῶν περὶ τὰς ἐπαρχίας ἡγεμόνων καὶ τῷ θειοτάτῳ ἡμῶν ἔγραψαν πατρί, οἷς καὶ ἀντέγραψεν μηδὲν ἐνοχλεῖν τοῖς τοιούτοις, εἰ μὴ ἐμφαίνοιντό τι περὶ τὴν Ῥωμαίων ἡγεμονίαν ἐγχειροῦντες. Καὶ ἐμοὶ δὲ περὶ τῶν τοιούτων πολλοὶ ἐσήμαναν· οἷς δὴ καὶ ἀντέγραψα κατακολουθῶν τῇ τοῦ πατρὸς γνώμῃ. [7] Εἰ δέ τις ἐπιμένοι τινὰ τῶν τοιούτων εἰς πράγματα φέρων ὡς δὴ τοιοῦτον, ἐκεῖνος ὁ καταφερόμενος ἀπολελύσθω τοῦ ἐγκλήματος καὶ ἐὰν φαίνηται τοιοῦτος ὤν, ὁ δὲ καταφέρων ἔνοχος ἔσται δίκης. Προετέθη ἐν Ἐφέσῳ ἐν τῷ κοινῷ τῆς Ἀσίας ».

[8] Τούτοις οὕτω χωρήσασιν ἐπιμαρτυρῶν Μελίτων, τῆς ἐν Σάρδεσιν ἐκκλησίας ἐπίσκοπος κατ' αὐτὸ γνωριζόμενος τοῦ χρόνου, δῆλός ἐστιν ἐκ τῶν εἰρημένων αὐτῷ ἐν ᾗ πεποίηται πρὸς αὐτοκράτορα Οὐῆρον ὑπὲρ τοῦ καθ' ἡμᾶς δόγματος ἀπολογίᾳ [cf. plus loin, xxv, 10].

de comparer notre conduite avec la leur. [5] Ils sont pleins de confiance en Dieu ; vous, pendant tout le temps où vous semblez être plongés dans l'incurie, vous vous désintéressez et des autres dieux et du culte de l'immortel ; celui-ci, les chrétiens l'adorent, et vous les pourchassez et les persécutez jusqu'à la mort. [6] Beaucoup de gouverneurs de province du reste ont écrit déjà à notre très divin père au sujet de ces hommes. Il leur a répondu qu'il ne fallait pas les inquiéter, s'il n'était pas prouvé qu'ils entreprissent rien contre la souveraineté romaine. Plusieurs se sont aussi adressés à moi-même, je leur ai écrit en me conformant à son avis. [7] Si donc quelqu'un s'obstine à faire une affaire à un chrétien parce qu'il est chrétien, que cet inculpé soit renvoyé des fins de la plainte, lors même qu'il serait évident qu'il est chrétien, et que l'accusateur soit puni. Promulgué à Éphèse dans l'assemblée d'Asie (voy. l'*Appendice*). »

[8] Que les choses se soient ainsi passées, c'est ce dont témoigne Méliton, évêque de l'église de Sardes, et alors bien connu. Cela du moins ressort de ce qu'il dit dans une apologie de notre doctrine adressée par lui à l'empereur Vérus.

ΙΔ'

Ἐπὶ δὲ τῶν δηλουμένων, Ἀνικήτου τῆς Ῥωμαίων ἐκκλησίας ἡγουμένου, Πολύκαρπον ἔτι περίοντα τῷ βίῳ γενέσθαι τε ἐπὶ Ῥώμης καὶ εἰς ὁμιλίαν τῷ Ἀνικήτῳ ἐλθεῖν διά τι ζήτημα περὶ τῆς κατὰ τὸ πάσχα ἡμέρας Εἰρηναῖος ἱστορεῖ [cf. V, xxiv, 16]. [2] Καὶ ἄλλην δὲ ὁ αὐτὸς περὶ τοῦ Πολυκάρπου παραδίδωσιν διήγησιν, ἣν ἀναγκαῖον τοῖς περὶ αὐτοῦ δηλουμένοις ἐπισυνάψαι, οὕτως ἔχουσαν [III, ɪɪɪ, 4]·

ΑΠΟ ΤΟΥ ΤΡΙΤΟΥ ΤΩΝ ΠΡΟΣ ΤΑΣ
ΑΙΡΕΣΕΙΣ ΕΙΡΗΝΑΙΟΥ

« [3] Καὶ Πολύκαρπος δὲ οὐ μόνον ὑπὸ ἀποστόλων μαθητευθεὶς καὶ συναναστραφεὶς πολλοῖς τοῖς τὸν κύριον ἑορακόσιν, ἀλλὰ καὶ ὑπὸ ἀποστόλων κατασταθεὶς εἰς τὴν Ἀσίαν ἐν τῇ ἐν Σμύρνῃ ἐκκλησίᾳ ἐπίσκοπος, ὃν καὶ ἡμεῖς ἑοράκαμεν ἐν τῇ πρώτῃ ἡμῶν ἡλικίᾳ. [4] Ἐπὶ πολὺ γὰρ παρέμεινεν καὶ πάνυ γηραλέος ἐνδόξως καὶ ἐπιφανέστατα μαρτυρήσας, ἐξῆλθεν τοῦ βίου, ταῦτα διδάξας ἀεὶ ἃ καὶ παρὰ τῶν ἀποστόλων ἔμαθεν, ἃ καὶ ἡ ἐκκλησία παραδίδωσιν, ἃ καὶ μόνα ἐστὶν ἀληθῆ. [5] Μαρτυροῦσι τούτοις αἱ κατὰ τὴν Ἀσίαν ἐκκλησίαι πᾶσαι καὶ οἱ μέχρι νῦν διαδεδεγμένοι τὸν Πολύκαρπον, πολλῷ ἀξιοπιστότερον καὶ βεβαιό-

CHAPITRE XIV

[CE QU'ON SAIT DE POLYCARPE DISCIPLE DES APÔTRES]

A cette époque, Anicet gouvernait l'église des Romains. Polycarpe, qui vivait encore, fut à Rome pour s'entretenir avec lui d'une question concernant le jour de la Pâques. C'est Irénée qui rapporte ce fait. [2] Le même écrivain donne encore sur Polycarpe un autre récit qu'il faut joindre à ce qu'on a déjà dit de lui ; en voici la teneur :

EXTRAIT DU IIIe LIVRE DE L'OUVRAGE D'IRÉNÉE CONTRE LES HÉRÉSIES

« [3] Non seulement Polycarpe fut disciple des apôtres et vécut avec nombre de personnages qui avaient vu le Seigneur ; mais les apôtres l'établirent pour l'Asie évêque dans l'église de Smyrne : nous-même l'avons vu dans notre premier âge. [4] Il vécut en effet longtemps ; puis après une vieillesse très avancée et un martyre glorieux et des plus éclatants, il mourut. Il n'eut jamais qu'un enseignement : celui qu'il avait appris des apôtres, que l'Église transmet et qui est le seul véritable. [5] Toutes les Églises de l'Asie en témoignent et ceux qui lui ont succédé jusqu'ici attestent qu'il fut un témoin de la vérité autrement digne de foi et sûr

τερον ἀληθείας μάρτυρα ὄντα Οὐαλεντίνου καὶ Μαρκίωνος καὶ τῶν λοιπῶν κακογνωμόνων· ὃς καὶ ἐπὶ Ἀνικήτου ἐπιδημήσας τῇ Ῥώμῃ, πολλοὺς ἀπὸ τῶν προειρημένων αἱρετικῶν ἐπέστρεψεν εἰς τὴν ἐκκλησίαν τοῦ θεοῦ, μίαν καὶ μόνην ταύτην ἀλήθειαν κηρύξας ὑπὸ τῶν ἀποστόλων παρειληφέναι τὴν ὑπὸ τῆς ἐκκλησίας παραδεδομένην.

« [6] Καὶ εἰσὶν οἱ ἀκηκοότες αὐτοῦ ὅτι Ἰωάννης ὁ τοῦ κυρίου μαθητὴς ἐν τῇ Ἐφέσῳ πορευθεὶς λούσασθαι καὶ ἰδὼν ἔσω Κήρινθον ἐξήλατο τοῦ βαλανείου μὴ λουσάμενος, ἀλλ' ἐπειπών· « Φύγωμεν, μὴ καὶ τὸ βαλανεῖον συμπέσῃ, « ἔνδον ὄντος Κηρίνθου τοῦ τῆς ἀληθείας ἐχθροῦ ». [7] Καὶ αὐτὸς δὲ ὁ Πολύκαρπος Μαρκίωνί ποτε εἰς ὄψιν αὐτῷ ἐλθόντι καὶ φήσαντι· « Ἐπιγίνωσκε ἡμᾶς », ἀπεκρίθη· « Ἐπιγινώσκω ἐπιγινώσκω τὸν πρωτότοκον τοῦ σατανᾶ ». Τοσαύτην οἱ ἀπόστολοι καὶ οἱ μαθηταὶ αὐτῶν ἔσχον εὐλάβειαν πρὸς τὸ μηδὲ μέχρι λόγου κοινωνεῖν τινι τῶν παραχαρασσόντων τὴν ἀλήθειαν, ὡς καὶ Παῦλος ἔφησεν [*Tit.*, III, 10-11]· « Αἱρετικὸν ἄνθρωπον μετὰ μίαν καὶ δευτέραν « νουθεσίαν παραιτοῦ, εἰδὼς ὅτι ἐξέστραπται ὁ τοιοῦτος « καὶ ἁμαρτάνει ὢν αὐτοκατάκριτος ».

« [8] Ἔστιν δὲ καὶ ἐπιστολὴ Πολυκάρπου πρὸς Φιλιππησίους γεγραμμένη ἱκανωτάτη, ἐξ ἧς καὶ τὸν χαρακτῆρα τῆς πίστεως αὐτοῦ καὶ τὸ κήρυγμα τῆς ἀληθείας οἱ βουλόμενοι καὶ φροντίζοντες τῆς ἑαυτῶν σωτηρίας δύνανται μαθεῖν ».

[9] Ταῦτα ὁ Εἰρηναῖος· ὁ γέ τοι Πολύκαρπος ἐν τῇ

que Valentin, Marcion et le reste des esprits pervers. Venu à Rome sous Anicet, il ramena dans l'Église de Dieu beaucoup des hérétiques dont il a été question plus haut ; il leur enseignait qu'il n'y a qu'une seule vérité laissée par les apôtres, celle qui est transmise par l'Église.

« [6] Il existe encore des gens qui l'ont entendu raconter que Jean le disciple du Seigneur vint un jour aux thermes d'Éphèse. Lorsqu'il y aperçut Cérinthe, il en sortit précipitamment, sans prendre de bain, et disant : « Fuyons, de peur que l'édifice ne tombe sur nous ; « Cérinthe, l'ennemi de la vérité, s'y trouve. » [7] Le même Polycarpe, à Marcion qui l'aborde et lui dit : « Reconnais-nous », répondit : « Je reconnais, je « reconnais le premier-né de Satan. » Telle était la circonspection des apôtres et de leurs disciples : ils ne voulaient avoir aucun rapport même de parole avec ceux qui falsifiaient la vérité, selon la recommandation de Paul : « Après un ou deux avertissements, évite « l'hérétique, avec la certitude que quiconque est « dans cet état est perverti et qu'il pèche, condamné « qu'il est par son propre jugement. »
« Il y a encore de Polycarpe une lettre aux Philippiens qui est très considérable : ceux qui le voudront et qui ont souci de leur salut pourront y apprendre le caractère de sa foi et sa prédication de la vérité. »

[9] Voilà ce que dit Irénée. Dans l'écrit aux Philip-

δηλωθείση πρὸς Φιλιππησίους αὐτοῦ γραφῇ, φερομένῃ εἰς δεῦρο, κέχρηταί τισιν μαρτυρίαις ἀπὸ τῆς Πέτρου προτέρας ἐπιστολῆς.

ΙΕ'

[10] Ἀντωνῖνον μὲν δὴ τὸν Εὐσεβῆ κληθέντα, εἰκοστὸν καὶ δεύτερον ἔτος τῆς ἀρχῆς διανύσαντα, Μάρκος Αὐρήλιος Οὐῆρος, ὁ καὶ Ἀντωνῖνος, υἱὸς αὐτοῦ, σὺν καὶ Λουκίῳ ἀδελφῷ διαδέχεται.

[XV, 1] Ἐν τούτῳ δὲ ὁ Πολύκαρπος μεγίστων τὴν Ἀσίαν ἀναθορυβησάντων διωγμῶν μαρτυρίῳ τελειοῦται, ἀναγκαιότατον δ' αὐτοῦ τὸ τέλος ἐγγράφως ἔτι φερόμενον ἡγοῦμαι δεῖν μνήμῃ τῆσδε τῆς ἱστορίας καταθέσθαι. [2] Ἔστιν δὲ ἡ γραφὴ ἐκ προσώπου ἧς αὐτὸς ἐκκλησίας ἡγεῖτο, ταῖς κατὰ Πόντον (voy. l'*Appendice*) παροικίαις τὰ κατ' αὐτὸν ἀποσημαίνουσα διὰ τούτων [*Martyrium Polycarpi*, 1, suiv.]·
[3] « Ἡ ἐκκλησία τοῦ θεοῦ ἡ παροικοῦσα Σμύρναν τῇ ἐκκλησίᾳ τοῦ θεοῦ τῇ παροικούσῃ ἐν Φιλομηλίῳ καὶ πάσαις ταῖς κατὰ πάντα τόπον τῆς ἁγίας καθολικῆς ἐκκλησίας παροικίαις ἔλεος εἰρήνη καὶ ἀγάπη θεοῦ πατρὸς καὶ

piens dont il a été question et que nous avons encore, Polycarpe se sert de témoignages tirés de la première épître de Pierre (voy. l'*Appendice*).

[10] Antonin, appelé le Pieux, acheva la vingt-deuxième année de son règne [mars 160], il eut pour successeurs son fils, Marcus Aurelius Verus, appelé aussi Antonin, et Lucius, son frère.

CHAPITRE XV

[COMMENT SOUS VÉRUS POLYCARPE SUBIT LE MARTYRE AVEC D'AUTRES DANS LA VILLE DE SMYRNE]

C'est à cette époque que Polycarpe mourut martyr, lors des persécutions très violentes qui bouleversèrent l'Asie. J'ai cru tout à fait utile d'insérer dans cette histoire, le souvenir écrit de sa mort qui nous en été conservé. [2] Il existe une lettre, adressée aux églises du Pont au nom de l'église à laquelle il présidait, qui expose en ces termes ce qui le concerne :

« [3] L'église de Dieu qui habite Smyrne à celle de Philomélium et à toutes les chrétientés du monde appartenant à la sainte Église catholique : que la miséricorde, la paix, l'amour de Dieu le Père et de

κυρίου ἡμῶν Ἰησοῦ Χριστοῦ πληθυνθείη [*Iud.*, II].
Ἐγράψαμεν ὑμῖν, ἀδελφοί, τὰ κατὰ τοὺς μαρτυρήσαντας καὶ τὸν μακάριον Πολύκαρπον, ὅστις ὥσπερ ἐπισφραγίσας διὰ τῆς μαρτυρίας αὐτοῦ κατέπαυσε τὸν διωγμόν ».

[4] Τούτοις ἑξῆς πρὸ τῆς ἀμφὶ τοῦ Πολυκάρπου διηγήσεως τὰ κατὰ τοὺς λοιποὺς ἀνιστοροῦσι μάρτυρας, οἵας ἐνστάσεις πρὸς τὰς ἀλγηδόνας ἐνεδείξαντο, διαγράφοντες. Καταπλῆξαι γάρ φασι τοὺς ἐν κύκλῳ περιεστῶτας, θεωμένους τοτὲ μὲν μάστιξι μέχρι καὶ τῶν ἐνδοτάτω φλεβῶν καὶ ἀρτηριῶν καταξαινομένους, ὡς ἤδη καὶ τὰ ἐν μυχοῖς ἀπόρρητα τοῦ σώματος σπλάγχνα τε αὐτῶν καὶ μέλη κατοπτεύεσθαι, τοτὲ δὲ τοὺς ἀπὸ θαλάττης κήρυκας καί τινας ὀξεῖς ὀβελίσκους ὑποστρωννυμένους, καὶ διὰ παντὸς εἴδους κολάσεων καὶ βασάνων προϊόντας καὶ τέλος θηρσὶν εἰς βορὰν παραδιδομένους. [5] Μάλιστα δὲ ἱστοροῦσιν διαπρέψαι τὸν γενναιότατον Γερμανικόν, ὑπορρωννύντα σὺν θείᾳ χάριτι τὴν ἔμφυτον περὶ τὸν θάνατον τοῦ σώματος δειλίαν. Βουλομένου γέ τοι τοῦ ἀνθυπάτου πείθειν αὐτὸν προβαλλομένου τε τὴν ἡλικίαν καὶ ἀντιβολοῦντος κομιδῇ νέον ὄντα καὶ ἀκμαῖον οἶκτον ἑαυτοῦ λαβεῖν, μὴ μελλῆσαι, προθύμως δ'ἐπισπάσασθαι εἰς ἑαυτὸν τὸ θηρίον, μόνον οὐχὶ βιασάμενον καὶ παροξύναντα, ὡς ἂν τάχιον τοῦ ἀδίκου καὶ ἀνόμου βίου αὐτῶν ἀπαλλαγείη. [6] Τούτου δ'ἐπὶ τῷ διαπρεπεῖ θανάτῳ τὸ πᾶν πλῆθος ἀποθαυμάσαν τῆς ἀνδρείας τὸν θεοφιλῆ μάρτυρα καὶ τὴν καθόλου τοῦ γένους τῶν Χριστιανῶν ἀρετήν, ἀθρόως ἐπιβοᾶν ἄρξασθαι· « Αἶρε τοὺς

notre Seigneur Jésus-Christ surabonde en vous. Frères, nous vous écrivons (voy. l'*Appendice*) ce qui concerne les martyrs et le bienheureux Polycarpe qui, par son martyre, a comme scellé et fait cesser la persécution. ».

[4] Ensuite, avant d'en venir à ce dernier, ils racontent ce qui concerne les autres martyrs et décrivent la constance qu'ils ont montrée dans les tourments. Ils disent en effet la surprise dont étaient frappés les spectateurs, rangés en cercle sur les gradins, quand ils les voyaient, déchirés par les fouets, à ce point qu'on apercevait les veines et les artères les plus intérieures, et qu'apparaissaient les entrailles et les parties les plus cachées du corps. Ils étaient ensuite étendus sur des coquillages marins et des pointes aiguës, et, après avoir enduré toutes sortes de supplices et de tortures, enfin ils étaient exposés pour devenir la pâture des fauves. [5] Ils racontent qu'on remarqua surtout le très courageux Germanicus; fortifié par la grâce de Dieu, il domina la crainte du trépas innée à tout homme. Le proconsul voulait le persuader; il lui alléguait son âge ; il lui disait qu'il était très jeune et dans la fleur de sa vie, et le priait d'avoir compassion de lui-même. Le martyr, sans hésiter, intrépidement, attira sur lui une bête farouche, lui fit presque violence et l'irrita, afin de sortir plus vite de leur monde injuste et pervers. [6] Devant cette mort remarquable, la multitude entière fut stupéfaite en voyant le courage du pieux martyr et la vaillance de toute la race des chrétiens. Puis, elle se reprit à crier en masse : « Enlevez les athées.

ἀθέους· ζητείσθω Πολύκαρπος ». [7] Καὶ δὴ πλείστης ἐπὶ ταῖς βοαῖς γενομένης ταραχῆς, Φρύγα τινὰ τὸ γένος, Κόϊντον τοὔνομα, νεωστὶ ἐκ τῆς Φρυγίας ἐπιστάντα, ἰδόντα τοὺς θῆρας καὶ τὰς ἐπὶ τούτοις ἀπειλάς, καταπτῆξαι τὴν ψυχὴν μαλακισθέντα καὶ τέλος τῆς σωτηρίας ἐνδοῦναι. [8] Ἐδήλου δὲ τοῦτον ὁ τῆς προειρημένης γραφῆς λόγος προπετέστερον ἀλλ' οὐ κατ' εὐλάβειαν ἐπιπηδῆσαι τῷ δικαστηρίῳ σὺν ἑτέροις, ἁλόντα δ' οὖν ὅμως καταφανὲς ὑπόδειγμα τοῖς πᾶσιν παρασχεῖν, ὅτι μὴ δέοι τοῖς τοιούτοις ῥιψοκινδύνως καὶ ἀνευλαβῶς ἐπιτολμᾶν.

Ἀλλὰ ταύτῃ μὲν εἶχεν πέρας τὰ κατὰ τούτους· [9] τὸν γε μὴν θαυμασιώτατον Πολύκαρπον τὰ μὲν πρῶτα τούτων ἀκούσαντα ἀτάραχον μεῖναι, εὐσταθὲς τὸ ἦθος καὶ ἀκίνητον φυλάξαντα, βούλεσθαί τε αὐτοῦ κατὰ πόλιν περιμένειν· πεισθέντα γε μὴν ἀντιβολοῦσι τοῖς ἀμφ' αὐτὸν καὶ ὡς ἂν ὑπεξέλθοι παρακαλοῦσι, προελθεῖν εἰς οὐ πόρρω διεστῶτα τῆς πόλεως ἀγρὸν διατρίβειν τε σὺν ὀλίγοις ἐνταῦθα, νύκτωρ καὶ μεθ' ἡμέραν οὔτι ἕτερον πράττοντα ἢ ταῖς πρὸς τὸν κύριον διακαρτεροῦντα εὐχαῖς· δι' ὧν δεῖσθαι καὶ ἱκετεύειν εἰρήνην ἐξαιτούμενον ταῖς ἀνὰ πᾶσαν τὴν οἰκουμένην ἐκκλησίαις, τοῦτο γὰρ καὶ εἶναι ἐκ τοῦ παντὸς αὐτῷ σύνηθες. [10] Καὶ δὴ εὐχόμενον, ἐν ὀπτασίᾳ τριῶν πρότερον ἡμερῶν τῆς συλλήψεως νύκτωρ ἰδεῖν τὸ ὑπὸ κεφαλῆς αὐτῷ στρῶμα ἀθρόως οὕτως ὑπὸ πυρὸς φλεχθὲν δεδαπανῆσθαι, ἔξυπνον δ' ἐπὶ τούτῳ γενόμενον, εὐθὺς ὑφερμηνεῦσαι τοῖς παροῦσι τὸ φανέν, μόνον οὐχὶ τὸ μέλλον

Qu'on cherche Polycarpe! » [7] Le tumulte, grâce à ces cris, arriva à son comble. Un certain Phrygien de race, qui s'appelait Quintus, venu récemment de son pays, voyant les bêtes et les autres tourments dont il était menacé, sentit son âme fléchir, eut peur et finalement se laissa aller à sauver sa vie. [8] Le texte de la lettre que nous avons citée nous apprend que ce chrétien avait agi trop inconsidérément, en se présentant à la légère au tribunal avec d'autres. Sa chute fut ainsi pour tous un exemple éclatant ; elle prouva qu'il ne faut pas affronter de tels périls à l'aventure et sans circonspection.

Voilà tout ce qui concerne ces martyrs. [9] Polycarpe, lui, fut tout à fait admirable. Tout d'abord, au récit de ces scènes, il demeura calme, gardant sa sérénité accoutumée et sa tranquillité d'âme ; il voulut même continuer à habiter la ville. Il céda pourtant à ceux de ses compagnons qui étaient d'un avis contraire et l'exhortaient à s'éloigner ; il se retira dans un domaine peu distant de Smyrne et y vécut avec quelques-uns de ses disciples. Nuit et jour, il ne faisait que persévérer dans les prières qu'il adressait au Seigneur, et il ne cessait d'y demander et d'implorer la paix pour toutes les églises de la terre : c'était du reste tout à fait sa coutume. [10] Pendant sa prière, il eut la nuit une vision. Trois jours avant d'être pris, il vit l'oreiller qui était sous sa tête brûler soudain et se consumer. Il s'éveilla sur-le-champ, interpréta aussitôt la vision à ceux qui étaient là, leur prédit presque ce qui devait arriver et il leur annonça clai-

προθεσπίσαντα σαφῶς τε ἀνειπόντα τοῖς ἀμφ' αὐτὸν ὅτι δέοι αὐτὸν διὰ Χριστὸν πυρὶ τὴν ζωὴν μεταλλάξαι. [11] Ἐπικειμένων δὴ οὖν σὺν πάσῃ σπουδῇ τῶν ἀναζητούντων αὐτόν, αὖθις ὑπὸ τῆς τῶν ἀδελφῶν διαθέσεως καὶ στοργῆς ἐκβεβιασμένον μεταβῆναί φασιν ἐφ' ἕτερον ἀγρόν· ἔνθα μετ' οὐ πλεῖστον τοὺς συνελαύνοντας ἐπελθεῖν, δύο δὲ τῶν αὐτόθι συλλαβεῖν παίδων· ὧν θάτερον αἰκισαμένους ἐπιστῆναι δι' αὐτοῦ τῇ τοῦ Πολυκάρπου καταγωγῇ. [12] Ὀψὲ δὲ τῆς ὥρας ἐπελθόντας, αὐτὸν μὲν εὑρεῖν ἐν ὑπερῴῳ κατακείμενον, ὅθεν δυνατὸν ὂν αὐτῷ ἐφ' ἑτέραν μεταστῆναι οἰκίαν, μὴ βεβουλῆσθαι, εἰπόντα· « Τὸ θέλημα τοῦ θεοῦ γινέσθω » [cf. *Act.*, XXI, 14]. [13] Καὶ δὴ μαθὼν παρόντας, ὡς ὁ λόγος φησί, καταβὰς αὐτοῖς διελέξατο εὖ μάλα φαιδρῷ καὶ πραοτάτῳ προσώπῳ, ὡς καὶ θαῦμα δοκεῖν ὁρᾶν τοὺς πάλαι τοῦ ἀνδρὸς ἀγνῶτας, ἐναποβλέποντας τῷ τῆς ἡλικίας αὐτοῦ παλαιῷ καὶ τῷ σεμνῷ καὶ εὐσταθεῖ τοῦ τρόπου, καὶ εἰ τοσαύτη γένοιτο σπουδὴ ὑπὲρ τοῦ τοιοῦτον συλληφθῆναι πρεσβύτην. [14] Ὁ δ' οὐ μελλήσας εὐθέως τράπεζαν αὐτοῖς παρατεθῆναι προστάττει, εἶτα τροφῆς ἀφθόνου μεταλαβεῖν ἀξιοῖ, μίαν τε ὥραν, ὡς ἂν προσεύξοιτο ἀδεῶς, παρ' αὐτῶν αἰτεῖται· ἐπιτρεψάντων δὲ ἀναστὰς ηὔχετο, ἔμπλεως τῆς χάριτος ὢν τοῦ κυρίου, ὡς ἐκπλήττεσθαι τοὺς παρόντας εὐχομένου αὐτοῦ ἀκροωμένους πολλούς τε αὐτῶν μετανοεῖν ἤδη ἐπὶ τῷ τοιοῦτον ἀναιρεῖσθαι μέλλειν σεμνὸν καὶ θεοπρεπῆ πρεσβύτην.

[15] Ἐπὶ τούτοις ἡ περὶ αὐτοῦ γραφὴ κατὰ λέξιν ὧδέ πως τὰ ἑξῆς τῆς ἱστορίας ἔχει [*Mart. Pol.*, VIII-XIX].

rement qu'il lui faudrait mourir par le feu pour le Christ. [11] Ceux qui le cherchaient, le faisaient avec toute l'activité possible. Contraint de nouveau par l'affection et l'attachement des frères, on dit qu'il alla dans un autre domaine. A peine y était-il que les émissaires arrivaient et saisissaient deux des serviteurs qui étaient là; ils en battirent un et grâce à lui ils parvinrent à la retraite de Polycarpe. [12] Ils étaient arrivés le soir. Ils le trouvèrent reposant alors dans une chambre haute d'où il eût pu s'échapper et passer dans une autre maison. Il ne le voulut pas et dit : « Que la volonté de Dieu soit faite. » [13] Lorsqu'il sut que ceux qui le poursuivaient étaient là, dit le récit, il descendit près d'eux, leur parla avec un visage tout à fait serein et très doux. Eux, qui jusque là ne le connaissaient pas, pensaient voir une apparition en contemplant cet homme si chargé d'années, cette physionomie si imposante et si calme, et ils s'étonnaient qu'on mît tant d'acharnement à s'emparer d'un tel vieillard. [14] Aussitôt Polycarpe fit en hâte servir la table et les invita à prendre un copieux repas; il leur demanda seulement une heure pour prier en liberté. Ils y consentirent : il se leva et, animé par la grâce du Seigneur, il se mit à prier. Ceux qui l'entendaient en étaient frappés, et plusieurs d'entre eux se repentaient d'en vouloir à la vie de cet homme vénérable et pieux.

[15] Voici au reste, pour ce qui suivit, le texte même de la lettre (voy. l'*Appendice*

« Ἐπεὶ δέ ποτε κατέπαυσε τὴν προσευχὴν μνημονεύσας ἁπάντων καὶ τῶν πώποτε συμβεβληκότων αὐτῷ, μικρῶν τε καὶ μεγάλων, ἐνδόξων τε καὶ ἀδόξων, καὶ πάσης τῆς κατὰ τὴν οἰκουμένην καθολικῆς ἐκκλησίας, τῆς ὥρας ἐλθούσης τοῦ ἐξιέναι ὄνῳ καθίσαντες αὐτὸν ἤγαγον εἰς τὴν πόλιν, ὄντος σαββάτου μεγάλου. Καὶ ὑπήντα αὐτῷ ὁ εἰρήναρχος Ἡρώδης καὶ ὁ πατὴρ αὐτοῦ Νικήτης· οἳ καὶ μεταθέντες αὐτὸν εἰς τὸ ὄχημα, ἔπειθον παρακαθεζόμενοι καὶ λέγοντες· « Τί γὰρ κακόν ἐστιν εἰπεῖν, κύριος Καῖσαρ, καὶ θῦσαι « καὶ διασώζεσθαι »; [16] Ὁ δὲ τὰ μὲν πρῶτα οὐκ ἀπεκρίνατο, ἐπιμενόντων δὲ αὐτῶν, ἔφη· « Οὐ μέλλω πράττειν « ὃ συμβουλεύετέ μοι ». Οἳ δὲ ἀποτυχόντες τοῦ πεῖσαι αὐτόν, δεινὰ ῥήματα ἔλεγον καὶ μετὰ σπουδῆς καθῄρουν, ὡς κατιόντα ἀπὸ τοῦ ὀχήματος ἀποσῦραι τὸ ἀντικνήμιον· ἀλλὰ γὰρ μὴ ἐπιστραφείς, οἷα μηδὲν πεπονθώς, προθύμως μετὰ σπουδῆς ἐπορεύετο, ἀγόμενος εἰς τὸ στάδιον.

« [17] Θορύβου δὲ τηλικούτου ὄντος ἐν τῷ σταδίῳ ὡς μηδὲ πολλοῖς ἀκουσθῆναι, τῷ Πολυκάρπῳ εἰσιόντι εἰς τὸ στάδιον φωνὴ ἐξ οὐρανοῦ γέγονεν· « Ἴσχυε, Πολύκαρπε, καὶ « ἀνδρίζου » [cf. *Josué*, I, 9]. Καὶ τὸν μὲν εἰπόντα οὐδεὶς εἶδεν, τὴν δὲ φωνὴν τῶν ἡμετέρων πολλοὶ ἤκουσαν [cf. *Act.*, ιχ, 7]. [18] Προσαχθέντος οὖν αὐτοῦ, θόρυβος ἦν μέγας ἀκουσάντων ὅτι Πολύκαρπος συνείληπται. Λοιπὸν οὖν προσελθόντα ἀνηρώτα ὁ ἀνθύπατος εἰ αὐτὸς εἴη Πολύκαρπος, καὶ ὁμολογήσαντος, ἔπειθεν ἀρνεῖσθαι, λέγων· « Αἰδέσθητί σου τὴν ἡλικίαν » καὶ ἕτερα τούτοις ἀκόλουθα,

« Quand il eut achevé sa prière et fait mention de tous ceux qu'il avait connus, petits et grands, illustres ou obscurs, de toute l'Église catholique répandue dans le monde, l'heure de partir venue, on le plaça sur un âne et on l'emmena à la ville. C'était un jour de grand sabbat. Hérode, l'irénarque, et son père, Nicétas, le croisèrent : ils le prirent sur leur char et, assis près de lui, essayèrent de le décider. Ils lui disaient : « Quel mal y a-t-il à dire ces mots : Seigneur César, et à sacrifier et à sauver sa vie. » [16] Le vieillard se tut d'abord ; ils insistèrent : « Je ne dois pas, reprit-il, faire ce que vous me conseillez ». Voyant alors qu'ils ne gagnaient rien, ils lui dirent des paroles blessantes, le firent descendre avec précipitation si bien qu'en quittant le char, il se déchira le devant de la jambe. Il n'en fut pas plus ému que s'il n'avait rien souffert. Il marchait gaiement et en hâte, se laissant conduire vers le stade.

« [17] Le tumulte était tel dans le stade qu'on avait peine à rien entendre. Lorsque Polycarpe entra, une voix du ciel lui dit : « Sois courageux, Polycarpe, et agis vaillamment. » Personne ne vit qui parlait, mais beaucoup des nôtres perçurent ces paroles. [18] Le vieillard fut donc amené et le bruit redoubla quand on sut qu'il était pris. Il se présenta donc au proconsul qui lui demanda s'il était Polycarpe : il répondit que c'était lui. Alors le magistrat l'exhorta à renier sa foi : « Aie pitié de ton âge », lui disait-il et d'autres paroles de même genre qu'il leur est coutume de répéter. Puis,

ἃ σύνηθες αὐτοῖς ἐστι λέγειν· « Ὄμοσον τὴν Καίσαρος
« τύχην, μετανόησον, εἶπον· « Αἶρε τοὺς ἀθέους ». [19] Ὁ
δὲ Πολύκαρπος ἐμβριθεῖ τῷ προσώπῳ εἰς πάντα τὸν ὄχλον
τὸν ἐν τῷ σταδίῳ ἐμβλέψας, ἐπισείσας αὐτοῖς τὴν χεῖρα
στενάξας τε καὶ ἀναβλέψας εἰς τὸν οὐρανόν, εἶπεν· « Αἶρε
« τοὺς ἀθέους ». Ἐγκειμένου δὲ τοῦ ἡγουμένου
καὶ λέγοντος· « Ὄμοσον, καὶ ἀπολύσω σε, λοι-
« δόρησον τὸν Χριστόν », ἔφη ὁ Πολύκαρπος· « Ὀγδοή-
« κοντα καὶ ἓξ ἔτη δουλεύω αὐτῷ, καὶ οὐδέν με ἠδίκησεν·
« καὶ πῶς δύναμαι βλασφημῆσαι τὸν βασιλέα μου, τὸν
« σώσαντά με; » [21] Ἐπιμένοντος δὲ πάλιν αὐτοῦ καὶ
λέγοντος· « Ὄμοσον τὴν Καίσαρος τύχην », ὁ Πολύ-
καρπος· « Εἰ κενοδοξεῖς, φησίν, ἵνα ὀμόσω τὴν Καίσαρος
« τύχην, ὡς λέγεις προσποιούμενος ἀγνοεῖν ὅστις εἰμί,
« μετὰ παρρησίας ἄκουε· Χριστιανός εἰμι. Εἰ δὲ θέλεις
« τὸν τοῦ Χριστιανισμοῦ μαθεῖν λόγον, δὸς ἡμέραν καὶ
« ἄκουσον ». [22] Ἔφη ὁ ἀνθύπατος· « Πεῖσον τὸν
« δῆμον ». Πολύκαρπος ἔφη· « Σὲ μὲν καὶ λόγου ἠξίωκα,
« δεδιδάγμεθα γὰρ ἀρχαῖς καὶ ἐξουσίαις ὑπὸ θεοῦ τεταγ-
« μέναις τιμὴν κατὰ τὸ προσῆκον τὴν μὴ βλάπτουσαν ἡμᾶς
« ἀπονέμειν [*Rom.*, XIII, 1]· ἐκείνους δὲ οὐκ ἀξίους
« ἡγοῦμαι τοῦ ἀπολογεῖσθαι αὐτοῖς ». [23] Ὁ δ᾽ ἀνθύπατος εἶπεν· « Θηρία ἔχω· τούτοις σε παραβαλῶ, ἐὰν μὴ
« μετανοήσῃς ». Ὁ δὲ εἶπεν· « Κάλει· ἀμετάθετος γὰρ
« ἡμῖν ἡ ἀπὸ τῶν κρειττόνων ἐπὶ τὰ χείρω μετάνοια, καλὸν
« δὲ μετατίθεσθαι ἀπὸ τῶν χαλεπῶν ἐπὶ τὰ δίκαια ». [24] Ὁ

il ajouta : « Jure par la fortune de César, repens-toi, « dis : « Enlevez les athées. » [19] Polycarpe regarda toute la foule du stade d'un visage grave, étendit la main vers eux, gémit et leva les yeux vers le ciel : « Enlevez les athées », dit-il. [20] Le proconsul insista et dit : « Jure et je te mettrai en liberté; insulte le Christ. » Polycarpe repartit : « Il y a quatre-vingt-six ans que je le « sers et il ne m'a pas fait de mal ; comment puis-je blas-« phémer mon roi et mon Sauveur ? » [21] Le proconsul le pressa encore : « Jure par la fortune de César. — Si « tu cherches une vaine gloire, dit-il, à me faire jurer « par la fortune de César, comme tu le dis en feignant « d'ignorer qui je suis, écoute. Je te le déclare libre-« ment : je suis chrétien. Si tu désires apprendre la « doctrine du chritianisme donne-moi un jour et tu « l'entendras. » [22] Le proconsul dit : « Persuade le « peuple. » Polycarpe dit : « Je veux bien encore te « rendre raison ; car nous avons appris à donner « aux magistrats et aux autorités établies par Dieu, « l'honneur qui leur convient et qui ne nous nuit pas. « Quant à ceux-ci, je ne les juge pas dignes d'entendre « ma défense. » [23] Le proconsul dit : « J'ai des bêtes et « je t'exposerai à elles si tu ne changes pas d'avis. » Polycarpe dit : « Appelle-les ; nous ne changeons jamais « pour aller du meilleur au pis, mais il est beau de pas-« ser des maux à la justice. » [24] Le gouverneur reprit :

δὲ πάλιν πρὸς αὐτόν· « Πυρί σε ποιήσω δαμασθῆναι, ἐὰν τῶν
« θηρίων καταφρονῇς, ἐὰν μὴ μετανοήσῃς ». Πολύκαρπος
εἶπεν· « Πῦρ ἀπειλεῖς πρὸς ὥραν καιόμενον καὶ μετ᾽
« ὀλίγον σβεννύμενον· ἀγνοεῖς γὰρ τὸ τῆς μελλούσης
« κρίσεως καὶ αἰωνίου κολάσεως τοῖς ἀσεβέσι τηρούμενον
« πῦρ. Ἀλλὰ τί βραδύνεις ; φέρε ὃ βούλει ».

« [25] Ταῦτα δὲ καὶ ἕτερα πλείονα λέγων, θάρσους καὶ
χαρᾶς ἐνεπίμπλατο καὶ τὸ πρόσωπον αὐτοῦ χάριτος ἐπληροῦτο, ὥστε μὴ μόνον μὴ συμπεσεῖν ταραχθέντα ὑπὸ τῶν
λεγομένων πρὸς αὐτὸν, ἀλλὰ τοὐναντίον τὸν ἀνθύπατον
ἐκστῆναι πέμψαι τε τὸν κήρυκα καὶ ἐν μέσῳ τῷ σταδίῳ
κηρῦξαι· « Τρὶς Πολύκαρπος ὡμολόγησεν ἑαυτὸν Χρισ-
« τιανὸν εἶναι ». [26] Τούτου λεχθέντος ὑπὸ τοῦ κήρυκος,
πᾶν τὸ πλῆθος ἐθνῶν τε καὶ Ἰουδαίων τῶν τὴν Σμύρναν
κατοικούντων ἀκατασχέτῳ θυμῷ καὶ μεγάλῃ φωνῇ ἐβόα·
« Οὗτός ἐστιν ὁ τῆς Ἀσίας διδάσκαλος, ὁ πατὴρ τῶν
« Χριστιανῶν, ὁ τῶν ἡμετέρων θεῶν καθαιρέτης, ὁ πολλοὺς
« διδάσκων μὴ θύειν μηδὲ προσκυνεῖν ». [27] Ταῦτα
λέγοντες, ἐπεβόων καὶ ἠρώτων τὸν ἀσιάρχην Φίλιππον ἵνα
ἐπαφῇ τῷ Πολυκάρπῳ λέοντα· ὁ δὲ ἔφη μὴ εἶναι ἐξὸν
αὐτῷ, ἐπειδὴ πεπληρώκει τὰ κυνηγέσια. Τότε ἔδοξεν αὐτοῖς
ὁμοθυμαδὸν ἐπιβοῆσαι ὥστε ζῶντα τὸν Πολύκαρπον κατα-
καῦσαι. [28] Ἔδει γὰρ τὸ τῆς φανερωθείσης αὐτῷ ἐπὶ
τοῦ προσκεφαλαίου ὀπτασίας πληρωθῆναι, ὅτε ἰδὼν αὐτὸ
καιόμενον προσευχόμενος, εἶπεν ἐπιστραφεὶς τοῖς μετ᾽ αὐτοῦ
πιστοῖς προφητικῶς· « Δεῖ με ζῶντα καῆναι ». [29] Ταῦτα

« Je te ferai dompter par le feu si tu méprises les fauves,
« à moins que tu changes d'avis ». Polycarpe dit :
« Tu me menaces d'un feu qui brûle un moment et
« s'éteint peu après ; car tu ne connais pas le feu du
« jugement à venir et le châtiment éternel réservé aux
« impies. Mais pourquoi tardes-tu ? Fais amener ce que
« tu voudras. »

« [25] Tandis qu'il prononçait ces paroles et beaucoup d'autres il paraissait rempli de courage et de joie, et son visage étincelait de bonheur. Ainsi tout ce qu'on lui avait dit, l'avait laissé impassible. Le proconsul au contraire restait stupéfait ; il envoya le héraut annoncer au milieu du stade : « Polycarpe s'est par trois fois « déclaré chrétien. » [26] Lorsqu'on eut entendu cette proclamation, toute la foule des païens et des Juifs habitant Smyrne ne contint plus sa colère et clama à grands cris : « Il est le docteur de l'Asie, le père des chrétiens, « le destructeur de nos dieux ; c'est lui qui apprend « à beaucoup de gens à ne pas sacrifier et à ne pas « adorer. » [27] En même temps, ils criaient et demandaient à Philippe l'asiarque de lâcher un lion contre Polycarpe. Celui-ci répondit que cela ne lui était pas permis, parce que les combats des bêtes étaient achevés. Ils se mirent alors à crier unanimement de brûler vif Polycarpe. [28] Il fallait en effet que la vision de l'oreiller qu'il avait eue s'accomplît. Lorsque le saint vieillard priait, il avait vu son chevet brûler, et s'étant tourné vers les fidèles qui l'entouraient, il avait dit d'une façon prophétique : « Je dois être brûlé vivant. » [29] Cela

οὖν μετὰ τοσούτου τάχους ἐγένετο θᾶττον ἢ ἐλέγετο, τῶν ὄχλων παραχρῆμα συναγόντων ἐκ τῶν ἐργαστηρίων καὶ ἐκ τῶν βαλανείων ξύλα καὶ φρύγανα, μάλιστα Ἰουδαίων προθύμως, ὡς ἔθος αὐτοῖς, εἰς ταῦτα ὑπουργούντων. [30] Ἀλλ' ὅτε ἡ πυρὰ ἡτοιμάσθη, ἀποθέμενος ἑαυτῷ πάντα τὰ ἱμάτια καὶ λύσας τὴν ζώνην, ἐπειρᾶτο καὶ ὑπολύειν ἑαυτόν, μὴ πρότερον τοῦτο ποιῶν διὰ τὸ ἀεὶ ἕκαστον τῶν πιστῶν σπουδάζειν ὅστις τάχιον τοῦ χρωτὸς αὐτοῦ ἐφάψηται· ἐν παντὶ γὰρ ἀγαθῆς ἕνεκεν πολιτείας καὶ πρὸ τῆς πολιᾶς ἐκεκόσμητο. [31] Εὐθέως οὖν αὐτῷ περιετίθετο τὰ πρὸς τὴν πυρὰν ἡρμοσμένα ὄργανα· μελλόντων δὲ αὐτῶν καὶ προσηλοῦν αὐτόν, εἶπεν· « Ἄφετέ με οὕτως· ὁ γὰρ διδοὺς ὑπο-
« μεῖναι τὸ πῦρ δώσει καὶ χωρὶς τῆς ὑμετέρας ἐκ τῶν ἥλων
« ἀσφαλείας ἀσκύλτως ἐπιμεῖναι τῇ πυρᾷ ». Οἳ δὲ οὐ καθήλωσαν, προσέδησαν δὲ αὐτόν. [32] Ὁ δ' ὀπίσω τὰς χεῖρας ποιήσας καὶ προσδεθεὶς ὥσπερ κριὸς ἐπίσημος, ἀναφερόμενος ἐκ μεγάλου ποιμνίου ὁλοκαύτωμα δεκτὸν θεῷ παντοκράτορι [Sagesse, III, 6], εἶπεν· [33] « Ὁ τοῦ
« ἀγαπητοῦ καὶ εὐλογητοῦ παιδός σου Ἰησοῦ Χριστοῦ
« πατὴρ δι' οὗ τὴν περὶ σὲ ἐπίγνωσιν εἰλήφαμεν, ὁ θεὸς
« ἀγγέλων καὶ δυνάμεων καὶ πάσης κτίσεως παντός τε τοῦ
« γένους τῶν δικαίων οἳ ζῶσιν ἐνώπιόν σου, εὐλογῶ σε ὅτι
« ἠξίωσάς με τῆς ἡμέρας καὶ ὥρας ταύτης, τοῦ λαβεῖν
« μέρος ἐν ἀριθμῷ τῶν μαρτύρων ἐν τῷ ποτηρίῳ τοῦ Χρισ-
« τοῦ σου εἰς ἀνάστασιν ζωῆς αἰωνίου ψυχῆς τε καὶ σώματος
« ἐν ἀφθαρσίᾳ πνεύματος ἁγίου· [34] ἐν οἷς προσδεχ-

fut fait plus rapidement que dit. La foule sur-le-champ courut dans les ateliers et les bains pour y chercher du bois et des fagots, et les Juifs étaient, selon leur coutume, très ardents à cette besogne. [30] Quand le bûcher fut prêt, Polycarpe quitta lui-même tous ses vêtements, enleva sa ceinture et essaya d'ôter lui-même sa chaussure : il n'était plus accoutumé à le faire seul, car chacun des fidèles s'empressait constamment à qui toucherait le plus vite son corps ; la perfection de sa vie était si complète qu'il avait été vénéré même avant qu'il n'eût des cheveux blancs. [31] On plaça donc rapidement autour de lui les matières du bûcher. A ceux qui allaient l'y clouer, il dit : « Laissez-moi comme je suis, celui qui m'a « donné d'avoir à souffrir le feu, me donnera de rester « tranquillement au bûcher sans être assujetti par vos « clous. » On ne le cloua donc pas, mais on le lia. [32] Il avait les mains attachées derrière le dos ; il ressemblait ainsi à un agneau de choix pris dans un grand troupeau pour un holocauste agréable au Dieu tout-puissant. [33] Il dit : « O Père de Jésus-Christ, ton Fils « aimé et béni par qui nous avons reçu le bienfait de te « connaître, Dieu des anges, des Puissances, de toute « créature et de toute la race des justes qui vivent en « ta présence, je te bénis parce que tu m'as jugé digne, « en ce jour et à cette heure, d'être admis au nombre de « tes martyrs, de prendre part au calice de ton Christ « pour ressusciter à la vie sans fin de l'âme et du corps « dans l'incorruptibilité du Saint-Esprit. [34] Reçois-

« θείην ἐνώπιόν σου σήμερον ἐν θυσίᾳ πίονι καὶ προσδεκτῇ,
« καθὼς προητοίμασας, προφανερώσας καὶ πληρώσας ὁ
« ἀψευδὴς καὶ ἀληθινὸς θεός. [35] Διὰ τοῦτο καὶ περὶ
« πάντων σὲ αἰνῶ, σὲ εὐλογῶ, σὲ δοξάζω διὰ τοῦ αἰωνίου
« ἀρχιερέως Ἰησοῦ Χριστοῦ τοῦ ἀγαπητοῦ σου παιδός, δι'
« οὗ σοι σὺν αὐτῷ ἐν πνεύματι ἁγίῳ δόξα καὶ νῦν καὶ εἰς
« τοὺς μέλλοντας αἰῶνας, ἀμήν ».

« [36] Ἀναπέμψαντος δὲ αὐτοῦ τὸ ἀμὴν καὶ πληρώσαντος τὴν προσευχήν, οἱ τοῦ πυρὸς ἄνθρωποι ἐξῆψαν τὸ πῦρ, μεγάλης δὲ ἐκλαμψάσης φλογὸς θαῦμα εἴδομεν οἷς ἰδεῖν ἐδόθη, οἳ καὶ ἐτηρήθησαν εἰς τὸ ἀναγγεῖλαι τοῖς λοιποῖς τὰ γενόμενα. [37] Τὸ γὰρ πῦρ καμάρας εἶδος ποιῆσαν ὥσπερ ὀθόνης πλοίου ὑπὸ πνεύματος πληρουμένης, κύκλῳ περιετείχισε τὸ σῶμα τοῦ μάρτυρος, καὶ ἦν μέσον οὐχ ὡς σὰρξ καιομένη, ἀλλ' ὡς χρυσὸς καὶ ἄργυρος ἐν καμίνῳ πυρούμενος [Sagesse, III, 6]· καὶ γὰρ εὐωδίας τοσαύτης ἀντελαβόμεθα ὡς λιβανωτοῦ πνέοντος ἢ ἄλλου τινὸς τῶν τιμίων ἀρωμάτων. [38] Πέρας γοῦν ἰδόντες οἱ ἄνομοι μὴ δυνάμενον τὸ σῶμα ὑπὸ τοῦ πυρὸς δαπανηθῆναι, ἐκέλευσαν προσελθόντα αὐτῷ κομφέκτορα παραβῦσαι ξίφος, [39] καὶ τοῦτο ποιήσαντος, ἐξῆλθεν πλῆθος αἵματος, ὥστε κατασβέσαι τὸ πῦρ καὶ θαυμάσαι πάντα τὸν ὄχλον εἰ τοσαύτη τις διαφορὰ μεταξὺ τῶν τε ἀπίστων καὶ τῶν ἐκλεκτῶν· ὧν εἷς καὶ οὗτος γέγονεν ὁ θαυμασιώτατος ἐν τοῖς καθ' ἡμᾶς χρόνοις διδάσκαλος ἀποστολικὸς καὶ προφητικὸς γενόμενος ἐπίσκοπος τῆς ἐν Σμύρνῃ καθολικῆς ἐκκλησίας·

« moi devant toi aujourd'hui parmi eux, dans un sacri-
« fice généreux et agréable, selon que tu me l'avais
« préparé et annoncé, et que tu réalises, ô Dieu
« ennemi du mensonge et véritable. [35] C'est pour-
« quoi je te loue de toutes choses, je te bénis, je te
« glorifie, par le pontife éternel Jésus-Christ, ton Fils
« aimé par lequel, à toi, avec lui dans le Saint-Esprit,
« gloire, aujourd'hui et dans les siècles à venir, Amen ».

« [36] Dès qu'il eût dit « Amen » et achevé sa prière, les gens du bûcher allumèrent le feu, et une grande flamme s'éleva. Nous vîmes alors un prodige, nous du moins à qui il fut donné de l'apercevoir et nous étions réservés pour raconter aux autres ce qui arriva. [37] Le feu monta en effet en forme de voûte ou comme une voile de vaisseau gonflée par le vent et entoura le corps du martyr. Lui cependant était au milieu, semblable non à une chair qui brûle, mais à l'or et à l'argent embrasés dans la fournaise. Nous respirions un parfum aussi fort que celui qui s'exhale de l'encens et d'autres aromates précieux. [38] Les pervers voyant enfin que les flammes ne pouvaient attaquer sa chair, ordonnèrent au bourreau d'aller le percer de son glaive. [39] Il le fit et un flot de sang jaillit, si bien que le feu s'éteignit et que la foule fut tout étonnée qu'il y eût tant de différence entre les incroyants et les élus. Polycarpe était l'un d'entre eux, lui, le docteur apostolique et prophétique le plus admirable de notre temps, évêque

πᾶν γὰρ ῥῆμα ὃ ἀφῆκεν ἐκ τοῦ στόματος αὐτοῦ, καὶ ἐτελειώθη καὶ τελειωθήσεται.

« [40] Ὁ δὲ ἀντίζηλος καὶ βάσκανος πονηρός, ὁ ἀντικείμενος τῷ γένει τῶν δικαίων, ἰδὼν τὸ μέγεθος αὐτοῦ τῆς μαρτυρίας καὶ τὴν ἀπ' ἀρχῆς ἀνεπίληπτον πολιτείαν ἐστεφανωμένον τε τὸν τῆς ἀφθαρσίας στέφανον καὶ βραβεῖον ἀναντίρρητον ἀπενηνεγμένον, ἐπετήδευσεν ὡς μηδὲ τὸ σωμάτιον αὐτοῦ ὑφ' ἡμῶν ληφθείη, καίπερ πολλῶν ἐπιθυμούντων τοῦτο ποιῆσαι καὶ κοινωνῆσαι τῷ ἁγίῳ αὐτοῦ σαρκίῳ. [41] Ὑπέβαλον γοῦν τινες Νικήτην, τὸν τοῦ Ἡρώδου πατέρα, ἀδελφὸν [δὲ] δ' Ἄλκης, ἐντυχεῖν τῷ ἡγεμόνι ὥστε μὴ δοῦναι αὐτοῦ τὸ σῶμα, « μή, φησίν, ἀφέντες τὸν « ἐσταυρωμένον, τοῦτον ἄρξωνται σέβειν ». Καὶ ταῦτα εἶπον ὑποβαλόντων καὶ ἐνισχυσάντων τῶν Ἰουδαίων· οἳ καὶ ἐτήρησαν μελλόντων ἡμῶν ἐκ τοῦ πυρὸς αὐτὸν λαμβάνειν, ἀγνοοῦντες ὅτι οὔτε τὸν Χριστόν ποτε καταλιπεῖν δυνησόμεθα, τὸν ὑπὲρ τῆς τοῦ παντὸς κόσμου τῶν σῳζομένων σωτηρίας παθόντα, οὔτε ἕτερόν τινα σέβειν. [42] Τοῦτον μὲν γὰρ υἱὸν ὄντα τοῦ θεοῦ προσκυνοῦμεν, τοὺς δὲ μάρτυρας ὡς μαθητὰς καὶ μιμητὰς τοῦ κυρίου ἀγαπῶμεν ἀξίως ἕνεκα εὐνοίας ἀνυπερβλήτου τῆς εἰς τὸν ἴδιον βασιλέα καὶ διδάσκαλον· ὧν γένοιτο καὶ ἡμᾶς συγκοινωνούς τε καὶ συμμαθητὰς γενέσθαι. [43] Ἰδὼν οὖν ὁ ἑκατοντάρχης τὴν τῶν Ἰουδαίων γενομένην φιλονεικίαν, θεὶς αὐτὸν ἐν μέσῳ, ὡς ἔθος αὐτοῖς, ἔκαυσεν, οὕτως τε ἡμεῖς ὕστερον ἀνελόμενοι τὰ τιμιώτερα λίθων πολυτελῶν καὶ δοκιμώτερα ὑπὲρ χρυσίον ὀστᾶ αὐτοῦ ἀπεθέ-

de l'église catholique de Smyrne ; toute parole sortie de sa bouche s'est en effet accomplie et s'accomplira.

« [40] Le mauvais, jaloux et envieux, l'adversaire de la race des justes, quand il eut vu la grandeur de son martyre, cette vie irréprochable depuis son début, le diadème d'immortalité qui la couronnait et cette victoire remportée d'une façon incontestable, prit soin que le cadavre de Polycarpe ne nous fût pas laissé, quoique beaucoup eussent désiré qu'il en fût ainsi et eussent souhaité d'avoir part à sa sainte dépouille. [41] Certains suggérèrent donc à Nicétas, père d'Hérode et frère d'Alcé, d'intervenir auprès du gouverneur pour qu'il nous refusât le corps du martyr, de peur, disait-il, que, quittant le crucifié, nous ne nous missions à adorer celui-ci. Ils tinrent ce langage à l'instigation et sur les instances des Juifs : ceux-ci nous épiaient même, lorsque nous allions retirer le cadavre du feu. Ils ignoraient que jamais nous ne pourrons ni abandonner le Christ, qui a souffert pour le salut de ceux qui sont sauvés dans le monde entier, ni adresser nos hommages à un autre. [42] Nous l'adorons, lui, parce qu'il est fils de Dieu, et nous aimons aussi à bon droit les martyrs, mais comme des disciples et imitateurs du Seigneur, à cause de leur invincible attachement à notre roi et maître. Puissions-nous leur être unis et devenir leurs compagnons à l'école du Christ. [43] Le centurion voyant la jalousie des Juifs, fit placer le corps au milieu selon leur coutume, et le brûla. De la sorte, ce ne fut que plus tard que nous avons enlevé ses ossements, plus chers que des pierres précieuses et plus estimables que l'or ; nous les avons placés dans un lieu con-

μεθα ὅπου καὶ ἀκόλουθον ἦν. [44] Ἔνθα, ὡς δυνατόν, ἡμῖν συναγομένοις ἐν ἀγαλλιάσει καὶ χαρᾷ παρέξει ὁ κύριος ἐπιτελεῖν τὴν τοῦ μαρτυρίου αὐτοῦ ἡμέραν γενέθλιον εἴς τε τὴν τῶν προηθληκότων μνήμην καὶ τῶν μελλόντων ἄσκησίν τε καὶ ἑτοιμασίαν. [45] Τοιαῦτα τὰ κατὰ τὸν μακάριον Πολύκαρπον· σὺν τοῖς ἀπὸ Φιλαδελφείας δωδεκάτου ἐν Σμύρνῃ μαρτυρήσαντος, [ὃς] μόνος ὑπὸ πάντων μᾶλλον μνημονεύεται, ὡς καὶ ὑπὸ τῶν ἐθνῶν ἐν παντὶ τόπῳ λαλεῖσθαι ».

[46] Τὰ μὲν δὴ κατὰ τὸν θαυμάσιον καὶ ἀποστολικὸν Πολύκαρπον τοιούτου κατηξίωτο τέλους, τῶν κατὰ τὴν Σμυρναίων ἐκκλησίαν ἀδελφῶν τὴν ἱστορίαν ἐν ᾗ δεδηλώκαμεν αὐτῶν ἐπιστολῇ κατατεθειμένων· ἐν τῇ αὐτῇ δὲ περὶ αὐτοῦ γραφῇ καὶ ἄλλα μαρτύρια συνῆπτο κατὰ τὴν αὐτὴν Σμύρναν πεπραγμένα ὑπὸ τὴν αὐτὴν περίοδον τοῦ χρόνου τῆς τοῦ Πολυκάρπου μαρτυρίας, μεθ᾽ ὧν καὶ Μητρόδωρος τῆς κατὰ Μαρκίωνα πλάνης πρεσβύτερος δὴ εἶναι δοκῶν πυρὶ παραδοθεὶς ἀνῄρηται. [47] Τῶν γε μὴν τότε περιβόητος μάρτυς εἷς τις ἐγνωρίζετο Πιόνιος· οὗ τὰς κατὰ μέρος ὁμολογίας τήν τε τοῦ λόγου παρρησίαν καὶ τὰς ὑπὲρ τῆς πίστεως ἐπὶ τοῦ δήμου καὶ τῶν ἀρχόντων ἀπολογίας διδασκαλικάς τε δημηγορίας καὶ ἔτι τὰς πρὸς τοὺς ὑποπεπτωκότας τῷ κατὰ τὸν διωγμὸν πειρασμῷ δεξιώσεις παραμυθίας τε ἃς ἐπὶ τῆς εἱρκτῆς τοῖς παρ᾽ αὐτὸν εἰσαφικνουμένοις ἀδελφοῖς παρετίθετο, ἅς τε ἐπὶ τούτοις ὑπέμεινεν βασάνους, καὶ τὰς ἐπὶ ταύταις ἀλγηδόνας καθηλώσεις τε καὶ

venable. [44] C'est là que nous nous réunirons dans l'allégresse et la joie lorsque nous le pourrons et quand le Seigneur nous permettra de célébrer le jour natal de son martyre, pour nous souvenir de ceux qui ont combattu avant nous, et pour exercer et préparer ceux qui doivent lutter dans l'avenir. [45] Voilà ce qui concerne le bienheureux Polycarpe. Il fut le douzième qui souffrit le martyre à Smyrne, en comptant ceux de Philadelphie, mais c'est de lui seul qu'on se souvient de préférence et dont on parle en tous lieux, même chez les païens. »

[46] Voilà comment il faut apprécier l'admirable fin de cet homme merveilleux et apostolique qu'était Polycarpe ; les frères de l'église de Smyrne en ont fait le récit dans l'épître que nous avons citée. Dans le même livre, se trouvent encore d'autres martyres qui ont eu lieu dans la même ville à la même époque de la mort de Polycarpe. Parmi eux, Métrodore, qui paraît avoir été prêtre de l'erreur de Marcion, périt par le feu. [47] Un des athlètes d'alors se distingua et fut très célèbre ; il s'appelait Pionius. Ses diverses confessions, la liberté de son langage, les apologies qu'il fit de sa foi devant le peuple et les magistrats, les enseignements qu'il donna à la foule dans ses discours, ses encouragements à ceux qui avaient succombé dans l'épreuve de la persécution, les exhortations qu'il adressait aux frères qui venaient à lui dans la prison, les souffrances et les tourments qu'il eut ensuite à endurer comme, entre autres, d'être percé de clous, son courage au milieu des

την επί της πυράς καρτερίαν τήν τε εφ' άπασιν τοις παραδόξοις αυτού τελευτήν πληρέστατα της περί αυτού γραφής περιεχούσης, τους οίς φίλον, επί ταύτην αναπέμψομεν τοις των αρχαίων συναχθείσιν ημίν μαρτυρίοις εντεταγμένην. [48] Εξής δε και άλλων εν Περγάμω πόλει της Ασίας υπομνήματα μεμαρτυρηκότων φέρεται, Κάρπου και Παπύλου και γυναικός Αγαθονίκης μετά πλείστας και διαπρεπείς ομολογίας επιδόξως τετελειωμένων.

Ις'

Κατά τούτους δε και ό μικρώ πρόσθεν ημίν δηλωθείς [IV, VIII, 3; XI, 8] Ιουστίνος δεύτερον υπέρ των καθ' ημάς δογμάτων βιβλίον αναδούς τοις δεδηλωμένοις άρχουσιν [IV, XIX, 10], θείω κατακοσμείται μαρτυρίω, φιλοσόφου Κρήσκεντος (τον φερώνυμον δ' ούτος τη Κυνική προσηγορία βίον τε και τρόπον εζήλου) την επιβουλήν αυτώ καττύσαντος, επειδή πλεονάκις εν διαλόγοις ακροατών παρόντων ευθύνας αυτόν, τα νικητήρια τελευτών ης επρέσβευεν αληθείας διά του μαρτυρίου του κατ' αυτόν ανεδήσατο. [2] Τούτο δε και αυτός ό ταίς αληθείαις φιλοσοφώτατος εν τη δεδηλωμένη απολογία σαφώς ούτως, ώσπερ ούν και έμελλεν όσον ούπω περί αυτόν συμβήσεσθαι, προλαβών αποσημαίνει τούτοις τοις ρήμασιν [JUSTIN, *Apol.*, II, III]·

flammes et enfin sa mort après tous ces merveilleux combats, tout cela est exposé très au long dans la relation écrite qui le concerne. Nous y renverrons ceux qui la désireraient ; nous l'avons insérée dans notre collection des anciens martyres. [48] On montre en outre aussi les passions d'autres chrétiens martyrisés à Pergame, ville d'Asie, Carpus et Papylus, et une femme, Agathonice, qui périrent glorieusement, après avoir confessé leur foi à plusieurs reprises et d'une façon remarquable.

CHAPITRE XVI

[COMMENT JUSTIN LE PHILOSOPHE, PRÊCHANT LA PAROLE DU CHRIST DANS LA VILLE DE ROME, FUT MARTYR]

En ces temps, Justin, dont nous venons de parler tout récemment, avait présenté aux empereurs cités plus haut un second livre sur nos dogmes. Les machinations ourdies contre lui par le philosophe Crescent lui valurent l'honneur d'un divin martyre (ce Crescent ambitionnait la vie et la conduite auxquelles convient le nom de cynique). Justin, après l'avoir plusieurs fois confondu dans des discussions contradictoires et en présence de témoins, enfin victorieux, ceignit par son martyre la couronne de la vérité qu'il avait prêchée. [2] Dans l'*Apologie* dont nous avons parlé, cet ami parfait de la vérité l'avait clairement annoncé et avait décrit comment tout cela devait lui arriver (voy. l'*Appendice*). Voici ses paroles :

« [3] Κάγὼ οὖν προσδοκῶ ὑπό τινος τῶν ὠνομασμένων ἐπιβουλευθῆναι καὶ ξύλῳ ἐντιναγῆναι ἢ κἂν ὑπὸ Κρήσκεντος τοῦ ἀφιλοσόφου καὶ φιλοκόμπου · οὐ γὰρ φιλόσοφον εἰπεῖν ἄξιον τὸν ἄνδρα, ὅς γε περὶ ὧν μὴ ἐπίσταται, δημοσίᾳ καταμαρτυρεῖ ὡς ἀθέων καὶ ἀσεβῶν Χριστιανῶν ὄντων, πρὸς χάριν καὶ ἡδονὴν τῶν πολλῶν τῶν πεπλανημένων τοῦτο πράττων. [4] Εἴτε γὰρ μὴ ἐντυχὼν τοῖς τοῦ Χριστοῦ διδάγμασιν κατατρέχει ἡμῶν, παμπόνηρός ἐστιν καὶ ἰδιωτῶν πολὺ χείρων, οἳ φυλάττονται πολλάκις περὶ ὧν οὐκ ἐπίστανται, διαλέγεσθαι καὶ ψευδομαρτυρεῖν · καὶ εἰ ἐντυχὼν μὴ συνῆκεν τὸ ἐν αὐτοῖς μεγαλεῖον ἢ συνεὶς πρὸς τὸ μὴ ὑποπτευθῆναι τοιοῦτος ταῦτα ποιεῖ, πολὺ μᾶλλον ἀγεννὴς καὶ παμπόνηρος, ἰδιωτικῆς καὶ ἀλόγου δόξης καὶ φόβου ἐλάττων ὤν. [5] Καὶ γὰρ προθέντα με καὶ ἐρωτήσαντα αὐτὸν ἐρωτήσεις τινὰς τοιαύτας, μαθεῖν καὶ ἐλέγξαι ὅτι ἀληθῶς μηδὲν ἐπίσταται, εἰδέναι ὑμᾶς βούλομαι, καὶ ὅτι ἀληθῆ λέγω, εἰ μὴ ἀνηνέχθησαν ὑμῖν αἱ κοινωνίαι τῶν λόγων, ἕτοιμος καὶ ἐφ᾿ ὑμῶν κοινωνεῖν τῶν ἐρωτήσεων πάλιν · βασιλικὸν δ᾿ ἂν καὶ τοῦτο ἔργον εἴη. [6] Εἰ δὲ καὶ ἐγνώσθησαν ὑμῖν αἱ ἐρωτήσεις μου καὶ αἱ ἐκείνου ἀποκρίσεις, φανερὸν ὑμῖν ἐστιν ὅτι οὐδὲν τῶν ἡμετέρων ἐπίσταται · ἢ εἰ ἐπίσταται, διὰ τοὺς ἀκούοντας δὲ οὐ τολμᾷ λέγειν, ὡς πρότερον ἔφην, οὐ φιλόσοφος, ἀλλὰ φιλόδοξος ἀνὴρ δείκνυ-

« [3] Moi aussi, je m'attends à devenir l'objet d'embûches, et à être mis dans les ceps, grâce à quelqu'un de ceux qui portent le nom de philosophe, grâce peut-être à Crescent qui aime non pas la sagesse, mais le bruit. Non, il n'est pas digne d'être appelé philosophe [ami de la sagesse], l'homme qui, parlant de ceux qu'il ne connaît pas, accuse en public les chrétiens d'athéisme et d'impiétés, et fait cela pour plaire au grand nombre qui est dans l'erreur. [4] S'il n'a jamais lu les enseignements du Christ et nous attaque, c'est un homme d'une méchanceté absolue, et de beaucoup pire que les ignorants ; car souvent ceux-ci se gardent de discuter et de calomnier ce qu'ils ignorent. S'il les a lus sans en saisir la grandeur, ou encore si, l'ayant comprise, il se conduit de telle sorte pour n'être pas soupçonné d'être chrétien, il est bien plus lâche et plus pervers, puisqu'il ne s'élève pas au-dessus d'un qu'en dira-t-on niais et déraisonnable et qu'il est vaincu par la peur. [5] Je lui ai proposé des questions et je l'ai interrogé sur quelques-uns de ces sujets ; je tiens à ce que vous sachiez que j'ai constaté d'une façon convaincante que vraiment il ne sait rien. Pour prouver que je dis la vérité, si ces discussions n'ont pas été connues de vous, je suis prêt à renouveler devant vous mes questions : cela serait digne de la majesté impériale. [6] Si vous avez appris quelles furent mes questions et ses réponses, il vous est évident qu'il est dans une ignorance complète de ce qui nous concerne, ou, s'il en connaît quelque chose, il n'ose pas le dire à cause de ceux qui l'entendent ; comme je l'ai dit plus haut, il se montre ami non pas de

ται, ὅς γε μηδὲ τὸ Σωκρατικὸν [Platon, *Rép.*, X, 595 c], ἀξιέραστον ὄν, τιμᾷ ».

[7] Ταῦτα μὲν οὖν ὁ Ἰουστῖνος· ὅτι δὲ κατὰ τὴν αὐτοῦ πρόρρησιν πρὸς τοῦ Κρήσκεντος συσκευασθεὶς ἐτελειώθη, Τατιανὸς, ἀνὴρ τὸν πρῶτον αὐτοῦ βίον σοφιστεύσας ἐν τοῖς Ἑλλήνων μαθήμασι καὶ δόξαν οὐ σμικρὰν ἐν αὐτοῖς ἀπενηνεγμένος πλεῖστά τε ἐν συγγράμμασιν αὐτοῦ καταλιπὼν μνημεῖα, ἐν τῷ Πρὸς Ἕλληνας ἱστορεῖ, λέγων ὧδε [Tatien, xviii]·

« Καὶ ὁ θαυμασιώτατος Ἰουστῖνος ὀρθῶς ἐξεφώνησεν ἐοικέναι τοὺς προειρημένους λῃσταῖς ».

[8] Εἶτ' ἐπειπὼν τινα περὶ τῶν φιλοσόφων, ἐπιλέγει ταῦτα [ch. xix]·

« Κρήσκης γοῦν ὁ ἐννεοττεύσας τῇ μεγάλῃ πόλει παιδεραστίᾳ μὲν πάντας ὑπερήνεγκεν, φιλαργυρίᾳ δὲ πάνυ προσεχὴς ἦν· θανάτου δὲ ὁ καταφρονεῖν συμβουλεύων οὕτως αὐτὸς ἐδεδίει τὸν θάνατον, ὡς καὶ Ἰουστῖνον, καθάπερ μεγάλῳ κακῷ τῷ θανάτῳ περιβαλεῖν πραγματεύσασθαι, διότι κηρύττων τὴν ἀλήθειαν λίχνους τοὺς φιλοσόφους καὶ ἀπατεῶνας συνήλεγχεν. »

Καὶ τὸ μὲν κατὰ Ἰουστῖνον μαρτύριον τοιαύτην εἴληχεν αἰτίαν·

la sagesse, mais du qu'en dira-t-on et fait peu de cas de l'excellente parole de Socrate (voy. l'*Appendice*). »

Voilà ce qu'écrivait Justin. [7] Ainsi qu'il l'avait annoncé, après avoir été en butte aux machinations de Crescent, il y trouva la mort. Tatien, un homme qui dès sa première jeunesse s'adonna aux lettres grecques et ne s'y fit pas peu de renom, et qui a laissé dans ses écrits beaucoup de preuves de son talent, le rapporte dans son *Discours aux Grecs* de la manière que voici :

« Justin, cet homme tout à fait digne d'admiration, disait avec raison que ceux dont il vient d'être fait mention ressemblent à des voleurs. »

[8] Et après quelques mots sur les philosophes, il ajoute :

« Crescent, qui est venu nicher dans la grande ville, les dépassait tous en pédérastie et son avarice était grande. [9] Lui qui conseillait le mépris de la mort, il la craignait si bien qu'il n'eût point de relâche avant de l'avoir déchaînée sur Justin comme le plus affreux malheur, parce que, prêchant la vérité, celui-ci avait prouvé que les philosophes sont des gourmands et des charlatans. »

Telle fut la cause du martyre de Justin.

IZ'

Ὁ δ' αὐτὸς ἀνὴρ πρὸ τοῦ κατ' αὐτὸν ἀγῶνος ἑτέρων πρὸ αὐτοῦ μαρτυρησάντων ἐν τῇ προτέρᾳ μνημονεύει ἀπολογίᾳ, χρησίμως τῇ ὑποθέσει καὶ ταῦτα ἱστορῶν. [2] Γράφει δὲ ὧδε [JUSTIN, *Apol.*, II, II] ·

« Γυνή τις συνεβίου ἀνδρὶ ἀκολασταίνοντι, ἀκολασταίνουσα καὶ αὐτὴ πρότερον · ἐπειδὴ δὲ τὰ τοῦ Χριστοῦ διδάγματα ἔγνω, ἐσωφρονίσθη, καὶ τὸν ἄνδρα ὁμοίως σωφρονεῖν πείθειν ἐπειρᾶτο, τὰ διδάγματα ἀναφέρουσα τήν τε μέλλουσαν τοῖς οὐ σωφρόνως καὶ μετὰ λόγου ὀρθοῦ βιοῦσιν ἔσεσθαι ἐν αἰωνίῳ πυρὶ κόλασιν ἀπαγγέλλουσα. [3] Ὁ δὲ ταῖς αὐταῖς ἀσελγείαις ἐπιμένων, ἀλλοτρίαν διὰ τῶν πράξεων ἐποιεῖτο τὴν γαμετήν · ἀσεβὲς γὰρ ἡγουμένη τὸ λοιπὸν ἡ γυνὴ συγκατακλίνεσθαι ἀνδρὶ παρὰ τὸν τῆς φύσεως νόμον καὶ παρὰ τὸ δίκαιον πόρους ἡδονῆς ἐκ παντὸς πειρωμένῳ ποιεῖσθαι, τῆς συζυγίας χωρισθῆναι ἐβουλήθη. [4] Καὶ ἐπειδὴ ἐξεδυσωπεῖτο ὑπὸ τῶν αὐτῆς, ἔτι προσμένειν συμβουλευόντων ὡς εἰς ἐλπίδα μεταβολῆς ἥξοντός ποτε τοῦ ἀνδρός, βιαζομένη ἑαυτὴν ἐπέμενεν. [5] Ἐπειδὴ δὲ ὁ ταύτης ἀνὴρ εἰς τὴν Ἀλεξάνδρειαν πορευθείς, χαλεπώτερα πράττειν ἀπηγγέλθη, ὅπως μὴ κοινωνὸς τῶν ἀδικημάτων καὶ ἀσεβημάτων γένηται μένουσα ἐν τῇ συζυγίᾳ

CHAPITRE XVII

[DES MARTYRS QUE MENTIONNE JUSTIN DANS SON OUVRAGE]

Le même Justin avant son propre combat fait mention dans sa première apologie d'autres chrétiens qui ont souffert le martyre. Il fait aussi ce récit qui est utile à notre sujet ; voici ce qu'il écrit (voy. l'*Appendice*) :

« [2] Une femme vivait avec un mari licencieux ; elle avait été licencieuse elle-même autrefois. Quand elle eut connu les enseignements du Christ, elle s'assagit et elle essaya de persuader aussi à son mari de l'imiter. Elle lui exposa les enseignements qu'elle avait reçus et lui représenta le châtiment futur du feu éternel dont sont menacés ceux qui ne vivent pas selon la pureté et la droite raison. [3] Celui-ci demeura dans les mêmes débauches et par ses pratiques s'aliéna l'esprit de la femme. Celle-ci pensa en effet que c'était une impiété de continuer à partager la couche d'un homme toujours en quête de voluptés réprouvées par la loi naturelle et par la justice, et elle résolut de le quitter. [4] Ses proches la supplièrent et lui conseillèrent de patienter dans l'espoir d'un changement chez son mari : elle se fit violence et resta. [5] Cependant son mari partit pour Alexandrie et elle apprit qu'il se conduisait plus mal encore. Aussi bien pour ne pas devenir complice de ses crimes

καὶ ὁμοδίαιτος καὶ ὁμόκοιτος γινομένη, τὸ λεγόμενον παρ' ὑμῖν ῥεπούδιον δοῦσα ἐχωρίσθη. [6] Ὁ δὲ καλὸς κἀγαθὸς ταύτης ἀνήρ, δέον αὐτὸν χαίρειν ὅτι ἃ πάλαι μετὰ τῶν ὑπηρετῶν καὶ τῶν μισθοφόρων εὐχερῶς ἔπραττεν μέθαις χαίρουσα καὶ κακίᾳ πάσῃ, τούτων μὲν τῶν πράξεων πέπαυτο καὶ αὐτὸν τὰ αὐτὰ παύσασθαι πράττοντα ἐβούλετο, μὴ βουλομένου ἀπαλλαγείσης, κατηγορίαν πεποίηται, λέγων αὐτὴν Χριστιανὴν εἶναι. [7] Καὶ ἡ μὲν βιβλίδιόν σοι τῷ αὐτοκράτορι ἀνέδωκεν, πρότερον συγχωρηθῆναι αὐτῇ διοικήσασθαι τὰ ἑαυτῆς ἀξιοῦσα, ἔπειτα ἀπολογήσασθαι περὶ τοῦ κατηγορήματος μετὰ τὴν τῶν πραγμάτων αὐτῆς διοίκησιν, καὶ συνεχώρησας τοῦτο.

« [8] Ὁ δὲ ταύτης ποτὲ ἀνὴρ πρὸς ἐκείνην μὲν μὴ δυνάμενος τὰ νῦν ἔτι λέγειν, πρὸς Πτολεμαῖόν τινα, ὃν Οὐρβίκιος ἐκολάσατο, διδάσκαλον ἐκείνης τῶν Χριστιανῶν μαθημάτων γενόμενον, ἐτράπετο διὰ τοῦδε τοῦ τρόπου. [9] Ἑκατόνταρχον εἰς δεσμὰ ἐμβαλόντα τὸν Πτολεμαῖον, φίλον αὐτῷ ὑπάρχοντα, ἔπεισε λαβέσθαι τοῦ Πτολεμαίου καὶ ἀνερωτῆσαι εἰ, αὐτὸ τοῦτο μόνον, Χριστιανός ἐστιν. Καὶ τὸν Πτολεμαῖον, φιλαλήθη ἀλλ' οὐκ ἀπατηλὸν οὐδὲ ψευδολόγον τὴν γνώμην ὄντα, ὁμολογήσαντα ἑαυτὸν εἶναι Χριστιανόν, ἐν δεσμοῖς γενέσθαι ὁ ἑκατόνταρχος πεποίηκεν, καὶ ἐπὶ πολὺν χρόνον ἐν τῷ δεσμωτηρίῳ ἐκολάσατο. [10] Τελευταῖον δὲ ὅτε ἐπὶ Οὐρβίκιον ἤχθη ὁ ἄνθρωπος, ὁμοίως αὐτὸ τοῦτο μόνον ἐξητάσθη, εἰ εἴη Χριστιανός· καὶ πάλιν, τὰ καλὰ ἑαυτῷ συνεπιστάμενος διὰ τὴν ἀπὸ

et de ses infamies en continuant à vivre avec lui, à s'asseoir à sa table et à partager sa couche, elle lui donna ce que vous appelez le *repudium* et se sépara de lui. [6] Ce bonhomme aurait dû se réjouir de ce que sa femme, qui se plaisait autrefois à se livrer sans retenue au vin et à toutes sortes de désordres avec les serviteurs et les mercenaires, avait renoncé à une telle conduite ; il aurait dû être bien aise de ce qu'elle voulait le voir cesser lui aussi ces pratiques. Mais comme elle l'avait quitté malgré lui, il porta contre elle une accusation, disant qu'elle était chrétienne. [7] Elle te présenta une requête à toi, empereur, et elle exprima le désir qu'il lui fût accordé préalablement d'arranger ses affaires, promettant que celles-ci une fois terminées, elle viendrait répondre à l'accusation, et tu y consentis.

« [8] Son mari n'avait alors plus rien à lui dire pour le moment. Il se tourna contre un certain Ptolémée, qu'Urbicius condamna, parce qu'il avait été le maître de cette femme dans la doctrine des chrétiens ; voici comment. [9] Le débauché persuada à un centurion de ses amis de jeter en prison Ptolémée (voy. l'*Appendice*), de s'en emparer et de lui demander seulement s'il était chrétien. Ptolémée, par amour de la vérité, par répugnance de l'équivoque et du mensonge, confessa qu'il l'était. Le centurion le mit dans les fers et le fit longtemps souffrir en prison. [10] Enfin, le captif fut conduit auprès d'Urbicius qui pareillement lui posa la même et unique question, à savoir, s'il était chrétien. Celui-ci de nouveau, persuadé qu'il était redevable des biens qui étaient en lui

τοῦ Χριστοῦ διδαχήν, τὸ διδασκαλεῖον τῆς θείας ἀρετῆς ὡμολόγησεν. [11] Ὁ γὰρ ἀρνούμενος ὁτιοῦν ἢ κατεγνωκὼς τοῦ πράγματος ἔξαρνος γίνεται ἢ ἑαυτὸν ἀνάξιον ἐπιστάμενος καὶ ἀλλότριον τοῦ πράγματος τὴν ὁμολογίαν φεύγει· ὧν οὐδὲν πρόσεστιν τῷ ἀληθινῷ Χριστιανῷ. [12] Καὶ τοῦ Οὐρβικίου κελεύσαντος αὐτὸν ἀπαχθῆναι, Λούκιός τις, καὶ αὐτὸς ὢν Χριστιανός, ὁρῶν τὴν ἀλόγως οὕτως γενομένην κρίσιν, πρὸς τὸν Οὐρβίκιον ἔφη· « Τίς ἡ αἰτία
« τοῦ μήτε μοιχὸν μήτε πόρνον μήτε ἀνδροφόνον μήτε
« λωποδύτην μήτε ἅρπαγα μήτε ἁπλῶς ἀδίκημά τι πρά-
« ξαντα ἐλεγχόμενον, ὀνόματος δὲ Χριστιανοῦ προσωνυ-
« μίαν ὁμολογοῦντα, τὸν ἄνθρωπον τοῦτον ἐκολάσω ; Οὐ
« πρέποντα Εὐσεβεῖ αὐτοκράτορι οὐδὲ φιλοσόφῳ Καίσαρος
« παιδὶ οὐδὲ ἱερᾷ συγκλήτῳ κρίνεις, ὦ Οὐρβίκιε ». [13] Καὶ ὅς, οὐδὲν ἄλλο ἀποκρινάμενος, καὶ πρὸς τὸν Λούκιον ἔφη· « Δοκεῖς μοι καὶ σὺ εἶναι τοιοῦτος », καὶ τοῦ Λουκίου φήσαντος· « Μάλιστα », πάλιν καὶ αὐτὸν ἀπαχθῆναι ἐκέλευσεν· ὁ δὲ χάριν εἰδέναι ὡμολόγει· πονηρῶν γὰρ δεσποτῶν τῶν τοιούτων ἀπηλλάχθαι ἐπεῖπεν καὶ παρὰ ἀγαθὸν πατέρα καὶ βασιλέα τὸν θεὸν πορεύεσθαι. Καὶ ἄλλος δὲ τρίτος ἐπελθὼν κολασθῆναι προσετιμήθη. »

Τούτοις ὁ Ἰουστῖνος εἰκότως καὶ ἀκολούθως ἃς προεμνημονεύσαμεν αὐτοῦ φωνὰς [IV, XVI, 3] ἐπάγει λέγων « Κἀγὼ οὖν προσδοκῶ ὑπό τινος τῶν ὠνομασμένων ἐπιβουλευθῆναι » καὶ τὰ λοιπά.

à la doctrine du Christ, confessa l'école de la vertu divine. [11] Celui qui nie quelque chose, le fait, ou bien pour condamner ce qu'il nie, ou bien sachant qu'il en est indigne et qu'il y est étranger, pour éviter de rendre témoignage. Rien de ceci ne convient à un vrai chrétien. [12] Urbicius ordonna qu'on emmenât Ptolémée au supplice. Un certain Lucius, lui aussi chrétien, voyant une sentence aussi déraisonnablement prononcée, dit à Urbicius : « Quel est le grief? Cet homme n'est convaincu ni d'adul-
« tère, ni de débauche, ni d'homicide, ni de pillage, ni
« de vol, ni en un mot d'une injustice quelconque. Il
« avoue seulement porter le nom de chrétien et tu le
« punis. Urbicius, tu ne juges pas selon les intentions
« de l'empereur Antonin le Pieux, ni du philosophe,
« fils de César, ni du sacré Sénat. » [13] Urbicius, sans répondre autre chose à Lucius, lui dit : « Toi aussi me
« parais être chrétien ». Celui-ci répliqua : « Parfaite-
« ment. » Le préfet commanda qu'on le conduisît lui aussi à la mort. Le condamné répliqua qu'il lui en savait gré, parce qu'il allait quitter des maîtres très méchants pour se rendre auprès de Dieu qui est un bon père et un bon roi. Un troisième survint, qui fut aussi condamné avec eux. »

A cela, Justin ajoute avec raison et comme conclusion (voy. l'*Appendice*) les paroles rappelées plus haut : « Et moi aussi je m'attends à des embûches de la part de quelqu'un de ceux qui portent le nom de philosophe, etc. »

ΙΗ'

Πλεῖστα δὲ οὗτος καταλέλοιπεν ἡμῖν πεπαιδευμένης διανοίας καὶ περὶ τὰ θεῖα ἐσπουδακυίας ὑπομνήματα, πάσης ὠφελείας ἔμπλεα· ἐφ' ἃ τοὺς φιλομαθεῖς ἀναπέμψομεν, τὰ εἰς ἡμετέραν γνῶσιν ἐλθόντα χρησίμως παρασημηνάμενοι.

[2] Ὁ μέν τίς ἐστιν αὐτῷ λόγος πρὸς Ἀντωνῖνον τὸν Εὐσεβῆ προσαγορευθέντα καὶ τοὺς τούτου παῖδας τήν τε Ῥωμαίων σύγκλητον προσφωνητικὸς ὑπὲρ τῶν καθ' ἡμᾶς δογμάτων, ὁ δὲ δευτέραν περιέχων ὑπὲρ τῆς ἡμετέρας πίστεως ἀπολογίαν, ἣν πεποίηται πρὸς τὸν τοῦ δεδηλωμένου αὐτοκράτορος διάδοχόν τε καὶ ὁμώνυμον Ἀντωνῖνον Οὐῆρον, οὗ τὰ κατὰ τοὺς χρόνους ἐπὶ τοῦ παρόντος διέξιμεν· [3] καὶ ἄλλος ὁ πρὸς Ἕλληνας, ἐν ᾧ μακρὸν περὶ πλείστων παρ' ἡμῖν τε καὶ τοῖς Ἑλλήνων φιλοσόφοις ζητουμένων κατατείνας λόγον, περὶ τῆς τῶν δαιμόνων διαλαμβάνει φύσεως· ἃ οὐδὲν ἂν ἐπείγοι τὰ νῦν παρατίθεσθαι. [4] Καὶ αὖθις ἕτερον πρὸς Ἕλληνας εἰς ἡμᾶς ἐλήλυθεν αὐτοῦ σύγγραμμα, ὃ καὶ ἐπέγραψεν Ἔλεγχον, καὶ παρὰ τούτους ἄλλο περὶ θεοῦ μοναρχίας, ἣν οὐ μόνον ἐκ τῶν παρ' ἡμῖν γραφῶν, ἀλλὰ καὶ τῶν Ἑλληνικῶν συνίστησιν βιβλίων· [5] ἐπὶ τούτοις ἐπιγεγραμμένον Ψάλτης, καὶ ἄλλο σχολικὸν περὶ ψυχῆς, ἐν ᾧ διαφόρους πεύσεις προ-

CHAPITRE XVIII

[QUELS ÉCRITS DE JUSTIN SONT VENUS JUSQU'A NOUS]

Justin nous a laissé un grand nombre d'ouvrages, ils sont la preuve d'un esprit cultivé et zélé pour les choses divines et l'on n'en peut tirer que profit : nous y renverrons ceux qui aiment la science, après avoir indiqué ici, pour être utile, celles de ses œuvres qui sont venues à notre connaissance.

[2] D'abord, il y a de lui le discours adressé à Antonin surnommé le Pieux, ainsi qu'à ses fils et au sénat de Rome, en faveur de nos croyances; puis, celui qui contient une seconde apologie de notre foi et que Justin adressa au successeur et homonyme de l'empereur précédent, à Antoninus Verus, dont nous venons, à l'instant, de raconter ce qui concerne l'époque. [3] Il y a encore le *Discours aux Grecs*, où l'auteur, après avoir examiné longuement beaucoup de questions agitées par nous et les philosophes grecs, disserte sur la nature des démons ; mais il n'y a pas d'urgence à en rien citer ici. [4] Il nous est venu encore un autre écrit adressé aux Grecs, que Justin a intitulé *Réfutation* ; un ouvrage, *De la monarchie de Dieu*, qu'il établit non seulement d'après nos Écritures, mais aussi d'après les livres des Grecs ; [5] un écrit intitulé *Psalmiste*; une autre œuvre, en forme de scolies, *De l'âme*, dans

τείνας περὶ τοῦ κατὰ τὴν ὑπόθεσιν προβλήματος, τῶν παρ' Ἕλλησιν φιλοσόφων παρατίθεται τὰς δόξας, αἷς καὶ ἀντιλέξειν ὑπισχνεῖται τήν τε αὐτὸς αὐτοῦ δόξαν ἐν ἑτέρῳ παραθήσεσθαι συγγράμματι. [6] Καὶ διάλογον δὲ πρὸς Ἰουδαίους συνέταξεν, ὃν ἐπὶ τῆς Ἐφεσίων πόλεως πρὸς Τρύφωνα τῶν τότε Ἑβραίων ἐπισημότατον πεποίηται· ἐν ᾧ [Dial., II, VIII] τίνα τρόπον ἡ θεία χάρις αὐτὸν ἐπὶ τὸν τῆς πίστεως παρώρμησε λόγον, δηλοῖ ὁποίαν τε πρότερον περὶ τὰ φιλόσοφα μαθήματα σπουδὴν εἰσενήνεκται καὶ ὅσην ἐποιήσατο τῆς ἀληθείας ἐκθυμοτάτην ζήτησιν. [7] Ἱστορεῖ δ' ἐν ταὐτῷ περὶ Ἰουδαίων ὡς κατὰ τῆς τοῦ Χριστοῦ διδασκαλίας ἐπιβουλὴν συσκευασαμένων, αὐτὰ ταῦτα πρὸς τὸν Τρύφωνα ἀποτεινόμενος [Dial., XVII]·

« Οὐ μόνον δὲ οὐ μετενοήσατε ἐφ' οἷς ἐπράξατε κακῶς, ἀλλὰ ἄνδρας ἐκλεκτοὺς ἐκλεξάμενοι τότε ἀπὸ Ἱερουσαλὴμ ἐξεπέμψατε εἰς πᾶσαν τὴν γῆν, λέγοντας [voy. l'Appendice] αἵρεσιν ἄθεον Χριστιανῶν πεφάνθαι καταλέγοντάς τε ταῦτα ἅπερ καθ' ἡμῶν οἱ ἀγνοοῦντες ἡμᾶς πάντες λέγουσιν, ὥστε οὐ μόνον ἑαυτοῖς ἀδικίας αἴτιοι ὑπάρχετε, ἀλλὰ καὶ τοῖς ἄλλοις ἅπασιν ἁπλῶς ἀνθρώποις. »

[8] Γράφει δὲ καὶ ὡς ὅτι μέχρι καὶ αὐτοῦ χαρίσματα προφητικὰ διέλαμπεν ἐπὶ τῆς ἐκκλησίας [Dial., LXXXII], μέμνηταί τε τῆς Ἰωάννου Ἀποκαλύψεως, σαφῶς τοῦ ἀποστόλου αὐτὴν εἶναι λέγων [Dial., LXXXI]· καὶ ῥητῶν δέ τινων προφητικῶν μνημονεύει, διελέγχων τὸν Τρύφωνα ὡς δὴ περικοψάντων αὐτὰ Ἰουδαίων ἀπὸ τῆς γραφῆς

laquelle, développant diverses questions qui se rapportent à ce sujet, il donne les opinions des philosophes grecs ; puis, il promet de les contredire et d'expliquer son propre sentiment dans un autre livre. [6] Il composa encore le *Dialogue contre les Juifs*, où il raconte la discussion qu'il eut à Éphèse avec Tryphon, le plus célèbre israélite de l'époque. Il y montre de quelle manière la grâce divine le poussa vers la doctrine de la foi, avec quel zèle il s'était auparavant adonné à l'étude de la philosophie et quelle ardente recherche il avait faite de la vérité. [7] En ce qui regarde les Juifs, il raconte, dans le même ouvrage, comment ils ont suscité toutes sortes d'obstacles à l'enseignement du Christ, et il s'adresse à Tryphon en ces termes :

« Non seulement vous n'avez pas changé de sentiment en ce qui concerne vos méfaits d'autrefois, mais en ce temps là, vous avez fait choix d'hommes spéciaux que vous avez envoyés de Jérusalem dans toute la terre pour dire qu'il venait de paraître une hérésie athée, celle de chrétiens. Ce sont eux qui ont répété tout ce que débitent contre nous tous ceux qui nous ignorent ; en sorte que vous êtes coupables d'injustice non seulement envers vous, mais bel et bien envers tous les hommes. »

[8] Justin écrit en outre que de son temps encore les dons de prophétie brillaient dans l'Église et il fait aussi mention de l'*Apocalypse* de Jean, disant clairement qu'elle est de l'apôtre. Il cite certaines paroles des prophètes, et convainc Tryphon que les Juifs les ont retranchées de l'Écriture. Bien d'autres travaux de Jus-

[*Dial.*, LXXI-LXXIII]. Πλεῖστα δὲ καὶ ἕτερα παρὰ πολλοῖς φέρεται ἀδελφοῖς τῶν αὐτοῦ πόνων, [9] οὑτωσὶ δὲ σπουδῆς εἶναι ἄξιοι καὶ τοῖς παλαιοῖς ἐδόκουν οἱ τἀνδρὸς λόγοι, ὡς τὸν Εἰρηναῖον ἀπομνημονεύειν αὐτοῦ φωνάς, τοῦτο μὲν ἐν τῷ τετάρτῳ πρὸς τὰς αἱρέσεις αὐτὰ δὴ ταῦτα ἐπιλέγοντα [IRÉNÉE, IV, VI, 2]·

« Καὶ καλῶς ὁ Ἰουστῖνος ἐν τῷ πρὸς Μαρκίωνα συντάγματί φησιν ὅτι αὐτῷ τῷ κυρίῳ οὐκ ἂν ἐπείσθην ἄλλον θεὸν καταγγέλλοντι παρὰ τὸν δημιουργόν. »

Τοῦτο δὲ ἐν τῷ πέμπτῳ τῆς αὐτῆς ὑποθέσεως διὰ τούτων [V, XXVI, 2]·

« Καὶ καλῶς ὁ Ἰουστῖνος ἔφη ὅτι πρὸ μὲν τῆς τοῦ κυρίου παρουσίας οὐδέποτε ἐτόλμησεν ὁ σατανᾶς βλασφημῆσαι τὸν θεόν, ἅτε μηδέπω εἰδὼς αὐτοῦ τὴν κατάκρισιν. »

[10] Καὶ ταῦτα δὲ ἀναγκαίως εἰρήσθω εἰς προτροπὴν τοῦ μετὰ σπουδῆς τοὺς φιλομαθεῖς καὶ τοὺς τούτου περιέπειν λόγους. Καὶ τὰ μὲν κατὰ τόνδε τοιαῦτα ἦν.

ΙΘ'

Ἤδη δὲ εἰς] ὄγδοον ἐλαυνούσης ἔτος τῆς δηλουμένης ἡγεμονίας, τῆς Ῥωμαίων ἐκκλησίας τὴν ἐπισκοπὴν Ἀνίκητον ἕνδεκα τοῖς πᾶσιν ἔτεσιν διελθόντα Σωτὴρ διαδέχεται, ἀλλὰ καὶ τῆς Ἀλεξανδρέων παροικίας Κελαδίωνος τέτταρ-

tin sont encore entre les mains de beaucoup de chrétiens. [9] Les écrits de cet homme ont paru aux anciens eux-mêmes tellement dignes d'estime qu'Irénée en cite des passages. Ainsi d'abord, dans le quatrième livre contre les hérésies, il dit :

« Et c'est avec raison que Justin déclare, dans son ouvrage contre Marcion, qu'il ne serait pas même convaincu par le Seigneur lui-même, s'il l'entendait dire qu'il y a un autre Dieu que le créateur du monde. »

Puis, au cinquième livre du même ouvrage :

« Et Justin observe fort bien qu'avant la venue du Sauveur, Satan n'a jamais osé blasphémer Dieu, parce qu'il ne savait pas encore sa condamnation. »

[10] Ceci était nécessaire à dire pour encourager ceux qui aiment la science à fréquenter avec soin les ouvrages de cet écrivain. Voilà ce qui concerne Justin.

CHAPITRE XIX

[QUELS SONT CEUX QUI SOUS LE RÈGNE DE VÉRUS ONT GOUVERNÉ L'ÉGLISE DES ROMAINS ET CELLE DES ALEXANDRINS]

Le règne dont nous parlons en était déjà à sa huitième année [168-169]. Anicet avait accompli dans l'Église des Romains la onzième année de son épiscopat, lorsqu'il eut pour successeur Soter. Quant à l'Église d'Alexandrie, elle

σιν ἐπὶ δέκα ἔτεσιν προστάντος, τὴν διαδοχὴν Ἀγριππῖνος διαλαμβάνει.

Κ'

Καὶ ἐπὶ τῆς Ἀντιοχέων δὲ ἐκκλησίας Θεόφιλος ἕκτος ἀπὸ τῶν ἀποστόλων ἐγνωρίζετο, τετάρτου μὲν τῶν ἐκεῖσε μετὰ Ἥρωνα καταστάντος Κορνηλίου, μετὰ δὲ αὐτὸν πέμπτῳ βαθμῷ τὴν ἐπισκοπὴν Ἔρωτος διαδεξαμένου.

ΚΑ'

Ἤκμαζον δ' ἐν τούτοις ἐπὶ τῆς ἐκκλησίας Ἡγήσιππός τε, ὃν ἴσμεν ἐκ τῶν προτέρων, καὶ Διονύσιος Κορινθίων ἐπίσκοπος Πινυτός τε ἄλλος τῶν ἐπὶ Κρήτης ἐπίσκοπος Φίλιππός τε ἐπὶ τούτοις καὶ Ἀπολινάριος καὶ Μελίτων Μουσανός τε καὶ Μόδεστος καὶ ἐπὶ πᾶσιν Εἰρηναῖος, ὧν καὶ εἰς ἡμᾶς τῆς ἀποστολικῆς παραδόσεως ἡ τῆς ὑγιοῦς πίστεως ἔγγραφος κατῆλθεν ὀρθοδοξία.

fut présidée par Céladion pendant quatorze ans, puis par Agrippinus, qui fut son successeur.

CHAPITRE XX

[QUELS SONT CEUX QUI ONT GOUVERNÉ L'ÉGLISE D'ANTIOCHE]

Théophile est connu comme le sixième évêque de l'Église d'Antioche depuis les apôtres; Cornélius, successeur d'Héron, avait été le quatrième, et Eros, qui vint après Cornélius, le cinquième

CHAPITRE XXI

[LES ÉCRIVAINS ECCLÉSIASTIQUES CÉLÈBRES A CETTE ÉPOQUE]

A cette époque florissaient dans l'Église Hégésippe, que nous connaissons d'après ce qui précède, Denys, évêque des Corinthiens, Pinytos, évêque de Crète; avec eux, Philippe, Apollinaire et Méliton, Musanus et Modeste, et surtout Irénée. Grâce à leurs écrits, l'orthodoxie de la tradition apostolique dans la vraie foi est venue jusqu'à nous.

ΚΒ'

Ὁ μὲν οὖν Ἡγήσιππος ἐν πέντε τοῖς εἰς ἡμᾶς ἐλθοῦσιν ὑπομνήμασιν τῆς ἰδίας γνώμης πληρεστάτην μνήμην καταλέλοιπεν· ἐν οἷς δηλοῖ ὡς πλείστοις ἐπισκόποις συμμίξειεν ἀποδημίαν στειλάμενος μέχρι Ῥώμης, καὶ ὡς ὅτι τὴν αὐτὴν παρὰ πάντων παρείληφεν διδασκαλίαν. Ἀκοῦσαι γέ τοι πάρεστιν μετά τινα περὶ τῆς Κλήμεντος πρὸς Κορινθίους ἐπιστολῆς αὐτῷ εἰρημένα ἐπιλέγοντος ταῦτα·

« [2] Καὶ ἐπέμενεν ἡ ἐκκλησία ἡ Κορινθίων ἐν τῷ ὀρθῷ λόγῳ μέχρι Πρίμου ἐπισκοπεύοντος ἐν Κορίνθῳ· οἷς συνέμιξα πλέων εἰς Ῥώμην καὶ συνδιέτριψα τοῖς Κορινθίοις ἡμέρας ἱκανάς, ἐν αἷς συνανεπάημεν τῷ ὀρθῷ λόγῳ. [3] Γενόμενος δὲ ἐν Ῥώμῃ, διαδοχὴν ἐποιησάμην μέχρις Ἀνικήτου· οὗ διάκονος ἦν Ἐλεύθερος, καὶ παρὰ Ἀνικήτου διαδέχεται Σωτήρ, μεθ' ὃν Ἐλεύθερος. Ἐν ἑκάστῃ δὲ διαδοχῇ καὶ ἐν ἑκάστῃ πόλει οὕτως ἔχει ὡς ὁ νόμος κηρύσσει καὶ οἱ προφῆται καὶ ὁ κύριος. »

[4] Ὁ δ' αὐτὸς καὶ τῶν κατ' αὐτὸν αἱρέσεων τὰς ἀρχὰς ὑποτίθεται διὰ τούτων·

« Καὶ μετὰ τὸ μαρτυρῆσαι Ἰάκωβον τὸν δίκαιον, ὡς καὶ ὁ κύριος, ἐπὶ τῷ αὐτῷ λόγῳ, πάλιν ὁ ἐκ θείου αὐτοῦ

CHAPITRE XXII

[HÉGÉSIPPE ET CEUX DONT IL PARLE]

Dans les cinq livres de *Mémoires* que nous avons de lui, Hégésippe a laissé, en effet, un document très complet de sa croyance personnelle. Il y fait connaître qu'au cours de son voyage à Rome, il eut des rapports avec beaucoup d'évêques, et qu'auprès de tous, il a trouvé la même doctrine. Après avoir parlé de l'épître de Clément aux Corinthiens, il ajoute ceci qu'il est bon d'entendre (voy. l'*Appendice* :

» [2] L'église des Corinthiens demeura dans l'orthodoxie jusqu'à l'épiscopat de Primus. Lorsque je naviguais vers Rome, j'ai vécu avec les gens de Corinthe et j'ai passé parmi eux un certain nombre de jours et je me suis réjoui avec eux de la pureté de leur doctrine. [3] A Rome où je fus, j'ai établi une succession jusqu'à Anicet, dont Eleuthère était diacre : Soter fut le successeur d'Anicet, et Eleuthère vint après lui. Dans chaque succession et dans chaque ville, on est fidèle à l'enseignement de la loi, des prophètes et du Seigneur. »

[4] Le même Hégésippe expose aussi les débuts des hérésies de son temps, en ces termes : « Après Jacques le Juste, qui subit le martyre comme le Seigneur, pour la même doctrine, Siméon, fils de Clopas,

Συμεών ὁ τοῦ Κλωπᾶ καθίσταται ἐπίσκοπος, ὃν προέθεντο πάντες, ὄντα ἀνεψιὸν τοῦ κυρίου δεύτερον. Διὰ τοῦτο ἐκάλουν τὴν ἐκκλησίαν παρθένον, οὔπω γὰρ ἔφθαρτο ἀκοαῖς ματαίαις. [5] Ἄρχεται δὲ ὁ Θεβουθις διὰ τὸ μὴ γενέσθαι αὐτὸν ἐπίσκοπον ὑποφθείρειν ἀπὸ τῶν ἑπτὰ αἱρέσεων, ὧν καὶ αὐτὸς ἦν, ἐν τῷ λαῷ, ἀφ' ὧν Σίμων, ὅθεν Σιμωνιανοί, καὶ Κλεόβιος, ὅθεν Κλεοβιηνοί, καὶ Δοσίθεος, ὅθεν Δοσιθιανοί, καὶ Γορθαῖος, ὅθεν Γοραθηνοί, καὶ Μασβώθεσι. Ἀπὸ τούτων Μενανδριανισταὶ καὶ Μαρκιανισταὶ καὶ Καρποκρατιανοὶ καὶ Οὐαλεντινιανοὶ καὶ Βασιλειδιανοὶ καὶ Σατορνιλιανοὶ ἕκαστος ἰδίως καὶ ἑτεροίως ἰδίαν δόξαν παρεισηγάγοσαν. [6] Ἀπὸ τούτων ψευδόχριστοι, ψευδοπροφῆται, ψευδαπόστολοι, οἵτινες ἐμέρισαν τὴν ἕνωσιν τῆς ἐκκλησίας φθοριμαίοις λόγοις κατὰ τοῦ θεοῦ καὶ κατὰ τοῦ Χριστοῦ αὐτοῦ. »

[7] Ἔτι δ' ὁ αὐτὸς καὶ τὰς πάλαι γεγενημένας παρὰ Ἰουδαίοις αἱρέσεις ἱστορεῖ λέγων·

« Ἦσαν δὲ γνῶμαι διάφοροι ἐν τῇ περιτομῇ ἐν υἱοῖς Ἰσραηλιτῶν κατὰ τῆς φυλῆς Ἰούδα καὶ τοῦ Χριστοῦ αὗται· Ἐσσαῖοι Γαλιλαῖοι Ἡμεροβαπτισταὶ Μασβωθεσι Σαμαρεῖται Σαδδουκαῖοι Φαρισαῖοι. »

[8] Καὶ ἕτερα δὲ πλεῖστα γράφει, ὧν ἐκ μέρους ἤδη πρότερον ἐμνημονεύσαμεν, οἰκείως τοῖς καιροῖς τὰς ἱστορίας παραθέμενοι, ἔκ τε τοῦ καθ' Ἑβραίους εὐαγγελίου καὶ τοῦ Συριακοῦ καὶ ἰδίως ἐκ τῆς Ἑβραΐδος διαλέκτου

oncle du Christ, fut établi second évêque de Jérusalem ; tous le préférèrent parce qu'il était cousin germain de Jésus. L'Église alors était appelée vierge, parce qu'elle n'avait encore été souillée par aucun enseignement erroné. [5] Mais Thébuthis, mécontent de n'avoir pas été évêque, commença dans le peuple, l'œuvre de corruption qui vint des sept sectes juives, dont il faisait lui-même partie. De celles-ci sortirent Simon, le chef des Simoniens ; Cléobius, celui de Cléobiens ; Dosithée, celui des Dosithéens ; Gorthée, celui des Gorathéniens, et les Masbothéens. C'est d'eux que vinrent les Ménandriens, les Marcianistes, les Carpocratiens, les Valentiniens, les Basilidiens, les Saturniliens, qui avaient tous introduit, chacun de son côté, leurs différentes opinions particulières. [6] C'est d'eux encore que sont sortis les pseudo-christs, les pseudo-prophètes, les pseudo-apôtres qui divisèrent l'unité de l'Église par des pernicieux discours contre Dieu et son Christ. »

[7] Le même Hégésippe rappelle encore les anciennes hérésies qui ont existé chez les Juifs :

« Il y avait, dit-il, chez les circoncis, parmi les fils d'Israël, différentes croyances contre la tribu de Juda et contre le Christ, Ce sont celles des Esséniens, Galiléens, Hémérobaptistes, Masbothéens, Samaritains, Sadducéens, Pharisiens. »

[8] Il nous a transmis beaucoup d'autres renseignements dont nous avons en partie, déjà fait mention et que nous avons donnés selon la convenance du récit. Il cite l'*Évangile aux Hébreux* et l'évangile syriaque, et rapporte des particularités de la langue hébraïque,

τινὰ τίθησιν, ἐμφαίνων ἐξ Ἑβραίων ἑαυτὸν πεπιστευκέναι, καὶ ἄλλα δὲ ὡς ἐξ Ἰουδαϊκῆς ἀγράφου παραδόσεως μνημονεύει. [9] Οὐ μόνος δὲ οὗτος, καὶ Εἰρηναῖος [IRÉNÉE, IV, xx, 3] δὲ καὶ ὁ πᾶς τῶν ἀρχαίων χορὸς πανάρετον Σοφίαν τὰς Σολομῶνος Παροιμίας ἐκάλουν. Καὶ περὶ τῶν λεγομένων δὲ ἀποκρύφων διαλαμβάνων, ἐπὶ τῶν αὐτοῦ χρόνων πρός τινων αἱρετικῶν ἀναπεπλάσθαι τινὰ τούτων ἱστορεῖ. Ἀλλὰ γὰρ ἐφ' ἕτερον ἤδη μεταβατέον.

ΚΓ'

Καὶ πρῶτόν γε περὶ Διονυσίου φατέον ὅτι τε τῆς ἐν Κορίνθῳ παροικίας τὸν τῆς ἐπισκοπῆς ἐγκεχείριστο θρόνον, καὶ ὡς τῆς ἐνθέου φιλοπονίας οὐ μόνοις τοῖς ὑπ' αὐτόν, ἀλλ' ἤδη καὶ τοῖς ἐπὶ τῆς ἀλλοδαπῆς ἀφθόνως ἐκοινώνει, χρησιμώτατον ἅπασιν ἑαυτὸν καθιστὰς ἐν αἷς ὑπετυποῦτο καθολικαῖς πρὸς τὰς ἐκκλησίας ἐπιστολαῖς. [2] Ὧν ἐστιν ἡ μὲν πρὸς Λακεδαιμονίους ὀρθοδοξίας κατηχητικὴ εἰρήνης τε καὶ ἑνώσεως ὑποθετική, ἡ δὲ πρὸς Ἀθηναίους διεγερτικὴ πίστεως καὶ τῆς κατὰ τὸ εὐαγγέλιον πολιτείας, ἧς ὀλιγωρήσαντας ἐλέγχει ὡς ἂν μικροῦ δεῖν ἀποστάντας τοῦ λόγου ἐξ οὗπερ τὸν προεστῶτα αὐτῶν Πούπλιον μαρτυρῆσαι κατὰ τοὺς τότε συνέβη διωγμούς. [3] Κοδράτου δὲ μετὰ τὸν μαρτυρήσαντα Πούπλιον καταστάντος αὐτῶν ἐπισκόπου μέμνηται, ἐπιμαρτυρῶν ὡς διὰ

d'où il ressort qu'il a passé du judaïsme à la foi chrétienne. Du reste, il rapporte encore d'autres particularités comme venant d'une tradition juive orale. [9] C'est non seulement lui et Irénée, mais aussi tout le chœur des anciens, qui donnent le nom de *Sagesse pleine de vertu* aux *Proverbes de Salomon*. Pour ce qui est des livres des apocryphes, il nous raconte qu'un certain nombre d'entre eux, composés par des hérétiques, parurent à son époque. Mais il faut maintenant passer à un autre sujet.

CHAPITRE XXIII.

[DENYS, ÉVÊQUE DE CORINTHE, ET LES LETTRES QU'IL A ÉCRITES]

Il faut d'abord parler de Denys, qui occupa le siège épiscopal de l'église de Corinthe. Cet évêque, non content d'exercer son zèle divin sur ceux qui étaient soumis à son autorité, l'étendait encore et sans compter à d'autres pays. Il se rendait très utile à tous, par les lettres catholiques qu'il composait pour les Églises. [2] Parmi ces écrits, se trouvent la lettre adressée aux Lacédémoniens, qui est une catéchèse d'orthodoxie et qui a pour sujet la paix et l'unité; la lettre aux Athéniens, où il les convie à croire et à vivre selon l'évangile, et où il les blâme de leur négligence; ils avaient en effet presque abandonné les enseignements du Christ depuis que leur chef Publius avait été martyrisé lors des persécutions de cette époque. [3] Il nous apprend que Quadratus, devint leur évêque après le martyre de Publius et il

της αυτού σπουδής επισυναχθέντων και της πίστεως αναζωπύρησιν ειληχότων· δηλοί δ' επί τούτοις ως και Διονύσιος ο Αρεοπαγίτης υπό του αποστόλου Παύλου προτραπείς επί την πίστιν κατά τα εν ταίς Πράξεσιν δεδηλωμένα [Act., XVII, 34], πρώτος της Αθήνησι παροικίας την επισκοπήν εγκεχείριστο. [4] Άλλη δ' επιστολή τις αυτού προς Νικομηδέας φέρεται, εν ή την Μαρκίωνος αίρεσιν πολεμών τώ της αληθείας παρίσταται κανόνι. [5] Καί τη εκκλησία δε τη παροικούση Γόρτυναν άμα ταίς λοιπαίς κατά Κρήτην παροικίαις επιστείλας, Φίλιππον επίσκοπον αυτών αποδέχεται άτε δη επί πλείσταις μαρτυρουμένης ανδραγαθίαις της υπ' αυτόν εκκλησίας, την τε των αιρετικών διαστροφήν υπομιμνήσκει φυλάττεσθαι. [6] Καί τη εκκλησία δε τη παροικούση Άμαστριν άμα ταίς κατά Πόντον επιστείλας, Βακχυλίδου μεν και Ελπίστου ως αν αυτόν επί το γράψαι προτρεψάντων μέμνηται, γραφών τε θείων εξηγήσεις παρατέθειται, επίσκοπον αυτών ονόματι Πάλμαν υποσημαίνων· πολλά δε περί γάμου και αγνείας τοίς αυτοίς παραινεί, και τους εξ οίας δ' ούν αποπτώσεως, είτε πλημμελείας είτε μην αιρετικής πλάνης, επιστρέφοντας δεξιούσθαι προστάττει. [7] Ταύταις άλλη εγκατείλεκται προς Κνωσίους επιστολή, εν ή Πινυτόν της παροικίας επίσκοπον παρακαλεί μη βαρύ φορτίον επάναγκες το περί αγνείας τοίς αδελφοίς επιτιθέναι [cf. Matth., XI, 30], της δε των πολλών καταστοχάζεσθαι ασθενείας· [8] προς ην ο Πινυτός αντιγράφων,

atteste que celui-là mit tout son zèle à rassembler les fidèles et à raviver leur foi. Il nous apprend en outre que Denys l'Aréopagite, dont la conversion par l'apôtre Paul est rapportée par les *Actes*, reçut le premier la direction de l'Église d'Athènes. [4] On montre encore une autre lettre adressée à ceux de Nicomédie, dans laquelle Denys attaque l'hérésie de Marcion et défend la règle de la vérité. [5] Il écrivit encore à l'Église de Gortyne en même temps qu'aux autres Églises de Crète ; il loue Philippe, leur évêque, de ce que son église s'est signalée par un grand nombre d'actions courageuses ; il rappelle qu'on doit se garder de fréquenter les hérétiques. [6] Dans sa lettre à l'Église d'Amastris et à celles du Pont, qu'il dit avoir écrit à la prière de Bacchylide et d'Elpiste, il commente les saintes Écritures et nous apprend que leur évêque s'appelait Palmas ; il donne plusieurs avis sur le mariage et la continence et engage ses correspondants à recevoir les pécheurs, quelque coupables qu'ils soient, qu'ils aient commis une faute ordinaire ou même le péché d'hérésie. [7] A ces lettres il faut ajouter une autre aux habitants de Cnosos dans laquelle Denys exhorte Pinytos, leur évêque, à ne pas imposer aux frères le lourd fardeau de la chasteté, mais à avoir en vue la faiblesse du grand nombre. [8] Celui-ci répondit en exprimant

θαυμάζει μὲν καὶ ἀποδέχεται τὸν Διονύσιον, ἀντιπαρακαλεῖ δὲ στερροτέρας ἤδη ποτὲ μεταδιδόναι τροφῆς, τελειοτέροις γράμμασιν εἰς αὖθις τὸν παρ' αὐτῷ λαὸν ὑποθρέψαντα, ὡς μὴ διὰ τέλους τοῖς γαλακτώδεσιν ἐνδιατρίβοντες λόγοις τῇ νηπιώδει ἀγωγῇ λάθοιεν καταγηράσαντες [cf. I Cor., III, 1-2]· δι' ἧς ἐπιστολῆς καὶ ἡ τοῦ Πινυτοῦ περὶ τὴν πίστιν ὀρθοδοξία τε καὶ φροντὶς τῆς τῶν ὑπηκόων ὠφελείας τό τε λόγιον καὶ ἡ περὶ τὰ θεῖα σύνεσις ὡς δι' ἀκριβεστάτης ἀναδείκνυται εἰκόνος.

[9] Ἔτι τοῦ Διονυσίου καὶ πρὸς Ῥωμαίους ἐπιστολὴ φέρεται, ἐπισκόπῳ τῷ τότε Σωτῆρι προσφωνοῦσα· ἐξ ἧς οὐδὲν οἷον τὸ καὶ παραθέσθαι λέξεις δι' ὧν τὸ μέχρι τοῦ καθ' ἡμᾶς διωγμοῦ φυλαχθὲν Ῥωμαίων ἔθος ἀποδεχόμενος ταῦτα γράφει·

« [10] Ἐξ ἀρχῆς γὰρ ὑμῖν ἔθος ἐστὶν τοῦτο, πάντας μὲν ἀδελφοὺς ποικίλως εὐεργετεῖν ἐκκλησίαις τε πολλαῖς ταῖς κατὰ πᾶσαν πόλιν ἐφόδια πέμπειν, ὧδε μὲν τὴν τῶν δεομένων πενίαν ἀναψύχοντας, ἐν μετάλλοις δὲ ἀδελφοῖς ὑπάρχουσιν ἐπιχορηγοῦντας δι' ὧν πέμπετε ἀρχῆθεν ἐφοδίων, πατροπαράδοτον ἔθος Ῥωμαίων Ῥωμαῖοι φυλάττοντες, ὃ οὐ μόνον διατετήρηκεν ὁ μακάριος ὑμῶν ἐπίσκοπος Σωτήρ, ἀλλὰ καὶ ηὔξηκεν, ἐπιχορηγῶν μὲν τὴν διαπεμπομένην δαψίλειαν τὴν εἰς τοὺς ἁγίους, λόγοις δὲ μακαρίοις τοὺς ἀνιόντας ἀδελφούς, ὡς τέκνα πατὴρ φιλόστοργος, παρακαλῶν. »

[11] Ἐν αὐτῇ δὲ ταύτῃ καὶ τῆς Κλήμεντος πρὸς

son admiration et l'accueil favorable qu'il fait à son exhortation ; il engage son collègue à distribuer encore à son peuple une alimentation plus solide, dans des écrits plus virils, de peur que, nourri constamment de lait, il ne vieillisse insensiblement dans une longue enfance. On peut voir par cette réponse, comme en un tableau achevé, l'orthodoxie de la foi de Pinytos, quel souci il avait du besoin de ses ouailles, quelle était son éloquence, et quelle enfin son intelligence des choses divines.

[9] On a encore de Denys une lettre aux Romains ; elle est adressée à Soter, alors leur évêque : rien n'empêche d'en citer le passage où l'auteur approuve l'usage conservé parmi les Romains jusqu'à la persécution de notre temps. Voici ce qu'il écrit (voy. l'*Appendice*) :

« [10] Depuis le commencement, vous avez en effet coutume de donner toutes sortes de secours à tous les frères ; vous envoyez aux nombreuses Églises, dans chaque ville, des provisions de bouche : ainsi vous soulagez le dénûment de ceux qui sont dans le besoin ; ainsi par les ressources que, dès le début, vous leur faites parvenir, vous soutenez les confesseurs qui sont aux mines. Romains, vous gardez les traditions que vous ont laissées vos pères les Romains. Non seulement Soter, votre bienheureux évêque, les maintient ; mais il les développe, en fournissant généreusement tout ce qu'on expédie aux saints ; et, quand les chrétiens viennent à lui, il les accueille par des paroles aimables, comme un père bienveillant ferait ses enfants. »

[11] Denys, dans cette même lettre, parle de l'épître

Κορινθίους μέμνηται ἐπιστολῆς, δηλῶν ἀνέκαθεν ἐξ
ἀρχαίου ἔθους ἐπὶ τῆς ἐκκλησίας τὴν ἀνάγνωσιν αὐτῆς
ποιεῖσθαι· λέγει γοῦν·

« Τὴν σήμερον οὖν κυριακὴν ἁγίαν ἡμέραν διηγάγομεν,
ἐν ᾗ ἀνέγνωμεν ὑμῶν τὴν ἐπιστολήν, ἣν ἕξομεν ἀεί ποτε
ἀναγινώσκοντες νουθετεῖσθαι, ὡς καὶ τὴν προτέραν ἡμῖν
διὰ Κλήμεντος γραφεῖσαν. »

[12] Ἔτι δ' ὁ αὐτὸς καὶ περὶ τῶν ἰδίων ἐπιστολῶν ὡς
ῥᾳδιουργηθεισῶν ταῦτά φησιν·

« Ἐπιστολὰς γὰρ ἀδελφῶν ἀξιωσάντων με γράψαι
ἔγραψα. Καὶ ταύτας οἱ τοῦ διαβόλου ἀπόστολοι ζιζανίων
γεγέμικαν [Ματτη., XIII, 25], ἃ μὲν ἐξαιροῦντες, ἃ δὲ
προστιθέντες [Apoc., XXII, 18-19]· οἷς τὸ οὐαὶ κεῖται.
Οὐ θαυμαστὸν ἄρα εἰ καὶ τῶν κυριακῶν ῥᾳδιουργῆσαί τινες
ἐπιβέβληνται γραφῶν, ὁπότε καὶ ταῖς οὐ τοιαύταις ἐπιβε-
βουλεύκασιν. »

[13] Καὶ ἄλλη δέ τις παρὰ ταύτας ἐπιστολὴ τοῦ Διονυσίου φέρεται Χρυσοφόρᾳ πιστοτάτῃ ἀδελφῇ ἐπιστείλαν-
τος, ᾗ τὰ κατάλληλα γράφων, τῆς προσηκούσης καὶ αὐτῇ
μετεδίδου λογικῆς τροφῆς. Καὶ τὰ μὲν τοῦ Διονυσίου
τοσαῦτα.

de Clément aux Corinthiens ; il montre que, depuis longtemps, l'usage antique était d'en faire la lecture dans l'assemblée des fidèles. Il dit en effet :

« Aujourd'hui nous avons célébré le saint jour du dimanche, pendant lequel nous avons lu votre lettre ; nous continuerons à la lire toujours, comme un avertissement, ainsi que du reste la première que Clément nous a adressée. »

[12] Le même Denys se plaint encore que ses propres lettres aient été falsifiées :

« Des frères, dit-il, m'ont prié d'écrire des lettres et je l'ai fait ; mais les apôtres du diable y ont mêlé de l'ivraie et ils ont tantôt retranché et tantôt ajouté. Sur eux repose la malédiction « Malheur à vous ! » Il n'est pas étonnant qu'ils aient altéré les enseignements du Seigneur, puisqu'ils se sont attaqués à d'autres qui n'ont pas leur importance. »

[13] Il y a encore de Denys une autre lettre envoyée à Chrysophora, sœur très fidèle. Il lui donnait par écrit les avis qui correspondaient à sa situation et lui présentait l'aliment de la vérité qui lui convenait. Voilà ce qui regarde Denys.

ΚΔ'

Τοῦ δὲ Θεοφίλου, ὃν τῆς Ἀντιοχέων ἐκκλησίας ἐπίσκοπον δεδηλώκαμεν [plus haut, ch. xx], τρία τὰ πρὸς Αὐτόλυκον στοιχειώδη φέρεται συγγράμματα, καὶ ἄλλο Πρὸς τὴν αἵρεσιν Ἑρμογένους τὴν ἐπιγραφὴν ἔχον, ἐν ᾧ ἐκ τῆς Ἀποκαλύψεως Ἰωάννου κέχρηται μαρτυρίαις· καὶ ἕτερα δέ τινα κατηχητικὰ αὐτοῦ φέρεται βιβλία. Τῶν γε μὴν αἱρετικῶν οὐ χεῖρον καὶ τότε ζιζανίων δίκην λυμαινομένων τὸν εἰλικρινῆ τῆς ἀποστολικῆς διδασκαλίας σπόρον [Matth., xiii, 25], οἱ πανταχόσε τῶν ἐκκλησιῶν ποιμένες, ὥσπερ τινὰς θῆρας ἀγρίους τῶν Χριστοῦ προβάτων ἀποσοβοῦντες, αὐτοὺς ἀνεῖργον τοτὲ μὲν ταῖς πρὸς τοὺς ἀδελφοὺς νουθεσίαις καὶ παραινέσεσιν, τοτὲ δὲ πρὸς αὐτοὺς γυμνότερον ἀποδυόμενοι, ἀγράφοις τε εἰς πρόσωπον ζητήσεσι καὶ ἀνατροπαῖς, ἤδη δὲ καὶ δι' ἐγγράφων ὑπομνημάτων τὰς δόξας αὐτῶν ἀκριβεστάτοις ἐλέγχοις διευθύνοντες. Ὁ γέ τοι Θεόφιλος σὺν τοῖς ἄλλοις κατὰ τούτων στρατευσάμενος δῆλός ἐστιν ἀπό τινος οὐκ ἀγεννῶς αὐτῷ κατὰ Μαρκίωνος πεπονημένου λόγου, ὃς καὶ αὐτὸς μεθ' ὧν ἄλλων εἰρήκαμεν εἰς ἔτι νῦν διασέσωσται.

Τοῦτον μὲν οὖν ἕβδομος ἀπὸ τῶν ἀποστόλων τῆς Ἀντιοχέων ἐκκλησίας διαδέχεται Μαξιμῖνος.

CHAPITRE XXIV

[THÉOPHILE, ÉVÊQUE D'ANTIOCHE].

De Théophile, que nous avons dit avoir été évêque d'Antioche, on a trois livres d'*Institutions* à Autolycus ; un autre qui a pour titre *Contre l'hérésie d'Hermogène*, où il se sert de témoignages tirés de l'*Apocalypse* de Jean ; on montre aussi de lui d'autres livres catéchétiques.

A cette époque aussi, les hérétiques gâtaient comme l'ivraie, la pure semence de l'enseignement apostolique. Aussi partout les pasteurs des églises en éloignaient les brebis du Christ comme on le fait pour les bêtes sauvages. Tantôt ils les écartaient par des avertissements et des exhortations adressées aux frères; tantôt ils les prenaient ouvertement à partie, soit en des discussions ou des réfutations faites de vive voix en leur présence, soit aussi en des mémoires écrits où leurs opinions étaient réfutées par des preuves très rigoureuses. Que Théophile ait avec les autres été mêlé à ces luttes, cela apparaît clairement dans un livre qu'il a noblement composé contre Marcion. Cet ouvrage nous a été conservé jusqu'à maintenant avec ceux dont nous venons de parler.

Maximin succéda à Théophile sur le siège d'Antioche et fut le septième évêque depuis les apôtres.

ΚΕ'

Φίλιππός γε μήν, ὃν ἐκ τῶν Διονυσίου φωνῶν τῆς ἐν Γορτύνῃ παροικίας ἐπίσκοπον ἔγνωμεν [plus haut, XXIII 5], πάνυ γε σπουδαιότατον πεποίηται καὶ αὐτὸς κατὰ Μαρκίωνος λόγον, Εἰρηναῖός τε ὡσαύτως καὶ Μόδεστος, ὃς καὶ διαφερόντως παρὰ τοὺς ἄλλους τὴν τοῦ ἀνδρὸς εἰς ἔκδηλον τοῖς πᾶσιν κατεφώρασε πλάνην, καὶ ἄλλοι δὲ πλείους, ὧν παρὰ πλείστοις τῶν ἀδελφῶν εἰς ἔτι νῦν οἱ πόνοι διαφυλάττονται.

ΚϚ'

Ἐπὶ τῶνδε καὶ Μελίτων τῆς ἐν Σάρδεσιν παροικίας ἐπίσκοπος Ἀπολινάριός τε τῆς ἐν Ἱεραπόλει διαπρεπῶς ἤκμαζον, οἳ καὶ τῷ δηλωθέντι κατὰ τοὺς χρόνους Ῥωμαίων βασιλεῖ λόγους ὑπὲρ τῆς πίστεως ἰδίως ἑκάτερος ἀπολογίας προσεφώνησαν. [2] Τούτων εἰς ἡμετέραν γνῶσιν, ἀφῖκται τὰ ὑποτεταγμένα · Μελίτωνος, τὰ Περὶ τοῦ πάσχα δύο καὶ τὸ Περὶ πολιτείας καὶ προφητῶν καὶ ὁ Περὶ ἐκκλησίας καὶ ὁ Περὶ κυριακῆς λόγος, ἔτι δὲ ὁ Περὶ πίστεως ἀνθρώπου καὶ ὁ Περὶ πλάσεως, καὶ ὁ Περὶ ὑπακοῆς πίστεως αἰσθητηρίων [cf. *Hebr.*, v, 14] καὶ πρὸς τούτοις

CHAPITRE XXV

[PHILIPPE ET MODESTE].

Philippe, que grâce au dire de Denys nous savons avoir été évêque de l'église de Gortyne, fit lui aussi, avec un très grand zèle, un ouvrage contre Marcion. Il en est de même d'Irénée et de Modeste : celui-ci mit au grand jour, plus excellemment que les autres et pour tout le monde, l'erreur de cet hérétique. Un grand nombre les imita et leurs œuvres sont encore maintenant gardées chez beaucoup de frères.

CHAPITRE XXVI

[MÉLITON ET CEUX DONT IL PARLE].

En ces temps, Méliton, évêque de l'église de Sardes, et Apollinaire, évêque de celle de Jérusalem, se distinguaient aussi par l'éclat de leur science. Chacun de son côté, ils adressèrent des écrits apologétiques de la foi à l'empereur romain de cette époque dont il a été qnestion. [2] De leurs travaux, voici ceux qui sont venus à notre connaissance : de Méliton, les deux livres *Sur la Pâque*, le livre *De la manière de vivre et des prophètes*, celui *De l'Église, Du dimanche, De la foi de*

ὁ Περὶ ψυχῆς καὶ σώματος ἢ ἑνὸς καὶ ὁ Περὶ λουτροῦ καὶ ὁ Περὶ ἀληθείας καὶ περὶ πίστεως καὶ γενέσεως Χριστοῦ καὶ λόγος αὐτοῦ προφητείας [καὶ περὶ ψυχῆς καὶ σώματος] καὶ ὁ Περὶ φιλοξενίας καὶ ἡ Κλεὶς καὶ τὰ Περὶ τοῦ διαβόλου καὶ τῆς Ἀποκαλύψεως Ἰωάννου καὶ ὁ Περὶ ἐνσωμάτου θεοῦ, ἐπὶ πᾶσι καὶ τὸ Πρὸς Ἀντωνῖνον βιβλίδιον.

[3] Ἐν μὲν οὖν τῷ Περὶ τοῦ πάσχα τὸν χρόνον καθ' ὃν συνέταττεν, ἀρχόμενος σημαίνει ἐν τούτοις·

« Ἐπὶ Σερουιλλίου Παύλου ἀνθυπάτου τῆς Ἀσίας, ᾧ Σάγαρις καιρῷ ἐμαρτύρησεν, ἐγένετο ζήτησις πολλὴ ἐν Λαοδικείᾳ περὶ τοῦ πάσχα, ἐμπεσόντος κατὰ καιρὸν ἐν ἐκείναις ταῖς ἡμέραις, καὶ ἐγράφη ταῦτα. »

[4] Τούτου δὲ τοῦ λόγου μέμνηται Κλήμης ὁ Ἀλεξανδρεὺς ἐν ἰδίῳ περὶ τοῦ πάσχα λόγῳ, ὃν ὡς ἐξ αἰτίας τῆς τοῦ Μελίτωνος γραφῆς φησιν ἑαυτὸν συντάξαι.

[5] Ἐν δὲ τῷ πρὸς τὸν αὐτοκράτορα βιβλίῳ τοιαῦτά τινα καθ' ἡμῶν ἐπ' αὐτοῦ γεγονέναι ἱστορεῖ·

« Τὸ γὰρ οὐδεπώποτε γενόμενον, νῦν διώκεται τὸ τῶν θεοσεβῶν γένος καινοῖς ἐλαυνόμενον δόγμασιν κατὰ τὴν Ἀσίαν. Οἱ γὰρ ἀναιδεῖς συκοφάνται καὶ τῶν ἀλλοτρίων ἐρασταὶ τὴν ἐκ τῶν διαταγμάτων ἔχοντες ἀφορμήν, φανερῶς ληστεύουσι, νύκτωρ καὶ μεθ' ἡμέραν διαρπάζοντες τοὺς μηδὲν ἀδικοῦντας. »

[6] Καὶ μεθ' ἕτερά φησιν·

« Καὶ εἰ μὲν σοῦ κελεύσαντος τοῦτο πράττεται, ἔστω

l'homme, De la création, De la soumission des sens à la foi; en outre le livre *Sur l'âme et le corps ou sur l'unité*; et l'écrit *Sur le baptême et sur la vérité et sur la foi et la génération du Christ*; un livre de sa prophétie; [*Sur l'âme et le corps*;] le livre *Sur l'hospitalité, La clef, Du diable et de l'Apocalypse de Jean, De Dieu corporel* et, enfin, l'opuscule *A Antonin* (voy. l'*Appendice*).

[3] Au début du livre *De la Pâque*, Méliton indique l'époque où il écrivit, en ces termes :

« Sous Servilius Paulus, proconsul d'Asie, au temps où Sagaris fut martyr, surgit un débat important à Laodicée concernant la Pâque, qui arriva justement ces jours-là, et c'est alors que ceci a été écrit. »

[4] Clément d'Alexandrie dans son ouvrage sur la Pâque mentionne ce livre de Méliton et dit lui avoir inspiré d'entreprendre son travail.

[5] Dans l'ouvrage qu'il adressa à l'empereur, Méliton raconte ceci qui a été accompli contre nous sous son règne :

« Ce qui n'était jamais arrivé, la race de ceux qui honorent Dieu est maintenant persécutée en Asie en vertu de récents édits. Des sycophantes sans pudeur et désireux du bien des autres prennent prétexte de ces ordonnances pour voler ouvertement et piller la nuit comme le jour des gens qui sont innocents. »

[6] Il dit plus loin :

« Si cela se fait par ton ordre, c'est bien : un prince

καλῶς γινόμενον· δίκαιος γὰρ βασιλεὺς οὐκ ἂν ἀδίκως βουλεύσαιτο πώποτε, καὶ ἡμεῖς ἡδέως φέρομεν τοῦ τοιούτου θανάτου τὸ γέρας· ταύτην δέ σοι μόνην προσφέρομεν δέησιν ἵνα αὐτὸς πρότερον ἐπιγνοὺς τοὺς τῆς τοιαύτης φιλονεικίας ἐργάτας, δικαίως κρίνειας εἰ ἄξιοι θανάτου καὶ τιμωρίας ἢ σωτηρίας καὶ ἡσυχίας εἰσίν. Εἰ δὲ καὶ παρὰ σοῦ μὴ εἴη ἡ βουλὴ αὕτη καὶ τὸ καινὸν τοῦτο διάταγμα, ὃ μηδὲ κατὰ βαρβάρων πρέπει πολεμίων, πολὺ μᾶλλον δεόμεθά σου μὴ περιιδεῖν ἡμᾶς ἐν τοιαύτῃ δημώδει λεηλασίᾳ. »

[7] Τούτοις αὖθις ἐπιφέρει λέγων·

« Ἡ γὰρ καθ' ἡμᾶς φιλοσοφία πρότερον μὲν ἐν βαρβάροις ἤκμασεν, ἐπανθήσασα δὲ τοῖς σοῖς ἔθνεσιν κατὰ τὴν Αὐγούστου τοῦ σοῦ προγόνου μεγάλην ἀρχήν, ἐγενήθη μάλιστα τῇ σῇ βασιλείᾳ αἴσιον ἀγαθόν. Ἔκτοτε γὰρ εἰς μέγα καὶ λαμπρὸν τὸ Ῥωμαίων ηὐξήθη κράτος· οὗ σὺ διάδοχος εὐκταῖος γέγονάς τε καὶ ἔσῃ μετὰ τοῦ παιδός, φυλάσσων τῆς βασιλείας τὴν σύντροφον καὶ συναρξαμένην Αὐγούστῳ φιλοσοφίαν, ἣν καὶ οἱ πρόγονοί σου πρὸς ταῖς ἄλλαις θρησκείαις ἐτίμησαν, [8] καὶ τοῦτο μέγιστον τεκμήριον τοῦ πρὸς ἀγαθοῦ τὸν καθ' ἡμᾶς λόγον συνακμάσαι τῇ καλῶς ἀρξαμένῃ βασιλείᾳ, ἐκ τοῦ μηδὲν φαῦλον ἀπὸ τῆς Αὐγούστου ἀρχῆς ἀπαντῆσαι, ἀλλὰ τοὐναντίον ἅπαντα λαμπρὰ καὶ ἔνδοξα κατὰ τὰς πάντων εὐχάς. [9] Μόνοι πάντων ἀναπεισθέντες ὑπό τινων βασκάνων ἀνθρώπων, τὸν καθ' ἡμᾶς ἐν διαβολῇ καταστῆσαι λόγον ἠθέλησαν

juste ne peut en effet rien ordonner d'inique ; pour
nous, nous recevrons avec joie la récompense d'une
telle mort. Mais nous t'adressons cette seule requête :
examine d'abord toi-même l'affaire de ceux qui sont les
auteurs d'une telle obstination, et juge équitablement s'ils
méritent la mort et le châtiment ou bien la vie sauve
et la paix. Cependant si cette résolution et ce nouveau
décret, qui seraient déplacés même contre des ennemis
barbares ne sont pas de toi, nous te prions avec plus
d'instance encore de ne pas nous abandonner dans un
pareil brigandage public. »

[7] Il ajoute encore ceci :
« En effet, la philosophie qui est la nôtre a d'abord
fleuri chez les barbares ; puis, elle s'est épanouie, parmi
tes peuples sous le grand règne d'Auguste, ton aïeul, et
ce fut surtout pour ton propre règne un bon augure. Car
depuis, la grandeur, l'éclat et la puissance de Rome ont
toujours grandi. Toi-même, tu en fus l'héritier désiré ; tu
le resteras avec ton fils, si tu conserves la philosophie qui
est née avec l'empire, a commencé sous Auguste, et
que tes ancêtres ont honorée à côté des autres religions. [8] C'est une très grande preuve de l'excellence
de notre doctrine qu'elle se soit épanouie en même
temps que l'heureuse institution de l'empire, et que,
depuis lors, à partir du règne d'Aguste, rien de regrettable ne soit arrivé mais au contraire que tout ait été
brillant et glorieux selon les vœux de chacun. [9]
Seuls entre tous, excités par des hommes malveillants, Néron et Domitien ont voulu faire de notre

Νέρων καὶ Δομετιανός, ἀφ' ὧν καὶ τὸ τῆς συχοφαντίας ἀλόγῳ συνηθείᾳ περὶ τοὺς τοιούτους ῥυῆναι συμβέβηκεν ψεῦδος. [10] Ἀλλὰ τὴν ἐκείνων ἄγνοιαν οἱ σοὶ εὐσεβεῖς πατέρες ἐπηνωρθώσαντο, πολλάκις πολλοῖς ἐπιπλήξαντες ἐγγράφως, ὅσοι περὶ τούτων νεωτερίσαι ἐτόλμησαν · ἐν οἷς ὁ μὲν πάππος σου Ἀδριανὸς πολλοῖς μὲν καὶ ἄλλοις, καὶ Φουνδανῷ δὲ τῷ ἀνθυπάτῳ, ἡγουμένῳ δὲ τῆς Ἀσίας, γράφων φαίνεται, ὁ δὲ πατήρ σου, καὶ σοῦ τὰ σύμπαντα διοικοῦντος αὐτῷ, ταῖς πόλεσι περὶ τοῦ μηδὲν νεωτερίζειν περὶ ἡμῶν ἔγραψεν, ἐν οἷς καὶ πρὸς Λαρισαίους καὶ πρὸς Θεσσαλονικεῖς καὶ Ἀθηναίους καὶ πρὸς πάντας Ἕλληνας. [11] Σὲ δὲ καὶ μᾶλλον περὶ τούτων τὴν αὐτὴν ἐκείνοις ἔχοντα γνώμην καὶ πολύ γε φιλανθρωποτέραν καὶ φιλοσοφωτέραν, πεπείσμεθα πάντα πράσσειν ὅσα σου δεόμεθα. »

[12] Ἀλλὰ ταῦτα μὲν ἐν τῷ δηλωθέντι τέθειται λόγῳ · Ἐν δὲ ταῖς γραφείσαις αὐτῷ Ἐκλογαῖς ὁ αὐτὸς κατὰ τὸ προοίμιον ἀρχόμενος τῶν ὁμολογουμένων τῆς παλαιᾶς διαθήκης γραφῶν ποιεῖται κατάλογον · ὃν καὶ ἀναγκαῖον ἐνταῦθα καταλέξαι, γράφει δὲ οὕτως ·

« [13] Μελίτων Ὀνησίμῳ τῷ ἀδελφῷ χαίρειν. Ἐπειδὴ πολλάκις ἠξίωσας, σπουδῇ τῇ πρὸς τὸν λόγον χρώμενος, γενέσθαι σοι ἐκλογὰς ἔκ τε τοῦ νόμου καὶ τῶν προφητῶν περὶ τοῦ σωτῆρος καὶ πάσης τῆς πίστεως ἡμῶν, ἔτι δὲ καὶ μαθεῖν τὴν τῶν παλαιῶν βιβλίων ἐβουλήθης ἀκρίβειαν πόσα τὸν ἀριθμὸν καὶ ὁποῖα τὴν τάξιν εἶεν, ἐσπούδασα τὸ τοιοῦτο πρᾶξαι, ἐπιστάμενός σου τὸ σπουδαῖον περὶ τὴν

doctrine un sujet d'accusation ; depuis ces princes, selon une déraisonnable coutume, le mensonge des dénonciateurs a coulé contre nous. [10] Mais tes pieux ancêtres ont réprimé leur aveuglement ; ils ont écrit fréquemment et à beaucoup, pour les blâmer d'avoir excité des soulèvements contre les chrétiens. C'est ainsi qu'il est avéré que ton grand-père Hadrien a écrit à plusieurs, notamment à Fundanus, proconsul d'Asie. Ton père, alors même qu'il gouvernait l'empire avec toi, a mandé par lettres aux villes, et entre autres, aux habitants de Larisse, de Tessalonique et d'Athènes, ainsi qu'à tous les Grecs, de ne pas soulever de troubles à notre sujet. [11] Quant à toi, qui es tout à fait dans leur manière de voir, avec encore plus d'humanité et de philosophie, nous sommes convaincus que tu feras tout ce que nous te demandons. »

[12] Voilà ce qui se trouve dans l'ouvrage dont nous avons parlé. Au début des *Extraits* qu'il a composés, dans l'introduction, le même auteur fait le catalogue des écrits incontestés de l'Ancien Testament. Il est nécessaire de le reproduire ici ; en voici les termes :

« [13] Méliton à Onésime, son frère, salut. Ton zèle pour la doctrine t'a fait souvent désirer d'avoir des extraits de la Loi et des Prophètes concernant le Sauveur et toute notre foi ; tu as souhaité aussi savoir avec précision quels sont les livres saints anciens, quel est leur nombre et l'ordre où ils sont placés. Je me suis appliqué à cette œuvre : je sais ton zèle pour la foi, ton

πίστιν καὶ φιλομαθὲς περὶ τὸν λόγον ὅτι τε μάλιστα πάντων πόθῳ τῷ πρὸς τὸν θεὸν ταῦτα προκρίνεις, περὶ τῆς αἰωνίου σωτηρίας ἀγωνιζόμενος. [14] Ἀνελθὼν οὖν εἰς τὴν ἀνατολὴν καὶ ἕως τοῦ τόπου γενόμενος ἔνθα ἐκηρύχθη καὶ ἐπράχθη, καὶ ἀκριβῶς μαθὼν τὰ τῆς παλαιᾶς διαθήκης βιβλία, ὑποτάξας ἔπεμψά σοι. Ὧν ἐστὶ τὰ ὀνόματα· Μωυσέως πέντε, Γένεσις Ἔξοδος Ἀριθμοὶ Λευιτικὸν Δευτερονόμιον, Ἰησοῦς Ναυῆ, Κριταί, Ῥούθ, Βασιλειῶν τέσσαρα, Παραλειπομένων δύο, Ψαλμῶν Δαυὶδ, Σολομῶνος Παροιμίαι ἢ καὶ Σοφία, Ἐκκλησιαστής, Ἆισμα Ἀισμάτων, Ἰώβ, Προφητῶν Ἡσαΐου Ἱερεμίου τῶν δώδεκα ἐν μονοβίβλῳ Δανιὴλ Ἰεζεκιήλ, Ἔσδρας. Ἐξ ὧν καὶ τὰς ἐκλογὰς ἐποιησάμην, εἰς ἓξ βιβλία διελών. »

Καὶ τὰ μὲν τοῦ Μελίτωνος τοσαῦτα.

ΚΖ΄

Τοῦ δ' Ἀπολιναρίου πολλῶν παρὰ πολλοῖς σῳζομένων τὰ εἰς ἡμᾶς ἐλθόντα ἐστὶν τάδε· λόγος ὁ πρὸς τὸν προειρημένον βασιλέα καὶ Πρὸς Ἕλληνας συγγράμματα πέντε καὶ Περὶ ἀληθείας α΄ β΄ καὶ Πρὸς Ἰουδαίους α΄ β΄ καὶ ἃ μετὰ ταῦτα συνέγραψε κατὰ τῆς τῶν Φρυγῶν αἱρέσεως, μετ' οὐ πολὺν καινοτομηθείσης χρόνον, τότε γε μὴν ὥσπερ ἐκφύειν ἀρχομένης, ἔτι τοῦ Μοντανοῦ ἅμα ταῖς αὐτοῦ ψευδοπροφήτισιν ἀρχὰς τῆς παρεκτροπῆς ποιουμένου.

ardeur à connaître la doctrine ; je sais que c'est par amour de Dieu que tu mets cela avant tout le reste, et que tu combats pour le salut éternel. [14] Étant donc allé en Orient, j'ai demeuré là où a été annoncé et accompli ce que contient l'Écriture ; j'ai appris avec exactitude quels sont les livres de l'Ancien Testament ; j'en ai dressé la liste, et je te l'envoie. Voici les noms : cinq livres de Moïse : la *Genèse*, l'*Exode*, les *Nombres*, le *Lévitique* ; le *Deutéronome*, Jésus Navé, les *Juges*, *Ruth*, quatre livres des *Rois*, deux des *Paralipomènes*, les *Psaumes* de David, les *Proverbes* de Salomon ce qui est aussi la *Sagesse*, l'*Ecclésiaste*, le *Cantique des cantiques*, *Job ;* les livres des prophètes : Isaïe, Jérémie, les douze prophètes en un seul livre, Daniel, Ézéchiel ; *Esdras*, De ces écrits j'ai fait des extraits que j'ai divisés en six livres.

Voilà ce qui est de Méliton.

CHAPITRE XXVII

[APOLLINAIRE]

De l'œuvre d'Apollinaire une grande partie a été conservée par beaucoup de gens. Voici ce qui en est venu jusqu'à nous : l'ouvrage adressé à l'empereur dont il est question plus haut, cinq livres *Aux Grecs ; De la Vérité*, I et II ; et *Aux Juifs*, I et II ; ceux qu'il a composés plus tard *Contre l'hérésie des Phrygiens*, qui devait peu après proposer ses innovations et qui commençait, alors pour ainsi dire, à naître. C'est à cette époque que Montan, et ses pseudo-prophétesses faisaient leur début dans leurs errements (voy. l'*Appendice*).

ΚΗ'

Καὶ Μουσανοῦ δέ, ὃν ἐν τοῖς φθάσασιν κατελέξαμεν [ch. XXI], φέρεταί τις ἐπιστρεπτικώτατος λόγος, πρός τινας αὐτῷ γραφεὶς ἀδελφοὺς ἀποκλίναντας ἐπὶ τὴν τῶν λεγομένων Ἐγκρατιτῶν αἵρεσιν, ἄρτι τότε φύειν ἀρχομένην, ξένην τε καὶ φθοριμαίαν ψευδοδοξίαν εἰσάγουσαν τῷ βίῳ.

ΚΘ'

Ἧς παρεκτροπῆς ἀρχηγὸν καταστῆναι Τατιανὸν λόγος ἔχει, οὗ μικρῷ πρόσθεν τὰς περὶ τοῦ θαυμασίου Ἰουστίνου παρατεθείμεθα λέξεις [plus haut, XVI, 7], μαθητὴν αὐτὸν ἱστοροῦντες τοῦ μάρτυρος. Δηλοῖ δὲ τοῦτο Εἰρηναῖος ἐν τῷ πρώτῳ τῶν πρὸς τὰς αἱρέσεις, ὁμοῦ τά τε περὶ αὐτοῦ καὶ τῆς κατ' αὐτὸν αἱρέσεως οὕτω γράφων [Irénée, I, XXVIII, 1] ·

« [2] Ἀπὸ Σατορνίνου καὶ Μαρκίωνος οἱ καλούμενοι Ἐγκρατεῖς ἀγαμίαν ἐκήρυξαν, ἀθετοῦντες τὴν ἀρχαίαν πλάσιν τοῦ θεοῦ καὶ ἠρέμα κατηγοροῦντες τοῦ ἄρρεν καὶ θῆλυ εἰς γένεσιν ἀνθρώπων πεποιηκότος, καὶ τῶν λεγομένων παρ' αὐτοῖς ἐμψύχων ἀποχὴν εἰσηγήσαντο, ἀχαριστοῦν-

CHAPITRE XXVIII

[MUSANUS]

Nous avons encore cité Musanus dans ce qui précède. On montre de lui un ouvrage très habile adressé à des frères qui glissaient dans l'hérésie dite des Encratites. Cette secte était alors à son début et elle apportait au monde une doctrine étrangère, pernicieuse et mensongère.

On dit que le chef de cet égarement était Tatien.

CHAPITRE XXIX

[L'HÉRÉSIE DE TATIEN]

Un peu plus haut, nous avons cité ses paroles sur l'admirable Justin, et nous avons raconté qu'il était le disciple de ce martyr. Irénée l'apprend en son premier livre de son ouvrage sur les hérésies ; voici ce qu'il écrit à la fois de Tatien et de son erreur :

« [2] De Saturninus et de Marcion viennent ceux qu'on appelle Encratites. Ils prêchent qu'on ne doit pas se marier, ils mettent de côté l'ordre antique établi par Dieu et blâment tranquillement celui qui a fait l'homme et la femme pour la propagation du genre humain. Ils introduisent l'abstinence des aliments qu'ils disent avoir eu vie, et, par là, montrent leur ingratitude envers Dieu,

τις τῷ πάντα πεποιηκότι θεῷ, ἀντιλέγουσί τε τῇ τοῦ πρωτοπλάστου σωτηρίᾳ. 3 Καὶ τοῦτο νῦν ἐξευρέθη παρ' αὐτοῖς Τατιανοῦ τινος πρώτως ταύτην εἰσενέγκαντος τὴν βλασφημίαν· ὃς Ἰουστίνου ἀκροατὴς γεγονώς, ἐφ' ὅσον μὲν συνῆν ἐκείνῳ, οὐδὲν ἐξέφηνεν τοιοῦτον. μετὰ δὲ τὴν ἐκείνου μαρτυρίαν ἀποστὰς τῆς ἐκκλησίας, οἰήματι διδασκάλου ἐπαρθεὶς καὶ τυφωθεὶς ὡς διαφέρων τῶν λοιπῶν, ἴδιον χαρακτῆρα διδασκαλείου συνεστήσατο. αἰῶνάς τινας ἀοράτους ὁμοίως τοῖς ἀπὸ Οὐαλεντίνου μυθολογήσας γάμον τε φθορὰν καὶ πορνείαν παραπλησίως Μαρκίωνι καὶ Σατορνίνῳ ἀναγορεύσας, τῇ δὲ τοῦ Ἀδὰμ σωτηρίᾳ παρ' ἑαυτοῦ τὴν ἀντιλογίαν ποιησάμενος. »

[4] Ταῦτα μὲν ὁ Εἰρηναῖος τότε· σμικρῷ δὲ ὕστερον Σευῆρός τις τοὔνομα κρατύνας τὴν προδεδηλωμένην αἵρεσιν αἴτιος τοῖς ἐξ αὐτῆς ὡρμημένοις τῆς ἀπ' αὐτοῦ παρηγμένης Σευηριανῶν προσηγορίας γέγονεν. [5] Χρῶνται μὲν οὖν οὗτοι νόμῳ καὶ προφήταις καὶ εὐαγγελίοις, ἰδίως ἑρμηνεύοντες τῶν ἱερῶν τὰ νοήματα γραφῶν· βλασφημοῦντες δὲ Παῦλον τὸν ἀπόστολον, ἀθετοῦσιν αὐτοῦ τὰς ἐπιστολάς, μηδὲ τὰς Πράξεις τῶν ἀποστόλων καταδεχόμενοι. [6] Ὁ μέντοι γε πρότερος αὐτῶν ἀρχηγὸς ὁ Τατιανὸς συνάφειάν τινα καὶ συναγωγὴν οὐκ οἶδ' ὅπως τῶν εὐαγγελίων συνθείς, Τὸ διὰ τεσσάρων τοῦτο προσωνόμασεν, ὃ καὶ παρά τισιν εἰς ἔτι νῦν φέρεται· τοῦ δ' ἀποστόλου φασὶ τολμῆσαί τινας αὐτὸν μεταφράσαι φωνάς, ὡς ἐπιδιορθούμενον αὐτῶν τὴν τῆς φράσεως σύνταξιν. [7] Καταλέλοιπεν δὲ οὗτος πολύ

l'auteur de l'univers. Ils nient aussi le salut du premier homme. [3] On trouve maintenant que cela leur vient d'un certain Tatien, qui le premier inventa ce blasphème. Il avait été disciple de Justin. Tant qu'il vécut avec lui, rien de cela ne parut. Mais après son martyre, Tatien se sépara de l'Église ; il s'éleva dans la pensée qu'il était un maître, s'aveugla au point de se croire supérieur aux autres et donna son caractère personnel à son école. Il imagina des éons invisibles, comme ceux qu'on trouve dans les fables de Valentin ; comme Marcion et Saturnin, il appela le mariage une corruption et une débauche ; de lui-même, il soutint qu'Adam n'est pas sauvé. »

[4] Voilà ce que dit alors Irénée. Peu après, un certain Sévère fortifia la susdite hérésie et c'est de lui que les membres de cette secte tirent l'appellation de Sévériens. [5] Ils se servent de la loi, des prophètes et des évangiles ; mais ils interprètent à leur façon les pensées des saintes Écritures. Ils traitent l'apôtre Paul d'une manière irrévérencieuse et rejettent ses épîtres : ils ne reçoivent pas non plus les *Actes des Apôtres*. [6] Leur premier chef, Tatien, fit une compilation et un mélange des évangiles arrangea je ne sais comment, et qu'il appela *Diatessaron* ; on trouve encore aujourd'hui cet ouvrage entre les mains de quelques-uns. On dit aussi qu'il eut l'audace de changer certaines paroles de l'apôtre pour redresser l'arrangement de la phrase.

[7] Il a laissé un très grand nombre d'écrits parmi

τι πλῆθος συγγραμμάτων, ὧν μάλιστα παρὰ πολλοῖς μνημονεύεται διαβόητος αὐτοῦ λόγος ὁ Πρὸς Ἕλληνας, ἐν ᾧ καὶ τῶν ἀνέκαθεν χρόνων μνημονεύσας, τῶν παρ' Ἕλλησιν εὐδοκίμων ἁπάντων προγενέστερον Μωυσέα τε καὶ τοὺς Ἑβραίων προφήτας ἀπέφηνεν [ch. xxxi et xxxvi suiv.]. Ὃς δὴ καὶ δοκεῖ τῶν συγγραμμάτων ἁπάντων αὐτοῦ κάλλιστός τε καὶ ὠφελιμώτατος ὑπάρχειν. Καὶ τὰ μὲν κατὰ τούσδε τοιαῦτα ἦν.

Λ'

Ἐπὶ δὲ τῆς αὐτῆς βασιλείας, πληθυουσῶν τῶν αἱρέσεων ἐπὶ τῆς Μέσης τῶν ποταμῶν, Βαρδησάνης, ἱκανώτατός τις ἀνὴρ ἔν τε τῇ Σύρων φωνῇ διαλεκτικώτατος, πρὸς τοὺς κατὰ Μαρκίωνα καὶ τινας ἑτέρους διαφόρων προϊσταμένους δογμάτων διαλόγους συστησάμενος τῇ οἰκείᾳ παρέδωκεν γλώττῃ τε καὶ γραφῇ μετὰ καὶ πλείστων ἑτέρων αὐτοῦ συγγραμμάτων· οὓς οἱ γνώριμοι (πλεῖστοι δὲ ἦσαν αὐτῷ δυνατῶς τῷ λόγῳ παρισταμένῳ) ἐπὶ τὴν Ἑλλήνων ἀπὸ τῆς Σύρων μεταβεβλήκασι φωνῆς. [2] Ἐν οἷς ἐστιν καὶ ὁ πρὸς Ἀντωνῖνον ἱκανώτατος αὐτοῦ περὶ εἱμαρμένης διάλογος ὅσα τε ἄλλα φασὶν αὐτὸν προφάσει τοῦ τότε διωγμοῦ συγγράψαι. [3] Ἦν δ' οὗτος πρότερον τῆς κατὰ Οὐαλεντῖνον σχολῆς, καταγνοὺς δὲ ταύτης πλεῖστά τε τῆς

lesquels beaucoup mentionnent surtout son fameux *Discours aux Grecs*, dans lequel il parle des temps antiques et où il montra que Moïse et les prophètes des Hébreux ont existé avant tous les Grecs célèbres. Il semble que c'est le plus beau et le plus utile de tous ses écrits. Voilà ce qui concerne ces auteurs (voy. l'*Appendice*).

CHAPITRE XXX

[LE SYRIEN BARDESANE ET LES ÉCRITS QU'ON MONTRE DE LUI].

Sous le même règne, les hérésies se multiplièrent en Mésopotamie. Un homme très savant et très habile à discuter en langue syriaque, Bardesane, composa des dialogues contre les Marcionites et d'autres qui avaient introduit diverses croyances ; il les écrivit en sa langue et son écriture nationales, ainsi que beaucoup d'autres de ses ouvrages. Ses disciples, que son éloquence avait attirés nombreux autour de lui, les traduisirent en grec.

[2] Parmi ces œuvres, il faut citer le très habile dialogue *Sur le destin* dédié à Antonin, et celles que la persécution qui sévissait alors lui fournit encore, dit-on, l'occasion d'écrire. [3] Il avait d'abord été de l'école de Valentin ; mais il la dédaigna et réfuta la plupart des fables de cet

κατὰ τοῦτον μυθοποιίας ἀπελέγξας, ἐδόκει μέν πως αὐτὸς ἑαυτῷ ἐπὶ τὴν ὀρθοτέραν γνώμην μετατεθεῖσθαι, οὐ μὴν καὶ παντελῶς γε ἀπερρύψατο τὸν τῆς παλαιᾶς αἱρέσεως ῥύπον. Ἐν τούτῳ γε μὴν καὶ ὁ τῆς Ῥωμαίων ἐκκλησίας ἐπίσκοπος Σωτὴρ τελευτᾷ.

hérétique et il lui sembla à lui-même pour ainsi dire revenir à la croyance plus orthodoxe ; du reste, il n'était pas complètement tombé dans l'abîme de cette antique hérésie. A cette époque, mourut Soter, évêque de l'église des Romains.

APPENDICE

Les manuscrits dont s'est servi M. Schwartz sont les suivants :
A Paris, Bibliothèque nationale, grec 1430 ; xe siècle (*Mazarinaeus* de Valois) ;
B Paris, Bibliothèque nationale, grec 1431 ; xie-xiie siècle ;
D Paris, Bibliothèque nationale, grec 1433 ; xie-xiie siècle ;
E Florence, Laurentienne lxx, 20 ; xie s. ;
M Venise, Marcienne 338 ; xe s. ;
R Moscou, Bibliothèque du Saint-Synode 50 ; xie-xiie s. ;
T Florence, Laurentienne lxx, 7 ; xe siècle.

On dispose en outre de la traduction latine de Rufin, éditée par M. Mommsen en regard du texte d'Eusèbe dans la collection de Berlin ; et d'une traduction syriaque, au moins pour ces livres, traduite en allemand par M. E. Nestle, *Die Kirchengeschichte des Eusebius, aus dem Syrischen übersetzt* (Leipzig, 1901). La traduction syriaque a été traduite en arménien : cette dernière n'entre pas en ligne de compte pour les premiers livres.

M. Schwartz n'a pas indiqué encore les principes qu'il a suivis dans l'établissement du texte. Contrairement à ses devanciers, il paraît en général préférer *BDM* à *AT*.

Sur les éditions d'Eusèbe antérieures à celle de M. Schwartz et sur les mss. qui ont servi à les établir, on peut consulter un excellent article de M. A. C. Headlam, dans *The Journal of theological studies*, t. IV (1902-1903), p. 93-102.

La traduction latine est très libre, mais d'une liberté inégale ; tantôt .Rufin suit le grec mot pour mot, tantôt il le résume ou l'abrège arbitrairement ; parfois, il le refond. La traduction syriaque est au contraire assez serrée. Elle a, de plus, l'avantage de nous faire remonter à une date voisine de celle d'Eusèbe. Tandis que le plus ancien ms. grec n'est pas antérieur au x⁰ siècle, la version syriaque nous a été conservée dans un ms. daté de 462 et dans un autre du vi⁰ siècle. Il n'est pas impossible qu'elle n'ait été rédigée au temps d'Eusèbe, peut-être même sous ses yeux et sous sa direction.

Dans les brèves indications qui suivent, nous supposons que le lecteur recourra à l'apparat critique publié par M. Schwartz, quand il voudra faire autre chose que consulter l'*Histoire ecclésiastique*. Nous supposons aussi que tout lecteur d'Eusèbe a sous la main les ouvrages généraux indispensables, Tillemont, les histoires littéraires de MM. Bardenhewer, Harnack, les éditions récentes des Pères apostoliques (nous citons la deuxième édition *maior* de M. F. X. Funk, 1901), une histoire ecclésiastique pourvue d'une bibliographie tenue à jour.

LIVRE I

1, 2 : οἰκονομίας. Ce terme désigne la partie humaine et l'activité extérieure du Christ. Le début de l'économie, ἡ πρώτη οἰκονομία, est la descente du Christ sur terre, l'incarnation ; de même § 8. Cf. ἡ κατ' ἀνθρώπους οἰκονομία, *Vie de Const.*, I, xxxii, 2 ; ἡ σωτήριος οἰκονομία, *ib.*, IV, xxix, 3. Le mot désigne à l'origine la mission du Christ ; il est pris dans ce sens par Ignace, *Eph.*, xviii, 2 : Ὁ Χριστὸς ἐκυοφορήθη ὑπὸ

Μαρίας κατ' οἰκονομίαν θεοῦ; c'est ainsi que le même auteur l'entend, dans un sens profane, de la fonction de celui que le père de famille délègue pour l'administration des affaires : Ὅν πέμπει ὁ οἰκοδεσπότης εἰς ἰδίαν οἰκονομίαν. Le sens spécial et théologique apparaît clairement dans JUSTIN, *Dial.*, CIII (*P. G.*, t. VI, col. 717 A). IRÉNÉE, *Hérésies*, I, x, 1 (*P. G.*, t. VII, col. 549 A) appelle οἰκονομίας les actes successifs par lesquels le Christ a sauvé les hommes, depuis son premier avènement jusqu'au second, τὴν ἐκ τῶν οὐρανῶν ἐν τῇ δόξῃ τοῦ Πατρὸς παρουσίαν αὐτοῦ. Le mot devient un terme technique et est employé par Clément d'Alexandrie, Origène, Épiphane, Cyrille d'Alexandrie, etc. Voy. la note de Valois. Il passe dans les autres langues : en syriaque (CHABOT, *Synodicon orientale*, p. 301 ; synode d'Acace en 486) ; en latin, où il est traduit par *dispensatio* (saint JÉRÔME, *Epist.*, XCVIII, 6 ; *P. L.*, t. XXII, col. 797 ; AUGUSTIN, *In Iohan.*, XXXVI, 2 ; *Serm.* CCXXXVII, 1, 1 ; CCLXIV, 6 ; *P. L.*, t. XXXV, col. 1663 ; t. XXXVIII, col. 1122 et 1217) par *administratio* (AUG., *De fide et symb.*, 18 ; *P. L.*, t. XL, col. 191 : *Administrationem suscepti hominis*). — Un sens plus général du mot est « providence », ci-dessous, II, 1, 13·

1, 7 : οἰκονομίας τε καὶ θεολογίας. La « théologie » du Christ se rapporte à l'élément divin comme l'économie à l'élément humain. Ainsi GRÉGOIRE DE NAZIANZE, *Disc. XXXVIII*, 8 ; *P. G.*, t. XXXVI, col. 320 B : Ταῦτα μοι περὶ Θεοῦ πεφιλοσοφήσθω τανῦν · οὐδὲ γὰρ ὑπὲρ ταῦτα καιρός, ὅτι μὴ θεολογία τὸ προκείμενον ἡμῖν, ἀλλ' οἰκονομία : « Voilà pour le moment assez de raisonnements sur Dieu ; car ce sujet n'est pas de saison, puisque nous avons à nous occuper non de « théo-« logie », mais d'économie ». SEVERIANUS DE GABALA (fin du IVᵉ s.), *De Sigillis*, 5 et 6 (*P. G.*, t. LXIII, col. 539-541), établit une distinction entre les trois premiers évangélistes et le quatrième ; les synoptiques, s'adressant à toutes les nations, ont pris pour point de départ l' « économie » ;

saint Jean, voulant approfondir la « théologie », tire son début de la divinité du Christ. Voy. plus bas, ιι, 3, αἱ περὶ αὐτοῦ (Χριστοῦ) μυστικαὶ τῶν γραφῶν θεολογίαι (à propos du début du quatrième évangile).

ιι, 3 : τὸ πρῶτον καὶ μόνον τοῦ θεοῦ γέννημα A, πρῶτον καί om. *BEMRT* et syr. — ὑπουργόν, *TM*, μηνυτή R (cor. réc. de E), ἐκφάντορα cor. de A, τελειωτήν cor. de B, *efficaciam* lat. : la première main de *ABE* devait avoir ὑπουργόν, mais τελειωτήν peut être une ancienne variante que paraît supposer la trad. syr. (« der ausführende » dans Nestle). — Tout ce passage, où se révèle le subordinatianisme d'Eusèbe, a exercé le zèle des correcteurs orthodoxes. Un correcteur de E efface les mots τὸν δεύτερον... αἴτιον et τό κῦρος... ὑποδεδεγμένον, plus bas, § 5, τὸν μὲν... ὑπουργοῦντα. Le correcteur de A change μετὰ τὸν πατέρα en ἅμα τῷ πατρί, παῖδα γνήσιον καί en λόγον ἐνυπόστατον καὶ μόνον, etc. Les mots δεύτερον μετὰ τὸν πατέρα ne sont traduits ni en syriaque ni en latin. Pour tous ces détails, voir l'apparat de Schwartz. — 7 suiv. Même attribution des théophanies de l'Ancien Testament à la personne du Fils dans Justin, *Apol.*, I, lxii-lxiv, p. 131-137 trad. Pautigny, avec référence également (ci-dessous, § 13) à la scène du buisson ardent. Voy. aussi le *Dial.*, lvi, cxxvi-cxxvii. Ce système d'interprétation, admis par Tertullien, Novatien, Hilaire de Poitiers, fut abandonné par la suite. Il procédait d'une théologie subordinatienne : le Père était d'une perfection trop inaccessible pour descendre sur la terre et se manifester ; le Fils, dieu, mais plus proche de l'homme, peut entrer en contact avec le fini. — 11 : ὡς ἂν εἰ τοῦ πατρὸς ὑπάρχοντα δύναμιν καὶ σοφίαν A, Zonaras XIII, 4 p. 9 C ; ὡς ἂν εἰκόνα τοῦ πατρὸς ὑπάρχοντα ET, ὡς ἂν εἰ τοῦ πατρὸς ὑπάρχοντα R. — 14 : ἐξ ἰδίου προσώπου : une formule de ce genre indique ici la voie par laquelle se manifeste un être surnaturel. De même, ἐξ αὐτοῦ τοῦ Χριστοῦ, 13. III, xxxviii, 1, en parlant de la lettre de Clément de Rome :

ἦν ἐκ προσώπου τῆς ῥωμαίων ἐκκλησίας τῇ Κορινθίων διετυπώσατο; cf. de même, IV, xv, 2. Cf. ci-dessous, 14 : Εἰς τὸ αὐτοῦ πρόσωπον. Dans Justin, la formule est ἀπὸ προσώπου : *Apol.*, I, xxxvi, 2 ; xxxvii, 1 ; xxxviii, 1 ; etc. — 14-15. Sur l'histoire de ce texte, allégué déjà par Justin, *Dial.*, lxi et cxxix, voy. Turmel, *Hist. de la théologie positive depuis l'origine jusqu'au concile de Trente* (Paris, 1904), p. 27 suiv. — 18. Ce tableau du monde après la chute est inspiré par le tableau des origines, tel que les philosophes le traçaient, plutôt que par la tradition théologique Certains traits font aussi partie de toute peinture d'êtres étrangers à la civilisation, depuis qu'Homère a décrit les Cyclopes, *Odyssée*, IX, 105 suiv. Sur la doctrine du péché originel pendant les quatre premiers siècles, voy. Turmel dans la *Revue d'hist. et de littér. religieuses*, t. V (1900), p. 503 suiv.— 20 : ἑαυτοῖς *BEMRT*, ἑαυτούς A syr. — <εἰσ>άγουσι Schwartz, ἄγουσι mss., syr. — 21 : πρωτόκτιστος *AET*, προαώνιος *R*, πρωτότοκος *BM*, om. syr. Voy. les observations ci-dessus sur ii, 3, et la polémique sur le mot ἔκτισε des *Proverbes*, Turmel, *Hist. de la théol. positive*, *l. c.*, p. 32.

iii, 4 : Οὐ πρότερον γοῦν est une reprise de οὔποτε γοῦν πρότερον de la phrase précédente ; mais la suite reçoit une autre construction et Eusèbe passe de l'idée de la nouveauté à celle de la dignité que présente le nom de Jésus. — 13 : τὸ διὰ σωμάτων σκευαστόν *AB*, *humanis opibus* lat., τὸ δι' ἀρωμάτων *EMRT* syr. — 17 : ἱερεύς *BM* syr. lat., ἀρχιερεύς *AERT*. — 18 : οὐσιωμένον *ABEMT¹*, γεγεννημένον *E²R* syr. — 19 : ὑπειληφότα *ABRT¹*, ἀπειληφότα *ET²*, εἰληφότα *M*, « qui a... par nature » syr. —

v, 1 : τὸν δηλούμενον. Cette expression est ordinaire dans Eusèbe pour renvoyer à ce qui a été dit : « ledit Jésus-Christ ». Elle a donc un sens très effacé. Cf. § 4, ὁ δεδηλωμένος, « l'auteur déjà nommé » ; viii, 1, τοὺς δεδηλωμένους χρόνους, « l'époque indiquée »; viii, 8 : ἐν τῇ δηλωθείσῃ γραφῇ.

« l'écrit sus-mentionné; III, xxxvi, 10 : ἀπὸ τῆς δηλωθείσης πόλεως; xxxix, 7 : ὁ δηλούμενος Παπίας; etc. — λόγον mss., λόγον σὺν τῷ ἁγίῳ καὶ προσκυνητῷ πνεύματι *M* : Eusèbe ne parle pas du Saint-Esprit; on a voulu combler cette lacune. — 4 : συνᾴδων : mais Josèphe, *ib.*, 26, place le recensement de Quirinius dans la 37e année après la bataille d'Actium (7 ap. J.-C.). Sur ce recensement, voy. E. Schuerer, *Geschichte des jüdischen Volkes in Zeitalter Jesu Christi*, 3e éd., t. I, p. 508 suiv.; sur la chronologie de Jésus, *ib.*, p. 443.

vi, 2 : φασίν *BDMR* lat., *Ecl.*; ὡς φασίν *AET* syr. — οἵ τά mss., lat., syr., οἵ τε *B*. Le texte cité plus loin, vii, 11, indique la vraie leçon. — 3 : πτωχόν mss., πένητα *A*. — Sur l'origine des Hérodes, voy. la note sur vii, 11. — 6 : ἱερεῖς *BDET*, *Ecl.*; ἀρχιερεῖς *AMR* syr., lat., mss. de Josèphe. — 8 : τε καί mss., lat.; τέλος ἐλάμβανεν καὶ ἡ τῶν ἐθνῶν *A* ; syr., « Und die Erwartung der Erlösung und die Berufung der Heiden wurde vollendet wie gesagt ist in der Weissagung ». — 9 : ἱερέων mss., lat. Josèphe; ἀρχιερέων *A* syr., *Ecl.*, *Dem.*

vii, 2-15 a été reproduit dans les *Quaestiones ad Stephanum*, d'Eusèbe, publiées par Mai, *Noua patrum bibliotheca* (Rome, 1847), t. IV, p. 231 suiv.; 2-10, dans une homélie sur la Nativité, attribuée à des auteurs divers, Migne, *P. G.*, t. XCVII, col. 850. — 5 : ἐναλλαγήν (« échange ») *DEMT*, ἐπαλλαγήν (« entrecroisement ») *AR*, « la différence » syr., ἀκολουθίαν *D* lat. — 9 : τρίτον mss., τρίτου Schwartz : « troisièmement, lui troisième ». C'est en effet la troisième génération discutée; la première est représentée par Mathan et Melchi, la deuxième, par Jacob et Héli. Cf. § 5 : τρίτος ἀπὸ τέλους. — 11. Cette histoire des origines de la famille des Hérodes est la version admise par les écrivains chrétiens et adoptée par quelques historiens modernes (Stark, *Gaza*, p. 535 ; Gelzer, *Iulius Africanus*, t. I, p. 260 suiv.). En général, on préfère le récit de Josèphe, *Ant.*, XIV, 10. Le grand-père d'Hérode le Grand,

qui fut le père du favori d'Hyrcan, s'appelait d'ailleurs Antipatros, comme son fils. Voy. Schuerer, *Geschichte des jüd. Volkes*, 3ᵉ éd., t. I, p. 292, n. 3. — 12 : ἐπιμελητής τῆς Παλαιστίνης : épimélète, ὁ τῶν Ἰουδαίων ou τῆς Ἰουδαίας ἐπιμελητής, Josèphe, *Ant.*, XIV, 127, 139. On ne sait au juste en quoi consistaient ces fonctions. En tout cas, il commandait les troupes. Ce titre ne doit pas avoir une valeur bien différente de celui d'ἐπίτροπος, qui lui fut conféré par César (*ib.*, 143). C'est une sorte de chef civil, à côté du grand prêtre Hyrcan. Schuerer, *l. c.*, t. I, p. 343, n. 14, l'assimile à un procurateur. — 13 : ἢ προσηλύτους, τοὺς ἐπιμίκτους, interpolations antérieures à Eusèbe, d'après Schwartz. — 14 : ἡμερῶν : après ce mot, il y a une lacune; à ἔκ τε τῆς Βίβλου devait correspondre un second membre, indiquant un autre moyen de suppléer les généalogies détruites. Rufin : *partim memoriter, partim ex dierum libris*. Mais *partim memoriter* est une conjecture de Rufin. La lacune existait déjà dans le texte que lisait Eusèbe. — Sur les parents du Christ et les premiers établissements des judéo-chrétiens, voy. Ad. Harnack, *Die Mission und Ausbreitung des Christentums* (Leipzig, 1902), p. 414 suiv., et R. Knopf, *Das nachapostolische Zeitalter* (Tubingue, 1905), p. 11 suiv.

viii, 4 : οὐδὲ οἷον τε *D*² syr., Valois ; οὐδὲν ο. τε mss. : οὐδὲν ο. τε signifie : « Rien n'empêche de », sens qui ne convient pas ici. — 6 : τοῦ δέξασθαι mss., τοῦ ὀδάξασθαι Naber. — 7 : ἔκστασις *ABERT*, ἔνστασις *D*¹*M* syr. ; *spiritus quoque incredibilis inflatio et tentigo obscaena satis et execranda* : Rufin, qui n'a pas compris ὀρθία ; cf. 9, ὀρθόπνοια. — μέρος *BD* syr. lat., μέλος *AEMRT* Josèphe ; cf. 9, πάντων τῶν μελῶν. — 9 : ἐν τῇ δευτέρᾳ : suppose une autre division de Josèphe que celle de nos mss. — 11 : χαλασθέν mss. d'Eusèbe et de Josèphe ; χαλασθείς est la leçon authentique de Josèphe, d'après M. Schwartz. — ἐκλυθείς *BDM*, δ'εμ//άτην ἐκλυθείς *T*, τεθνεὼς

AER, Josèphe ; om. syr. lat. — πληγήν *BDEMRT* (littéralement : « les esclaves ayant ait du bruit, à ce coup »), κραυγήν *A*, φωνήν Jos., « im Schmerz (hielt er aus) » syr., *planctibus* lat. — L'état de tout ce passage me paraît assez douteux, du moins dans Eusèbe. Rufin : *Cumque depositus fuisset in huiuscemodi fomento, ita resolutus est omnibus membris ut etiam oculi ipsi e suis sedibus soluerentur. Reportatur in Hiericho, et famulorum planctibus admonitus, ubi salutem desperare coepit, militibus,* etc. — 12 : ἐπιβουλήν mss., syr., mss. de Jos. ; ἐπιβολήν *A* « entreprise », leçon adoptée, après Hudson, par Niese et Schwartz comme le texte véritable de Josèphe. Serait-ce donc une conjecture heureuse dans *A* ? — 14 : ἡσθείς *BD*, αἰσθηθείς *T*, « als er litt in seinen Schmerzen » syr., ἡ δὲ αἴσθησις *ER*, ἡττηθείς *AM* ; les mss. de Josèphe se partagent entre ἡσσηθείς et ἡ δὲ αἴσθησις; Rufin : *Cum ex dolorum uiolentia iam uitae exitum adesse sensisset, malo accepto,* etc. J'ai peine à croire que le texte lu par Eusèbe ait porté ἡσθείς. Noter les excellentes leçons de *A* dans ces citations : ἔντασις, μέλος, τεθνεώς, κραυγήν, ἐπιβολήν, ἡττηθείς. Dira-t-on qu'il a été corrigé d'après les mss. de Josèphe ? Mais il a deux leçons qui leur sont inconnues, ἐπιβολήν, excellente, et κραυγήν, au moins discutable, et sur les autres, il s'accorde avec quelques mss. d'Eusèbe, qui ne sont jamais les mêmes, comme s'il représentait purement un courant plus ou moins troublé dans les autres mss.

ix, 1. Les indications d'Eusèbe sont inexactes. Après la mort d'Hérode (4 av. J.-C.), Archélaüs, désigné par lui, reçut d'Auguste, avec le titre d'ethnarque, la Judée, la Samarie et l'Idumée. Ses deux frères furent nommés tétrarques et reçurent, Antipas, la Galilée et la Pérée ; Philippe, la Batanée, la Trachonitide et le Hauran. Philippe mourut en 34 et son domaine fut annexé à la province de Syrie. Hérode Antipas, le persécuteur de saint Jean-Baptiste,

fut dépouillé de sa tétrarchie par Caligula, à l'instigation d'Agrippa, en 39; dès 37, Agrippa en avait été investi. Archélaüs fut, à la suite d'une plainte des Juifs, exilé par Auguste à Vienne, en 6. Son domaine devint une annexe de la province de Syrie, avec un gouverneur de rang équestre, qui dut porter d'abord le titre de préfet, mais reçut bientôt celui de procurateur. Quant à Lysanias, il est mentionné comme tétrarque d'Abilène et sa tétrarchie est annexée au domaine d'Agrippa I en 37, avec celle de Philippe. Ce Lysanias doit être distingué d'un autre, qui avait le royaume d'Iturée, au temps d'Antoine et de Cléopâtre. Il n'a probablement rien de commun avec lui, pas plus qu'avec les Hérodiens. Voy. Schuerer, t. I, p. 717 suiv.
— 3. Ces *Mémoires* sont ce qu'on appelle les *Actes de Pilate*, apocryphe formant la première partie du recueil connu sous le nom d'*Évangile de Nicodème*. Ils portaient en tête une date servant d'intitulé; c'est ce qu'Eusèbe appelle παρασημείωσις.

x, 2 : ἀρξαμένου μὲν < οὖν > : οὖν ad. Schwartz. — τῆς ἀρχῆς paraît désigner le pontificat de Caïphe plutôt que le commencement de ses fonctions. — Les indications de ce chapitre sont confuses et il n'est pas sûr qu'Eusèbe se soit retrouvé lui-même dans les données incertaines des documents. Voici, au surplus, la succession des grands-prêtres pour cette période :

Choisi par Quirinius :

Ananos ou Hannas, fils de Sethi, 6-15 ap. J.-C.

Choisis par Valerius Gratus (15-26) :

Ismaël, fils de Phiabi, 15-16 environ.
Éléasar, fils d'Ananos, 16-17 environ.
Simon, fils de Kamithos, 17-18 environ.
Joseph, surnommé Caïphe, 18-36 environ.

Choisis par *Vitellius* (*35-39*) :

Jonathas, fils d'Ananos, 36-37.

Théophile, fils d'Ananos, 37 suiv.

(Schuerer, *Gesch. des jüd. Volkes*, t. II, p. 217-218).

Toute la chronologie d'Eusèbe repose donc ici sur l'idée fausse que la fonction était devenue annuelle.

xi, 3 : Βίενναν τῆς Γαλλίας : erreur d'Eusèbe : Λούγδουνον πόλιν τῆς Γαλλίας, Jos., *Ant.*, XVIII, 252 ; mais Id., *Bel.*, 183 : εἰς Ἰσπανίαν, 184 : ἐν Ἰσπανίᾳ. Pour accorder les deux passages de Josèphe, on a supposé qu'il était question de *Lugdunum Conuenarum* (Saint-Bertrand de Comminges), au nord des Pyrénées. Voy. Schuerer, *l. c.*, I, p. 448 et n. 45 et 46. — 6 : τῶν ἄλλων mss. d'Eusèbe et de Josèphe, syr. ; *perplurima multitudo*, lat. ; Γαλιλαίων, conjecture de Schwartz pour Josèphe. — ἤρθησαν *BER*, syr., Jos. ; ἤσθησαν *AT*, ἠρέσθησαν *DM*. — 7 suiv. Sur ce passage discuté de Josèphe, voy. Schuerer, *l. c.*, t. I, p. 544 suiv.

xiii, 5 : sur cette correspondance, voy. A. Stuelcken, dans E. Hennecke, *Handbuch zu den neutestamentlichen Apokryphen* (Tubingue, 1904), p. 153 suiv. — 9. Le texte mis entre crochets est conservé par *BDER*, omis par *AMT* syr. lat. Cette opposition peut servir à prouver que l'archétype de *BDER* était interpolé. — 10 : Γέγραπται γάρ, etc. La parole citée ici ne se trouve textuellement dans aucune Écriture ; mais cf. Is., vi, 9 suiv., Matth., xiii, 14 suiv. ; Jean, xii, 39 suiv. ; *Actes*, xxviii, 25 et suiv. ; et voy. Resch, *Agrapha* (Leipzig, 1889), p. 462 (Apokryphon 103), et Ropes, *Die Sprüche Jesu*, p. 112, n° 112.

xiii, 11 : Θαδδαῖον. Le vrai nom est Addaï, l'apôtre d'Edesse, personnage historique qui a vécu au ii° siècle. La légende a été inventée pour donner à l'église d'Edesse une origine apostolique ; voy. J. Tixeront, *Les origines de l'Église d'Édesse et la légende d'Abgar* (Paris, 1888). On ne

fit d'Addaï qu'un disciple. Mais les Grecs, en déguisant le nom syrien sous le nom de Thaddée, plus connu, ont donné l'occasion d'identifier Addaï avec un apôtre. La confusion est déjà faite dans Origène. Voy. R. A. Lipsius, *Die apokryphen Apostelgeschichten u. Apostellegenden*, t. I (Brunswick, 1883), p. 20 suiv. — 13 : δυνάμει : *maxime propter ipsum* lat. ; il faut plutôt entendre comme nous avons traduit, sauf à supposer la chute de ἐν. — 20. Tout ce discours offre des redites et, surtout à la fin, des variantes considérables ; par ex. : ἀνήγειρεν *M* syr., *mortuos suscitare* lat., ἀνήγαγεν *AT*; passage remanié dans *BDER* : ἀνέστη καὶ συνήγειρε νεκροὺς τοὺς ἀπ' αἰώνων κεκοιμημένους. — καὶ κατέβη... ὄχλου mss., syr., lat. ; καταβὰς γὰρ μόνος συνήγειρεν πόλλους εἶθ' οὕτως ἀνέβη *A*. — A la fin, additions diverses dans *BDER*. — 22. La date est donnée d'après l'ère des Séleucides, dont le point de départ est la bataille de Gaza (312 av. J.-C.), ou plutôt la mort d'Alexandre IV fils d'Alexandre le Grand (311 av. J.-C.). Cette ère s'appelle aussi ère des Grecs ou ère d'Alexandre.

LIVRE II

i, 2 : voy. J. Turmel, *Histoire de la théologie positive jusqu'au concile de Trente* (Paris, 1904), p. 74 suiv.

ii, 4. La traduction grecque de l'*Apologeticus* de Tertullien a été faite en Orient, peut-être par Jules Africain ; voy. Harnack, *Die griechische Ueberlieferung des Apologeticus Tertullians* (Leipzig, 1892 ; *Texte u. Untersuchungen*, 1re sér., t. VIII, fasc. 4).

iv, 1. Tibère mourut le 16 mars 37, après 22 ans, 6 mois, 26 jours de règne (Tillemont, *Hist. des empereurs*, t. I, Paris, 1690, p. 141 et 684). Agrippa I reçut aussitôt de

Caligula les tétrarchies de Philippe et de Lysanias avec le titre de roi; puis, au commencement de 40, la tétrarchie d'Hérode Antipas I (Schuerer, *Gesch. des jüd. Volkes*, t. I, p. 552 et 448). Agrippa n'était pas, à proprement parler, roi « de Judée ». Voy. plus haut, la note sur I, ιx, 1.

v, 1 : πέντε βιβλίοις : de cet ensemble, nous ne possédons que les livres III, *Contra Flaccum*, et IV, *Legatio ad Gaium*. Le titre *De uirtutibus* (*infra*, vi, 3), est, suivant les uns, le titre général de l'ensemble, suivant les autres, un titre commun aux livres IV et V; le livre V, perdu, continuait le récit de l'ambassade (Schuerer, *l. c.*, t. III, p. 529; Zoeckler, dans la *Real-Encyklopädie für prot. Theologie*, 3ᵉ éd., t. XV, 1904, p. 353; Massebieau, *Le classement des œuvres de Philon*, p. 65; L. Cohn, dans le *Philologus, Supplementband* VII, 1899, p. 421). — 4 : τοῦ ἀλαβάρχου : l'alabarque est identifié à l'arabarque, percepteur des droits sur la rive arabe du Nil (Schuerer, *l. c.*, t. III, p. 88).

vi, 2 : τὰς προσευχάς : les noms ordinaires de la synagogue sont συναγωγή ou προσευχή (*ib.*, t. II, p. 443). — 4. Le fait rapporté ici doit être placé au commencement de l'administration de Ponce-Pilate, qui fut gouverneur de 26 à 36 après J.-C. — οἵ τε : τε appelle καί dans la suite et καί se trouve de fait dans l'original; Eusèbe a coupé trop tôt la citation; cf. IV, xvi, 6. — 6 : κατῄει δὲ ἀπὸ τριακοσίων σταδίων : κατῆγε δ'ἀπὸ τετρακοσίων σταδίων Josèphe, *l. c.*; ἀπὸ διακοσίων σταδίων, Jos., *Bel.*, XVIII, 60; cf. Schuerer, *l. c.*, t. I, p. 490, n. 146.

x, 10. Hérode Agrippa I portait en effet les deux noms. Dans Josèphe, c'est un chat-huant qui avertit Agrippa de son sort; Eusèbe en a fait un ange dans la citation.

xi, 1. L'histoire de Theudas, qui appartient au règne de Claude, est placée par les *Actes* avant le soulèvement de Judas le Galiléen, qui eut lieu sous Auguste, en 6 après

J.-C. On a imaginé deux Theudas. Voy. Schuerer, *l. c.*, I, p. 566, note 6.

xii, 1 : ἐπὶ τούτοις : sous les procurateurs Cuspius Fadus et Tibère Alexandre, c'est-à-dire à la fin du gouvernement du premier et au commencement de celui du second. — 3 : στῆλαι : trois pyramides, d'après Josèphe, *Ant.*, XX, 95, qui servaient de tombeaux à Hélène et à son fils, Izates.

xiii, 3 suiv. : voy. le texte de Justin dans l'édition Pautigny (Paris, Picard; même collection), p. 50 suiv., et la comparaison avec le texte d'Eusèbe, *ib.*, p. xxxi. — 7 : θαμβωθήσεσθαι *ABDT*, θαμβοθήσεσθαι *M*, θαμβηθήσεσθαι *ER* : le mot de la langue courante est θαμβέω. On a θαμβώσας dans Lucien, *De dea syria*, xxv, que l'on corrige en ἀμβώσας. Le mot doit être particulier à la langue des mystères.

xiv, 5 : τῆς ἐφεδρευούσης ἐνταῦθα δυνάμεως : la puissance qui règne à Rome comme dans sa capitale, c'est-à-dire le démon.

xv, 2 : voy. le texte de Clément, plus loin, VI, xiv.

xvi, 1 : Μάρκον est supprimé par M. Schwartz.

xvii, 13 : ἀριθμοῖς *BDMT*[1], ῥυθμοῖς *AER*, compage Rufin, ἃ ῥυθμοῖς Philon. — χαράσσοντες Eusèbe, χαράττουσιν Philon. — 17 : ἐθισθέντες : Eusèbe a mal coupé son extrait; ce participe n'a de sens qu'avec la suite de la phrase dans Philon : ὥσπερ φασὶ τὸ τῶν τεττίγων γένος ἀέρι τρέφεσθαι. — 20 : ὃν ἤρξατο Eusèbe; ἐν ᾧ ἤρξατο ou ὃν ἐνήρξατο mss. de Philon. — ἡ οἰκία *DEMRT*, syr.; *illi* Rufin ; ἡ οἰκεία *B*, ἡ θρησκεία *A*; αὕτη : αὐτὴ *T*[1]; mais les mss. de Philon : ἡ ψυχὴ διαφερόντως ἡ οἰκεία, ou : ἡ λογικὴ ψυχὴ διαφερόντως τὰ οἰκεία. M. Schwartz suppose que Philon avait écrit : ὃν ἤρξατο διαφερόντως ἡ οἰκεία (sous-ent. ψυχή) θεωρεῖν. — 21-23. Eusèbe résume ici une bonne partie de l'ouvrage, p. 476, 23-34, et p. 481-484. Sur le fond, voy. l'état de la question dans Schuerer, *Gesch. des jüd. Volkes*, t. III, p. 535, et dans la *Realencyklopädie für prot. Theologie*, t. XV, p. 351 (Zoeckler).

xviii. Tous les savants qui se sont occupés de Philon ont étudié cette liste, notamment les deux historiens qui viennent d'être cités. Le traité *Sur l'agriculture* est relatif à *Gen.*, ix, 20; *Sur l'ivresse*, à ix, 21 (l'ivresse de Noé); il s'agit ensuite de la fuite et de l'invention d'Agar (cf. Ambroise, *De fuga saeculi*). — 2 : ὁ est probablement tombé devant περὶ συγχύσεως. — 3 : βίου mss., Schwartz; entendez ; βίος. On peut se demander si la faute remonte à Eusèbe. Il était très facile d'écrire βίου après περί. Eusèbe réunit ici deux ouvrages relatifs à Abraham, *De migratione* et *De Abrahamo* dans les éditions de Philon (voy. Schuerer, t. III, p. 508 et 514). — 9. Sur la portée et la date (vers 49) de cet édit, voy. Schuerer, *l. c.*, t. III, p. 32.

xix, 1 : sous Ventidius Cumanus, procurateur de 48 à 52, voy. Schuerer, *l. c.*, t. I, p. 568-569. — 2. Agrippa II ne fut jamais « roi des Juifs », mais reçut de Claude, en 53, un domaine qui fut successivement étendu. Voy. Schuerer, *ib.*, I, p. 585 suiv. Claude mourut en 54.

xx, 1. Félix, frère du puissant affranchi Pallas, fut procurateur de 52 à 60. Sur ce qui suit, voy. Schuerer, t. I, p. 576. — 4 suiv. Ces « sicaires » étaient un parti de zélotes; aussi, § 5, τοὺς διαφόρους désigne ceux qui ne partageaient pas leur haine de l'étranger, les amis des Romains. Schuerer, t. I, p. 574.

xxi. Sur le faux prophète égyptien, voy. Schuerer, t. I, p. 575. — 1 : κράτησας mss., Josèphe ; κρατῆσαι A. — τυραννικῶς ADMT, τυραννεῖν B, τυραννεῖ ER syr.; les mss. de Josèphe flottent entre τυραννεῖ, τυραννίδι, τυραννεῖν. — καὶ κρατῆσαι τῆς Ῥωμαϊκῆς φρουρᾶς καὶ τοῦ δήμου τυραννικῶς, χρώμενος, κ. τ. λ. : Schwartz, pour le texte de Josèphe. Nous traduisons comme s'il y avait κρατῆσαι. Rufin : *Peruenit cum ipsis ad montem qui uocatur Oliueti, paratus inde irruere Hierosolyma et ui ac potestate urbem tenere simulque Romanorum praesidia ac plebem tyrannidi suae subiugare, fretus per omnia his quos secum eduxerat satellitibus.*

xxii, 1 : Porcius Festus, procurateur de 60 à 62 ; il mourut en fonctions. Sur l'anarchie qui suivit sa mort et dont profita le grand prêtre Ananos, ainsi que sur le martyre de Jacques le Juste, voy. encore Schuerer, t. I, p. 581. La date du martyre est l'an 62.

xxiii, 4 suiv. L'extrait d'Hégésippe est rempli de redites et d'obscurités. Aussi M. Schwartz veut-il que l'on considère comme des doublets les passages suivants : 6, τούτῳ... εἰσιέναι, et καὶ μόνος... ναόν; ηὑρίσκετο... ἄφεσιν, et διὰ τὸ ἀεὶ... τῷ λαῷ; diverses incises du discours des scribes à Jacques, au § 10 ; 14, καὶ πολλῶν... πιστεύσωσιν αὐτῷ, et καὶ ἔκραξαν... φάγονται ; 18, καὶ οὕτως... ἡ στήλη μένει, et μάρτυς οὗτος... πολιορκεῖ αὐτούς ; 18, παρὰ τῷ ναῷ, deux fois. De plus, 16-17, καὶ... ὁ δίκαιος sont « une ancienne interpolation d'après Josèphe, *Ant.*, XX, 200 ». Ce dernier point ne paraît pas prouvé. De plus, si l'on examine les prétendues dittographies, on trouve entre elles assez de différences pour douter de leur nature. Ces répétitions, ces citations bibliques, ces parenthèses, ces retours sur les parties antérieures du récit sont les signes d'une singulière gaucherie d'écrivain ; mais ils n'ont rien d'étonnant chez un auteur d'origine sémitique. Il reste un petit nombre de difficultés. — **4** : μετὰ τῶν ἀποστόλων, mss. et Rufin ; « des apôtres », syr. ; *post apostolos*, Jérôme, *De uiris ill.*, 2 ; cf. plus haut, 1, πρὸς τῶν ἀποστόλων. — **6** : οὐδὲ γὰρ... σινδόνας ne s'explique guère comme une raison de ce qui précède (« Die Begründung... sinnlos », Schwartz). Cependant il doit y avoir un lien entre l'usage des vêtements de lin et l'admission au sanctuaire ; cf. *Exode*, xxix, 39 ; xxxix, 27 ; etc. Hégésippe a pu atténuer le caractère judaïque de la sainteté de Jacques. — **7** : la fin de ce paragraphe est altérée. — **9** : ἐξ ὧν est une liaison assez mal choisie ; τινές paraît contredit par ce qui suit (10) : πολλῶν οὖν, κ.τ.λ. — ἐρχόμενον a le sens futur, comme souvent les formes de ce verbe dans le

nouveau Testament (Matth., xxiv, 3; etc.); voy. Fr. Blass, *Grammatik des neutestamentlichen Griechisch*, § 56, 8. — 11 : Διὰ γὰρ... ἐθνῶν me paraît être une réflexion d'Hégésippe; est compris dans le discours des Juifs par Schwartz. — ἐθνῶν : on discute depuis longtemps pour savoir si ce mot désigne les païens ; nous lui avons donné le sens le plus général. — 17 : τῶν υἱῶν Ῥηχάβ est une glose de Ῥαχαβείμ. — 20. Cette citation de Josèphe ne se retrouve dans aucun de nos mss. et paraît être une interpolation chrétienne; Eusèbe la tire probablement d'Origène, *Contra Celsum*, I, 47; voy. *ib.*, II, 13 fin et *In Mt.*, *tomus X*, xvii (sur Mt., xiii, 55), où Origène attribue le texte aux *Antiquités*. — 21 : Lucceius Albinus, procurateur de 62 à 64. — Ananos le jeune, grand prêtre en 62, fils d'Ananos fils de Sethi, c'est-à-dire de l'Anne du nouveau Testament, grand prêtre de 6 à 15 avant J.-C. — 24 : Jésus, grand prêtre, 62-63 environ ; Δαμμαίου *ABDM*; ἰδαμμαίου, Syncelle, p. 642; δαμαίου *T*, דמי syr., *Dam(m)aei* Rufin, Δαμναίου *ER* Jos.

xxv, 4 : τὴν ἀνατολὴν πᾶσαν ὑποτάξας : contresens; *hanc sectam tum maxime Romae orientem*, Tert. — 7 : Βασιχανόν mss. d'Eusèbe, Syncelle; ביסיקנום syr., *Vaticanum* Ruf. — Sur les témoignages de Gaïus et de Denys, voy. L. Duchesne, *Origines chrétiennes* (autographie), p. 76 suiv.

LIVRE III

iii. Sur ce chapitre, voy. A. Loisy, *Hist. du canon du nouveau Testament* (Paris, 1891), p. 156.

iv, 8 : ἐπὶ τὰς Γαλλίας, variante du texte de saint Paul, où on lit aussi εἰς Γαλατίαν, ce qu'a rétabli le traducteur syriaque d'après sa version du Nouveau Testament. En

tout cas, l'idée de faire de ce Crescent un évêque de Vienne n'est pas plus vieille que le milieu du ix° siècle ; voy. L. Duchesne, *Origines chrétiennes*, p. 449; *Fastes épiscopaux de la Gaule*, t. I, p. 151 suiv.

v, 3 : Πέλλαν : renseignement dû à Eusèbe exclusivement ; voy. les ouvrages cités sur I, vii, 14.

vi, 18 : ἐκπνέοντας *ER*, syr., Rufin, Josèphe ; ἐμπνέοντας *ABDMT*. — 27 : ὡς παρ' αὐτῷ *BDERT*. ὡς παρ' αὐτοῦ A, ὥσπερ αὐτῷ *M*; *tamquam si ipse id perpetrasset*, Rufin et syr. Les mss. de Josèphe ont ὡς παρ' et ὥσπερ. Étant donné l'emploi fréquent de παρά chez ces auteurs, il n'y a pas une grande différence de sens.

viii, 6 : ἀθρόας mss., *Ecl. proph.*, Jos., ἀθρόας λεγούσης *Dem.* ; « qui parla soudain (ἀθρόως) », syr. ; *subitas dicentes* Rufin. — 8 : πρὸς τοὺς παρόντας mss., syr., lat. ; πρὸς τοὺς παίοντας *E*, Jos. — 9 : τὸν παρὰ 'Ρωμαίοις ('Ρωμαίων *E* Jos.) ἔπαρχον : alors Lucceius Albinus, procurateur de 62 à 64.

ix, 1 : Ματθίου *BER* syr.. Ματταθίου, *ADMT* ; les mss. de Josèphe sont partagés ; ceux de Rufin ont *Matthei* de première main. — Sur Josèphe, voy. Schuerer, *Gesch. des jüd. Volkes*, t. I, p. 74 suiv.

x, 2 : τὴν τῆς ἀνθρωπογονίας παράδοσιν : τὴν ἀπ' ἀνθρωπογονίας π., Josèphe; ἀπ' est le seul texte possible. De même, dans 3 : μέχρι τῆς 'Αρταξέρξου, τῆς (négligé par le syr. et Rufin) est interpolé. — 6. Le Περὶ αὐτοκράτορος λογισμοῦ n'est pas de Josèphe, mais d'un autre écrivain du même temps. Il est quelquefois compté comme quatrième livre des *Macchabées*. Voy. Schuerer, *l. c.*, t. III, p. 393 suiv. — 8. La biographie de Josèphe est un appendice des *Antiquités*; voy. Schuerer, *l.c.*, t. I, p. 86 suiv. — Sur Juste de Tibériade, voy. *ib.*, t. I, p. 58. — 10. Josèphe, *Contre Apion*, I, 51, mentionne ces parents d'Agrippa II : Julius Archélaüs, son beau-frère, et un Hérode, qui ne peut être l'oncle et beau-frère d'Agrippa II, Hérode de Chalcis, mort en 48

(d'après la *Prosopographia imperii romani*, t. II, p. 142-143, peut-être un fils d'Aristobule et de Salomé, par conséquent un petit-fils d'Hérode de Chalcis).

xii : Ce chapitre, au discours indirect, paraît provenir d'Hégésippe, mentionné à la fin du chap. xi.

xiii. Nous donnons, dans le texte grec, la disposition que M. Schwartz a préférée ; dans la traduction, la division en chapitres qui sert de base aux références. Il suit de là que le chapitre Iγ' du grec n'a pas de texte correspondant. D'ailleurs les mss. trahissent un grand désordre dans la division du texte. La cause en est facile à découvrir. Notre chapitre xiv, sur Avilius, a été transposé avec le chapitre xiii. La transposition est ancienne, puisqu'elle paraît antérieure à la traduction syriaque et à Rufin. Mais elle est dénoncée par le sommaire des chapitres, qui indique avec les titres la suite des sujets. Le traducteur syriaque avait déjà remarqué la difficulté et pour retrouver le compte des chapitres, il avait placé le titre xiv (*Anaclet*) en tête du chapitre xv, coupant en deux la phrase (devant ὂν συνεργόν) : expédient empirique. La suite est donc :

   titre xii, actuellement chap. xii (*Vespasien*)
   — xiii, — chap. xiv (*Avilius*)
   — xiv, — chap. xiii (*Anaclet*)
   — xv, — chap. xv (*Clément*).

Eusèbe passe de Jérusalem à Alexandrie, puis d'Alexandrie à Rome.

xx, 1 : ὁ ἠυοκᾶτος : les vétérans qui faisaient partie des *euocati* avaient des fonctions administratives inférieures ; on connaît un *euocatus Palatinus*, c'était une sorte d'huissier du palais. Rufin : *Hos Reuocatus quidam nomine, qui ad hoc missus fuerat, perducit ad Domitianum Caesarem* : c'est la méprise qui a fait d'*expeditus* un nom de saint; mais elle est étrange chez un écrivain romain. — Hégésippe emploie

encore deux mots tirés du latin, ἐδηλατόρευσαν, de *delator*, mais sans correspondant exact, et δηνάρια, fréquent chez les historiens grecs.

xxii : ἐγνωρίζετο : terme fréquemment employé dans les chroniques grecques pour désigner le temps où florissait un personnage (*clarus habebatur*).

xxiii, 7 : τοὔνομα : Smyrne, d'après le *Chronicon Paschale*, p. 470, 9, dont l'évêque était saint Polycarpe.

xxiv, 7 : ἤδη ... πεποιημένων ; au lieu de ces mots, les traductions supposent un autre texte; « über Marcus aber und über Lucas und über die Ueberlieferung ihrer Evangelien ist schon von uns gesprochen » syr. ; *post hunc, Lucae et Marci scriptura euangelica secundum eas causas quas superius diximus editur* : Rufin. Cf. II, xv, et III, iv, 6.

xxv. Sur ce chapitre, voy. plus haut, chap. iii, et Loisy, *Histoire du canon du Nouveau Testament* (Paris, 1891), p. 154 suiv. — Δηλωθείσας ne signifie rien de plus que : *de quibus diximus*, comme l'a prouvé Heinichen ; voy. plus haut, la note sur I, v, 1.

xxvi, 3. Voy. le texte de Justin dans l'édition Pautigny, p. 52, et les divergences des mss. de Justin avec Eusèbe, *ib.*, p. xxxi.

xxvii, 6. Le nom de « Pauvres » devait être donné dès l'origine aux chrétiens à Jérusalem ; *Ebionaei* se trouve pour la première fois dans Irénée, I, xxvi, 2, etc. Les renseignements donnés ici proviennent d'Origène, *De principiis*, IV, xxii. Voy. les ouvrages cités sur I, vii, 14, et A. Harnack, *Lehrbuch der Dogmengeschichte* (Leipzig, 1888), 2ᵉ éd., t. I, p. 244 suiv.

xxviii, 2 : ἐν γάμῳ ἑορτῆς : les traductions latine et syriaque supposent ἐν γάμου ἑορτῇ; M. Schwartz pense que cette variante est une ancienne conjecture et qu'il y a une lacune. Mais cette fête nuptiale, qui doit durer mille ans, rappelle les fêtes de printemps qui ont lieu chez certains peuples

(Westermarck, *Origine du mariage dans l'espèce humaine*, trad. II. de Varigny, Paris, 1895, p. 29-34); elle n'en diffère que par la durée, comme il convient à un rêve apocalyptique. Voy. le sens de γάμοις dans la citation de Denys. — Cf. les descriptions de l'*Apocalypse*, sur le règne millénaire, la Jérusalem nouvelle, les noces de l'Agneau, ch. xix-xxi. — 4 : τῷ ἑαυτοῦ πλάσματι : par ces mots, Valois et Heinichen entendent un livre, que d'après Denys, Cérinthe aurait mis sous le nom de l'apôtre Jean. Gaïus dit tout autre chose. — 5 : πλησμοναῖς : πλησμονῶν mss. ; faute corrigée d'après le texte de VII, xxv, 3.

xxix, 2 : παραχρᾶσθαι τῇ σαρκί : la maxime est équivoque ; dans Hermas, *Sim.*, V, vii, 2, elle est prise dans un sens défavorable.

xxx, 2 : τῶν φιλτάτων : faute du texte lu par Eusèbe ; μέχρι τῶν φιλτάτων, Clément.

xxxi, 3 : στοιχεῖα : ce mot sert à désigner les constellations du zodiaque ou les sept planètes ; voy. la note de Valois, et H. Diels, *Elementum* (Leipzig, 1899), p. 44 suiv. et p. 53. — Ce passage est altéré. D'après M. Harnack, *Die Mission und Ausbreitung des Christentums*, p. 484, il y a une énumération comprenant Philippe, deux filles de Philippe, une troisième, l'apôtre Jean. C'est ainsi que paraissait avoir compris déjà Valois. M. Schwartz entend par ἡ ἑτέρα l'une des deux filles mentionnées, et suppose qu'il y a une lacune.

xxxii, 3 : ὑπατικοῦ Ἀττικοῦ : ce gouverneur de Judée était consulaire, comme un de ses successeurs immédiats, Q. Pompeius Falco. On identifie cet Atticus avec le père d'Hérode Atticus. L'événement est placé en 107, par Eusèbe, dans sa chronique ; en 105, par le *Chronicon paschale*, qui d'ailleurs dérive d'Eusèbe. Voy. Schurrer, *Geschichte des jüdischen Volkes*, t. I, p. 645. — 7 : σκότει *ABDM*, σκοτίως *E*, σκοτίω *R* ; ὡς *B*, om. mss. ; εἰ add. Schwartz ; φωλευόντων

ABE, ἐμφωλευόντων *R*, ἐμφολευόντων *DM*; « wie in Finsternis verborgen waren » syr.; *in occultis et abditis hiatibus terrae delitescentibus*, Rufin. — 8 : ἐπεχείρουν *ADMT* syr.; ἐπεχείρουν· καὶ ταῦτα μὲν οὗτος περὶ τούτων διαλαβὼν ὧδέ πως ἔλεξεν· ἡμεῖς δὲ ἐπὶ τὰ ἑξῆς τῆς ἱστορίας ὁδῷ προβαίνοντες ἴωμεν *BERT* [2]; *sed istud bellum intrinsecus gerebatur*, Rufin.

xxxiii, 3 : πρὸς τὸ τὴν ἐπιστήμην αὐτῶν διαφυλάσσειν est à peu près inintelligible; Tertullien : *coetus antelucanos ad canendum Christo ut Deo et ad confoederandum disciplinam, homicidium, etc... prohibentes.* — ἐμπεσὸν δὲ κολάζεσθαι : *oblatos uero puniri*, Tertullien.

xxxvi, 2 : καὶ αὐτὸς ἐπίσκοπος : *BDER* ajoutent : ἀνὴρ τὰ πάντα ὅτι μάλιστα λογιώτατος καὶ τῆς γραφῆς εἰδήμων. Cette interpolation, dénoncée par Valois, est défendue à tort par Heinichen. — 4 : ἐπιπολαζούσας mss., syr.: ἀναφυείσας καὶ ἐπιπολαζούσας *A*; *copiosius coeperant pullulare*, Rufin. — 7 : ὅ ἐστιν... τάγμα : glose fort anciennement passée dans le texte. — 8 : σύντομα mss., mss. d'Ignace; συντόμως syr. et trad. syr. d'Ign.; *acriores*, Rufin; σύντονα conjecture de Vossius, cité par Valois, qui remarque que ce dut être le texte lu par Rufin. — 11 : cf. Luc, xxiv, 39; mais λάβετε, et la fin du *logion*, viennent d'ailleurs, de l'*Évangile aux Hébreux* d'après saint Jérôme, *De uiris inl.*, xvi (p. 17, 24 Richardson), et *In Is.*, XVIII, prol. (*P. L.*, t. XXIV, col. 628). Mais Eusèbe connaissait cet apocryphe. La dernière partie se lisait aussi dans la *Doctrine de Pierre* (Origène, *De principiis*, praef., 8; *P. G.*, t. XI, col. 119 C). Cf. Resch, *Agrapha* (Leipzig, 1889, p. 411, apokryphon 41. — 13 : Eusèbe a quelques leçons différentes du texte donné par le ms. de la lettre; il omet, après πειθαρχεῖν, τῷ λόγῳ τῆς δικαιοσύνης; noter de plus : ἀσκεῖν : ὑπομένειν Pol.; λοιποῖς (d'accord avec la vieille trad. lat.) : ἄλλοις Pol.

xxxvii, 3 : δυνάμεις ἐνήργουν : voy. H. Weinel, *Die Wirkungen des Geistes und der Geister im nachapostolischen Zeitalter bis auf Irenaeus*; Fribourg-en-Brisgau, 1899.

APPENDICE

xxxviii, 1. Cette liste des citations de l'*Épître aux Hébreux*, dans Clément de Rome, est empruntée à M. Schwartz ; elle est d'ailleurs incomplète. Voy. la table de la grande édition des Pères apostoliques par Funk (1901), p. 645, et surtout *The New Testament in the Apostolic fathers*, by a committee of the Oxford society of historical theology (Oxford, 1905), p. 44 suiv.

xxxix, 1 : ἐξηγήσεως Eusèbe ; Jérôme, *De uiris*, xviii (*explanatio*) ; ἐξηγήσεις M. — 4 : Ἀριστίων : le syr. suppose partout *Aristôn*. — 15 : ὅς mss., « und » syr., om. Rufin ; le sujet dans les deux traductions se trouve donc être Marc. — λογίων : λόγων A T¹. — 16 : λόγια mss., « das Evangelium » syr., om. Rufin. — συνετάξατο : συνεγράψατο AM. — 17 : ἐπιτετηρήσθω : ἐπιτετηρήσθω ἀμφὶ δὲ τὸ δωδέκατον ἔτος τῆς Τραϊανοῦ βασιλείας T.

LIVRE IV

i : ἐπίσκοπος mss., Κέρδων ἐπίσκοπος ER syr., Rufin.

ii, 2 : M. Rutilius Lupus. Sur ces soulèvements des Juifs, voy. Schuerer, *Geschichte des jüdischen Volkes*, t. I, p. 661 suiv. — 3 : Dion Cassius, LXVIII, xxxii, appelle le chef des révoltés André. — Marcius Turbo, probablement successeur de Rutilius dans la préfecture d'Égypte (cf. Spartien, *Hadr.*, vii), avant l'arrivée de Rammius Martialis dans ce poste au commencement de 118. — 5 : Λουκίω mss., syr., Ruf. ; Κυήτω A (c'e.-à-d. *Quieto*), Κούντω BD, κοίντω EMR ; *Quieto*, Ruf. ; קואטוס syr. La forme véritable est attestée par Spartien, *Hadr.*, v : *Lusium Quietum* ; Dion, lxviii, 32 ; Themistius, *Or.*, XVI, ed. Harduin, p. 205 A. Il fut envoyé en Judée après son consulat (115) comme légat consulaire.

III, 2 : γὰρ ἦν : d'après M. Schwartz, dittographie de παρῆν, qui précède, introduite dans le texte avant Eusèbe.

v, 3. Sur cette liste, voy. L. DUCHESNE, *Origines chrétiennes* (autographie, 2ᵉ éd.), p. 125.

vi, 1 : Tineius Rufus (BORGHESI, *Œuvres*, t. III, p. 62 ; t. VIII, p. 189); cf. SCHUERER, *Geschichte des jüd. Volkes*, t. I, p. 687 suiv. — 3 : Βηθθηρα *BDR*, Βίθθηρα *AEMT*, *Bethera* RUF.; le nom grec est un accusatif. Voy. SCHUERER, *ib.*, p. 693, note 130.

vii, 4 : ἀπορρητοτέρων *AERT*, syr., lat.; ἀπορρητοτέρῳ *BDM*; *ut altius aliquid et uerisimilius adinuenisse uideatur*, IRÉNÉE. — 14 : κρατοῦσα : c'est un des noms du christianisme après la paix de l'Église ; voy. la note de Valois.

viii, 2 : ὁ *M* syr., ὁ καί *BD*, om. *AERT* ; *qui Antinoii appellantur, nostris adhuc temporibus instituti*, RUFIN. Cf. plus bas, dans la citation de Justin, Ἀντινόου τοῦ νῦν γενομένου. — 6. Le nom exact du proconsul d'Asie était Q. Licinius Silvanus Granianus Quadronius Proculus ; et celui de son successeur, *Minicius* Fundanus. Voy. sur ces passages de Justin et les divergences des textes, l'édition des *Apologies* donnée dans cette collection par M. Pautigny.

ix. Sur le rescrit d'Hadrien, voy. l'article de M. CALLEWAERT, dans la *Revue d'histoire et de littérature religieuses*, t. VIII (1903), p. 152 suiv. La traduction d'Eusèbe s'est substituée au texte latin dans le ms. de Justin. Un assez grand nombre d'historiens ont considéré le texte latin, donné par Rufin, comme l'original. Bien que cette opinion soit très probablement fausse (voy. CALLEWAERT, *l. c.*, p. 181), nous croyons utile de reproduire ce texte ci-dessous.

Exemplum epistulae imperatoris Hadriani ad Minucium Fundanum proconsulem Asiae.

« Accepi litteras ad me scriptas a decessore tuo Serennio Graniano clarissimo uiro et non placet mihi relationem silentio praeterire, ne et innoxii perturbentur et calumnia-

toribus latrocinandi tribuatur occasio. Itaque si euidenter prouinciales huic petitioni suae adesse ualent aduersum Christianos, ut pro tribunali eos in aliquo arguant, hoc eis exequi non prohibeo. Precibus autem in hoc solis et adclamationibus uti eis non permitto. Etenim multo aequius est, si quis uolet accusare, te cognoscere de obiectis. Si quis igitur accusat et probat aduersum leges quicquam agere, memoratos homines, pro merito peccatorum etiam supplicia statues. Illud mehercule magnopere curabis, ut si quis calumniae gratia quemquam horum postulauerit reum, in hunc pro sui nequitia suppliciis seuerioribus uindices. »

xi, 1 : ἔνατος mss., syr., lat.; Épiphane, xli, 1 ; xlii, 1 ; Cyprien, *Epist.*, lxxiv, 2. De même dans l'extrait suivant, § 2. Mais l'ancienne traduction latine a ici *octauus*, et cf. plus loin, V, vi, 4. « Hic error antiquissimus est » Valois. — 8 : γνωριζομένου : voy. la note sur III, xxii. — 9. Sur les variantes de Justin et les difficultés de ce passage, voy. l'édition Pautigny, p. xxxii. Nous ne savons rien de plus d'un ouvrage spécial de Justin contre Marcion.

xii. Sur cette adresse, voy. aussi la même édition, p. xxvi.

xiii. L'authenticité de la lettre d'Antonin a été défendue par M. Harnack, *Das Edikt des Antoninus Pius* (Leipzig, 1895), qui a tenté d'en restituer le texte, en éliminant un certain nombre d'interpolations. Voy. un résumé de M. Saltet, dans la *Revue d'histoire et de littérature religieuses*, t. I (1896), p. 384, avec les principales objections que soulève cette opération. En général, on est resté sceptique et le document n'est pas réhabilité (voy. M. Schanz, *Geschichte der römischen Litteratur*, t. III, 2e éd., 1905, p. 249). M. Schwartz croit que c'est la traduction d'un apocryphe rédigé en latin. Les noms et les titres de l'empereur sont erronés et il est à peu près impossible de tirer un sens des §§ 4 et 5. De plus, le ms. de saint

Justin, B. N. gr. 450, daté de 1364. donne à la suite des *Apologies*, un autre texte grec. C'est probablement une version différente du même original. Voici ce texte, tel que M. Schwartz l'a édité dans son édition de l'*Hist. eccl.* d'Eusèbe, t. I, p. 228. Si le sens est semblable, il y a de nombreux écarts dans l'expression.

Ἀντωνίνου ἐπιστολὴ πρὸς τὸ κοινὸν τῆς Ἀσίας.

Αὐτοκράτωρ Καῖσαρ Τίτος Αἴλιος Ἀδριανὸς Ἀντωνῖνος Σεβαστὸς Εὐσεβής, ἀρχιερεὺς μέγιστος, δημαρχικῆς ἐξουσίας τὸ κδ΄, ὕπατος τὸ δ΄ [ἐξουσίας ὕπατος πδ' ms.] *(10 déc. 160 — 7 mars 161)*, πατὴρ πατρίδος [τὸ κα'ad. ms.; corrigé par M. Schwartz] τῷ κοινῷ τῆς Ἀσίας χαίρειν. Ἐγὼ ᾤμην ὅτι καὶ τοῖς θεοῖς ἐπιμελὲς [τοὺς θεοὺς ἐπιμελεῖς ms.] ἔσεσθαι μὴ λανθάνειν τοὺς τοιούτους· πολὺ γὰρ μᾶλλον ἐκείνους κολάσοιεν, εἴπερ δύναιντο, τοὺς μὴ βουλομένους αὐτοῖς προσκυνεῖν· οἷς ταραχὴν ὑμεῖς ἐμβάλλετε, καὶ τὴν γνώμην αὐτῶν ἥνπερ ἔχουσιν, ὡς ἀθέων κατηγορεῖτε καὶ ἕτερά τινα [ἐμβάλλετε] ἅτινα οὐ δυνάμεθα ἀποδεῖξαι. Εἴη δ' ἂν ἐκείνοις χρήσιμον τὸ δοκεῖν ἐπὶ τῷ κατηγορουμένῳ τεθνάναι, καὶ νικῶσιν ὑμᾶς, προϊέμενοι τὰς ἑαυτῶν ψυχὰς ἤπερ [εἴπερ ms.] πειθόμενοι οἷς ἀξιοῦτε πράσσειν αὐτούς. Περὶ δὲ τῶν σεισμῶν τῶν γεγονότων καὶ τῶν γινομένων, οὐκ ἀπεικὸς [εἰκός ms.] ὑπομνῆσαι ὑμᾶς ἀθυμοῦντας ὅτανπερ ὦσι, παραβάλλοντας [-ες ms.] τὰ ὑμέτερα πρὸς τὰ ἐκείνων, ὅτι εὐπαρρησιαστότεροι ὑμῶν γίνονται πρὸς τὸν θεόν, καὶ ὑμεῖς μὲν ἀγνοεῖν δοκεῖτε παρ' ἐκεῖνον τὸν χρόνον τοὺς θεοὺς καὶ τῶν ἱερῶν ἀμελεῖτε, θρησκείαν δὲ τὴν περὶ τὸν θεὸν οὐκ ἐπίστασθε· ὅθεν καὶ τοὺς θρησκεύοντας ἐξηλάκατε [ἐζηλώκατε ms.] καὶ διώκετε ἕως θανάτου. Ὑπὲρ τῶν τοιούτων καὶ ἄλλοι τινὲς τῶν περὶ τὰς ἐπαρχίας ἡγεμόνων τῷ θειοτάτῳ μου πατρὶ ἔγραψαν· οἷς καὶ ἀντέγραψε μηδὲν ἐνοχλεῖν [ὀχλεῖν ms.] τοῖς τοιούτοις, εἰ μὴ φαίνοιντό τι ἐπὶ τὴν ἡγεμονίαν Ῥωμαίων ἐγχειροῦντες. Καὶ ἐμοὶ δὲ περὶ τῶν τοιούτων πολλοὶ ἐσήμαναν· οἷς δὴ καὶ ἀντέγραφα τῇ τοῦ πατρός μου κατακολουθῶν γνώμῃ. Εἰ δέ τις ἔχοι πρός τινα τῶν τοιούτων πρᾶγμα καταφέρειν ὡς τοιούτου, ἐκεῖνος ὁ καταφερόμενος ἀπολελύσθω τοῦ ἐγκλήματος κἂν φαίνηται τοιοῦτος ὤν, ἐκεῖνος δὲ ὁ καταφέρων ἔνοχος ἔσται τῇ δίκῃ.

xiv, 4 : διδάξας : ἐδίδαξεν Irén. — ἡ ἐκκλησία mss., τῇ ἐκκλησίᾳ lat., Ir. lat. — ἃ καὶ μόνα : καὶ μόνα Ir. — 5 : τὸν Πολύκαρπον *AMT* lat., Irén., syr.; τόν (τοῦ) Πολυκάρπου θρόνον *BDER*. — ὑπὸ τῆς ἐκκλησίας mss., syr.; καὶ τῇ ἐκκλησίᾳ lat., Ir. lat. — 7 : ἐπιγίνωσκε *BDM* syr., lat., conclusion du *Martyrium Polycarpi*, dans le ms. de Moscou, qui a tiré ces additions d'Irénée (Funk, *Patres apostolici*, 2ᵉ éd., p. 344); ἐπιγινώσκεις *AERT*, Ir. — ἐπιγινώσκω ἐπιγινώσκω : ἐπιγινώσκω *AT*, syr., *cognosco te* Ir.

xiv, 9. Rapports et citations de la première épître de saint Pierre avec la lettre de Polycarpe aux Philippiens :

Polycarpe	*Prima Petri*
i, 3	i, 8.
ii, 1	i, 13, 21.
ii, 2	iii, 9.
v, 3	ii, 11.
vii, 2	iv, 7.
viii, 1	ii, 22, 24.
x, 1	iii, 8.
x, 2	ii, 12; v, 5.
xii, 2	i, 21.

Voy. les éditions des Pères apostoliques et *The New Testament in the Apostolic fathers, by a committee of the Oxford society of historical theology* (Oxford, 1905), p. 86 suiv.

xv, 2 : κατὰ Πόντον *ABDM* syr., lat.; κατὰ τόπον *ERT* Schwartz. On peut hésiter entre les deux leçons. Philomelium n'est pas dans le Pont, mais en Phrygie. De plus, l'adresse authentique, citée ensuite, porte κατὰ πάντα τόπον. Mais, d'autre part, πάντα manque dans Eusèbe, et il faudrait prouver que κατὰ τόπον suffit. Il est probable que certains mss. d'Eusèbe ont été corrigés d'après l'adresse de la lettre,

et qu'Eusèbe a bien écrit, en dépit de la géographie, κατὰ Πόντον. — 3 : ἐγράψαμεν : l'auteur d'une lettre se place souvent au moment où on la lira et met au passé ce qui est encore pour lui un présent; KUEHNER, *Grammatik der griech. Sprache*, t. II, 1ʳᵉ partie, par B. GERTH (Hannovre, 1898), p. 168 ; Fr. BLASS, *Grammatik des neutestamentlichen Griechisch*, § 57, 10 (1ʳᵉ éd., Goettingue, 1896, p. 190). — 10 : ἀθρόως : voy. la note sur III, VIII, 6.

Le texte du *Martyrium Polycarpi* (G) diffère sur plus d'un point de celui d'Eusèbe. Voici les principales divergences. 15, κύριος *EMRT, G*; κύριε *ABD*, Domine trad. lat. de *G*. — 33 : τοῦ Χριστοῦ σου *ER* lat., partie des mss. de *G*; σου om. *ABDMT*, syr., un ms. de *G*. — 35 : ἀρχιερέως mss., syr., *G*; *deum et pontificem*, RUFIN (addition antisubordinatienne). — ἐν πνεύματι mss., σύν syr. lat., καί *G*. — 39 : καθολικῆς om. syr., lat. — 41 : δ' Ἄλκης : Eusèbe avait Δάλκης (tous les mss., sauf *D*, lat., syr.) ; δὲ Ἄλκης *D*, corrigé d'après *G* qui a gardé le texte primitif. — τῶν σωζομένων om. *T*, lat., un ms. de *G* : d'après M. Schwartz, texte primitif auquel s'est ajouté, ensuite une correction (ou une glose), τοῦ παντὸς κόσμου. — 45 : δωδεκάτου paraît avoir été la leçon de l'archétype de nos mss. d'Eusèbe ; mais les traductions supposent un autre texte : « mit den zwölf von Philadelphia die zeugten », syr. ; *cum quo etiam alii duodecim ex Philadelphia uenientes... martyrio consummati sunt*, lat. Cf. *G* : Πολύκαρπον ὅς... δωδέκατος. — μαρτυρήσαντος SCHWARTZ ; μαρτυρήσαντος ὅς mss. ; μαρτυρήσας *G*. — ὅς... κατατεθειμένων om. lat. — ὑπὸ πάντων μᾶλλον mss., πάντων μᾶλλον syr., *solus inter ceteros* trad. lat. de *G*, ὑπὸ πάντων *G*. Primitivement : πάντων μᾶλλον, glosé ou corrigé par μόνος, qui a passé dans le texte et a été rattaché à πάντων par ὑπὸ (SCHWARTZ). — A ces observations, il faut ajouter que M. Schwartz considère comme doublons ou interpolations : 18 : προσαχθέντος... προσελθόντα (doublon de ἀγόμενος... εἰσιόντι 16-17) ; 28 : προσευχόμενος et ἐπιστραφείς (et 10 : εὐχό-

μενον), interpolations antérieures à Eusèbe ; 36 : οἳ …τὰ γενόμενα ; 39 : ἐπίσκοπος (suspecté à tort). En revanche, Eusèbe n'a pas la mention de la colombe, § 39 : ἐξῆλθεν περιστερὰ καὶ πλῆθος αἵματος, G. — Sur 6, 18 et 19, voy. JUSTIN, Apol., I, vi, 1.

xvi, 1. Sur l'ordre des *Apologies* de Justin, voy., dans cette collection, l'édition PAUTIGNY, p. x suiv. — 3. Sur les divergences d'Eusèbe avec le ms. de Justin, voy. *ib.*, p. xxxvi. — 6. La citation de Platon est restée dans l'encrier d'Eusèbe : 'Ἀλλ' οὔτι γε πρὸ τῆς ἀληθείας τιμητέος ἀνήρ, « La vérité doit passer avant l'homme ».

xvii, 1. Voy. l'éd. citée des *Apologies,* p. xv, et, sur la citation qui suit, p. xxxv. M. Schwartz considère comme des interpolations antérieures à Eusèbe, 8, ὅν… ἐκολάσατο (omis par Rufin); 9, εἰς… Πτολεμαῖον (omis par Rufin) ; 13, ἐπεῖπεν (et aussi γινώσκων que donne à la place le ms. de Justin). Le préfet s'appelait Q. Lollius Urbicus (non *Urbicius*). — 13 : τούτοις… ἀκολούθως, sur la portée donnée à ces mots par les éditeurs de Justin, voy. l'éd. citée, p. xxxv.

xviii, 2. Sur les empereurs dédicataires des *Apologies*, voy. *l. c.*, p. xii et xxxv. — 7 : λέγοντας et καταλέγοντας : syr., lat.; λέγοντες et καταλέγοντες mss. d'Eusèbe et Justin, SCHWARTZ.

xxii, 2 : τοῖς Κορινθίοις, ancienne glose, d'après M. Schwartz. — 3 : διαδοχήν ἐποιησάμην : mss., syr., « mauvaise correction, introduite pour combler une lacune » (SCHWARTZ), *permansi inibi* lat. La question du catalogue d'Hégésippe est très controversée ; voy. les histoires littéraires. — 5 : καὶ Μασβώθεοι, ancienne interpolation (antérieure au syr. et au lat.) d'après M. Schwartz. — 7 : 'Ισραηλιτῶν VALOIS; ἰσραὴλ τῶν mss., syr., lat.; ἰσραὴλ ἡ τῶν *AMT*. — αὗται mss., syr., om. lat. ; M. Schwartz conjecture pour Hégésippe : αὐτῆς. — 8 : πανάρετον σοφίαν : ce titre a été donné aussi au recueil de Jésus Sirach ; voy. SCHUERER, *Gesch. des jüdischen Volkes*, t. III (3ᵉ éd.), p. 161.

xxiii, 10 : passage altéré profondément d'après M. Schwartz : « πάντας μὲν ἀδελφούς n'a pas de correspondant ; πολλαῖς et ταῖς κατὰ πᾶσαν πόλιν s'excluent; ὧδε devait commencer une nouvelle phrase, et ἀναψύχοντας et ἐπιχορηγοῦντας sont altérés par un accord fautif ; δι' ὧν πέμπετε ἐφοδίον, om. par lat. d'après une conjecture, ne peuvent guère être authentiques, ἀρχῆθεν se rapporte à πατροπαράδοτον. » — 11 : τὴν προτέραν... γραφεῖσαν désigne l'épître de Clément comme première par rapport à celle de Soter, non par rapport à une autre de Clément. Ce passage ne permet pas d'affirmer que la *Secunda Clementis* était reconnue et lue par Denys de Corinthe; on en peut plutôt conclure le contraire.

xxvi, 2 : ἢ ἑνός : ἢ νοός *AERT*, ἥν ἐν οἷς *BD*, et mente lat., om. *M* syr. — καὶ ὁ περὶ ἀληθείας *A* lat. ; Jér., *De uiris*, xxiv ; καὶ περὶ ἀληθείας *BDM*, καὶ ἀληθείας *ERT*, « und über die Wahrheit », syr. — πίστεως *BDEMRT* syr., lat., κτίσεως *A*, om. Jér. Le texte qu'on lit aujourd'hui dans Eusèbe me paraît être une très ancienne correction d'un titre peu conforme à l'orthodoxie postérieure; Méliton devait entendre le texte des *Proverbes*, viii, 22, comme beaucoup de ses contemporains. Voy. plus haut, I, ii, 14-15. — λόγος αὐτοῦ προφητείας : *De prophetia sua*, Jérôme, *De uiris*, xxiv; d'après le même écrivain, Tertullien se moquait de Méliton, que les catholiques (*psychici*) considéraient en général comme un prophète. — καὶ περὶ ψυχῆς καὶ σώματος : interpolation due à la répétition du titre donné deux lignes plus haut; omis par saint Jérôme, *ib.*, et par *ERT*, « nach Conjectur », dit M. Schwartz. — 3 : Σερουιλλίου Παύλου *ABERT*, Σερουλλίου Παύλου *M*, Σερουΐννου Παύλου *D*, *Sergio Paulo* Ruf. d'après *Act.* xiii, 7 (qui n'a d'ailleurs pas de rapport avec ces événements); en réalité, L. Sergius Paullus, proconsul d'Asie vers 164-166 (Waddington, *Fastes des provinces asiatiques de l'Empire romain*, Paris, 1872; n° 148). — ἐν βαρβάροις ἤκμασεν : thème d'apologiste; voy. Justin, *Apol.*, I, v,

3 et la note (éd. Pautigny), p. xxviii, et l'index, p. 185, v°. — μόνοι πάντων : autre lieu commun d'apologiste ; voy. Tertullien, *Apol.*, v. — τὰ σύμπαντα διοικοῦντος : le texte de Méliton devait être τὰ πάντα συνδιοικοῦντος, comme le suppose Valois. — 14 : ἣ καὶ Σοφία *AT* lat. syr. (« was Weisheit »), ἣ καί *B* Schwartz, καὶ ἣ *EMR*. Cette façon de désigner un surnom ou un deuxième nom se rencontre aussi en latin sous la forme *qui* (*quae*) *et*; *Rev. de philologie*, t. XVI (1892), p. 29.

xxvii : ἔτι *ADM*, ἐπὶ *BERT*. — ποιουμένου *AMT* syr., lat. ; ποιουμένου τοσαῦτα καὶ περὶ τοῦδε λεκτέον *BDER*.

xxix, 7 : Voy. A. Puech, *Recherches sur le Discours aux Grecs de Tatien, suivies d'une traduction du Discours*, Paris, 1903.

TABLE DES MATIÈRES

AVERTISSEMENT......................... v
TEXTE ET TRADUCTION..................... 1

   LIVRE PREMIER............... 2

I. Sujet de l'ouvrage projeté............. 6
II. Résumé sommaire de la doctrine sur la préexistence et la divinité de notre Seigneur et Sauveur le Christ de Dieu..... 12
III. Le nom de Jésus et celui de Christ ont été autrefois connus et honorés par les divins prophètes...................... 30
IV. La religion annoncée par lui à toutes les nations n'est ni nouvelle ni étrangère... 42
V. Des temps où le Christ a apparu parmi les hommes 50
VI. Comment en son temps, selon les prophéties, les chefs de la nation juive, pris jusque là dans la succession de leur race, cessèrent de commander, et comment Hérode fut le premier étranger qui régna sur eux..................... 54
VII. De la divergence que l'on croit trouver dans les évangiles, en ce qui concerne la généalogie du Christ 60
VIII. Attentat d'Hérode contre les enfants et quelle fut la triste fin de sa vie........ 72
IX. Les temps de Pilate.................... 80
X. Grands prêtres juifs sous lesquels le Christ prêcha sa doctrine................... 84

XI. Témoignages concernant Jean-Baptiste et le Christ.............................. 88
XII. Les disciples de notre Sauveur.......... 94
XIII. Ce que l'on raconte du roi d'Edesse...... 96

LIVRE DEUXIÈME................. 110

I. Ce que firent les apôtres après l'ascension du Christ............................... 116
II. Comment Tibère fut vivement frappé de ce qu'il apprit par Pilate, concernant le Christ............................... 124
III. Comment la doctrine du Christ fut propagée en peu de temps dans le monde entier,................................ 128
IV. Après Tibère, Gaïus établit Agrippa roi des Juifs, et condamna Hérode à l'exil perpétuel.............................. 132
V. Philon est envoyé en ambassade auprès de Gaïus en faveur des Juifs........... 134
VI. Nombreux malheurs arrivés aux Juifs après le meurtre du Christ............ 138
VII. Comment Pilate se suicida............. 144
VIII. La famine sous Claude................ 144
IX. Martyre de l'apôtre Jacques............. 146
X. Hérode Agrippa, pour avoir persécuté les Apôtres, éprouva sur-le-champ la vengeance divine........................ 148
XI. Le magicien Theudas 154
XII. Hélène, reine des Adiabéniens.......... 156
XIII. Simon le Mage....................... 156
XIV. Prédication de l'apôtre Pierre à Rome... 162
XV. L'Évangile de Marc................... 166
XVI. Marc, le premier, prêcha la connaissance du Christ en Égypte.................. 168
XVII. Ce que Philon raconte des ascètes d'Égypte............................. 170
XVIII. Livres de Philon parvenus jusqu'à nous.. 182

TABLE DES MATIÈRES

XIX. Malheurs arrivés aux Juifs à Jérusalem au jour de Pâques.................... 188
XX. Ce qui arriva à Jérusalem sous Néron.... 188
XXI. De l'Égyptien dont parlent les *Actes des Apôtres*............................ 192
XXII. Paul, envoyé de Judée à Rome comme prisonnier, se lave et est absout de toute accusation............................ 194
XXIII. Comment Jacques appelé le frère du Seigneur fut martyr.................... 198
XXIV. Après Marc, Annianus fut établi premier évêque de l'église d'Alexandrie......... 210
XXV. De la persécution de Néron, sous lequel Pierre et Paul furent honorés à Rome du martyre pour la religion........... 210
XXVI. Comment les Juifs, accablés de maux sans nombre, déclarèrent enfin la guerre aux Romains............................ 214

LIVRE TROISIÈME.............. 218

I. En quelles contrées de la terre les apôtres prêchèrent le Christ................. 224
II. Qui le premier fut chef de l'église des Romains........................... 224
III. Les épîtres des apôtres............... 226
IV. La première succession des apôtres...... 230
V. Le dernier siège des Juifs après le Christ 234
VI. La famine qui les accabla............. 240
VII. Les prédictions du Christ............. 254
VIII. Les signes avant la guerre............ 260
IX. Josèphe et les écrits qu'il a laissés...... 266
X. Comment il mentionne les livres saints... 268
XI. Après Jacques, Siméon gouverne l'église de Jérusalem........................ 274
XII. Vespasien ordonne de rechercher les descendants de David.................... 274

XIII.	Avilius est le second chef de l'église d'Alexandrie	276
XIV.	Anaclet est le second évêque des Romains.	276
XV.	Après lui, Clément est le troisième	278
XVI.	L'épître de Clément	278
XVII.	La persécution sous Domitien	280
XVIII.	Jean l'apôtre et l'*Apocalypse*	280
XIX.	Domitien ordonne de tuer les descendants de David	282
XX.	Les parents de notre Sauveur	284
XXI.	Cerdon est le troisième chef de l'église d'Alexandrie	288
XXII.	Le second de l'église d'Antioche est Ignace	288
XXIII.	Anecdote concernant l'apôtre Jean	290
XXIV.	L'ordre des évangiles	298
XXV.	Les divines écritures reconnues par tous et celles qui ne le sont pas	306
XXVI.	Ménandre le magicien	310
XXVII.	L'hérésie des Ébionites	314
XXVIII.	Cérinthe hérésiarque	316
XXIX.	Nicolas et ceux auxquels il a donné son nom	320
XXX.	Les apôtres qui vécurent dans le mariage	322
XXXI.	Mort de Jean et de Philippe	324
XXXII.	Comment Siméon, évêque de Jérusalem, leur rendit témoignage	328
XXXIII.	Comment Trajan défendit de rechercher les chrétiens	332
XXXIV.	Évariste est le quatrième chef de l'église de Rome	336
XXXV.	Le troisième de celle de Jérusalem est Juste	336
XXXVI.	Ignace et ses épîtres	338
XXXVII.	Les évangélistes qui se distinguaient alors.	346
XXXVIII.	L'épître de Clément et celles qu'on lui attribue faussement	348

TABLE DES MATIÈRES 523

XXXIX. Les écrits de Papias........................ 352

    LIVRE QUATRIÈME............... 362

 I. Quels furent, sous le règne de Trajan, les évêques des Romains et des Alexandrins. 368
 II. Ce que les Juifs eurent à souffrir sous lui. 368
 III. Les apologistes de la foi sous Hadrien... 372
 IV. Les évêques des Romains et des Alexandrins sous cet empereur............... 374
 V. Les évêques de Jérusalem depuis le Sauveur jusqu'à cette époque............. 374
 VI. Le dernier siège des Juifs sous Hadrien.. 378
 VII. Quels furent, en ce temps, les premiers auteurs d'une science qui porte un nom mensonger........................... 380
 VIII. Quels furent les écrivains ecclésiastiques. 388
 IX. Lettre d'Hadrien défendant de nous frapper sans jugement.................... 394
 X. Quels furent, sous le règne d'Antonin, les évêques des Romains et des Alexandrins. 396
 XI. Les hérésiarques de ce temps........... 398
 XII. L'*Apologie* de Justin à Antonin......... 404
 XIII. Lettre d'Antonin au conseil d'Asie sur notre doctrine 406
 XIV. Ce qu'on sait de Polycarpe, disciple des apôtres 410
 XV. Comment, sous Vérus, Polycarpe subit le martyre, ainsi que d'autres, dans la ville de Smyrne......................... 414
 XVI. Comment Justin le philosophe, prêchant la parole du Christ dans la ville des Romains, fut martyr........................... 436
 XVII. Des martyrs que mentionne Justin dans son ouvrage......................... 442
 XVIII. Quels écrits de Justin sont venus jusqu'à nous................................. 448
 XIX. Quels sont ceux qui, sous le règne de Vérus,

	ont gouverné l'église des Romains et celle des Alexandrins..................	452
XX.	Quels, l'église d'Antioche...............	454
XXI.	Les écrivains ecclésiastiques célèbres à cette époque........................	454
XXII.	Hégésippe et ceux dont il parle..........	456
XXIII.	Denys, évêque de Corinthe, et les lettres qu'il a écrites.......................	460
XXIV.	Théophile, évêque d'Antioche...........	468
XXV.	Philippe et Modeste....................	470
XXVI.	Méliton et ceux dont il fait mention......	470
XXVII.	Apollinaire...........................	478
XXVIII.	Musanus.............................	480
XXIX.	L'hérésie de Tatien	480
XXX.	Bardesane le Syrien et les écrits qu'on montre de lui.......................	484

APPENDICE................................... 489

Livre premier................................. 490
Livre deuxième............................... 499
Livre troisième............................... 504
Livre quatrième.............................. 510

MACON, PROTAT FRÈRES, IMPRIMEURS

CPSIA information can be obtained at www.ICGtesting.com
Printed in the USA
BVOW011036040512

289446BV00009B/139/P